全国社工站建设优秀案例集

《中国社会工作》编辑部 编

中国社会出版社
国家一级出版社 · 全国百佳图书出版单位

图书在版编目（CIP）数据

全国社工站建设优秀案例集 / 《中国社会工作》编辑部编．-- 北京 ：中国社会出版社，2023.6（2023.11重印）
ISBN 978-7-5087-6214-2

Ⅰ．①全… Ⅱ．①中… Ⅲ．①社会工作－工作站－建设－案例－中国 Ⅳ．①D669

中国国家版本馆 CIP 数据核字（2023）第 060718

出 版 人：程 伟
策划编辑：杨 非 孙武斌
责任校对：杨春岩
终 审 人：李 浩
责任编辑：李新涛
封面设计：时 捷

出版发行：中国社会出版社
邮政编码：100032
网 址：shcbs.mca.gov.cn
经 销：新华书店
地 址：北京市西城区二龙路甲 33 号
编 辑 部：(010)58124846
发 行 部：(010)58124864；58124845

印刷装订：河北鑫兆源印刷有限公司
印 张：20.5
版 次：2023 年 6 月第 1 版
定 价：88.00 元
开 本：185 mm×260 mm 1/16
字 数：450 千字
印 次：2023 年 11 月第 2 次印刷

中国社会出版社微信公众号

中国社会出版社天猫旗舰店

序　言

注重社会工作站建设中的政社协同和扎实服务

王思斌

乡镇（街道）社会工作站建设是我国社会工作事业发展中的一件大事。2017 年启动的广东社会工作“双百计划”，经过几年发展，已经取得了丰富经验。后来湖南在全省普遍建立乡镇（街道）社会工作站的实践，则为在全国推动社会工作站建设，建构多层次的社会工作服务体系，开启了多元化实践之门。2020 年民政部在湖南召开加强乡镇（街道）社会工作人才队伍建设推进会以来，乡镇（街道）社会工作站在全国全覆盖的政策行动至今已有两年多，虽然各地都有行动，但是，强推或应付、实做或虚挂，发展还是很不平衡的。这里有各地经济社会发展条件和社会工作人才方面的因素，也有当地党政、基层社会管理者是否重视的原因，还有社会工作站建设机制、服务提供、发展管理等方面的问题。为了更好地推动我国乡镇（街道）社会工作站的健康发展，中国社会报社《中国社会工作》杂志编辑部举办了全国社会工作站建设优秀案例征集活动，以为当下我国的社会工作站建设提供经验示范和借鉴，这项工作是有意义的。笔者多年来参与推进我国社会工作事业发展，对乡镇（街道）社会工作站在全国的快速发展十分关注，也有一点思考。基于上述原因，报社邀我为他们将要结集出版的《全国社工站建设优秀案例集》作序。由于我没有参与他们的案例征集活动，对由各地社会工作站（机构）负责人和建设参与者撰写的本机构的建设案例没有切实的了解，所以，评价式的文字不好写。笔者阅读了几篇案例，也有些感受：一是感觉到创业者确实不易；二是这些社会工作站取得了一些经验；三是有些社会工作站的某些做法值得反思。以下是我或多或少地结合案例，对乡镇（街道）社会工作站建设的一点看法，希望对还在进行的社会工作站全覆盖政策的真正落实有所帮助。

一、社会工作站建设有赖于政社协同

（一）基层党政部门和村居“两委”对社会工作站建设的支持和协同

党的十六届六中全会在《中共中央关于构建社会主义和谐社会若干重大问题的决

定》中提出，必须创新社会管理体制，整合社会管理资源，提高社会管理水平，健全党委领导、政府负责、社会协同、公众参与的社会管理格局，在服务中实施管理，在管理中体现服务。这里的“社会协同”是在健全社会管理格局的意义上使用的。后来，党的十九大提出打造共建共治共享的社会治理格局。加强社会治理制度建设，完善党委领导、政府负责、社会协同、公众参与、法治保障的社会治理体制。在社会管理（治理）体制建设方面，社会工作作为一种社会力量，一直在发挥协同作用。协同是双方或多方在某一事情上的协力合作，它不但包括各方的共识，还包括为实现同一目标的共同努力。但是，因为共同处理的问题性质不同，协同也会有各方作用主次、作用大小之别。具体到社会工作发展领域，在管理（治理）格局建构上，自然是党和政府为主，社会力量为辅。但是在具体服务提供上，政府可能就是要指明方向、提供各种必要的保障，真正的一线具体服务，则要由社会工作机构实施。政府没有足够的人力和时间去提供具体的服务，也正是因此，才有了政府购买社会工作机构的服务，包括建立社会工作站。在具体服务提供方面，政府的角色是支持、协助社会工作机构顺利完成任务，这是政府对社会工作的协同。所以，社会工作发展中政府与社会服务机构的协同是双向的。

这本《全国社工站建设优秀案例集》收入了比较丰富的政社协同的例子。那些建立社会工作站比较早和比较成功的地方，都是地方党政负责人在民生服务、社会治理、社会建设方面落实中央和上级政策的结果，加之他们自己又想做事，希望借助社会工作的专业力量，帮助政府解决相关问题，所以取得比较好的效果。正像党的十九届五中全会所说的，他们是在主动畅通社会工作者等参与社会治理的途径。那些支持社会工作专业机构在本地落地的党政负责人，实际上是在关键之处支持了社会工作。在引入社会工作专业力量之后，地方党政负责人又在自己力所能及的范围内，帮助社会工作机构安排办公场所、安排和保障社会工作服务经费、召开会议让村居负责人了解和接纳社会工作进入本地工作，有的还建立了社会工作机构列席党政联席会制度。比如，汕头市东里镇的社工服务站，镇干部给予大力支持，而且要求各村由民政工作人员兼做“社工协理员”，支持社工站开展工作；社会工作服务由镇统一管理，站长直接参与及指导社工开展实践活动。这些都是地方党政协同社会工作落地和发展的有效做法。还有不少地方，乡镇社会工作站的站长就是由党政负责人兼任的，这种兼任不但给社会工作站撑了台、赋予了合法性（这是十分重要的），而且在社会工作者遇到自己难以解决的工作困难时，会得到这些负责人的支持。基层党政对社会工作的协同与支持，是社会工作站（机构）建立、开展工作、站住脚跟、持续发展的不可缺少的必要条件。

正像浙江省金华市民政局引入的上海静安区春晖社工师事务所所体会到的那样：乡镇（街道）村居的领导人对社会工作的态度十分重要；乡镇（街道）村居中的明白人往往是发展社会工作的支持者，他们不但为机构提供办公设施，而且提供与居民接触的机会，放心社会工作机构开展为民服务、加强创新社区治理的活动，这就有助于形成良好的协同关系。社会工作机构也是能动者。如果机构能够主动介绍社会工作的理念和做法，与负责社会工作的基层干部一起商议对社会工作进行评估，在信任的基础上合作，在合作中进一步增进相互了解，形成默契、多层面的协同关系，那么那里的政社关系就会是协调的，社会工作的开展就会是有效的。

（二）社会工作机构对基层党政工作的协同

社会工作力量对基层党政工作的协同是必然的，主要表现在如下几个方面：第一，社会工作机构是政府为了做好民生服务和基层社会治理、通过自建机构或政府购买服务的方式得以建设的，所以社会工作机构的职责就是协助政府做好工作。第二，社会工作机构的基本任务应该是在政府赋权、赋责之下进行的，因此总体上来说，社会工作机构的角色是协助者，当然这种协助是必不可少的。但是社会工作机构不可超越授权、自作主张地做有利于自己但可能伤害政府和民众利益的事情。第三，社会工作机构不但要完成政府交办的工作，还应该创造性地做好工作。社会工作机构能运用社会工作专业方法，提供好的服务，把事情办得更加妥当，避免可能出现的后遗症，实际上是对政府最大的协助。第四，在双方认可的规则内，社会工作机构可以发现政府工作中、民众生活中存在的隐性或显性问题，提出合理化建议，这也是很重要的协同。合格的社会工作者长着一双专业的眼睛，在较多情况下，这双眼睛带有较强的理性视力——看到的是问题应更好解决、更好促进社会公平正义。总之，社会工作者如果能向党政部门提出合理化建议，也是对政府很大的助力。

通过本书的诸多成功案例，我们可以体会到党政部门与社会工作站（机构）在后者建立和运行初期的具体的协同行动。这些案例表明，在具体工作层面上，双方是协同的，协同是双向的。

二、社会工作站要提供扎实的高质量服务

从比较成功的经验来看，社会工作站（机构）较顺利的发展，除了上面所说的政社协同之外，社会工作机构能提供扎实的、符合当地需要的服务是关键。

（一）完成好承接的工作任务

具体地说，无论是基层政府自己建立实体性的社会工作机构，还是通过购买服务委托社会工作机构承接服务，其目的都是要完成来自上级政府或基层民众的、具有迫切性的任务。对于社会工作机构来说，按质按量地完成政府委托的任务是第一位的。在社会工作机构与政府委托的工作任务的关系上，学术和实务界有一些不同的理解。有种观点认为，社会工作是专业活动，建立社会工作站也明确要求专业化导向，因此，

社会工作机构的任务就是做那些政府做不了的专业社会服务，而不应该承担一般性的行政性、事务性工作。这是从比较专业的、理想的角度出发的。另一种观点认为，社会工作机构应该（特别是建立之初）要承担一些政府因缺乏人手等原因而难以做好的工作，但是不能认为政府花钱建立社会工作站、购买服务，就是为了为基层民政部门多增加几个人手。在要求社会工作机构完成某些行政工作的同时，也要为他们进行专业服务留下一定机会。这是比较现实的想法。但是无论如何，社会工作机构进入村庄、社区后，如果迟迟拿不出让政府和居民满意的服务成果，那么，社会工作机构的发展就可能面临停滞的危险。所以，新建的社会工作机构一定要做出自己的成绩，而且是经得住考验的成绩。社会工作机构刚建立或进入村庄社区，不一定高调，但是在第一项服务的设计上，一定要贴近实际、精心准备、细心操作，提供扎实的高质量服务。

（二）“吃透两头”——服务于民众和政府

社会工作机构是为困弱群体和更广大居民服务的，但是，许多居民并不知道社会工作为何物。政府作为社会工作服务的购买方，既有通过社会工作做好为民服务的意愿，也有借助社会工作有生力量做出政绩的考虑。这些都不奇怪。乡镇社会工作站的活动场域绝不是无所事事的“下午茶”，而是需要处理很多迫切性问题，包括政府和居民想法不一致的问题。这就给新生的或新来的社会工作机构带来挑战。

社会工作机构的生存和发展要注意“吃透两头”。“吃透两头”是党的群众工作的重要经验，这里说的“两头”是指“上头”（上级政府的政策）和“下头”（基层及群众的想法）。“吃透两头”就是既要透彻理解上级政策要求，又要充分了解基层情况，看上级的政策是否符合基层实际，怎样的政策才能切实得到贯彻执行。社会工作机构建立和运行中的“吃透两头”还包括要了解政府的想法和民众的需要，并且找到两者之间的结合点，通过自己辛苦、细致和艺术化的工作尽量实现“双赢”，使政府和民众都满意。这里不是社会工作者的“油滑”，而是基于社会工作基本理念、务实的、艺术化方法的运用，是持续为政府分忧、为百姓解愁的努力，也是社会工作者的实践智慧。

（三）注意整合性、可拓展服务

按照民政部推进乡镇（街道）社会工作站的想法，社会工作站建立之初首先要做好社会救助服务，解决基本社会保障和基本社会服务方面的弱项、短板问题。确实，由于农村地区民政力量不足，基本社会保障、特殊群体的基本社会服务常常成为民政部门关注的底线问题。建立社会工作站或购买社会工作机构的服务，应该首先解决这些最迫切的民生问题，许多社会工作站建立之初也是这样做的。在这方面，在发展过程中，也有不同的做法。一些地方规定社会工作站只能做民政方面的工作，不能超越民政工作范围。这种先做好自己的本职工作的想法是可以理解的。但是实际上，民政系统的许多工作是联系在一起的，甚至民政工作与妇联、残联的工作也不可分割地联系在一起。于是，在定位于民政工作关键工作的同时，也顾及（甚至是自然扩展到）其他相关工作是必然的和必要的。这种既有重点又关注居民整体需要的想法和做法，有利于社会工作被承认和得到持续发展。关键是社会工作站首先要做好“规定动作”，做好“分内”工作，在此基础上审时度势、力所能及地兼顾其他相关工作。随着社会工作站站稳脚跟，在得到乡镇（街道）同意之后，可以逐步扩展自己的服务范围。这是社会工作站要经历的过程，既是其建立过程，也是其发展过程，需要社会工作者主动征求乡镇（街道）村居负责人的意见，细心地推进。

（四）服务要有一定的标识度

在全国范围内，特别是在不发达农村地区，建立乡镇社会工作站是新鲜事物，要建好社会工作站，使其顺利发展，建设好架构、开展好“第一项”服务是重要的。同时也要尽力使那些做得好的服务有标识度，开始建立自己的“符号资本”。社会工作者一般不刻意炫耀自己的工作，但是在新发展地区，必须精心设计工作和实施服务，以表明自己的存在。在社会工作站建立或某受委托机构新进村居初期，社会工作者常常是跟着乡镇（街道）村居工作人员进村入户，做一些配合性工作，这是必要的第一步。随着社会工作站的建立和运行，机构有计划地开展服务，社会工作机构就不能满足于跟随和简单协助，而是要有较高质量、能拿得出手的服务，从而建立自己的标识。在这方面也要得到党政村居负责人的支持。有些时候，党政村居负责人在向上级报告自己的工作时，会自觉不自觉地忘掉对社会工作机构工作的提及（这种情况就是在大城市中也经常存在），这不利于社会工作站更加积极主动和创造性地开展工作。社会工作不但要有存在感，也要有存在性。要有标识度，一是要切实做好服务——精心设计和做好有重要意义的服务；二是需要与基层党政负责人建立协同意识和协同关系。正如有的案例所指出的，嵌入式发展可以促进社会工作站的深度发展，也会进一步促进民政部门行政效能的提升和社会工作的社会影响力的扩大。

三、社会工作站建设要走踏实进取之路

这本《全国社工站建设优秀案例集》参选的社会工作站或社会工作机构，至少有两年的建立和运行经验，其中既有成功的经验，也有建立和成长中的曲折。是社会工作者忠于专业的进取精神和踏实工作，获得了基层党政负责人和群众的逐步认可，通过多方良性互动，促成了社会工作站、社会工作机构顺利发展的局面。走向基层特别是不发达农村的社会工作者必须有足够的专业精神，以在基层党政和居民都不太了解社会工作的情况下开展工作。在此过程中，社会工作要善于向当地干部群众学习，切忌“自我感动式”的服务。要善于在挫折中反思，深入当地社会和基层生活，认真分

析，找对有效进入村居之门。在这方面，广东的“双百计划”的“三同”是成功经验。既要有“只争朝夕”的紧迫感，又要有踏实的服务。同时，在那些着力建立区、乡镇（街道）、村（居）三级社会工作服务体系的地方，在地方党政希望有更大作为的地方，社会工作站、社会工作机构也要有逐步扩大服务范围、更有力度地促进社区建设的思想准备和能力。在经济社会比较发达、社会工作有较好基础的地区，健全基本公共服务体系，改善人民生活品质，完善共建共治共享的社会治理制度，扎实推动共同富裕，已经被纳入地方政府的工作目标。社会工作站、社会工作机构也应适应经济社会发展的要求，扩大服务范围，进一步提升服务水平。社会工作服务要以困弱群体为重点，同时要面向社会各群体，实现社会群众共同参与，方便、有效地满足辖区内不同人群的需求，促进社会工作服务深入发展，营造社区融合共进的和谐氛围。这些经验也值得各地在发展中加以借鉴。

总之，我国的乡镇（街道）社会工作站建设正处于蓬勃发展阶段，成绩可喜，任务艰巨。政府主管部门应该在推进规模扩张、全覆盖的同时，坚持进一步抓好其专业化建设，促进乡镇（街道）社会工作站的高质量发展。社会工作界要面对现实，理性思考，抓好机遇，聚力推进社会工作事业的发展。这里可能要付出比日常社会工作更加艰辛的努力，但这种努力中充满着创业的价值。这也可以看作是新时代送给社会工作界的礼物。

2022 年 10 月

（作者系北京大学社会学系教授、博士生导师；中国社会工作教育协会名誉会长，中国社会工作学会会长）

目 录

乡镇社工站篇

街道社工站篇

村、社区及其他社工站篇

乡镇社工站篇

“网红”社工站是如何炼成的

——广东省汕头市澄海区东里镇社工站运营与服务

徐泽光　黄丽璇[①]

一、社工站简介

东里镇社会工作服务站（以下简称社工站）地处广东省汕头市东北区域，韩江支流出海口，潮、澄、饶、澳四市县（区）交界，闽、粤二省交会的重要节点的东里镇。全镇总面积35.77平方千米，辖22个村、社区，总人口约11万。全镇现有20多个工业行业，其中以五金、洗染、针织、工艺等行业为主导，建立了水果、禽畜、水产、蔬菜四大鲜活农副产品商品生产基地，特色水果“樟林林檎”名播远近。

社工站建在东里镇东和村，配置6名社工，办公地点位于东里镇敬老院内首层附属楼，办公室面积约30平方米。由省民政厅统一督导，于2017年7月1日正式开展服务。社工站社工以东和村为中心，逐步辐射周边村（社区），通过“三同”“脚画地图”等方式，与群众建立了信任关系，摸清需求，发挥社会工作专业优势，统筹为低保对象、特困人员、残疾人、流浪乞讨人员、困境儿童（含孤儿、事实无人抚养儿童等）、妇女，以及空巢、留守、失能、重残等特殊困难老年人提供政策落实、物质救助、心理疏导、资源链接、能力提升、社会融入等服务，协助当地党委、政府打通为民服务“最后一米”，极大增强困难群众和特殊群体的获得感、幸福感和安全感。

自2017年成立至今，社工站连续3年为广东省核心示范点，在2020年中央电视台新闻频道（CCTV13）《最后一米》中播出的社工站案例，阐述了“双百”的本土化专业实务模式和社会性，成为“双百”社工学习的标杆，其中播出的个案也获得广东省社会工作优秀案例三等奖。在制度建立上，结合广东社工“双百计划”项目办“目标—计划—过程”的跟进管理与评估体系，制定了东里特色的“53111”模式及分工、管理、评估、考核、奖励等体系，使“愿景—目标—计划—过程—评估”环环相扣；在实务实践中，深度探索兜底民生保障和社会治理“最后一米”的问题，摸索出具有

---

① 徐泽光，广东省汕头市澄海区东里镇纪检监察室主任（原东里镇社工站站长）；黄丽璇，东里镇社工站副站长。

东里特色的理论体系。5 年多来，通过社工的努力，社工站不但成为“网红”社工站，更是全面推动脱贫攻坚和乡村振兴落地的最关键一环，也促进了东里镇社会工作事业的蓬勃发展。

二、社工站基本定位及探索

（一）社工站成立之初的社区背景及做法

第一，坚持政府引领，提升建设水平，促进规范发展。社工站自成立以来，镇领导高度重视社工站的工作，一是为社工提供了各类办公设施及支持一定的活动经费，为社工开展服务解决了后顾之忧；二是带站站长带队，对社工一系列的实务工作给予指导性意见，全力推动社会工作的发展。

第二，为协助社工在所在村（社区）开展工作，沉淀到基层中去，镇在各村（社区）中设置以民政干部为主体的社工协管员，为社工开展服务架起了桥梁。2018 年 12 月汕头市澄海区东里镇社会工作与志愿服务协会（以下简称社志协会）注册成立时，全体社工、协管员都成为协会会员，有力支撑起社工服务的开展。

第三，在社工站成立之前，东里镇尚未有过社工这类专业人员的存在，群众对于什么是“社工”，“社工”是做什么的都不了解。甚至绝大多数的人，都认为社工就是义工。为了改变社工在群众中的认知，社工站在集体讨论后，第一时间设立了公众号“东里镇社工站”（后改名为“双百计划东里镇社工站”），先以推文的形式让群众了解社工、认识社工、认同社工，为社工后续的驻村及“三同”做好准备。社工们利用网上素材，推出了第一篇文章《知识漫画丨什么是社工?》一文，站在全镇的高度，宣传社工，普及社会工作，让村民更多地了解了什么是社会工作。

（二）社工站基本定位和社区调研

社工站初始 6 名社工中虽然有 5 人是东里镇本地人，但要做好“三同”驻村模式服务，没有群众基础，没有社区支持，刚开始还是面临着很多的挑战。例如社工在走访社区过程中，一直被人叫作“义工”，还有群众以为这些人是发传单的。社工意识到：在社区，没有群众基础，没有熟悉的本地人带领和介绍，要打开驻村模式还是有一定的困难。为解决这个问题，社工在与镇政府汇报后，镇领导召集全镇各村（社区）民政干部参加会议，在各村（社区）中设置了一名以民政干部为主体的社工协管员，协助社工在所在村（社区）开展工作，也为他们沉淀各村（社区）架起了服务的桥梁。在 2018 年 6 月广东省民政厅监测评估东里镇社工站时，站长汇报了东里的做法，受到时任处长的赞扬，她说：“这是一个很好的示范，也是一种特色，以点带面，由此可以看出市、区、镇各级对双百社工站的支持力度是非常大的。”有了这个基础，社工站在召集人的带领下，凭着满腔的情怀，按“双百”初期工作任务，开始极具群众路线特色的“驻村工作模式”，用“脚画地图”方式走访了东和村每个角落，并绘制了社区地图。

在走访社区中，社工们发现，东和村在“人文地产景”五个维度上，“文”最有代表性。东和村位于东里镇东部，紧临着樟林古港，是红头船（编者注：“红头船”是潮汕地区华侨华人远渡重洋拓展海外的航运帆船，因船头油刷成朱红色而得名）的起源地、侨胞之乡。在村里面，到处都能看到历史悠久的宗祠、古色古香的古建筑、丰富的人文生活、传统的民俗艺术等，能感受到百年樟林文化的沉淀。所遇的群众中，从10多岁的儿童至70岁以上的古稀老人，都能对樟林文化说上一两句。街头巷尾，茶余饭后，随处可见的潮汕工夫茶起之时，也正是口述樟林历史文化之时。到处都有三三两两的老人，闲聊百年樟林人文趣事、侨乡同胞“过番”（编者注：潮汕人将出国谋生称为“过番”）史、红头船入海沧桑、民间祭祀文化……

社工将社区走访调研情况汇报镇政府后，建议结合东和村的文化特色和社区资产，以“人文地产景”维度对社区资源进行调研，同时以推文形式推广介绍社区，绘制有温度的社区地图，让群众了解社工的同时，能“一键点击”查看全东和村的资源。其后，社工以《时光里的东和村》一文吹响了文化行动的号角，并先后出品了《社区地图一——社工带你看东和之建筑篇》《社区地图二——一溪目汁一船人　一条浴布去过番》《社区地图三——于文化生活，邂逅“诗和远方”》等推文。在此基础上，社工们也初步完成了对东和村“社区资源地图”的绘制，对所在驻村“人文地产景”有了初步的认识。

三、东里镇特色的“53111”运营模式

无规矩难成方圆。一个优秀的社工站，其背后必有一套良好的管理制度。在需求调研、跟进服务到管理、检测、评估的摸索及经验梳理的基础上，社工站围绕省项目办“目标—计划—过程”的跟进管理与评估体系及“53111”模式（五年愿景、三年规划、年计划、月计划、周计划），创新性地为社工站制定了东里镇特色的“53111”模式，并在此基础上制定了分工、管理、评估、考核、奖励机制，使“愿景—目标—计划—过程—评估”环环相扣，更在基层社会服务的需求对接、过程监管、质量评估等方面，建立了可循之章。这套运营模式主要有以下几方面内容。

1. 实务岗位的设立

根据社工的专业、特长、意向分设三个实务岗小组，一是以社区文化营造为主体的文化组，二是以民政对象服务为主体的人群组，三是以志愿者为服务主体的志愿者组。三个组同步开展服务，各组按分工职责开展工作，服务对象通过站内转介，以期达到站内讨论、资源共享、齐步发展的目的。

2. 功能岗位的设立

设立副站长、运营、策划（兼内部督导）、行政、财务（会计及出纳）等岗位，并完善岗位配套及之间的衔接关系。

3. 完善“53111”模式

围绕站点五年愿景制订三年规划，分解出年度工作计划，增设半年计划，并在此基础上落实月、周计划。各计划由各小组讨论制订，社工根据所在组及工作职责相应制订个人计划，各组长负责安排落实并日常监督计划执行情况，由行政人员汇总后汇报站长。

4. 构建绩效考核机制

在监督站内计划实施的基础上，引进了“目标—计划—过程”的跟进管理与评估体系，在岗位责任制的基础上，实行可量化考核措施。以组、个人计划的落实情况为基础进行可量化考核，并形成周考核；以周考核为基础，形成月度考核；以月度考核为基础，形成季度、半年度、年度考核，使社工年度考核有据可依。同时制订了“过程化质量考核”方案，不单只考核结果，更在过程中考核小组、个人的实务开展质量，以调动社工开展专业化服务的积极性，防止考核工作流于形式。

5. 实行周例会制度

以周为单位，由站长主持工作例会。每周一例会由各小组及个人集中在镇汇报周工作计划；每周五在镇对周工作计划进行考核，实行站长、社工“双签字”制度，结果在站内予以公布并登记入档。

6. 奖励机制

考核结果分为优秀、良好、一般、差四个等级，对表现突出或取得显著成绩的社工或团队（小组）进行适当奖励，最终考核结果由站长核定。

7. 财务制度的设置

结合“53111”实施办法，建立财务管理制度。在站内分设财务组及财务管理人员岗位，制订经费预算，实行支出审批流程，并引进了会计电算化，构建出社工站的财务管理体系。

四、服务设计及实务工作开展情况（以社区文化营造为例）

为解决兜底民生保障和社会治理“最后一米”的障碍，破解社会工作理论与实践、教育与实务的二元分割困境，社会工作服务由镇统一管理，站长直接参与并指导社工开展实践活动。在此基础上，总结出多个实务模式，主要如下。

（一）打造口述历史工作坊

围绕以文化为核心，如何更好地融入社区，让群众接纳社工，社工如何做到更好地为民服务。2018 年 7 月，社工站从去梅州市金山社工站参加“口述史工作坊”培训中，获悉“广东社工双百计划”项目办要设立“口述历史工作坊”，以口述历史为主要方式，尝试让群众回忆故事，并通过口述历史传播，增强群众的认同感，强化社区文化保育工作。此后，按照站点的分工，结合“双百”的初步计划，社工站决定尝试通过走访群众，以逐字稿的形式，整理群众的口述内容。

结合当时项目办第一年度计划，社工站制定了以“探访社区，挖掘它的历史美；回应社区，传承它的美食美；打造文化教育阵地，开辟它的学堂美”为主题的工作思路。通过尝试让群众回忆社区历史故事并通过口述，增强群众对东和村的认同感，也通过群众口述访谈，收集整理出大量口述史文稿，涉及范围包括“村史文化”“民俗文化”“祠堂文化”“美食文化”“人文事迹”等。

（二）文化阵地的挖掘、打造

一个有影响力、有代表性、民众参与意愿高的阵地，可以吸引和会聚更多群众参与，有利于百年樟林文化深度碰撞，更好地传承和保育文化。经多方争取，镇政府把樟林古港文化的代表地，有着百年历史的著名文物保护古建筑——“林园”无偿提供给社工站作为开展文化活动的阵地。

为更好利用、活化阵地，社工站先后组织社区文化讲师，开展多个以文化为主题的活动，社工在培育文化讲师的同时，也动员社区周边群众共同参与阵地的打造和活动，逐步与群众加深关系。

（三）社区资源的整合利用及共同体的培育

在结合社区优势资源，并对实务工作进行总结和反思的基础上，社工与镇政府共同探索出以樟林文化为载体的社区资源整合路径。

1. 义教入校模式

基于社区的文化资源，以共同文化情结——樟林古港文化为情感纽带，培育地区文化达人，担任文化讲师，为学生们带去文化教育。在学校的支持下，引进有一技之长的长者文化讲师义教入校，在学校开办“年代一堂课”为主体的书法、绘画、红色文化等主题的公益课堂，回应了学生美育教育需求及丰富学生课余生活的同时，也回应长者文化达人发挥余热的“夕阳红”精神需求。

2. “社区共同体”反哺群众模式

社工站将社区群众视为大树的“根”，社区发展的结果即是大树长出的“枝与叶”。只有立足于社区群众的“根”，从群众中来，到群众中去，“根”扎得越深，“枝与叶”（社区发展）才能越茂盛。基于此，社工培育发展引导社区群众（志愿者）这一“社区共同体”反哺服务对象，最后达到“根壮叶茂”。在社工的引导下，“社区共同体”通过社工搭建的平台，逐步反哺有需要的群体。如以黄丽璇、黄逸撰写的《个案救助——社区教育下的儿童工作》为代表，记录了社工利用社区共同体的力量反哺社区的儿童，为萃英小学的“小 M”“小 B”等提供服务的过程，此为利用“社区共同体”力量反哺有美育需求的儿童群体的案例。而《个案救助与精准扶贫的最高境界是迈向能力建设与社区共治》等知识经验的产出，则反映了“社区共同体”力量反哺社区困难群众的探索。

3. “五位一体”模式

社工站围绕“五位一体”的理念（即文化认同、公共参与、社会互助、生计发展、环境友好），分析社区的优劣资源，以资源为本，以民政救助为目标，分析自身能力不足，寻找能力建设发展的道路，是东里发展模型下的一种新思路总结。黄丽璇、黄逸等社工合编的《五位一体推动社区共治—互助—发展新格局，我们在行动》一文，以大事件的方式，罗列从成立到现在所走过的路。围绕“五位一体”的理念，从有社区开始，分析社区的优劣资源，以资源为本，以民政救助为目标，分析自身能力不足，寻找能力建设发展的道路。

五、社会工作发展氛围的营造及典型服务案例的宣传推广

紧跟樟林古港文化的开发热潮，社工站开展一系列的社区宣传活动，包括加大线上、线下的推广力度，如在公众号、电视台、报纸、杂志等进行宣传，强化社会工作发展氛围及宣传力度。

1. 线下推广

以社工宣传周活动为代表，以第二次的“樟林古港古驿道定向赛”为契机，发掘发动一系列的文化活动，聚集了陈老先生等为主体的社区积极分子，联合社区社团（如水寨锣鼓爱心社、培兰老人组等），在樟林古港广场组织了“2019 岭南社工宣传周”活动，参加群众超 3000 人次。

2. 线上推广

在各公众号上先后撰写投放一系列优秀的推文。如在制度上的《关于东里镇社工站的绩效考核制度》《建立协会财务制度、为 53111 执行保驾护航》等；在实务上的《五位一体推动社区共治—互助—发展新格局，我们在行动》等，以大事件的方式，探索总结出东里“五位一体”的模式体系等；在口述历史工作坊上反映“村史文化”“民俗文化”“祠堂文化”“美食文化”“人文事迹”的推文，代表作有《百年新兴街里，藏了一位手艺人》《蚁伯的拥军之路》《万里重洋，过番寻梦》等；个案救助上，以《个案救助与精准扶贫的最高境界是迈向能力建设与社区共治》为代表，总结出具有东里特色的本土化社会工作实践道路等有代表性的文章，有力推动了各界提升对社工站和专业形象的认知。

3. 媒体推广

比较典型的一是在2020年8月，中央电视台新闻频道（CCTV13）播出广东社工“双百计划”采访内容“最后一米”，东里镇社工站以个案救助入手，阐述了“双百”的本土化专业实务模式和社会性，让“双百”本土化专业知识体系有了进一步的认识，大大提升了“双百”的专业形象认知；二是站点优秀文章入选《中国社会工作》杂志、《汕头日报》及澄海电视台《文明会客厅》节目等，有力推进社工站本土化和社工专业实务模式的社会认知度。

六、运营管理成效总结

（一）政府的支持

自社工站成立以来，东里镇领导高度重视，统一认识到这是为民服务、全面推动脱贫攻坚落地的最关键一环。一是为社工站提供了优越的工作环境，备齐各种办公设施，解决了水、电等各类费用，为社工开展服务免除了后顾之忧。二是镇领导高度重视社会工作，张镇长、陈副书记以及分管领导等为社工开展服务争取一系列的便利，站长带队，参与社工一系列的实务工作，推动东里社会工作的蓬勃发展。

（二）社区的支持

社会工作得到社区的大力支持。一是全镇22个村（居）民政干部都是社志协会的成员，也是社工开展实务最有力的支撑力量；二是社区群众支持社工工作，积极参加社工组织的志愿服务活动，更有本地民众称“有事找社工”，这是对社工的最高认同；三是社志协会有着众多志愿者的加盟，有力支持了社会工作事业的发展。

（三）发展成效

在这不平凡的5年多里，社工们齐心协力，共创佳绩，社会工作稳步前进，主要有以下成效。

一是标杆打造。自成立以来，社工站一直被广东省“双百计划”项目办评为“省级核心示范点”，其背后是社工们基于“双百计划”模式的辛勤付出。“双百计划”项目办通过实地课程开发的方式，与东里镇社工站共同开发大事件梳理课程，通过培训与实地跟进，推动社工站梳理、提炼和总结经验，树立标杆效应，带动其他站点发展。

二是模式构建。管理技术上，社工站制定了具有东里特色的“53111”模式；实务中，社工站先后构建出“义教入校”模式、“能动共同体反哺社区”模式、“社区发展与个案救助齐步发展”模式等，既契合社工站的发展规划，又体现了社会工作的专业性。

镇街级枢纽型社会组织的运营模式

——重庆市南岸区南坪镇三级社会工作服务体系建设

宋瑶平[①]

一、社工站建设基本情况介绍

近年来，重庆市南岸区南坪镇以各级党委和民政部门关于进一步壮大社会工作专业人才队伍，提升基层社会治理能力的相关要求为指引，积极为促进社会工作三级服务体系建设“布棋”。在社工站发展的过程中，以组织建设为基础，人才培养为核心，多元投入为保障，有序完善社会工作发展机制、推进社会工作人才队伍建设，积极探索和推进基层社会治理体系和治理能力现代化建设。

重庆市南岸区南坪镇积极打造镇街级社工站，促进和统筹辖区社会工作发展，并于2015年4月孵化培育了一个镇街级枢纽型社会组织——南岸区绿荫社会工作服务中心（以下简称绿荫中心），负责南坪镇社工站的日常运营和专业社会工作服务的实施。绿荫中心自2016年起连续开展了南坪地区和南岸区本土社会工作人才培养服务，通过引入社会工作专业方法和理念，培育和孵化社区社工室，并为辖区内的社区社工室和社区社会组织提供人才培养、能力提升、组织孵化、资源链接等专业化、系统化、全方位服务及技术支持。

2017年，南坪镇实现了10个社区社工室全覆盖，并配备至少1名专职社工开展社会工作服务。

目前，南坪镇形成了以党建为引领，坚持党委领导、政府指导、社会参与原则，搭建了以镇民政和社会事务办公室为指导、绿荫中心为枢纽、社区社工室为支撑的社会工作三级服务体系工作架构。

二、社工站基本运营模式

（一）枢纽型社会组织运营机制

南坪镇委托绿荫中心推动全镇社会工作发展。绿荫中心在实际运营社工站过程中

---

① 宋瑶平，重庆市南岸区绿荫社会工作服务中心党支部书记、主任。

促进社区社工室、社区公益站及社区社会组织多方有机结合和良性互动，走出了一条通过镇街级枢纽型社会组织孵化、培育、整合社会资源，创新“五社联动”机制参与社区治理的发展之路。

与此同时，南坪镇积极争取资金、资源、政策投入，为三级社会工作服务体系建设落地发展畅通渠道。一是拓宽资金支持。鼓励社区社工室在政府购买服务以外，积极拓展社会投入，支持并协助其通过获得公益捐赠、申请基金会项目等方式开展社会工作服务。二是提供资源支持。除了紧紧围绕“坚持党委领导、政府指导、社会参与”的纵向组织原则以外，还指导社工室联动社区公益站、社区新时代文明实践站等社区资源进行横向整合共享，使社会工作在社区构建形成横向融合、纵向联动的服务体系。三是争取政策支持。除落实200～500元/月的社会工作者资格证书补贴和项目执行补贴外，还在南岸区率先提拔持证社会工作者为社区副主任并享有相应的职位待遇，打通本土社工人才发展和上升的通道，促进人才稳定。

（二）“1+2+N”孵化培育机制

绿荫中心在运营社工站过程中采取“1+2+N”的培育机制，即绿荫中心统揽社区两大社会组织——社区社工室和社区公益站，以党建为引领，以“五社联动”工作机制为基础，带动社区社会组织开展社会工作服务。具体运营模式如下：

“1”：发挥绿荫中心作为镇街级枢纽型组织统筹社会组织孵化与培育功能，为辖区内的社区社会组织提供人才培养、能力提升、组织孵化、资源链接等服务及技术支持。2016年，绿荫中心执行了南坪镇本土社工人才培养项目，辖区8个社区均成功申报和执行政府购买社会工作服务项目。

“2”：打造社区社工室和社区公益站，为创新社区治理提供有力支撑。南坪镇在2017年实现了全镇10个社区社工室和10个社区公益站全覆盖，并将其整合到社会组织孵化、培育、扶持中来，提供了强有力的活动平台及资金支持。同时通过公益微创投活动促进社区社工室和公益站健康有序发展，并探索出台了系列考核、评估标准，规范了社区社工室和公益站的运行。

“N”：搭建社会组织工作架构，推动社区社会组织蓬勃发展。为社区社会组织开展阵地规范化建设、能力提升培训到孵化培育等服务。截至2021年6月，共孵化216个社区社会组织，成功登记注册社区社会组织154个。此外，通过搭建平台，链接基金会、社区微公益创投项目等资源，指导和协助社区社会组织申报和实施项目，为社会组织健康发展提供平台支持，将现有的社区社会组织从“一盘散沙”逐步凝聚成“一个品牌”，形成了具有本土特色，与社区发展需求相适应的社区社会组织发展路径。

（三）“三事分流”工作法

2014年起，南岸区探索基层治理“三事分流”工作法，将居民问题诉求按照“大事”“小事”“私事”进行分类分责处理。近三年，南岸区在包括南坪镇在内的村社推广“三事分流”，共办理落实大小私事63806件，“三事分流”事务办理完成率达98.76%，受益人群达225万人次，有效推进基层治理工作开展。

具体工作方法如下：

“三事分流”按需求收集、协商分流、分责办理、评估反馈四个步骤依次进行。

“大事”：全区公共领域的重大事宜，即政府管理事项和基本公共服务，由政府部门负责办理。

“小事”：社区公共事项及公益服务，由村（居）委会为主导，社区自治组织、社会组织和社会单位等协商办理。

“私事”：居民个人事务，政府引导居民群众自行解决、互助解决或通过市场服务办理。

三、社工站服务体系设计

（一）发挥枢纽型社会组织作用，促进本地区服务发展

绿荫中心作为南坪镇培育的枢纽型、支持性社会组织，承接着全镇各社区社会工作服务的督导任务，同时也发挥执行项目的专业作用。自成立以来，共执行各级专业机构社工项目60余个，其中市级社工项目10个、区级社工项目43个、镇级社工项目8个。同时，整合资源开展基金会项目8个、部门活动类服务项目50余个。

（二）带动社区层面专业服务发展，回应实际需要

截至2022年11月，绿荫中心指导社区社工室共申报各级社工项目60个，涵盖社区困境老人、残障人士、儿童青少年、社区融合、社区治理等人群和领域；联动社区公益站累计向民泰社区发展基金会申报项目60余个，通过公益项目撬动社会资金400余万元投入社区事务与建设中，解决了南坪镇“老旧散”小区环境卫生、社区文化建设等方面的需求。2016年以来，共开展四届公益微创投活动，创投资金15万余元，整合政府、社区社会组织的力量，通过少量资金和不同类型的项目服务更精准地解决社区具体问题与需求，不断激发社区社会组织活力。

（三）打造本土品牌，扩大服务效应

绿荫中心通过总结专业服务经验，树立品牌效应，不断提升社会影响力。先后在全区范围内执行重庆市婚姻家庭社会工作“家庭和谐计划”项目、南岸区本土社工“菁英”人才培养项目、南岸区南坪地区残障人士居家托养服务项目、“绿色小卫士”环保公益体验活动等特色品牌项目，逐步走出了一条“立足南坪镇，辐射南岸区，影

响重庆市”的发展之路。目前，绿荫中心成为重庆市巾帼文明岗、重庆女性公益联盟成员单位、重庆市青年社会组织联席会会员单位、共青团南岸区青年联合会会员单位。笔者扎根基层16年，也先后荣获全国“最美志愿者”、全国“最美生态环境志愿者”、重庆英才·名家名师（社会工作领域）和重庆市首届“最美社会工作者”称号。

在南坪镇统筹和绿荫中心的带动下，南坪镇回龙湾社区成为全国社会工作标准化建设示范社区、白鹤苑社区成为市级社会工作标准化建设示范社区，渝能社区、回龙湾社区本土社工执行项目获市级优秀项目称号。其中，渝能社区在塑料八厂家属区整体搬迁项目中，引导居民运用“三事分流”工作法，广泛动员居民参与，促进了危房改造整体搬迁工作顺利完成。

四、“3C＋3I”本土社会工作人才培养机制

绿荫中心自2016年起开展本土社会工作人才培养，链接高校社会工作专业督导力量执行本土社工人才培育项目。经过几年的探索和经验积累，提炼出本土社会工作实务模式和“3C＋3I”本土社会工作人才培育机制。

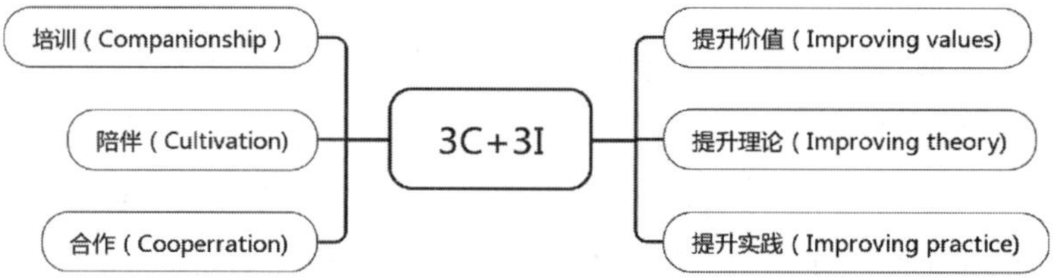

截至2022年，共培养社会工作专业持证人才62人，其中社工师15人，助理社工师28人，重庆市社会工作员19人，持证率56%。

1. 坚持党建引领，增强专业价值理念

社区本土社工均由持证的社区工作人员转岗而来，大多未接受过系统性的专业学习，同时在服务过程中获得感不强。绿荫中心以培训、陪伴的方式帮助本土社工构建社会工作价值体系，提高专业认同感和从事专业服务的热情；同时确保本土社工在以党建为引领的前提下创新服务方式，为行业组织发挥先锋模范作用。

2. 开展专题培训，夯实专业理论基础

调研发现，70%的社区社工室项目都存在项目管理不足、理论实务结合困难的情况。绿荫中心在南岸区民政局的指导和支持下，统一南岸区社区社工室项目文案规范；同时邀请经验丰富的专家教授开展社会工作专业理论基础专题培训。

3. 实施“三带”服务，提升专业服务水平

绿荫中心以“合作＋示范带领＋资源支持”的方式为本土社工带技术、带经验和带资源，提高本土社工实务能力。以合作的方式传授社会工作专业服务技巧；以示范带领的方式与本土社工共同交流相关经验；为有需求的本土社工搭建资源平台，将有

效资源共享给本土社工，提升项目执行效果。

五、社工站典型服务项目和服务案例

（一）南岸区本土社会工作“菁英”人才培养项目

1. 项目背景及内容

《重庆市社会工作服务“411”示范工程实施方案》指出，重点推进社区社会工作服务，推动社区社会工作全覆盖；实现城市社区2名以上社会工作专业人才，农村社区1名以上社会工作专业人才。①

2. 项目需求调查情况

针对南岸区部分农村地区和城市社区本土社工（50名）开展需求调研，发现在价值理念、理论知识、实务开展、项目管理四个方面存在不同层面的需求。

3. 项目思路

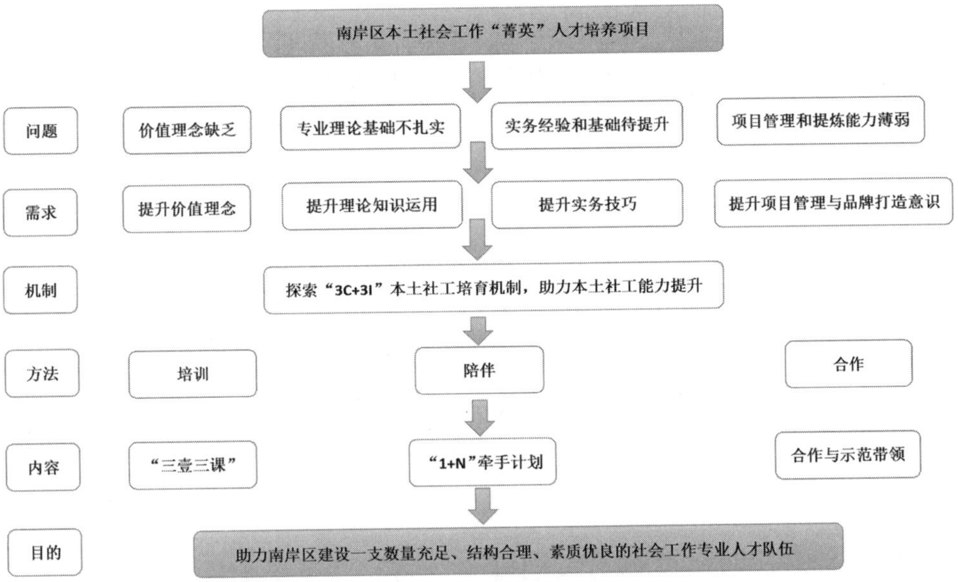

图1 “菁英”人才培养项目流程图

4. 项目服务内容

探索培育机制，提炼服务手册：项目以提高本土社工专业服务能力为核心，探索“3C+3I”本土社工培育机制，分别从价值、理论、实务三个层面解决南岸区50名本土社工存在的实际短板，满足社工的发展共性需求，并总结经验，提炼人才服务手册。

开展分类培训，解决实际问题：针对35名普通社工开展提升价值理念，普及社会

① 《重庆市社会工作服务“411”示范工程实施方案》〔渝民发（2015）101号〕。

工作、项目基础知识学习；针对15名“菁英”骨干增加项目设计、项目管理及成效提炼等培训，并通过“三壹三课”的培训方式，将实践融入培训中，解决本土社工实际问题。

注重陪伴辅导，强化支持功能：通过“1+N”牵手计划，即1名绿荫中心专职社工牵手N个本土社工，分别从项目支持、进度跟踪、质量把控三方面陪伴本土社工成长。

开展合作示范，推动项目管理：运用参与式教学方法，为本土社工现场示范专业实务过程，交流相关经验，丰富本土社工实务经验。

5. 项目成效

阶梯式成长，解决实际需求：结合本土社工实际需求提供分类成长方案。针对普惠型社区社工提供基础知识培训+陪伴服务，帮助提高专业水平，顺利执行项目；挖掘15名“菁英”骨干本土社工作为重点服务对象，采取“一对一”指导的方式提升他们在项目设计、项目统筹等方面的能力。经调查，分别有96.15%和80.77%的社工认为项目给予了专业建议、解决了项目执行困难。

系统性培育，提升专业水平：开展社会工作价值理念和社会工作专业知识理论培训16场，参与督导和示范带领24次，帮助本土社工巩固基础知识，提高项目执行和管理的能力。97.62%的社工清楚知道社会工作价值理念并认同，92.85%的社工实务掌握情况较好。

夯实人才队伍，深化服务体系：南岸区作为重庆市社会工作三级服务体系建设示范点，积极打造“区县—镇街—村社”三级社会工作服务体系，绿荫中心在南岸区范围内开展本土人才培养，并通过系列培育服务提高本土社工服务能力，连续承接实施了2020—2022年社会工作职业水平考前公益培训，组织参训学习800余人次。

南岸区本土社会工作“菁英”人才培养项目荣获重庆市第三届社会工作服务项目大赛铜奖。

（二）社区社会组织“谢阿姨调解室”孵化培育案例

绿荫中心运用“1+2+N”社区社会组织培育模式，建立社会组织孵化培育流程。截至2022年11月，在南岸区共计孵化培育社区社会组织300余支。“谢阿姨调解室”就是其中较典型的案例。

1. 调查

谢阿姨是“谢阿姨调解室”的核心成员，自1997年退休之后一直无偿从事民间调解工作。谢阿姨所在的南坪镇康德社区环境复杂、人口流动性强、矛盾纠纷调解需求高，同时，绿荫中心执行的婚姻家庭项目也需要调解服务。针对上述情况，绿荫社工与社区及谢阿姨沟通，拟培育一支以谢阿姨为代表的调解志愿服务队伍，参与社区矛

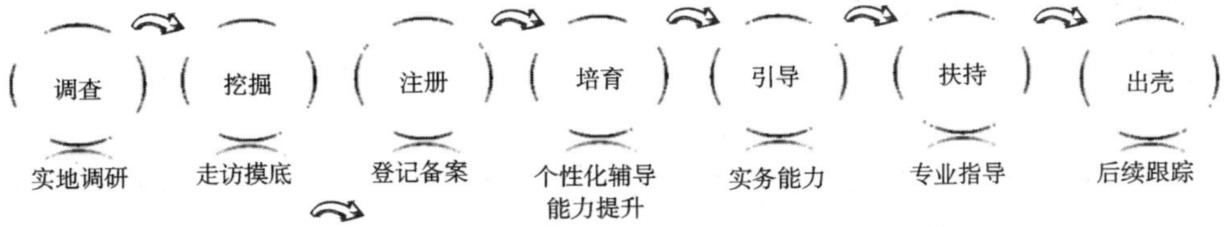

图 2　社会组织孵化培育流程图

盾调解和专业的婚姻家庭调解服务。

2. 挖掘

通过社区推荐的方式挖掘骨干。最终，沟通能力强、有意愿、文化素质较高的 10 名骨干居民组建了“谢阿姨调解室”志愿服务队伍。

3. 登记备案

在充分了解队伍情况后，绿荫中心协助“谢阿姨调解室”在南岸区民政局成功登记备案。

4. 培育

（1）组织规范化培训：为了帮助“谢阿姨调解室”志愿服务队伍更加规范，绿荫社工对其进行组织架构梳理，明确服务宗旨，规范社区社会组织管理制度，为该队伍接下来从事好调解服务建立基础。

（2）调解方法和理论培训：为了增强队伍人员调解能力及沟通能力，绿荫社工链接婚姻家庭法律专家、家庭教育专家，为队伍成员提供《中华人民共和国民法典》婚姻家庭编、《中华人民共和国家庭教育促进法》等专业培训，并从理论上教授相关调解技巧，为社区社会组织赋能。

5. 引导

绿荫中心依托南岸区婚姻家庭和谐计划项目为“谢阿姨调解室”提供实践平台。引导队伍成员将所学理论知识与实务相结合，在南岸区婚姻登记中心提供一站式坐班调解服务，每周固定排班，由专业社工带领“谢阿姨调解室”成员为有需求的当事人提供婚姻家庭矛盾调解服务。

6. 扶持

绿荫中心以内部督导 + 外部督导相结合的方式对“谢阿姨调解室”进行专业指导，邀请重庆城市管理职业学院婚姻家庭实务经验丰富的专业老师担任督导，指导队伍成员开展专业调解服务，并由机构项目主管每月进行内部督导，引导队伍反思总结调解中的问题。同时通过公益创投项目为队伍长效发展提供资金支持，引入外部资金为队伍造血，持续开展调解服务，并在项目大赛中推广调解经验。

7. 出壳

通过绿荫中心对“谢阿姨调解室”的孵化培育，将热衷民间调解的社区草根组织培育成了一支专业的调解队伍。截至 2022 年，队伍成员由 10 人发展为 20 人，调解矛盾纠纷398次，其中婚姻家庭调解67对和好，服务群众827人次，产出了10余例调解服务经典案例，获得了调解受益对象的好评。在绿荫社工支持下，探索出听、估、调、决、访的“调解五步法”，在南岸区范围内广泛推广。

（三）渝能社区危房改造整体搬迁服务案例

1. 案例背景

南坪镇渝能社区所辖塑料八厂家属楼修建于20世纪70年代，无物业。由于年度久远，墙体开裂起层，地面沉降，屋顶漏水，地下管网破裂，居民家中浸水、漏雨是常事，存在很大的安全隐患。政府和社区多次查看、上报情况，经相关部门确定该房为C级危房。小区38户居民也多次到社区、南坪镇政府反映要求进行危房改造，改善其居住环境。南坪镇政府于2016年启动了危房重建程序，但由于居民对重建方案意见未统一，危房重建进程受阻。

2. 主要做法

为保障渝能社区所辖塑料八厂家属楼群众诉求得到及时办理、回应，在绿荫中心指导下，渝能社区按照“党委领导、政府主导、社会参与、居民自治”的原则，形成了以党建引领，社区、居民双向联动协商议事，大事小事私事“三级议事”分则办理的“1+2+3”危房搬迁服务模式，引导居民对楼栋进行自治共治，实现居民自我管理、自我服务。

（1）聚焦居民痛点难点，引导社区本土社工收集需求

南坪镇社工站在镇党委政府领导下，协助渝能社区申请渝能社区塑料八厂危房改造整体搬迁项目。由南坪镇社工站专业社工指导渝能社区社工室本土社工开展需求调研。了解到由于楼栋建筑和设施逐步出现自然老化，主要存在路面破损、井盖破损、墙体破裂、管线混乱等问题，不仅成为居民心中的一块“心病”，也是渝能社区的一块“顽疾”。

危房重建进程受阻，一是部分居民对现在提出的重建方案不满意；二是危房整治过渡期内的环境卫生、安全保障问题无人解决；三是等待期间过渡费无法保障。

（2）发挥统筹协调作用，助力居民协商分流

为了严格按照原址重建，不超红线的要求，又充分满足居民的需求，在南坪镇党委领导下，组织了一支由南坪镇分管城建工作的副镇长为组长，渝能社区负责人为副组长，绿荫中心为成员的工作小组。小组成员召开协商会议，邀请居民代表参与，会上就小区存在的问题进行了协商分流。由南坪镇政府负责搬迁工作全面统筹，聘请专业人员制订房屋设计方案并与区级部门沟通解决过渡期间稳定费，让大事“快办”；由渝能社区与绿荫社工培育楼栋骨干志愿者，开展系列宣传活动动员居民搬迁、撤离危房，让小事“共办”；由塑料八厂居民发挥业主作用，做好房屋安全工作及环保清洁保

障，让私事“自办”。通过会议分工，进一步明晰了危房搬迁的具体任务，切实把办理责任落实到人头上。

（3）健全楼栋、社区、镇工作小组“三级议事”自治体系，分责办理完成危房搬迁重建工作

“三级议事”自治体系按照“大事、小事、私事”分责办理。南坪镇工作小组开展业主大会选出业主代表，由业主代表协助社区做好宣传解释工作，让居民们了解危房重建的政策及重要性，同时向政府传达居民对重建方案和过渡费的意见。通过镇政府从安居、宜居角度聘请专业人员制订房屋设计方案，并多次与业主代表细化优化方案的方式，最终重建方案得到了统一。

为落实重建方案，尽快解决安全隐患，社工与业主代表采用入户的方式逐户动员居民搬迁、撤离危房。针对情绪过激的居民进行心理疏导，及时做好安抚工作，并以院坝会、茶话会、联欢会等形式组织丰富居民精神文化生活，在活动中进行政策宣传倡导、安全教育、环境保护理念普及等服务，并制定塑料八厂《居民公约》，保障修建后的管理工作，进一步提升居民社区参与感和融入感。发挥居民自治作用，通过社区推荐、居民自荐的方式组建志愿巡逻队，由社工开展培育小组活动，教授志愿者沟通、宣传等相关技能，由塑料八厂巡逻队每天和南坪镇综治巡逻队开展安全巡查，保障楼栋安全，并带领居民和施工队一起清淘化粪池，修理树枝，清除生活垃圾，切断水、电、气，消除安全隐患。通过政府、社区、社工、居民多方联动，38 户居民签订了搬迁重建协议，并领取了过渡费，签约率 100% 。在居民配合下，最后政府通过招投标的方式确定了施工单位，并进行了施工便道的修建，使周边居民的出行有安全保障。

（4）从无人管到共同治，老旧危房绽放幸福之花

在“三事分流”工作法的指导下，南坪镇完成了渝能社区塑料八厂危房搬迁与重建工作，实现了塑料八厂从最开始的无人管到现在的共同治。在这个过程中，调动政府、镇街、社区和专家、社工、居民、社会组织等各方资源，搭建居民协商议事平台，成功解决楼栋管线混乱、墙体破裂、环境脏乱等典型问题。如今通过多方努力，原先的老旧危房环境变好了，居民处理问题的方式也从吵架变成了找组织协商，群众获得感、幸福感、安全感不断增强，居住品质得到大大提升。

六、社工站运营和服务反思

1. 明确发展定位，发挥本土优势

社会工作者作为民生需求的传声筒和公共服务的提供者，需要有专业的分析调研能力和服务水平。因此，南坪镇在发展本土社会工作的过程中，率先明确社会工作发展定位和规划，包括孵化枢纽型社会组织运营，鼓励社区工作人员转岗成为专职社工。依托绿荫中心来自本土的优势，本土社工来自社区，熟悉社区情况、群众基础深厚、

社区资源丰富的天然优势，积极融入社区治理创新，在辖区内开展好社会工作服务，从而避免外来机构入驻时出现适应周期长、“水土不服”等现象。

2. 统筹专业资源，协调社会关系

社工站还发挥着资源库的功能和协调社会关系的作用，例如整合高校专家教授为本土社工提供能力提升服务和定期的专业支持；为社区社工室、社区公益站等社区社会组织整合资金、平台、技术、宣传等资源，不断提升其服务水平和效应。同时，协调本土社工与所在社区、本土社工之间的合作与支持关系，不断提高本土社工职业待遇，凝聚起本土社工执行项目的资源合力。

3. 强化党建引领，主动谋划发展

社工站积极探索创新社会工作服务方式，将党建工作融入社会工作服务中，示范和引导社区社工室积极探索“党建 + 社工”的服务方式，为行业组织发挥先锋模范作用。在现有的发展阶段上，要主动谋划和作为，完善人才培养模式，配合党委和民政部门做好社会工作发展的制度建设、人才培养、队伍建设等工作，加快三级服务体系建设进程。

4. 坚持专业发展，提升建设质量

镇街级社工站在社会工作三级服务体系建设中发挥着承上启下的功能，为了更好地发挥社工站功能，社工站要继续加强社会工作的专业化发展。在技术上持续开展人才培养和跟踪服务；在管理上，要协助区级社会工作指导中心进一步完善社会工作发展制度、考评和激励机制，不断提升社会工作三级服务体系建设质量。

聚焦农村特殊困难人群　积极助力乡村振兴

——湖南省宁乡市喻家坳乡社工站运营与服务

贺晓淳　马平平　罗　晴[①]

为凝聚专业社工力量，增强基层民政服务能力，2018 年 12 月，湖南省宁乡市民政局通过政府购买服务的方式，启动了宁乡市乡镇（街道）社会工作服务站（以下简称社工站）项目的公开招投标，最终由 3 家社会服务机构作为承接方，共招聘了 62 名社会工作从业者，在省内较先实现了 1 个市级总站和 29 个乡镇（街道）社工站的全覆盖。本文以湖南省宁乡市喻家坳乡社工站的运营与服务为例，主要总结在创新社会治理格局和乡村振兴战略背景下，基层社工站平台运营与服务的基本定位、运营模式、联动机制、服务体系、品牌项目、人才培育及专业反思等内容。

一、基本情况介绍

喻家坳乡社工站建设于 2019 年 2 月，是湖南省民政厅和长沙市民政局规划，宁乡市民政局牵头和指导，在喻家坳乡人民政府落地，由宁乡市惠宁社会组织服务与发展中心承接的社会工作服务平台，主要服务于农村地区的喻家坳乡。

（一）乡镇基本情况

喻家坳乡位于市域中北部的农村地区，与桃江县、益阳市交界，距离市区约 31 千米，现下辖 8 个行政村，共 177 个村民小组，总人口 4 万多。作为传统的农业经济大乡，栀子花、烟草、油茶和中药材种植是当地的特色产业，在乡村振兴战略背景下，乡政府将建设农旅融合的“栀子小镇”作为工作重心。辖区内有学校 8 所，敬老院 1 所，儿童之家 8 个，妇女之家 1 个，居家养老服务中心 2 个，社区（村部）综合文化服务中心 8 个，敬老院 1 所，长沙市科技示范基地 1 个，长沙市科普示范基地 1 个。截至 2023 年 4 月，辖区内有残疾人 1239 名；特困人员 358 户 363 人，其中集中供养 49 人，分散供养 309 户 314 人；留守儿童 18 名；困境儿童 199 名，其中低保儿童 138 人，

---

① 贺晓淳，社会工作师，湖南省宁乡市社会工作服务站指导平台主任；马平平，社会工作师，宁乡市民政局慈社科科长；罗晴，助理社工师，宁乡市惠宁社会组织服务与发展中心主任。

残疾儿童34人，事实无人抚养儿童23名，孤儿4名；留守老人11名；留守妇女5人。

（二）社工站基本定位

紧扣“创新管理，服务民生”的战略方针，喻家坳乡社工站由2名驻站社工全职全程驻扎服务平台，始终坚守专业社会工作的价值理念，以适应本土社会工作的理论为依据，聚焦喻家坳乡的困难群众，运用个案管理、小组和社区工作方法，围绕社会救助、儿童关爱、社区治理、养老服务四个领域开展了综合实践。为有效发挥农村社会工作解危、纾困、预防和发展的功能作用，喻家坳乡社工站主要为服务对象开展了政策落实、心理抚慰、情绪疏导、情感陪伴、能力建设、资源链接、社会融入等服务。同时，社工站为基层民政系统增能减负，推动了政府转变职能和政务服务效能提升。2020年被评为长沙市乡镇（街道）社会工作服务站特色示范站。

喻家坳乡社工站由三方责任主体共建，有相对清晰的职责定位。三方责任主体为宁乡市民政局、宁乡市惠宁社会组织服务与发展中心及喻家坳乡人民政府。宁乡市民政局是实施社工站项目的主体，是社工站的购买方，承担着“选机构、招人才、定目标”的主体责任，社工站建设权归属市民政局。宁乡市惠宁社会组织服务与发展中心是承接服务的主体，负责组织社工人才招聘，严格遵照省民政厅相关标准要求执行，必须满足40岁以下，大专及以上学历；同等条件下，乡镇推荐的本土社工人才优先。喻家坳乡人民政府是社工站的落地方，作为项目的受益方，须为社工站配齐办公用房和电脑等办公设备，解决好社工的食宿，对社工站进行日常管理、指导和监督。

喻家坳乡社工站由承接机构和乡镇（街道）实行双重管理并按要求提供专业服务。社会事务办主任兼任社工站站长，社工协助乡镇民政开展专业服务，同时按时向社工机构汇报工作情况获得相关支持。在社工站的专业服务上，通过三方协议规定并强调，乡镇不能抽调社工从事民政以外的工作，专业性是社工最本质的特点，承接机构按照服务合同约定，对社工专业服务进行督导，同时要提升社工的专业能力，组织社工开展好专业服务。后续，随着多方信任关系的建立、运营联动机制的完善，以及社工专业能力的加强，社工由组织开展服务，逐渐自主制订工作计划开展专业服务，承接机构对社工服务起到行政、督导、培训等支持作用。

二、社工站运营模式和联动机制

喻家坳乡社工站服务的是农村地区，相对于城市地区，面临着农村空心化、服务地域广、服务对象数量大、社会问题复杂、公共服务资源不均等多重挑战，也保留有农村熟人社会富有人情味、邻里守望互助、生态自然资源丰富等优势。社工站仅2名社会工作者，从农村社会工作的零起点开始，工作任务非常重，社工站的工作策略是主要将服务投向特殊困难个案及农村的“三留守”人群，以需求为导向，来探索实践运营模式和联动机制。

（一）运营模式

喻家坳乡社工站实践总结了“1+4+N”的运营模式，即“1”是以乡镇社工站为枢纽平台面向特殊困难群体的社会工作“一站式”服务，注重个案管理的精准化、差异化；“4”是以社会救助、儿童关爱、社区治理和养老服务4大领域为主要服务范围，强调乡镇社工平台的专业性、综合性；“N”是围绕4大领域的民生问题和社会服务需求，发掘和链接公益慈善力量广泛参与社会服务，包括党员干部、乡贤、退役军人、志愿者协会、群团组织、农民合作组织等，共建社会支持网络。

“1”：主要发挥驻站社会工作者的专业作用，对当地脱贫攻坚已建档和还需建档的特殊困难群体开展个案管理工作，包括定期电话联系、入户走访和直接服务。为特殊困难群体开展个案、小组和社区工作等服务，并做好危机介入预案，以确保有需要时能即时有效介入。

“4”：主要发挥社会事务办的组织作用，通过社工站支持社会工作者建立与乡镇（街道）政府各部门的多方信任合作关系，能有效联动基层群团组织、学校、敬老院、福利院、儿童之家等，围绕社会救助、儿童关爱、社区治理和养老服务4大领域开展服务，尤其是面对特殊困难群体开展服务。

“N”：主要发挥社会组织的资源优势和整合作用，根据服务对象的问题和需求设计品牌项目，通过品牌项目的传播倡导来链接多元公益慈善力量参与，共建社会支持网络，赋能喻家坳乡社工站能系统和长效地预防和解决社会问题。

（二）联动机制

在创新社会治理背景下，喻家坳乡社工站的运营有机融入共建共治共享的社会治理格局中，建立了农村地区“乡镇社工站+社会工作者+社会组织+乡村社区志愿者+社会慈善资源”的“五社联动”机制。即以乡镇社工站为工作平台，社会工作者为专业支撑，社会组织为服务载体，培育和发展乡村社区志愿者队伍，链接社会慈善资源来回应特殊困难群体及农村社会服务需求。加强乡镇政府服务能力，创新乡镇层面的公共服务供给方式，社会工作发挥了重要的价值和作用。喻家坳乡社工站在农村地区的“五社联动”机制，也赋予了不同联动主体新的价值和内涵，共同营造了有利于乡村社区自组织生长的“善治”环境，也为后续乡村社区社工站的建设和专业服务的深化作了铺垫。

三、社工站服务体系设计和服务开展情况

喻家坳乡社工站2019年2月落地后，就进行了大量的实地走访，深入乡镇辖属的

行政村、学校等单位调研，充分获取各类信息，进一步认识社工站服务范围内的服务对象构成及其重点需求，并定期入户走访更新数据，不断调整和完善服务计划。

（一）服务体系设计

喻家坳乡社工主动参与和积极行动，满足回应了困难群体个性化、差异化、多元化的服务需求，主要从服务对象分类，归纳总结为以下“三大服务”。

一是主要面向社会救助对象和困境儿童的个案管理服务。根据服务对象的需求，社工站采取“个案管理＋危机介入”的服务方式，定期链接公益慈善资源和志愿者队伍对社会救助对象捐赠生活必需物资，对日常生活给予关照，减轻其基本的生活压力，感受到来自社会的真情关爱。对服务对象可能会出现的特殊困境做好危机介入预案，社工随时入户走访关注服务对象生活和精神状态，有需要时及时和有效地介入，提供情绪疏导、信心提振等专业服务，帮助服务对象走出困境。

二是主要面向农村“三留守”群体的能力提升服务。根据农村留守老人、妇女和儿童对“平安、健康、幸福”的美好生活的向往，主要应用小组工作方法，为其开展各种能力提升服务。包括提升留守儿童的自我保护能力、心理抗逆能力；留守妇女的亲子沟通能力、家庭教育能力、再就业能力；留守老年人的环境适应能力、自我减压能力，以及“三留守”人群的情绪自我疏导能力、身心健康自我管理能力等。

三是开展有益农村社区资本建设的社会支持服务。在资产为本的社区工作理念下，喻家坳乡社工站积极策划或参与有益在地社会资本、文化资本和生态资本建设的社区活动，不仅助力乡村振兴，同时也将个案服务、小组服务和社区活动有机整合起来，让服务对象更好地融入社会。

（二）服务开展情况

2020 年喻家坳乡社工站完成个案 9 个（留守儿童个案 5 个、社会救助领域个案 4 个），均已达到了服务对象诉求。针对老人健康自我维护、家庭亲子教育、妇女能力提升、儿童潜能挖掘、自信提振开展不同类型小组 5 个，包括“逆风翻盘”儿童成长小组、育婴师学习小组、“爱的萌成长”留守妇女亲子教育小组、“做情绪的主人”儿童支持小组、“情暖银龄，健康生活”长者健康小组。开展社区活动 9 场，包括“实施绿色减贫，助力乡村振兴”植树活动、徒步母亲河净滩活动、“与你同行”出村陪伴活动、“信天使”书信交流活动、“潜力无限”儿童学习活动、敬老院中秋主题活动、性教育知识学习讲座活动、校园普法讲座活动、家庭急救知识讲座活动。社工在活动前积极筹备，联系各方资源，为每一次活动的顺利开展做好相应准备。社工带领志愿者参加由乡镇政府及机构组织的各类主题公益服务活动，扶贫帮困，包括春节上门送温暖、净化社区环境、防溺水安全教育宣传、留守困境儿童关爱保护活动等。

2021年，喻家坳社工共入户建档6户，探访424户，电访1102个，社区活动服务人数8000余人，站点工作日志900余份，新闻报道25次。社工信箱收信373封，回信276封。社工通过对困难群体的走访建档，针对需求派发慰问物资、素质学习拓展，让更多的困难群众享受到政策帮扶与社会关注。喻家坳乡社工站对接宁乡市慈善会链接到米、油、棉被等，为10余户困难家庭人员送去春节慰问物资。对接宁乡大剧院、宁乡市民馆，以及本土企业君行体育游泳馆、小洋人乳业、周非钢琴、大卫美术培训学校、聚说语言艺术培训学校、星光贝贝写真拍摄店、非物质文化遗产“宁乡四小碟”、爱心人士家庭等，为留守困境儿童提供关爱服务。与喻家坳乡中心幼儿园、喻家坳乡中心小学、百福敬老院、苦竹小学建立了良好联系，为活动开展提供支持。另外，在项目的开展过程中得到了各政府单位的支持与关注。

四、社工站人员配备和人才培养

（一）人员配备

喻家坳乡社工站有2名全职社工驻扎，均持有助理社工师证书，且为喻家坳乡本地人。机构负责人作为喻家坳乡社工站的内部督导，从建站之初就一直跟进社工站的运营和服务，并根据实际需要联络外部兼职督导、专家和顾问，随时给予一线社工专业指导和资源支持。

（二）人才培养

社工站的提质升级，关键在于社工是否有胜任力，社工人才的培养非常重要。为支持社工人才综合素质和专业能力提升，宁乡市民政局采取了以下措施：一是鼓励从业人员考取社工职业资格证书，坚持考前“每日一练”“每月一模考”，对于自主参加社工线上培训并通过考试的，一律报销报考费和培训费，很好地激发了社工的专业学习热情。二是坚持线上线下督导相结合，除了市总站和承接机构内部建立了督导培训制度并让督导培训常态化，同时也支持一线社工积极参与省内举办的各种能力提升班。三是市民政局会择优选拔部分站点的社工，前往其他优秀社工站进行学习交流或实地见习，以更加直观有效的方式提高社工的专业服务能力和理论知识水平。四是支持社工胜任力自评自促，每一名社工根据自己的实际情况和学习需要，制定个性化的自评自促表，加强自主学习。

五、社工站典型服务项目和服务案例

喻家坳乡社工站重点聚焦农村留守儿童和困境儿童关爱保护的品牌服务创建，希望通过品牌效应获得社会的信任和支持，以更好地回应服务对象的多元化和个性化需求。在湖南省民政厅、长沙市慈善总会等项目的资助下，社工站和学校、儿童之家、党群服务中心、新时代文明实践中心、未成年人保护中心、未成年人心理干预中心等单位联动，探索实践了“多位一体”的协同服务模式。

（一）“社工信箱”农村留守儿童成长关怀项目

为帮助农村留守儿童更好地应对成长中的烦恼，自 2019 年起，社会工作者以喻家坳乡社工站为工作平台，以喻家坳乡中心小学为主要服务场域设立“社工信箱”的方式，畅通与留守儿童的“零距离”沟通渠道，启动了宁乡市首个学校社会工作项目。社工每周收信回信，积极回应孩子们渴望倾诉、愿意分享、需要陪伴、正向引导的需求，帮助儿童更好地应对学习、人际交往等方面的烦恼。项目实施过程中，学生志愿者“小邮差”队伍起到了传达与链接的重要作用，孩子们在写信过程中的自我梳理，也成为其自身提高、自我觉察以及自我调节的机会。该项目更多的是探索社工如何与老师互为补充，将项目服务与学校教育、学生服务结合起来，将学校、家庭、社工站与基层民政纳入项目支持体系，共同围绕保障留守儿童群体的生存发展等权益需求合力推进服务。

示例：小丽（化名）成长在一个单亲家庭，父亲常年在外打工，她和爷爷奶奶生活在一起，是社工面向农村留守儿童开展的“向阳而生”小组的成员。社工通过“社工信箱”一直关注着小丽的成长动态。2021 年因为新冠肺炎疫情影响，父亲工作没能回老家，社工便时常带着同岁女儿到小丽家，当起了两位孩子的老师，陪她们一起上网课，有机会通过微信视频让小丽和父亲聊聊天，鼓励小丽自信成长，让小丽感受到了更多的关怀和爱，社工也随时跟进，有效避免了疫情可能给小丽造成情感支持困境，陷入危机。

（二）“青苗向荣·1+1=爱”陪伴困境儿童成长计划

“青苗向荣”困境儿童成长服务项目，由长沙市慈善总会“慈社联手·为爱同行”扶贫济困项目资助，以“社工+志愿者”的服务模式，将困境儿童情感陪伴和能力培养引入其中，为他们开启了“1+1=爱”寒暑期陪伴计划，以深度的兴趣陪伴，从精神、人格和情感层面支持困境儿童成长。社工站通过宁乡市新时代文明实践平台发布困境儿童需求类别，定向招募志愿者，对接社会爱心人士认领心愿盒子，带去长期的爱心与关怀，实施“志智双扶”。已开设兴趣班包括：“美力计划”爱心公益美术课、大学生支教的英语互动课、音乐陪伴课；楚沩之家志愿者协会以及新康志愿服务队的“五防”安全教育讲座，退役军人的励志专题讲座；专业主持人带来的朗诵课，成立了“坳里坳”朗诵团，打造了“我是小小演说家”公益展示平台，让乡村儿童的成长之路变得丰富多彩起来。同时，邀请资深心理咨询师开设情绪支持小组，成立“信天使志愿服务队”，与山东蓬莱龙山店小学的少先队员搭建起连心桥，进行常态书信交流跟踪陪伴，促进家庭、学校、社会资源之间相互助推，形成合力，协同发展，共同为乡村困境儿童的问题预防和成长发展创造一片蓝天。

示例：10 岁的静静（化名），父亲在她 2 岁时就病逝，母亲外出务工养活一家人，跟着外婆长大的她依然乐观积极，成为一个画家是她的梦想；9 岁的寻寻（化名）是一个爱运动的男孩，母亲患有癫痫，父亲体弱，但这并没有影响他的成长，善于言谈的他对积木有着浓厚的兴趣……梦想和兴趣是点亮孩子们生命的光，但在项目实施之前，他们缺少资源和机会。通过“青苗向荣 · 1 + 1 = 爱”陪伴困境儿童成长计划的实施，展示了服务对象深处困境但自尊自强的精神风貌，引起了社会的广泛关注和感动，也让更多美术、音乐、演讲、语言、心理咨询的公益资源参与进来，长期陪伴让孩子们感受到了社会的关怀和爱，令其身心更健康成长。

六、社工站运营和服务反思

宁乡市喻家坳乡社工站承接机构充分发挥社会组织的资源优势和联动作用，支持社工团队贴近基层一线，应用社会工作的专业理念和方法，以“禾计划”乡镇社工站为工作平台，通过“五社联动”机制聚焦困难群体服务，并积极联合社会力量支持乡村社会、文化、生态、经济资本建设，对脱贫攻坚成果进行了巩固，并和乡村振兴有效衔接起来，助力乡村人才、组织、文化、生态和产业的全面振兴。

喻家坳乡社工站在基层社工站助力乡村振兴的平台、路径、方向和项目化等方面探索了一定的经验，但也有诸多不足，包括差异化、个性化和多样化的个案预估和评估能力不足，可链接的资源有限，服务专业化不够、行政化事务太多等。如何把专业服务进一步下沉到村，完善扎根村落的“五社联动”机制，助力乡村集体经济建设、村自组织培育、村社区服务开展等，还需要进一步优化宁乡市社会工作服务三级平台的功能作用，统筹链接资源、加强社工自身能力建设、推动专业服务“实、精、细、专”发展。

以点带面，推进三级预防、分层分类的兜底服务

——广东省中山市南头镇社工综合服务中心的服务与运营

伍敏君[①]

一、基本概况

（一）南头镇社工综合服务中心基本概况

广东省中山市南头镇社工综合服务中心（以下简称中心）是2011年8月由南头镇社会事务局[②]代表镇政府向中山市启创社会工作服务中心购买的专业社会工作服务项目，从当时一个社区试点以“社区共融”为目标开展本外地居民服务，到2018年全镇6个社区全覆盖。2014—2018年，中心以“社区营造”为主线开展社区发展服务。从2018年年中开始至今，中心根据市镇政府的发展方针，转为以社会救助为主，以社区参与为辅的服务主线，通过“三社联动”的服务路径开展精准帮扶的兜底社工服务。当时，中心[③]共配置15名社工，分配到6个站点，每个站点是2～3名社工，主要负责长者服务、“双低”家庭（指低保和低收入家庭）服务、残障服务、社区治理服务。与此同时，南头镇的6个社工站点几乎都是与社区文化综合性服务中心、居家养老服务站共享场室资源[④]。

（二）南头镇基本概况

截至2021年初，中山市南头镇常住人口约15.8万，其中户籍人口约5.3万[⑤]，外来人员与户籍人员比例约2∶1。截至2021年8月，南头镇低保低收家庭有237户

---

① 伍敏君，中山市启创社会工作区域主任，社会工作硕士，社会工作师。

② 南头镇社会事务局，在2020年底合并改称为南头镇公共服务办公室。

③ 中心于2022年1月开始改为南头镇民政社工专项项目，以专项项目方式运作开展居家养老服务、未成年人保护服务、康园残障日托服务三个领域服务，但其项目采购依然为打包式采购，但为了区别“综合服务”，项目进行改称。

④ 共有5个社区社工站是与社区文化综合服务中心共享场室，需要协助处理场室的管理以及相关工作。

⑤ 关于总人口数：相关部门提供的最新数据为截至2021年1月的数据。

(423人)，三四级精神和智力残障人员178人，60岁以上户籍长者9296人，其中属于市兜底长者20人，边缘困难长者92人，特困供养人员23人（全部入住养老院）。

二、服务定位和运营机制

（一）服务定位："党建"引领，精准帮扶

打赢脱贫攻坚战需要社会各方面力量的参与，社会工作专业人才是为困难群众提供心理疏导、精神关爱、关系调适、能力提升等社会服务的新兴力量，在帮助困难群众转变思想观念、树立自我脱贫信心、拓宽致富路径、提升自我脱贫能力等方面可以发挥积极作用。中山市要求社工服务"脱虚入实"，以民为本，服务基层，协助落实各项惠民政策，切实增强人民群众的安全感、获得感和幸福感。

因此，从2018年开始，在南头镇社会事务局的指导下，中心从过往的社区营造向社会救助的兜底社工服务转变，以兜底群体为核心群体，覆盖社区困难长者、"双低"家庭、三四级精神与智力障碍人士，实施精准帮扶。从政策提出到服务方向转变，可以看到：在政府购买服务的行为中，党的方针政策是最关键的因素，而社工机构作为支持社会发展的重要抓手之一，应坚持党建引领。因此，社工机构作为一个专业服务的提供者，应要做好需求定位，即在关注服务对象的需求同时，也要关注政府与社区的需求，聚焦重点需求（见图1）。

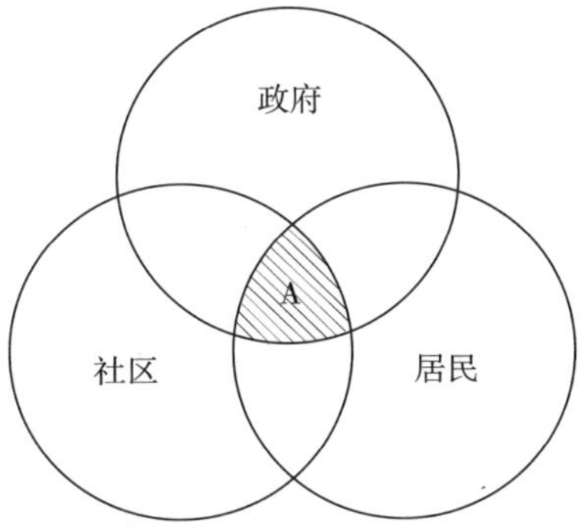

图1　聚焦需求图

阴影A处是集合了政府（服务购买方）、社区与居民的需求，只要社工机构从该需求出发进行服务设计，就可以有效地满足各方的期望。

（二）运营机制："纵横"结合，优化服务

因每个社工站只有2名社工，既要负责场室管理运营，也要负责为每个社区的兜底群体提供精准帮扶服务，为了更好地提高服务素质，促进社工成长，中心采取纵横结合的机制运营管理。

所谓“横”，是指6个社工站点平衡发展，均有2名社工的配置，均有其兜底群体的精准帮扶服务，能够回应社区及居民的需求。所谓“纵”，是指统筹整合全镇13名前线社工（扣除项目负责人和岗位社工共2人），根据服务对象的数量以及服务期望值，纵向地分配服务领域，每名社工专注于某个服务领域进行深耕发展，这既满足了购买方对于不同领域的需求，也满足了机构及社工自身对于服务质量和发展创新的追求（见图2）。

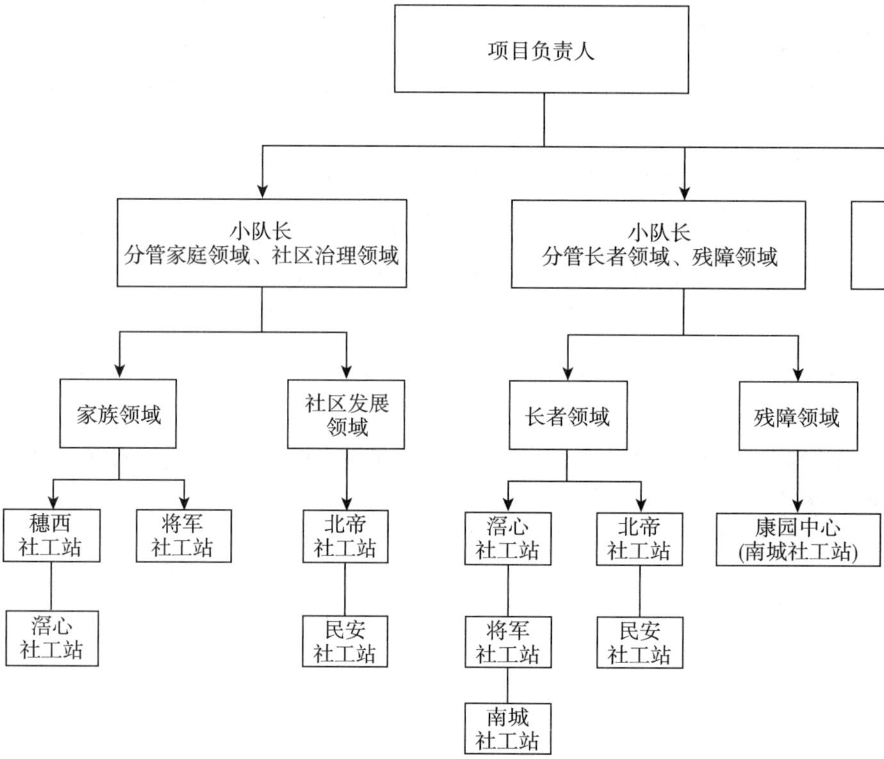

图2 “纵横”结合的中心人员架构图

可见，在“纵横”结合的模式下，“以服务为导向”的运营方式代替传统的“以站点为导向”的运营方式能更好地将“服务”凸显出来，主要体现在：

一是更有效地促进社工为服务的深耕发展而增强跨站点的人员协作，加强了整个项目协作以及资源整合的效果。

二是服务以整体片区的长远规划进行设置，较大程度地减少了因人的流动而产生的负面影响。

三是以服务为导向进行设置时，社工能够专注于某个领域的深耕发展，有助于专业成长以及服务沉淀积累，能更好地深化服务成效。

当人数少于领域数量时（如站点2名社工，负责3个服务领域），还需要从全局考虑，采取“连片就近兼顾”的方式，以较好地解决服务需求的问题。“纵横”结合的模式对于团队的沟通协调尤为重要。在"纵横"结合的模式下，一名社工是同时处于2个小团队中，一个是横向的以站点为单位的团队，需要处理以社区、站点为对象所发生的工作，另一个是纵向的以服务为单位的团队，需要处理以服务对象、购买方为对象所发生的工作，这就需要站点负责人以及领域负责人均能够较好地发挥功能，协同团队处理好纵、横两个维度的工作。所谓站点负责人是指以地域为界线，在该社区站点中负责站点行政事务和外联工作统筹的负责人员。所谓领域负责人是指以服务领域为界限，负责某个领域服务推进，监督管理的负责人。而"纵横"结合的模式，还能够提供更多平台来培育发展第二梯队人才。

其实"以站点为导向"和"以服务为导向"的两种运营方式，中心均经历过，而笔者认为在人力资源有限的情况下，若以最大限度地整合社会资源，将服务成效发挥到最大为目标，那么"以服务为导向"的运营方式则更佳，因为该视角是需要整个团队看到不同社区的资源并予以联动合作发展。但若购买方为社区，则"以站点为导向"的运营方式更佳，因为社区更看重的是处理解决好本社区的相关事务，而非跨社区的联动与资源合作。

三、服务体系和服务推进

（一）服务体系："三级预防"模式的精准帮扶

"三级预防"模式是中心的服务策略，即从治疗、临界预防和发展等三个层次，结合"获得感—安全感—幸福感"三个维度进行服务介入，建立健全物质资金帮扶与心理社会支持相结合的社会救助服务模式。

在"三级预防"模式的策略指导下，中心针对不同的群体均采取三级分类，进行相应的服务设计。如"双低"家庭领域，在治疗层面，通过联动社区资源，建立社区互助网络的雏形，为"双低"家庭提供"微心愿服务"，满足"双低"家庭的基本需要，对"双低"家庭的危机进行及时介入与干预，形成灵活多样的服务模式，以提升"双低"家庭的"获得感"。在预防层面，通过持续开展落户政策宣传服务、增强"双低"家庭在遇到困境时及时寻找政策救助的意识；通过生涯规划服务提供，提升青少年对自我及社会环境的认知，发展个人潜能及技能，促进对未来学业或者职业规划有清晰的认识，提升未来社会竞争力，遏制贫困的代际传递，强化"双低"家庭的"安全感"。在发展层面，通过培育和发展公益亲子义工队伍，与"双低"家庭结对帮扶，舒缓家长照顾压力，促进儿童多元发展，健全儿童品格能力发展，提高家庭关系的亲密度，让"双低"家庭有"幸福感"。

在整体服务体系设计上，中心不仅注重困难群体的不同需求满足，还注重服务品牌的树立和创新，因此，在服务设计上不同领域又有其服务重点和品牌的设计，如

“双低”家庭服务以“隔代脱困”为服务重点，从儿童青少年的品格、能力为介入点，增强他们的社会竞争力，与此同时帮助增强家庭支持网络，增加家庭处理问题的能力，双重结合以期预防“双低”家庭的代际贫困传递。

（二）服务推进：分层分类的精准帮扶

在服务推进中，中心针对不同群体均会有以下共性服务内容进行介入。

1. 全面建档：掌握底数，分层分类

第一，定期从社区或购买方手中拿到目标群体的名单信息，进行动态更新，确保做到服务对象底数清。第二，通过全面走访，深入了解目标群体的生理、心理、经济、社会支持网络、居住环境，目标群体对于救助政策了解程度以及申请情况等维度，建立全面档案，根据各维度情况进行分类，并予以相应的服务介入，如 A 级为重点跟进类型（每月不少于 1 次），B 级为一般跟进类型（每季度不少于 1 次），C 级为定期持续跟进类型（每半年至少一次）等。

2. 需求调研：精准需求，设计服务

根据对服务对象的了解程度确定需求调研的主题，如基础需求调研，侧重基础信息的收集，倾向于全面了解需求状态；如主题需求调研，侧重在过往的服务经验基础上已经掌握了较多信息，倾向于对某个主题方面的信息进行深入了解。需求调研均可以通过问卷、一对一或一对多的访谈等形式进行。要注意的是，在需求调研阶段，项目应分别对服务购买方、社区、服务对象等利益相关者进行调研，了解各方的需求与期望，待全面掌握各方需求后，根据“聚焦需求图”进行需求聚焦以及服务设计。

3. 精准帮扶：个性与共性服务相结合

中心根据服务设计以及服务对象的现状特点，将服务对象进行分层分类，然后提供精准帮扶服务，具体包括但不限于以下内容。

（1）基础服务：家访工作，关注需求。家访工作是基础性服务，既能够动态掌握服务对象的情况变化，又能够持续维持关系的发展，还是挖掘个案的重要来源之一，当服务对象的情况出现变化时，能够通过家访及时了解情况，及时介入救助帮扶。

（2）共性服务：活动小组，发展潜能。针对目标群体的共性需求，通过活动、小组等形式服务，既能够强化社会支持网络，又能够发展潜能，提升解决问题的能力。如中心开展“双低”家庭青少年的自我认识小组，既让这群青少年从与他人互动中发现自身的优缺点，更理性地看待自己，又能够在互动中被赞赏而逐步增强自信以及学习社交技巧，为未来踏入社会获得相关的能力，有助于适应社会的发展趋势及要求。

（3）个性服务：个案介入，解决危机。针对有个性需求的服务对象，通过个案手法进行个别化的服务提供，以帮助其解决危机，更好地走出目前的困境。个案的挖掘可以来自家访、小组活动或是主动求助，他人转介等，然而，个案是否能够顺利介入，很重要的一个因素是专业关系是否已经建立，而专业关系的建立，归根到底在于社工的专业性，尤其是专业的素养。

上述三类服务可以并存发生，也可以单一发生，具体是以服务对象的需求为出发点，紧扣服务目标进行相应的服务提供。这就需要社工有足够的服务敏感度，能识别服务对象需求，也要有专业技巧，能及时提供适切性的专业服务。

（三）服务总结：提炼成效，以评促建

政府购买服务，目标在于产出服务成效，因此，在服务设计时，项目要提前设计预期的服务成效目标、每个阶段的服务内容以及成效的评估测量方法。这就要求整个项目具备顶层设计能力。整体上，“程序逻辑模式”能够很好地指导项目解决这个问题。所谓“程序逻辑模式”，是贯穿社会服务项目设计实施和评估的各个过程，并强调项目的资源投放与成效间逻辑关系的项目管理模式，因此，在项目设计时就采取“程序逻辑模式”的思维，不断思考建构成效导向评估的三个问题：“服务对象是谁?”“要解决什么问题?”“这个服务设计能够解决这些问题到什么程度?”

在服务运营中，要注意收集整理各方面的量化数据如服务指标完成情况等，以及质性成效。质性成效的收集工具较常用的是前后测、个人成长痕迹记录、结案评估表等，均能较客观呈现服务对象在社工服务介入前后的状态。此外，还需要综观了解购买方、社区、服务对象等各利益相关者对项目的满意度情况，以评促建，持续优化服务。

四、人员配备与人才培育

（一）人员配备：重视三大维度，助力团队稳定

近 5 年，中心的离职率都是保持在 13% 以内（15 人的项目，每年仅有 1 ~ 2 人离职），在 2019 年更是零离职率。对比过往离职率高的时期，发现近几年的中心人员构成有以下特点：首先，社工专业或相关专业如社区公共管理、心理学等占比高；其次，户籍属于南头镇或邻镇或是已经在当地买楼定居发展的同事多。可见，项目的稳定性主要受人员构成的影响。此外，中心在人员招募时还会重视以下维度：第一，使命感。专业社工出身的人员具备的使命感会更高，更愿意持续在行业内发展，寻找个人价值感。第二，稳定性。人员的稳定性会受家庭、生活等客观因素影响，而本地户籍或邻近镇街的人员会更具稳定性。第三，契合度。对机构文化越认同，与团队、项目的契合度则越高。因此，在组建团队时，不妨选择使命感、稳定性、契合度均高的成员，那么这个团队会越稳定，而团队协作的效果也会越高。

（二）人才培育：梯队发展，储备人才

在人才发展方面，中心以梯队发展的方式进行人才培育，关注不同梯队人才的能力发展，注重人才储备，以期拓展项目时能“有才可用”。

第一梯队是项目负责人，重点在顶层设计能力、外联沟通能力、人事与财务的管理能力、危机处理能力等方面，如果条件允许，可以适当安排拓宽视野的参观交流，参与机构决策讨论等，有助于服务创新及项目开拓发展；第二梯队是项目中层人员，主要指团队中资深的，认同机构文化发展，愿意支持机构/项目持续发展的骨干同事，也是未来机构拓展项目的负责人人选，重点培育其大局观、服务成效的提炼总结与宣传包装能力、外联沟通能力、团队协作能力、专业服务能力等；第三梯队是一线人员，重点加强服务专业能力，具体为服务敏感度、团队协作能力、服务专业手法能力、资源链接能力、待人接物处事等能力。

中心一直重视三大梯队发展，因此在2019—2021年，机构拓展了五个新项目，中心能够协助输送四名项目负责人。可见，从可持续发展的角度看，梯队式地培育人才是有其价值所在的，也是进一步留住人才的重要方式。

五、专业反思

（一）运营模式反思：以服务为导向，促使服务效益最高

笔者认为社工站运营中有两种运营模式，一种是以站点为导向，另一种是以服务为导向。相较而言，以服务为导向的运营模式更能促使服务效益最大化。

所谓“以站点为导向”，重点在于建设站点，让群众有地方可去，从而享受服务。这是当前主要的运营模式。随着社工服务被认可，越来越多的地区要求按“一社区一站点”的硬件设施建设站点。然而，在软件服务上，人手却捉襟见肘，仅是恒常的场室管理等行政性的工作就耗掉不少于0.5个人的人力成本，人力的投入无法换来最大的服务效益。而所谓“以服务为导向”，重点在于服务本身，关注的是服务对象的需求，打破空间的受制，尽可能将人员成本投入服务中，以更多地开展适切性的服务给服务对象，以帮助他们增能，解决或预防困境。

在以服务为导向的运营视角下，笔者认为可以采取服务输送固定化的形式，促使服务成效最大化。所谓服务输送固定化，即社工通过定时定点定群的方式输送服务，让服务对象习惯于在某个时间某个地点集中享受相应的服务，这能够兼顾各个社区社工站点服务对象聚集性地就近享受服务的需求。例如每周三、五分别在A社区针对长者提供康复服务，社工开展认知训练等小组活动；每周六针对家庭成员开展亲子服务。服务输送固定化，能够让每场活动（场室）的服务覆盖面更大。但要注意：一是关于

时间、地点的选择需要做好调研，应基于该社区群众的生活习惯，如日常休闲时间段，聚集地点等因素考量。二是每个社区应固定人员进行社区对接与沟通，以确保沟通合作关系的畅顺。

（二）服务推进反思：多维度发展，促使服务成效最佳

服务成效是服务素质的考核标准，笔者认为要促使服务成效达到最佳，可从以下维度介入。

1. 保持专业服务发展

服务的专业是保持服务成效的最关键因素，而保持专业服务的发展，在提高社工专业能力外，还应做到：掌握服务对象底数，能够敏锐觉察服务对象的需求，与其建立专业关系，从需求出发予以适切性的服务，协助服务对象增能发展。

2. 注重资源网络构建

社工有资源链接的功能，善于构建资源网络能够更好地达到 1 +1 >2 的效果。可动员引导企业、社会团体、热心个人，除了捐赠、志愿服务外，还可以通过如“低偿服务”“服务置换”等方式，让资源可持续参与，从而促进社会服务的可持续发展。

3. 善于多部门联动

在社会服务中，很多服务都能够与政府部门合作，如团委、妇联、社区、宣传办等部门，更是有很多的合作空间，有意识地联动部门一起合作开展服务，有助于让该服务的宣传面和社会效应更高，也能让更多的资源参与其中。

4. 重视媒体宣传

媒体宣传有助于将服务成效提高一个层次，尤其是市级以上的媒体，更能够得到购买方的认可。目前，在社会工作行业整体还处于初级发展阶段时，社工的专业能力在实际服务中，往往都是先被看到，才会有被认可的机会。在媒体宣传上，笔者有几点心得：第一，要与一些媒体平台建立合作关系，能够定期供稿；第二，要学会服务成效的包装，学会抓住契机，例如典型的案例、服务的故事、特色的活动等；第三，要注意时效性，媒体宣传的时效性很短，当服务发生时就要及时地供稿，稿件要学会转换成政府/公众的语言体系进行呈现；第四，媒体宣传后，不要忘记把信息报送给购买方和合作方，以让他们及时看到服务的宣传成效。

5. 勇于服务创新

新时代背景下，服务对象日益增长的美好生活需求，促使了各利益相关者对于社工服务越加高要求、高期待。因此，社工要勇于创新服务，发掘当下服务需求，创新服务形式等。如在 2020 年新冠肺炎疫情中，中心主动调整服务形式，以线上直播的方式与服务对象实时沟通互动，及时满足其需求。

6. 敢于跨专业协作

专业的人做专业的事。服务对象的需求多样化，随着服务深耕，跨专业团队的组建合作更显得尤为重要，如长者和残障人士存在身体康复的需求，恒常的专业康复、医疗服务对他们而言是刚需，因此，在居家养老服务或残障托养服务中，康复师、护理人员是重要团队成员。如果政府还没有这类服务购买，那么就尝试持续做建议倡导，也可尝试在社区中寻找资源来满足需求，如家庭医生、医院义诊志愿服务等。

（三）人才发展反思：赋权与提薪，促使服务团队最活

目前社工机构在发展过程中面临的最大内部挑战，莫过于人员流动大。人员的不稳定直接影响了服务的开展，互动关系的变化，甚至合约的履行，因此，人员的稳定是购买方和社区最重视的部分，也是社工机构需突破的困境之一[①]。

上文提及在人员招募时注重“使命感、稳定性与契合度”三个维度，能够提升团队的稳定性，而在人员培育中采取“梯队发展，储备人才”的策略，能够较好地提升团队成员的能力，以支持项目的发展。然而，对于相对稳定的团队，依然会存在人才培育的痛点：部分社工容易沉浸在舒适区中，导致团队活力和服务创新性下降；薪酬难以达到社工的期望值，容易导致流失或是影响发展的动力。

针对舒适区的突破，建议采取个别督导的方式，了解社工的现状和自我期望，通过动员和赋权，让其尝试承担新的或挑战性更强的任务，建立更高的成长目标，过程中要协助增能，陪伴突破，还要注意适当的赞赏鼓励，尤其是与激励挂钩，能更好地激发其突破成长。

针对薪酬，是行业的痛点，在政府购买服务的背景下，要解决薪酬问题，笔者认为有两点值得思考。

1. 建议社工薪酬能够与市场发展同步，以保障社工职业的发展

2022 年 7 月，北京市委社会工委市民政局联合市财政局印发《北京市政府购买社会工作服务预算管理实施细则》，明确社工的人力成本费用测算时可参照上一年度北京市全口径城镇单位就业人员平均工资的 80% ~120% 标准进行确定。如此标准很好地保障了社工这个职业薪酬能随着城市的发展而发展，而不是定一个固定的薪酬数额，避免当物价上涨了，而社工的薪酬却因未有文件依据难以及时作出调整。如中心的购买经费标准从 2011 年至今一直维持不变，然而人员薪酬比例逐年递增，从过去的 60% 到目前已经超过项目的 80%，但镇街政府苦于没有政策文件而难以调整服务购买的额度。

---

① 行动的智慧：社工机构与政府的互动研究——基于南头镇社工综合服务中心的分析［M］// 伍敏君. 社工机构成长运营案例研究——主要以广州市为例. 北京：中国社会出版社，2020.

2. 建议把购买社工岗位转变为购买服务，以更大程度地发展社会服务行业

现在，政府购买服务更多是购买社工岗位，即以社工到岗人数为标准，以社工一年的工作量时数来折算项目的年度指标，但其实以服务作为标准购买，更有利于社会服务行业的发展。根据财政部令第102号《政府购买服务管理办法》的精神，政府购买服务应该回归到项目本身，即从政府（或群众）对服务的要求数量为标准出发，通过服务成本价值进行项目服务定价，以完成工作量为量化指标评估，采取多劳多得的方式让社工获得相应的薪酬价值。这样不仅有助于更大程度地激活社工的服务动力与潜能，而且能够达到不断创新和发展社会服务以推动整个社会服务行业的发展。

善治“丁小桥” 助力乡村振兴

——浙江省海宁市丁桥镇社工站运营与服务

吕 斌 糜佳微[①]

一、社工站和服务地区基本情况

（一）丁桥镇社工站的“前世”

丁桥镇，隶属于浙江省嘉兴市海宁市，镇域面积60.67平方千米，下辖14个行政村和2个居民社区，369个村民小组，人口4.5万。

自2018年起，丁桥镇以社会组织服务中心为载体，围绕社会组织能力建设、公益项目评估与研究、公益项目资源对接、社会组织培育与孵化等方面推进社会工作；以小微服务项目化运作提升社区治理水平，打造了诸如“群力民情茶室”“梁家墩”等社区治理品牌。

（二）丁桥镇社工站的“今生”

2020年3月，浙江省民政厅发布《浙江省民政厅关于开展首批乡镇（街道）社会工作站建设的通知》。丁桥镇党委高度重视社会工作站建设工作，升级完善了原丁桥镇社会组织服务中心空间功能，设置了一站式接待大厅、红社代办服务专区，增设多个小组活动区，切实推进社会工作站建站工作。

开展需求调研，根据镇域人群结构和突出需求，有的放矢提供匹配性服务。重点围绕儿童友好概念，更新设计元素，打造绘本馆、亲子共读区，提高空间安全性、趣味性。配好、配齐专业社工力量，引入全国百强社会工作服务机构——海宁公益社工师事务所托管运营。

---

① 吕斌，中共海宁市丁桥镇党委委员、人武部部长；糜佳微，海宁公益社工师事务所副总干事。

二、社工站基本定位和运营机制

（一）基本定位

实施丁桥镇社工站“水滴、浪潮、大江”的三年行动计划，确定“123X”建设思路，即以搭建基层社会工作发展的综合型平台为总体定位。

（二）运营机制

1. 社会化运营管理

引入第三方专业机构托管运营社工站，整合镇级原有的分散社工相关岗位，如救助社工，纳入社工站统筹管理。社工站的站长由镇社会事务办负责人兼任，副站长由第三方机构项目主管担任。

2. 动态绩效考核

将社工站建设列入镇年度绩效考核内容。建立第三方绩效评价监督机制，制定社会工作服务项目评估实施办法，由镇授权委托第三方组织，从完成情况、服务成效等多方面，对社工站运营进行动态绩效考评。

3. 定期督导介入

完善社工站内外部督导机制，由机构督导担任内部督导，主要负责日常服务专业性把控；外部督导以海宁市民政局配备的高校专家督导为主，协助提炼工作亮点，把好大方向。

三、社工站运营模式和特点

（一）“123X”运营模式

丁桥镇社工站通过横向整合、纵向整合和纵横整合等多种服务模式，按照“123X”的模式设置服务项目，即“1”个核心项目——强化党管社工人才服务；“2”个品牌项目——突出打造具有区域特色的专业社会工作服务品牌和社区治理品牌各 1 个；“3”个基础项目——夯实困难家庭、孤寡老年人、困境儿童社会工作服务；“X”个自选项目，围绕重症妇女开展关爱服务。最终将通过不断完善五大阵地服务内容，实现丁桥镇社工站的有效运作，达到长效共享的服务效果。

（二）运营特点

打造社工站形象代言人“丁小桥”，按照“丁小桥为人人”“人人都是丁小桥”的服务理念，以党建为引领，以服务困境群体为主，以家庭为本，以村社居民整体需求为依托，链接、整合辖区内外资源，带动居民参与社区互动。通过社区共融社会工作服务，积极回应社区居民追求美好生活的多元化需求，更好地解决居民群众最关心、最直接、最现实的问题。与此同时，探索拓展多领域的社区社会工作服务。

四、社工站服务体系设计和服务开展情况

（一）服务体系设计

1. 第一年：水滴计划

调研阶段。在总结过往服务经验的基础上，加强和镇、村委会（社区居委会）以及辖区内各单位的联系和沟通，深入调研，促进社区共融。通过调研，掌握丁桥镇居民群众的需求，尝试推进重点人群特殊服务及普通常规类服务，发展和完善服务体系，确保专业服务对困境人群家庭的基本全覆盖，社区共建出成效。

2. 第二年：浪潮计划

稳固阶段。在第一年基础上，整合丁桥镇各类资源，根据镇的特点和服务使用者的实际需要，不断提升和完善特色服务项目，最大限度地回应丁桥镇普通家庭和居民的需求。此外，拓展社区资源网络，发掘及培育社区骨干，挖掘和培育居民互助、康乐文体、文化促进等方面的社区社会组织，提升居民自治组织的协商议事能力。

3. 第三年：大江计划

深化阶段。深化各项服务，进一步挖掘社区社会资源，提升党建引领下的社区社会组织服务能力，深化困境家庭服务及社区治理服务。以基层党组织为核心，社会组织、居民自治组织共同参与，激发社区、社会组织、社工、社区公益慈善、社区志愿者“五社联动”效能。

（二）服务开展情况

1. 日常管理服务

（1）完成丁桥镇社工站软硬件提升工程。在保证丁桥镇社工站有序运转基础上，推进软硬件升级。2020 年 10 月完成建站；2021 年 4 月启动提升改造工程，新增“三务”公开橱窗、底楼前台、墙面装饰、红社代办专区；2021 年 6 月，丁桥镇社工站 2.0 版结合丁桥镇公益服务大巴士活动以全新面貌“迎客”。

（2）扎实推进日常管理与服务。实施一站式接待服务和周末双岗制，明确专人负责“红社代办”专区服务和“三务”公开工作，协助全镇社会组织顺利完成年检、变更等事项，每年度完成率达 100%。优化各项制度，形成《社工站服务实务手册》。重点完善志愿者管理制度和入驻社会组织联席会议制度，不定期组织入驻机构开展活动，推动入驻机构互联互动，增进工作合力。

（3）推动社区公益创投项目研发与提升。针对社区公益创投团队及其承接项目进

行全过程督导及评估服务。事前，协助完成公益创投项目的前期策划及申报；事中，在项目管理、社工情绪支持等方面提供督导及监测，确保项目稳步推进；事后，开展项目评估交流会，遴选优秀项目。截至2022年9月，丁桥镇累计投入专项资金130余万元，实施112个项目，服务群体涵盖儿童、老年、妇女家庭、新居民、残疾人、社区治理等。

2. 红社集结号——党管社工人才核心项目

坚持服务和引领并重，将基层党组织建设与社工人才队伍建设相融合，积极探索党建引领、专业发展的新方法。启动"红社集结号"党管社工人才核心项目，将党建引领贯穿于社工人才服务之中。发挥社工站枢纽功能，推动社会组织参与社区服务，实现社会组织网格连心组团服务全覆盖，推动丁桥镇34家社会组织与16个村（社区）进行结对，签署共建协议，推进"三社"共建、四季轮值。

3. 基层力量——村社队伍增能减压服务

为全镇村社主职干部和社区社会组织负责人搭建体验式学习平台，围绕能力提升、压力疏解、队伍锻造三个维度，开展系列提质增能和减压沙龙服务。截至2022年9月，已经完成7场减压支持沙龙，共计服务119人次，有效促进了各村社工作人员互动交流，缓解工作压力。

4. 童伴计划——儿童友好社区建设实践项目

儿童社会工作一直以来都是丁桥镇社工站关注的重点，通过实施暑期成长营、寒托班等公益服务，缓解困难家庭托育压力，以"童眼看""儿议事"等系列服务为纽带，激发儿童潜能，助力儿童参与社区发展。开展儿童议事会，激发儿童参与社区治理的兴趣，提升儿童能力；培育小小摊主，进行旧物易物、爱心售卖等活动；每周六常态圆桌派活动，为社区儿童提供休息、学习、交流的平台。

5. 丁桥壹心愿——困境人群服务

（1）推进困境人群探访关爱工作。丁桥镇共有高风险家庭299户（人），其中困难家庭159户、困境儿童50人、孤寡老人90人。社工站以家庭需求为导向，以困难家庭、孤寡老人、困境儿童为重点，开展"丁桥壹心愿"困境人群追踪服务。对全镇的困难群众进行常态化探访关爱，建立一户一档困难家庭基础信息档案库，为后续开展服务奠定基础。聚焦家庭关系、家庭教育与家庭发展等服务内容，及时回应各类家庭的困惑，发挥家庭优势、改善家庭关系、完善家庭功能。

（2）满足困境人群个性化需求。在个案方面，针对三大人群不同的年龄和心理特点，结合走访观察和需求访谈，有针对性地开展个案服务。针对困难家庭，重点在调节困难家庭中照顾者的疲惫、焦虑，协助疏导和宣泄不良情绪；协助困难家庭中有就业能力者挖掘自身资源，构建社区支持网络；链接社会组织和政策资源，从解决困难家庭的实际困难入手给予专业服务。针对困境儿童，以引导返校复学、缓解焦虑、提升自信与社交能力，提供一系列情绪支持为主。针对孤寡老人，以陪伴关心、健康辅助沙龙为主，通过“话聊”等形式，缓解老人焦虑，提供支持。

（3）构建困境人群社会支持网络。基于探访和需求排摸设计社区活动。围绕孤寡老人、困难家庭和困境儿童等多个群体，在社工站、困难群众就近社区、养老院等场域开展“情暖暮年，爱满夕阳”系列主题助老活动、“与你在‘益’起”家庭日系列活动，以及童趣“畅”未来系列困境儿童活动等共计32场，有效构建起困境人群社会支持网络。

6. “姐妹馨家”——重症妇女支持关爱项目

关注“两癌”及重症妇女需求，推进重症妇女支持关爱项目，通过定期探访关爱、“话”聊、构造网络、提升朋辈支持等方式，缓解其心理压力，提高康复进程，改善服务对象的生活质量。嵌入社会工作专业理念，开展病患支持小组，构建朋辈支持；成立姐妹帮帮团，引导积极乐观的抗癌姐妹组团“C位出道”，用亲身经历为深陷困境的其他服务对象提供情感支持。

五、社工站人员配备和人才培养

丁桥镇社工站配备站长、副站长各1名，专职社工6名，团队持证率达到87.5%，其中社会工作师2名。挖掘和培育志愿骨干1名，常驻社工站协助团队开展日常服务。

提供督导支持。通过每月内部督导、每季外部专家督导为团队充电蓄能，提升团队实务水平和专业能力。

继续教育激励机制。鼓励学历提升及相关专业继续教育，按比例给予教育补贴。

畅通内部晋升机制。从工作内容、服务对象满意度、工作成效、工作态度等方面进行整合拓展，将工作表现纳入内部晋升考核重点。

六、社工站典型服务项目：“童伴丁小桥”

（一）“童伴丁小桥”服务的推出

1. 服务背景

丁桥镇共有本地儿童5140人，新居民儿童1149人，另有困境儿童50人。钱江工业园吸引较多外来务工人员就业，社区流动儿童数量与日俱增。困境儿童、新居民儿童、流动儿童等由于隔代教养、家庭监管不力、亲职教育缺失等引起的一系列问题亟须各界关注。此外，“三孩政策”的全面开放，也进一步推动了诸多儿童隐性需求的显现。

2. 服务理念

“儿童友好”概念于1960年在心理学以及教育学领域首次被提出，1989年被列入

《儿童权利公约》。儿童友好从空间友好、政策友好、服务友好三方面为儿童身心健康发展提供条件。“童伴丁小桥”将从丁桥镇实际情况出发，运用常态化、支持性、参与式和探究式的服务模式，从空间打造、服务介入等方面营造儿童友好氛围，实现儿童保护。

3. 服务人群

儿童时期是一个人生理、心理发展的关键期。因此，“童伴丁小桥”的主要服务人群是儿童，特别是50名困境儿童。

4. 服务识别

作为丁桥镇社工站的吉祥物，“丁小桥”形象采纳了儿童建议，融入潮元素，由“丁”字变形成蓝色水滴状的卡通形象，活泼可爱、颇具亲和力。

图1　丁桥镇社工站吉祥物“丁小桥”，亦是“童伴丁小桥”服务标识

（二）“童伴丁小桥”的主要做法

1. “丁小桥”伴成长，常态化服务为成长蓄能

以儿童需求为本，根据双职工家庭子女寒暑期无人管教的现状，提供成长营服务，链接学校资源，开展书法教学、科学实验等课程；以成长为导向，提供美丽家乡考察、非遗皮贴画学习、社区体验等活动，提升社区归属感。

除充分利用本土资源外，还着力向外借力，依托“乐乐箱”困境儿童关爱计划，以积木颗粒为载体为全镇儿童，特别是困境儿童提供富有创意的玩乐体验。协助孩子们锻炼认知、创造、团队协作和解决问题的能力；链接上海沃岭公益助学服务中心投入300余册绘本，全天候面向全镇儿童免费提供绘本阅读服务。推出亲子共读活动，面向12岁及以下儿童家庭开展亲子阅读、亲子互动专题活动，启发孩子们的阅读兴趣，养成良好阅读习惯。

2. “丁小桥”伴解惑，支持性服务为脱困赋能

在提供常态化服务基础上，关注困境儿童生活现状，通过入户探访，动态掌握困境儿童需求。全镇50名困境儿童基本情况为困难家庭、父母重病、父母服刑、儿童残

疾儿大类。这些困境儿童性格大多比较胆小内向，社会适应能力不足。同时，由于缺少来自家长的关注和照顾，易产生负面情绪，目标感弱、行动力差。

困境儿童小七（化名）父母残疾，初二的小七由于早恋遭到父母干预、强制转学，在负面朋辈影响下翻墙逃课，后患上抑郁症辍学在家、自暴自弃。社工着力在强化小七与父母的沟通，缓和家庭关系；协助其厘清接受教育对于个人成长的重要性，和她一起制订发展规划，链接资源送教上门；构建支持系统，为小七参与社会活动提供机会和平台。最终小七成功完成义务教育，投入技能学习中。同时，她成为成长营的服务骨干，志愿时长已超 85 小时。

3. “丁小桥”伴体验，参与式服务为蜕变助力

除了在社工站和家庭两个场域提供服务外，“童伴丁小桥”也将服务延伸至社区，倡导以社区体验式参与为主的儿童服务模式。体验式学习的情景创设，更契合儿童“爱玩”的天性，根据农村儿童所具有的特点和需求，把体验式学习中的情景化设计引入社工服务是丁桥镇社工站的一种尝试与探索。

通过打造情景化的活动内容，例如社区探访、职业体验等专题活动，增添参与乐趣，引导儿童接触社区、了解社区。以探访社区内的孤寡老人，提供为老服务；参与一日职业初体验，感受不同职业对个人的要求；参与美丽庭院检查，为美丽家乡发展献策等多种形式的情景化活动为主，激发儿童参与社区活动的热情，协助其在体验中对遇到的问题进行观察和反思，形成对事物的全面认知。以儿童为纽带，以活动为载体，鼓励和引导家长参与各类服务，逐步增强亲职能力，提升家庭参与度。

4. “丁小桥”伴议事，探究式服务化被动为主动

社区多元主体共同参与是社区治理体系的重要因素，儿童是社区发展的后备军，儿童参与在社区发展中占据着重要地位。畅通沟通渠道，搭建一个围绕儿童需求展开的公共参与平台，不仅为儿童参与提供可能，更为儿童提供一个可以被聆听的交流环境。

丁小桥儿童议事会以公开招募、遴选的方式组建而成，共有儿童代表 9 名，已围绕“如何养狗不破坏邻里感情”“社区内一处墙皮损坏的安全防护”“丁桥镇社会工作站的代言人形象”等开展了 13 场专题议事活动，问题解决率达 75%。儿童代表从儿童视角出发，提出社区议题，商讨解决措施，制订行动计划，成为服务的主体，既丰富了儿童参与的内容与形式，又丰富了多元化的社区主体。此外，通过儿童带动家长，推动了家庭与家庭之间的互动和联结。

（三）“童伴丁小桥”的反思与展望

1. 强化“五社联动”，加固儿童外围保护

民政部 2019 年发布的《关于进一步健全农村留守儿童和困境儿童关爱服务体系的

意见》中明确了多方力量共同参与的儿童关爱服务工作格局。文件要求除了推动培育社会组织、推动政府购买服务外，还要动员社会各界参与，支持社会工作者、律师、心理学家等专业人员，为困境儿童提供专业化服务。“童伴丁小桥”也将继续从推动社工、社区、社会组织、社区志愿者和社区公益慈善资源的联动入手，依托“五社联动”的模式，引入更多人力、物力资源，推进儿童保护和困境儿童服务体系化、持续化。

2. 坚持专业导向，细化儿童分类服务

“童伴丁小桥”是丁桥镇社工站在多年儿童实务基础上，根据农村儿童和困境儿童现状研发的适用于乡镇的儿童服务模式，不一定适用于资源丰富的城市社区。就丁桥镇域而言，“童伴丁小桥”为儿童们提供了丰富的生活体验和成长向导，收获了儿童和家长一致好评。下阶段的服务重点仍将是专业深挖，细化农村普通儿童与困境儿童内部需求的差异性，实现服务分层、分类，提高精准性。

3. 完善赋权模式，促进儿童个体发展

虽然“童伴丁小桥”通过议事平台，首先将一批儿童代表作为议事骨干进行培养，儿童代表也在一次次参与社区议事并给出稚嫩答案的过程中得到成长。但不可否认的是，在服务前期社工所占据的是主导地位，对于何时向儿童赋权、赋多少权依旧由社工掌控。社会工作强调的赋权增能应该是结合服务对象特征开展的赋权实践，特别是对于儿童和困境儿童的赋权，更是涉及儿童自我概念、价值观的形成，关乎于解决问题能力、交往能力的提升和儿童主动性的发展，需要“因人赋权”。

七、社工站运营和服务反思

（一）专业团队是基础

团队的专业化水平往往决定了社工站的工作是否能扎实、有效地推进，特别是针对困难家庭、“两癌”重症妇女等特殊群体服务时，合格的社会工作者所秉持的专业、同理、中立等价值和职业伦理是让每一名服务对象感受到尊重的基础。社工站依托实务为服务对象提供专业服务，不可质疑的是，一个专业团队是社工站一切有效工作的基础。

（二）资源整合来助力

社会工作者不是万能的，他不是“超人”，但他可以是“蜘蛛侠”，用自身的专业技巧和能力，用千根丝牵起身边各类资源，根据服务对象的多元化需求，链接不同外部资源。引入企业和公益个人等多方力量，推动周边人、物的集聚和联动，为社工站各项工作助力。这也正是探索丁桥镇社工站精准化、专业化服务，打造并完善集“社区、社会组织、社工、公益慈善、社区志愿者”交互的“五社联动”平台所给予丁桥社工站的使命。

（三）特色品牌要接地气

丁桥镇社工站根据人群特点，结合儿童需求将品牌服务瞄准“儿童友好”，是根据前期大规模调研明确的重点。社工站通过打造代言人“丁小桥”的可爱卡通形象，将全站服务有效串联。围绕儿童友好、社区治理、困难家庭服务、社会组织及人才培育等多维度的立体服务图谱，构建起了“善治丁小桥”主体，也是社会工作助力乡村振兴的一次有效尝试。

社会工作参与基层全域治理的探索

——浙江省台州市温岭市泽国镇社工站运营与服务

徐琼瑶　张露娜　何国君[①]

一、社工站和服务地区基本情况介绍

（一）社工站基本情况

泽国镇社工站坐落于浙江省台州市温岭市泽国镇科技文化馆，占地面积约3000平方米，共五层，功能室齐全，分别有气排球室、门球场、幼儿活动室、戏迷票友活动室、个案会谈室+游戏治疗室、书法室、烘焙室、图书室、母婴培训室等。

温岭市天宜社会工作服务中心于2018年6月开始承接泽国镇党委政府的购买服务，所在站点于2020年挂牌正式成立温岭市泽国镇社工站，成为当地探索第三方承接运营乡镇社工站经验的先行者。为保障社工服务的稳定性，泽国镇党委政府与机构签署3年服务合同，每年购买服务经费逾100万元。截至2022年7月社工站共有外聘督导3名，全职社工10人，4人接受过社工专业教育，其中主任和副主任拥有境外社工硕士学历，社会工作师3人，助理社会工作师4人，项目助理3人。

泽国镇社工站以儿童青少年、家庭、长者服务为主，另有针对残障人士、军人（应征青年、新兵、现役军人、退役军人等）、社区、新市民、禁毒、志愿者队伍建设及社工人才培育等专项服务，积极参与政府的基层全域治理过程，并根据实务经验中的总结反思提供社区教育和政策倡导。

（二）泽国镇基本情况

温岭市泽国镇位于甬台温经济区“台州金三角”的腹地，是台州市工贸重镇，占地面积63.2平方千米，辖62个村（居）民委员会，其中包括4个城市社区居委会。户籍人口12.8万，常住人口22.9万，先后被列为全国第三批发展改革试点城镇，建设部小城镇建设试点镇和全省首批小城市培育试点镇。

---

① 徐琼瑶，浙江省温岭市天宜社会工作服务中心主任；张露娜，浙江省台州市天宜社会工作发展中心总干事；何国君，浙江省温岭市天宜社会工作服务中心副主任。

泽国镇大多数居民已步入小康生活水平，休闲时间充沛，但在社区建设、文化休闲、家庭教育、心理健康等更高层次需求方面的公共服务依然十分缺乏。社工机构在入驻初期随机抽取了当地600多名居民进行了相关的需求调查，发现居民对子女照顾及教育、健康问题和福利政策相关的事项最为关心，最困扰他们的问题主要是身体健康问题和孩子教育问题。大部分居民的日常空闲时间除了看电视上网、逛街看电影，并无特殊文娱生活，他们更多认为社区环境卫生不够干净、公共场所太少、娱乐活动缺乏，且对社区人际关系日渐淡薄感到担忧。大部分居民认为社区中应该加强环境整治、增加社区安全，并且提供公益类兴趣课程、社区医疗活动、心理咨询辅导服务以及文体活动等。

二、社工站基本定位、运营机制和模式

泽国镇社工站的基本定位是搭建泽国镇开展社会工作服务的平台，聚拢各界社会资源，发挥社会工作帮扶当地困难群众与特殊群众，参与解决当地社会问题，协助社会治理，更好地促进社会公平与正义的作用。

泽国镇民政办主任担任社工站站长，社工机构项目负责人担任副站长，其他社工担任工作人员，由站长协调沟通政府体系的行政事项，而副站长负责统筹社工站的服务规划与开展、人员管理和督导及工作汇报。乡镇同时设联络员一名，联络员列席领导班子成员，作为乡镇与社工机构日常沟通的桥梁。

经过3年多的探索，泽国镇社工站基本确定以发展性社会工作作为基本取向，秉持积极发展的视角，开展社区为本的介入，关注全体居民的社会福祉而非仅仅面向困难群体。以“五社联动”作为工作手法，在运营的过程中积极联动社区、社会组织、社区志愿者、社会资源及社区自组织。以“1+X+1”的模式运营社工站，“1”为党建引领，社工机构在成立初期建立了党支部，由机构的骨干担任书记，同时积极联动其他党支部开展各类党建服务；“X”为X个直接服务项目，包括困难群体和普通居民服务，涉及领域广泛，在后文中详细阐述；“1”为1个支持类服务项目，培育本土志愿者团队及社工人才。

三、社工站服务体系设计和服务开展情况

（一）服务体系设计

社工站将泽国镇当作一个整体，按照社会工作实务的通用过程模式，逐步深入参与泽国镇社会治理。

第一步，先通过访谈、开展社区公益类活动等形式与各方建立良好的工作关系。包括社区居民百姓、政府各部门、当地的志愿者团队、村社、医院、学校、商家企业

等，预估各群体的需求，分析一些社会治理难题及收集促进问题解决的优势和资源等。

第二步，结合社工站的定位、人力资源实际情况，设计个性化服务项目。社会工作服务是一个需日积月累，方可有成效的过程，大部分的服务项目在设计初期就充分评估以服务群体的长远发展目标作为项目目标而拟订服务项目计划书，故项目均无固定期限。

第三步，按照项目计划书初步执行项目。在执行过程中，社工站不断地与服务对象、各合作方沟通交流，收集更为准确的信息，及时调整执行方案。若在执行过程中，发现项目目标已达到，或是该项目并不能较好地满足某群体的需求，社工站会根据实际情况，作出项目调整或终止决定。

第四步，项目评估是从始至终伴随项目开展而进行的。社工站每年会将本年度的所有服务资料予以整理归档，同时根据各类服务项目的进度作出阶段性的年度总结，并与泽国镇党委政府的主要领导、人大代表及各业务对接人召开年度工作会议，就上年度的服务内容进行检讨与反思，同时商讨下年度的项目推进计划。

第五步，通过各类服务的开展，将社工站搭建成为成熟的社会工作服务平台。同时，培育充足的志愿者团队和社会工作人才力量，为各团队和力量提供业务指导和督导、评估等服务。

（二）服务开展情况

泽国镇社工站开展了各类丰富的直接服务类项目和支持类项目，截至2021年底，泽国镇社工站共有青少年会员384人，共服务个案356个，专业小组6个，公益活动1348场，专业培训115场，总服务38051人次。

儿童青少年服务以预防性、发展性为主，兼顾治疗性。初期以儿童公益兴趣课堂、青少年公益活动为主，吸引儿童青少年及其家长参加，收集服务对象的基本需求，后期开展“0～3岁儿童早期发展项目”“天使守护”未成年人生命教育项目和“阳光少年”困境儿童关爱项目，全方位关注本地未成年人健康成长。

长者服务以健康领域作为主要的切入点，开展“乐活一站”助老服务项目。以泽国镇的60岁及以上的老人为项目服务对象，重点服务当地孤寡老人、独居老人、低保老人等特殊困难群体，用积极老龄化的视角，为当地有需要的老人提供生理健康、心理健康、情绪、认知异常及精神疾病的知识科普服务。

身心障碍人群服务以孤独症儿童及其家庭作为主要服务对象。自2019年起，通过自筹及项目申请的方式，与浙江省妇女儿童基金会、台州市民政局合作开展“拥抱星辰”孤独症患儿家庭支持计划项目和“以融促近”孤独症患儿社区自主生活能力发展项目，以促进孤独症儿童社区融合。

军队社会工作服务以泽国镇的应征青年、现役军人、退役军人及民兵为服务对象。

针对军人家庭开展“五全服务模式”实践探索，即全员覆盖、全面调查、全程服务、全网构建、全民动员的优抚精细化服务，开展“伴你从军”应征青年军旅适应性提升项目、“爱·回家”现役军人军属关怀项目、“与军同行”退役军人社会再融入项目、“益路前行”民兵队伍建设服务项目。

社区建设服务以社区作为服务对象。通过项目为载体，协助社区工作人员提升开展服务的能力，同时解决社区切实的问题，2019 年起，与当地逢儒社区合作开展“平安先行·整体提升”社工机构参与社区治理“泽国模式”项目，以增强平安意识、织密安全网络作为社工站参与社区治理的切入点，从安全设施、安全制度、安全组织（自组织）和安全意识四个层面开展各类社会服务，以期改善社区环境、提升社区服务质量、提升社区安全意识、提升居民参与社区的热情。

（三）服务案例呈现

下面通过 2020 年新冠肺炎疫情期间介入的一个跳河女孩小 K 的案例来阐述社工站如何联动各方力量介入未成年人危机事件，协助社区解决治理难题。

1. 案例背景

因接到居民反映有未成年人跳河自杀的信息，社工找派出所确认后赶往医院进行危机干预。

小 K 的背景信息：

成长史	小 K 父母在小 K 3 个月时离异，由爷爷奶奶作为主要抚养人照顾至今。父亲在其 6 岁时归家，2020 年开始与一女子同居，和小 K 一起住在家中。 2019 年暑期，小 K 被同学在学校负面议论，使其遭受精神打击，心理压力巨大，情绪开始不稳定，出现幻觉，自此休学。多次试图自残自杀，被家人带至精神科检查，被诊断为伴有精神病性症状的重度抑郁发作。 因疫情长期在家，且没有稳定服药，2020 年初，小 K 在与家人发生冲突后跳河自杀，被救援队救起送往医院，社工开始介入。
家庭关系状况	小 K 和爷爷关系亲密，十分在意爷爷是否能真正地理解她。奶奶对小 K 的行为多有不认同，常起争执，容易导致小 K 情绪激动。父亲和小 K 同住在一个屋檐下，但是几乎没有沟通。 爷爷奶奶对如何照顾小 K 存在巨大分歧，两人在家时常因为小 K 争执，并当着小 K 的面争吵，导致小 K 心理负担巨大。
经济状况	全家六口人靠爷爷奶奶的退休工资生活，且爷爷奶奶身体不好，需长期服药，每月药物支出为一两千元，家里经济比较拮据。
居住状况	家中居住为农村的立栋房，共三层楼，每层面积约为 40 平方米，一楼前后为客厅、厕所和厨房，二楼为小 K 和爷爷奶奶房间，三楼为其父亲居住，稍显局促。
生理状况	小 K 身材瘦削，身体时常不适，夜晚容易头痛发作，情绪低落时，容易产生幻听。白天容易四肢无力，酸痛疲累，精神状态欠佳。

续表

心理状况	小 K 从小缺乏心理关爱，因为隔代教育，爷爷对小 K 的理解和支持较有限，很少顾及其心理健康。 小 K 在认知上容易极端，受到刺激时，情绪容易失控，自尊水平较低，自我评价较低。
社会交往网络	小 K 与同龄人交往较少，但在网络上结识许多比她年龄大的网友，经常在网上和人聊天，一起组队打游戏，喜欢看日本漫画。
学业情况	小 K 学习成绩优秀，语文和英语在班级排名前列，在班里担任英语组长和语文课代表，其他成绩均基本保持在班级中等以上水平。

2. 案例分析预估和目标设定

根据以上背景资料，分析服务对象小 K 存在以下需求、优势和潜能。

（1）需求分析。小 K 存在明显的需要被人关心，理解其精神内在，自尊提升，家庭关系协调，社会支持网络建立，生涯规划等需求。

（2）优势资源。虽然爷爷奶奶的观念不同，但仍对小 K 关爱有加。社区、社工机构、政府都愿意针对其情况予以特殊的帮助。小 K 具备较好的个人学习能力、沟通能力等，适应能力强。小 K 所患青春期型精神病症状属常见现象，在自身及环境改善下该病症有望在成年期消失。

（3）目标设定。

总目标：促进服务对象自我接纳，克服自我困境，实现自我价值。

分目标：

目标一：通过心理辅导，提升服务对象的改变动机，设定行为目标，从而进一步改善其生理状态和情绪自我控制，同时改变其偏激认知，改善其与家人的关系。

目标二：鼓励服务对象参加社工机构的各类活动，促进学习人际交往知识，拓宽社交网络。

目标三：培养服务对象成为志愿者，通过志愿服务，提升其自尊水平，同时学习自我负责。

3. 案例介入过程

（1）心理辅导。社工在医院急诊室对小 K 进行危机干预，并与其家人进行沟通，与民警对接后续安排。经过两个多小时的干预，小 K 情绪逐渐稳定，愿意回家，社工将其送至家中后，对小 K 和家人间的冲突进行了调解。

此后，社工保持每周一次的频率为小 K 提供心理辅导，为其提供情绪支持，帮助其增进对自己和他人的理解，教授其一些控制情绪的方法，并协助其在当前的基础上制订简单的生涯规划，提升其自信心，也在其和家人产生冲突和矛盾时及时介入进行调解，促进双方的良性沟通和彼此的理解。

（2）活动参与。社工常邀请小 K 参与机构开展的符合其发展需求的青少年活动，如读书会知识竞赛、观影活动或夏令营活动，通过鼓励小 K 参与活动，促进其与同龄人及其他社会人士的沟通和交往，尽可能扩大其社会支持网络。

（3）志愿者服务。社工鼓励小 K 在机构定期提供志愿服务，如鼓励其协助整理报纸为长者阅读，协助机构活动开展，并为其提供相应的人际交往技能培训。在此过程中，她和人交往的频率越来越高，社交回避状态较之前已有很大的改善，并在一定程度上学会自我负责。

4. 案例成效讨论

现状	小 K 未再发生过割腕、吞服安眠药或是其他自残或自杀行为。跳河被救后，小 K 继续服用精神疾病类药物，现已停药两个多月。自停药后，未再出现情绪激动，冲动过激行为的情况。遇到烦心事时，会主动和社工沟通，和社工一起商议。
家庭关系状况	小 K 和奶奶只因养宠物的事情产生过一次冲突，但小 K 应对此次冲突的方式只停留在语言上。在社工的调解下，爷爷奶奶对小 K 有了更多了解，尤其是爷爷开始学习关怀其心理健康。小 K 在遇到烦心事时，会主动向爷爷倾诉，爷爷给其的积极回应比以前更多。
经济状况	家庭经济状况虽未有较大改变，但社工链接到社会资源为小 K 提供助学，可以确保其不受家庭经济困难而影响学业，爷爷也愿意在学业上尽自己所能更多地支持小 K。
生理状况	小 K 在饮食和作息方面较之前有较大改善，虽依然夜晚偶有头痛，但已无幻觉出现，气色也有较大的改善。
心理状况	小 K 对自己的积极评价越来越多，学习动力和与人交往的动机比之前提升不少，同时掌握了一些调节自己情绪的方法。
社会交往网络	通过参加青少年活动和志愿者服务活动，小 K 已和几名同龄人建立了朋友关系，现实生活中的同伴支持网络正在逐渐建立起来，可为其提供情绪支持。
后续服务跟进计划	社工会继续为小 K 提供心理辅导，持续关注其情绪状态，积极为其链接各方资源，安排联系换学校，跟进家庭情况，持续跟进至小 K 较好地接纳自己，且有能力应付环境中发生的各种变化。

四、人才培养模式

泽国镇社工站采取分层分级分类的人才培养模式，经过几年的探索，已初具成效。

（一）针对新员工的师徒帮带式入职培训

在新员工试用期，采用师徒帮带的形式对其进行高强度的专业训练，包括社工理念和价值观、工作伦理守则、家访技巧和活动设计带领技巧等主题，通过授课、小组讨论、家访模拟、陪同家访、个案访谈视频学习、逐字修改家访记录、布置活动设计任务、带领演练、辅助老社工开展活动、修改活动记录等方式，力求让其在试用期内对基本的社工服务可以上手。此形式一方面能帮助机构筛选更合适的员工，另一方面也尽快促进社工独立开展基本的家访和活动。

（二）针对一线员工的个性化定制培训

在新员工度过试用期后，帮带师傅成为持续支持其开展服务的督导，定期提供个别督导和小组督导。督导根据该员工的岗位内容，与其讨论近期的职业发展规划和学习计划，除机构内部定期开展的个案研讨会、活动设计头脑风暴、专业知识培训之外，为其推荐外部培训课程，鼓励其外出参加培训，为其报销部分学习经费。

（三）针对管理者的集中式培训

针对项目主管或部门主管，除上述培养模式外，机构还邀请业内专家，每年组织一到两次的集中式培训，以工作坊、沙龙、研讨会、学习参访等形式，在强化主管的实务能力同时，力求提升其管理能力和督导能力。

（四）持续的员工生涯规划发展服务

借个别督导、考核谈话、内部团建、专业手法体验工作坊（正念减压、沙盘游戏）等机会，机构定期与每一名员工讨论其生涯规划发展，包括生命历程、自我了解、人际关系、压力管理、时间管理、心理健康、生涯探索、生涯抉择等方面的培训，助力员工自我了解和自我发展，协助其规划在社工站的发展，从而提升员工对机构的归属。

五、专业反思

（一）制度环境方面

浙江省虽然自2020年就开始大范围推进社工站建设，但在乡镇（街道），包括政府官员、居民百姓，对社工的了解依然十分有限，导致社工站在推进服务时常有专业难以发挥之感。因此提出三点建议：其一，政府可在社会福利、人文关怀及困难群体帮扶等方面加大建设力度，注重社会工作的专业价值，大力宣传推广社会工作服务，让更多人了解该专业，更多人才从事该职业；其二，建议出台更多有利于社工站建设的相关政策，并在乡镇（街道）建立社工站的部门联席会议，邀请乡镇主要领导和人大代表列席，对促进社工站发挥专业作用事半功倍；其三，在社工的人才培养、注册管理和薪资水平制定，以及购买社工服务的标准建设等方面提供制度化的建设，对于形成良性的专业人才输送、服务稳定性保障上具有重大意义。

（二）行业方面

根据发达地方的经验，行业协会对规范社工行业的发展起着至关重要的作用，建议在社工人员管理和再教育的基础上，行业协会可在推动行业规范建设、行业经验交流、从业人员能力建设上加大力度，凝聚在地社工力量，促进在地社工机构交流，为社工培训及再教育设置标准及提供服务，推动当地行业规范化建设。

（三）社工站运营方面

一是经费相对稳定但风险较高：社工站经费主要依赖政府购买服务，在良性合作的情况下相对稳定，但一旦遇到政府调整经费安排即会让社工站陷入运营危机，亟须有更多元的资金来源。

二是人员素质稳步提升但成长速度较慢：经过不间断的培训，工作人员素质能够满足基本服务需求，但领域精深化能力仍有较大提升空间，需要政策、行业、机构在现有教育及再教育环境中不断补充培训机制和内容。

三是项目运作有序但可持续发展不足：项目经过 2 ~ 3 年发展已经打下基础，形成有序运作模式，但如何进一步提升项目成效，优化项目内容仍需要大量实证经验研究设计。

四是社会支持力度增加但整合不够：居民和相关部门对社工站服务支持力度日益增加，但慈善体系、志愿服务体系与社工体系间的联动合作仍存在阻碍，政府及有关部门在各体系间的牵头整合作用仍需进一步发挥。

三套运作系统 + 金字塔服务模型

——广东省广州市增城区仙村镇社工服务站运营与服务

李　丹[①]

一、社工服务站和服务地区基本情况介绍

（一）社工服务站的基本情况

广东省广州市增城区仙村镇社工服务站在 2019 年 10 月 1 日正式成立，由仙村镇政府向广州市明镜社工服务中心购买运营服务。仙村社工服务站自成立以来在上级部门和党组织的领导下，一直以“扶弱助困，与民同行；以家为本，关社睦邻”为使命，密切联系群众。社工服务站设有党建引领、重点服务、特色服务、基础服务项目。在人员配置方面，截至 2021 年 12 月底，本站配置全职工作人员 20 名，其中社会工作专业人员 10 名。此外，本站配置外聘专业督导 3 名及运营总督导 1 名，其中 3 名督导学历在硕士及以上，平均工作年限在 13 年以上。

（二）仙村镇基本情况

1. 历史视角下的仙村镇

仙村镇具备较为悠久的历史，相传晋代此地遇大旱，恰葛洪仙翁云游至此，作法降雨，故名仙村。仙村镇内有多个村至今仍保留着具备浓厚历史色彩的建筑，极显广府风格，如已有 1100 多年历史的下境村列氏大宗祠、四帅古庙，上境村的葛仙祠、天后宫，沙头村的炮楼、张氏公祠，深冲村的斗耀南枢、叶氏宗祠等。受宗亲关系的影响，各村之间注重熟人关系，“地缘”和“血缘”仍是影响着本地人际关系的重要因素。

2. 仙村镇人口学特征

全镇户籍人口 48972 人，外来人口约 1.6 万，其中 60 岁及以上 8237 人，残障人士 1362 人，低保 144 户，特困供养人员 47 户。全镇辖 2 个居委会和 17 个行政村，分别

---

① 李丹，广东省广州市明镜社工服务中心执行总干事，高级社工师。

为仙村第一社区、仙村第二社区、下基村、沙角村、深涌村、十字滘村、沙头村、西南村、上境村、下境村、巷头村、仙联村、竹园村、潮山村、蓝山村、基岗村、沙滘村、碧潭村、岳湖村。辖区内有中小学校 8 所，医院 1 所。城市边郊的农村地区性质明显。

3. 社会服务方面现存问题

（1）仙村镇建镇时间 10 余年，公共资源处在建设及发展阶段，学校、医院、银行、商场、文娱培训机构、政府部门等都分布在镇中心，大部分公共设施及公共服务难以下沉到村一级，村级的公共服务发展缓慢。

（2）社会治理情况方面，镇级政府部门处于转变基层治理理念及发展治理人才的阶段，村级缺少治理能力和治理动力，这是导致市级、区级福利服务难以下沉的主要原因；辖区内拥有各类文化社团 12 个，受地域及血缘关系影响，圈子文化明显，社区资源流动较弱。

（3）在社会服务福利供给方面，遵循传统家庭供给为主，大部分农村长者属于“自给自足”的照顾模式，从外界获得社会支持较弱。

二、社工服务站基本定位和运营机制

（一）基本定位

1. 以国家乡村振兴战略为指引

党的十九大报告中明确提出“乡村振兴战略”，仙村镇社工服务站地处农村地区，依据国家乡村振兴战略的指导，结合社会工作服务的使命及优势，定位在“人才振兴及文化振兴”的方面进行重点工作。

（1）用“社工 + 志愿者”策略推动人才振兴。乡村振兴，关键是要人才振兴。只有人才愿意到乡村，留在乡村，致力于乡村发展，才能为乡村振兴工作带来永续动力。从这个定位出发，仙村镇社工服务站坚持“社工 + 志愿者”战略，用志愿者的身份激活本地有热情、有能力的群众成为“人才”的一部分，同时吸引“外部志愿者”资源，源源不断带来乡村服务的活力。

（2）盘活本地红色文化资源，增强乡村凝聚力，推动文化振兴。文化振兴是乡村振兴的灵魂。盘点、梳理村落的共同文化、结合新生代年轻人的特点进行文化传承及转化、发扬等，进一步增强村民的共同话语体系，增加村民之间的参与感及归属感。从这个定位出发，仙村镇社工服务站坚持通过本地的“文化优势”，带动社区层面的系列参与活动，让群众在参与过程中营造本地的“文化自信”。

2. 以“113X”地方社工服务站建设标准为模式

广州市政府大力推动社会工作服务的发展，于 2010 年通过政府购买服务的方式引入社会工作，在每个街道建设一个家庭综合服务中心，其服务覆盖家庭、长者、青少年、医务、残障、社区矫正、移居人员、外来农民工、民族融合等多元领域。家庭综合服务中心的全面推广且多元化服务使得广州居民对于这个行业有了进一步认识，并且在面对不同群体的服务中已经探索出个性化的服务，广州社工开始了本土化发展，并探索出“113X”模式。其中“1”个核心项目——强化党建引领社会工作服务；“1”个重点项目——突出辖区居民群众最迫切、最需要、最直接的社会工作服务；“3”个基础项目——夯实家庭、长者、青少年社会工作服务；“X”个特色项目——探索拓展多领域的社会工作服务。本社工服务站遵循广州社工服务站的“113X”模式，围绕当地需求分类设计服务。

（二）运作机制

建立“服务信息管理”“服务资源管理”“服务输送”三套系统作为基本运作机制。

1. 运用“社工＋互联网”策略建立服务信息管理系统

社工服务站坚持以特殊群众为本。建立动态评估系统，下沉村居扎实践行困难群众的需求摸底评估。以家庭为视角，通过恒常定频走访，确定各类特殊群体的家庭关系图，完成服务对象基本信息的整合工作，通过信息化的方式进行整理归档。在信息完善的基础上，分类进行服务导入，如围绕“政策宣导、物质帮扶、健康服务、便民服务（义诊、陪诊、义剪等）、心理疏导、综合服务（应急转介）”等维度精准展开工作，切实解决困难群众问题。

（1）家庭视角的信息管理。过往政府系统对特殊群体的管理以部门职责为本，很多信息呈现的是个体化为主，如困境儿童类别、贫困重度残障人士类别等。社工服务站改变以往以服务对象个体信息分领域的单一化管理方式，而是结合服务重点群体，以低保、低收入家庭为单位，每名社工负责不同的家庭，并针对家庭内不同类型的服务对象提供相应的服务，同时针对特殊的个案则分派给指定的社工负责。

（2）分配固定跟进服务对象。以村居为单位，社工按照“家庭＋个人”的分工方式，明确各自兜底工作的服务对象，按照责任制，工作明确到人。

（3）定期定频的服务频率。社工服务站按照服务对象需求急切程度、影响其生存的危险因子及身心状况评估将民政服务对象六类特殊困难群体分为四个等级并有针对性地定频定次探访。针对每位服务对象建立个人化信息档案并同步到民政系统台账，社工依据探访情况评估服务对象的状态，将出现“高危”“中危”因素者及时转交给上一级跟进并决定是否需要调频。对六类群体进行针对性建档、信息电子化以及定频定量分工跟进的工作，能够精细化梳理六类群体需求。

2. 运用“社工＋志愿者”策略建立服务输送系统

（1）“一村一社工”为恒常输送系统。建立“一村一社工”工作机制，打通社工专业服务落地村居的“最后一公里”。农村工作的难点在于“熟人社会”，社工服务站和社工作为新鲜事物及新鲜人士，与村居的关系建立至关重要。社工服务站落实打通服务“最后一公里”，将服务下沉到村居，与19个村居完成“一村一社工”机制，通过社工下村居，与村居建立良好的合作关系。通过“一村一社工”机制，社工作为输送渠道，对接各方资源精准输送到村居，例如社工与当地医院合作，主动将家庭医生纳入“村居服务团队成员”，丰富入村居开展服务的人才资源，创新形成“一村一医生一社工一志愿者”。

（2）“志愿者”为重要补充输送系统。在坚持“社工＋志愿者”策略下，社工服务站以志愿者工作为基础，运营管理或服务等各个方面都涉及与志愿者工作有关，搭建志愿者培育、发展、管理、激励的综合性平台，让志愿者成为输送服务资源的有效渠道。志愿者在社区服务方面、社区参与方面，甚至是治理方面都有涉及。社工服务站规范使用“时间银行”“I志愿”等志愿登记及统计工具，发展志愿者1100名。

3. 运用“社工＋慈善”策略建立资源管理系统

社工服务站成立社区基金、社区慈善捐赠点，建立完善的资源管理系统。社工服务站在2020年11月正式发起成立广州市增城区慈善会仙村镇第一社区慈善基金，仙村镇镇政府、居民代表、慈善代表等共同参与监督。社区慈善捐赠点及社区慈善基金的建立聚焦公益资源的整合，以小资金撬动大服务，以小投入激发大活力，让多元主体共同参与社区慈善，联动各职能部门及商家、爱心人士参与。以2020—2021服务年度为例，整合资源65万元，含现金5万余元，搭建了社区慈善资源流转的平台，开展义卖活动超过10场，不断推进社区慈善氛围。慈善基金覆盖所有六类四级兜底群体，累计帮扶1800人次，共为42名学生提供了学习环境改造、学习物资支援、助学金等所需的服务，慈善基金切实为群众解决了困难。

三、社工服务站服务体系设计和服务开展情况

（一）服务体系设计之一：恒常基础类工作

1. 偶到类、便民类服务

社工服务站在辖区的工作中，有一份属于场地提供的服务，包括偶到服务（为偶然前来咨询的居民提供咨询类服务）、便民服务，这些服务成为群众接触社工的第一个窗口，极为重要。例如新冠肺炎疫情期间，农村大量的长者因不会操作智能手机显示健康码，出行频频受阻。根据辖区普遍存在的情况，社工服务站推行“亮码行动”便民服务，为4000名长者提供智能手机操作指引，健康码打印等便民服务，切实解决当

地长者的出行困难问题。提供的便民服务包括健康咨询、义诊义剪、陪诊买药、政策解答等。

2. 六类群体的定频定量探访及村居驻点工作

按照针对六类困难群众的定频定量探访机制，社工按照服务对象的危机程度，每月需要为每位服务对象提供一至四次的探访或电访工作。因服务对象分散在不同的村居，社工常常结合村居驻点的时间一并在村里开展探访、走访、社区漫步、村务协助等基础性恒常服务。

3. 重大节假日的活动

社工服务站以传统节假日为契机，根据节假日活动设计社区层面的活动来活跃社区氛围。近年来，各种传统的节假日的庆祝以家庭为单位居多，社区举办的活动越来越少。为了增强社区的活力及促进群众之间的参与联结，社区层面开展节假日活动显得十分必要。例如重阳关爱长者活动、冬至送汤圆慰问活动等，都能促进群众之间的友好关系。

（二）服务体系设计之二：针对辖区内特殊困难群众的共性服务

社工针对第一部分恒常走访的工作进行梳理和讨论，将发现的群体共性问题进行项目化设计。例如针对辖区内残障群体中占比最大的听力残障人士，了解到听力残障人士虽然获得了政府配置的免费助听器资源，但存在不会使用、不会更换电池等具体问题而导致政府福利资源闲置的共性问题，社工开展了“听清世界的声音”项目，培育志愿者协助使用助听器，在社工服务站项目点开设“电池中转站”免费为群众代购电子设备的服务项目，宣传及推广政府的福利政策。通过社工的项目化操作，切实为68位听力残障人士解决了设置使用的问题，同时增加近百位听力残障人士获得政府的福利资源。

社工走访中发现大部分困境儿童中的母亲因为要照顾困境儿童，尤其是残疾儿童，常常无法务工增加家庭收入帮补家计。如果能在辖区内实现灵活就业就能匹配到她们照护儿童的需求，同时又能增加家庭收入。社工链接区级“增城妈妈”项目在地开展培训班，教授困难家庭中的妇女学习家政服务技能、粤菜技能、护婴技能等职业化技能化知识，并且推荐她们灵活就业。此项目培育当地38名妇女参与并逐步推动她们实现就业，改善家庭收入。

社工服务站针对特殊群体的项目化工作包含了针对困难长者的健康管理项目，困境儿童“童学计划”助学金项目，满足特殊群体个别化需求的“微心愿”项目等。

（三）服务体系设计之三：针对辖区内一般性群体的发展类工作

以“社工＋志愿者”为战略，在一般性群体的发展类工作中，大量地设计志愿者参与的服务。

家庭领域：针对普通家庭开展的“社区家庭日”品牌活动，社工不断发掘志愿者的才干，提供各式各样满足亲子家庭互动的“家庭日”活动，例如志愿者教授手工、绘画、书法、剪纸等，在互动中既发挥志愿者的才能，又推动普通家庭之间的联结与参与。

青少年领域：针对青少年存在的青春期发展的共性需求，社工开设“青春期教育”项目，入校为青少年群体开展青春期身心健康教育工作，同时配合青少年志愿者的培养，打造“言青春”青少年志愿者队伍，引导青少年志愿者学习拍摄技能、写作技能、互联网技能等多元化技能，为推动青少年社区参与奠定基础。

长者领域：围绕农村长者健康的需求，针对一般长者群体，社工与辖区卫生医疗单位深度合作，开展巡回式义诊，不断普及农村长者预防慢性疾病的知识及方法。同时发展“健康生活方式指导员”志愿者队伍，带领志愿者成为健康普及的宣传使者，提升农村长者的健康卫生意识。针对有护理需求的长者，社工通过资源管理系统，链接长期护理险资源，帮助长者申请政府福利，获得专业的医疗资源支持，康复护理的需求得到切实保障。

（四）服务体系设计之四：针对社区发展性及预防性工作

社区层面从社区活动设计、社区问题解决，到解决问题背后的治理参与、社区文化发展、社区资源整合都一应俱全，面面俱到。社区问题解决方面，社工服务站围绕“安全”主题，设计一系列与安全有关的社区问题关注，引发群众关心关注“社区安全”，每次解决问题的行动背后都有意识带动志愿者、群众、村居的参与，注重各自职能的发挥。社区文化方面，培育本地导赏志愿者队伍发掘、宣传及推广当地的红色文化，组织游学、剪纸体验等多样化的学习方式，增强群众对社区的归属感。

四、社工服务站运营模式

仙村社工服务站的运营模式，坚持金字塔形的模式，在每一个层级都精心策划管理方式或服务项目进行回应。

“1”为坚持一个核心党建引领。“1”为所有服务开展的核心。社工服务站在2020年9月成立了社工服务站党支部，一切服务的推行及开展均在党支部的带领下进行。同时注重党建工作的实体化，在社区层面发展党员志愿者，开展本地红色文化培育及传承的“仙”红文化项目，将党建引领的工作结合当地红色文化落地做实。

“2”为做好两个策略——“社工＋志愿者”与“社工＋慈善”。“2”个策略为所有服务开展的基石。志愿者及慈善工作为中心整体服务带来了源源不断的内生力量，从人力资源到物资慈善资源，都有助于在村居营造出慈善、关爱、友好的助人氛围，让群众感受到切切实实的助人工作就在生活的场域中。这“2”个策略助推了大量的社区服务。

“3”为推进三个服务系统推动内部循环。“3”个系统（服务输送系统、资源管理系统、服务信息管理系统）推动了兜底工作的有序进行，也为内部管理提供系统化的思维。农村工作杂项多、信息基础薄弱，用系统化思维，有助于社工服务站运营过程中的归类整理，从系统目标出发定制每个系统的运作目标，更需要团队在运作的过程中保持每个系统的信息及资源畅通。相互推进为特殊群体服务。

“4”为混合四种理论模式。综合运用社区营造、地区发展模式、社区照顾模式及社区资产理论。社工服务站的综合性，决定了其理论的多样化。在针对特殊困难群体的工作中，社工推行“助听器政策”“危房改造政策”“长护险政策”等政府惠民政策，将社区照顾的正式资源盘活运用；调动志愿者参与社区探访、关怀慰问工作，是将“社区照顾模式”中的非正式资源盘活起来。而社区资产、地区发展模式及社区营造理论，都让社工从社区优势资源出发，带动群众志愿者的深度参与共同推进社区的共同体建设。

“5”为探索“五社联动”（社工＋社区＋社会组织＋社区基金＋社区志愿者）。在“五社联动”的模式下，截至2021年12月社工服务站深度合作12个社会组织，经营1家社区基金，培育1100多名志愿者，与所有村居合作开展“一村一社工”，在开展社区服务、满足社区需求、解决社会问题、提升居民协商参与方面各自发挥优势，增强了社区治理的能力。

五、社工服务站运营及服务专业反思

经过三年多的运作，社工服务站的运营及服务各个方面取得了良好的成效。在以城郊农村为特点的社工服务站中，社工发挥着多样化的角色。

首先，社工打通政府惠民政策的“最后一公里”。政府尤其是民政系统有大量的惠民政策，但这些政策的解读、申请运用等，到达特殊群众手上仍需要有社工进行语言的转化、申请步骤的协助、程序的跟进等精细化的帮扶，更能有效链接资源。

其次，社工是社会支持网络构建者。尤其是在发展志愿的工作中，社工通过志愿者的管理、激励等系列的工作，将志愿者发展为社区重要的支持网络，构建起“一村一社工一医生一志愿者”的资源输送系统，这个支持网络在应急服务、节假日工作、健康服务、助学助困等多个方面发挥着枢纽功能，完善了当地村居的人际网络系统，尤其是特殊困难群众的支援系统。

再次，社工担任着慈善资源精准分配者的角色。社工在“五社联动”中发挥着重要作用，社工因为对特殊群众的需求掌握更为精细，容易从群体的需求出发，精准精细地运用慈善资源给予帮扶。例如在“童学计划”助学项目中，社工一改过往政府单一的“助学金”模式，从现金福利发展为“现金 + 物资”福利模式，丰富了多维度的帮扶，让慈善资源得到了合理适切的分配，提高了慈善的正面效应。

最后，社工担任社区紧急服务援助者、信息/服务/资源管理者、专业社会工作服务提供者等多元化的角色。

社工服务站是一种综合性的服务模式，社工需要提升综合的服务能力。社工有着多重身份角色，能够更灵活地回应充满多样化的社区及社群的需求。

夯实基础功能，营造美好社区

——浙江省玉环市楚门镇社工服务站运营与服务

裘威巍　袁　涛[①]

一、社工站和服务地区基本情况介绍

（一）楚门镇社工站基本情况

楚门镇社工站（以下简称社工站）在浙江省玉环市民政局的指导下，成立于2020年4月。社工站是由楚门镇人民政府设立，委托玉环市楚门天宜社会工作服务社（以下简称天宜社工）进行社会化运行，是楚门镇搭建的基层综合性服务平台。

社工站位于楚门镇楚洲文化城，占地面积10亩，包括办公室、个案工作室、小组活动室、公共图书馆及各类活动室17个，能有效满足工作和服务的需要。社工站现有专职社工17名，由楚门镇人民政府实施公共服务社会购买计划；18名兼职社工，由3个社区的专职工作者组成。楚门镇社工站还在湖滨邻里中心、楚门镇残疾人之家设立社工站分站，同时将服务延伸至3个社区、18个村，形成社会工作服务全域覆盖。

社工站围绕当地居民的社会服务需求，设计和实施社会工作服务项目。楚门社工站聚焦重点人群，在社会救助领域、留守儿童关爱保护领域、养老领域开展基层服务，托底保障困难群体；在站内开展针对所有社区居民的普惠性服务，丰富群众生活；在楚门镇小区和功能社区内开展社区营造，创建美好社区。

（二）楚门镇基本情况

楚门镇地处浙江省东南黄金海岸线，是全国百强镇，省级综合改革试点镇。全镇面积35.43平方千米，居民118359人，其中外来人口4万。是典型的处于快速发展的“新型小城市”。

楚门镇政府在抓牢经济发展的同时，为打造美丽城镇，注重民生建设，优化社会

---

① 裘威巍，浙江省玉环市楚门镇社工站中心主任；袁涛，安徽师范大学法学院社会工作专业研究生。

治理的质量和水平。2013 年开始，楚门镇即向天宜社工购买服务，旨在让“专人”做“专事”，为本地居民尤其是困难群体提供具有针对性、人性化、专业性的社会公共服务，从而加快推进政府职能转变，回归本位，致力打造有限政府。

二、基本定位和运营机制

（一）社工站基本定位

2020 年，台州市下发《关于开展乡镇（街道）社工站建设的通知》，楚门镇根据本地社会发展状况和服务需求，率先成立台州市第一家社工站，同时，确立了“党建引领、专业支持、多方协同、营造美好社区”的基本定位，极力打造基层综合性服务平台。

（二）社工站运营机制

1. 政府设立 + 社会运行

楚门镇政府按照上级指示精神，对照“五个有”的建设要求，全力推进乡镇（街道）社工站建设，将乡镇（街道）社工站建设列入全年重点工作。楚门镇政府以购买服务的方式，委托在楚门镇已开展 7 年服务的天宜社工运营社工站，并将社会组织党群服务中心、楚门镇综合文化站、残疾人之家、邻里中心合并运行，实现资源整合，打造基层综合性服务平台。

天宜社工位于浙江省玉环市楚门镇，是一家非营利性、非政府性的专业社会工作服务机构。自 2013 年 7 月成立以来，天宜社工打造了“阳光少年——未成年人保护”“阳光治理——社区自治营造”等基层治理品牌，形成了“一老一少”困难群体民生兜底全覆盖、“社区难题社区解”居民自治的新时代社会治理体系。

2. 专业自主 + 社区协作

社工站在运营和建设过程中强调专业自主性。在社工站建设之初，作为运营方，天宜社工明确自己是政府的伙伴而非伙计。在社工站服务过程中，从社会救助到居民服务，从社区重建到社区营造，遇到专业性与行政性的冲突问题，天宜社工通过与相关部门努力沟通协调，坚持社会工作的专业理念。

社工站也积极探索建立专业社会工作与本土社区的协作机制。天宜社工在专业项目开展上给予社区社工支持。社区社工则在在地服务上提供协助。社工站与社区形成了良好的联动，共同策划实施活动，挖掘社区资源，筑强社区服务力量。

3. 普惠覆盖 + 项目精确

社工站依照文件要求，积极开展各类普惠型和专项服务，满足本地村（社区）居民日益丰富的服务需求。社工站在落实社会救助、社会福利制度的基础上，为保障对象提供基本养老服务、残障人士基本公共服务，维护农民工、困境儿童等特殊人群和困难群体权益等基本社会服务；社工站还积极开展项目工作，向职能部门争取资源，实施专项项目，为社工站基础服务提供补充。

4. 整合资源 + 共融发展

楚门镇政府力图将社工站打造为本地的“资源整合站”，以提高各类社会资源的利用效率，壮大本地区服务力量。社工站在政府的支持下，将本地的政策资源、志愿者资源、公益慈善资源等进行整合。同时，将资源与本地社会组织、群团组织分享，共融发展，共同打造本地化社会服务平台。

三、运营模式和特点

（一）社工站运营模式

楚门镇政府以建立覆盖全社会的现代公共服务体系为目标，探索公共服务供给侧改革，实施公共服务社会购买计划，实现服务供给主体多元化、均等化。政府则从“台前”退到“幕后”，将社会工作交给社会，让专人做专事，让服务更专业，确立了政府购买服务，委托专业社工机构开展社会化运营的社工站运营模式。

（二）社工站运营特点

1. 专业助力 + 纵横发展

楚门镇社工站由政府委托专业社工机构运营，注重服务项目的发展和服务提供的深度。借助专业力量的支持，社工站在人才队伍、专业理念和发展路径都得到充实和明确，打造了多项专业服务品牌。社工站还整合综合文化站、社会组织党群服务中心的资源，深入社区，带动村级文化礼堂建设等，让更多的居民能够便捷地享受服务。

2. “双社”协同 + 数智共建

社工站在日常的运营管理中强调社工站和社区之间的协同合作，从文化、健康、儿童三个角度，联动三个社区，共同建设主题社区。在功能社区打造上，专业社工和专职社工发挥各自作用，互通有无，相互依托，相互发展。同时，社工站积极参与数字化改革，在湖滨社区打造“邻里互助”人人志愿数字服务平台。开发新时代文明实践小程序，打造志愿者公益服务平台。

3. 文化育人 + 全民公益

社工站在建站之初就坚持以“文化育人，全民公益”的理念，为本地居民营造志愿服务氛围，推动人人志愿、全民公益。截至 2021 年底，社工站已培育志愿者 1600 余名，志愿服务队 8 支，打造各类志愿服务站点 10 个。

四、社工站服务体系设计和服务开展情况

（一）服务体系设计

楚门镇社工站的服务体系设计从楚门镇实际需求出发，以“扶助弱者·服务居民·重建社区·和美社会”为宗旨，以党建联盟、居民服务、社团培育、专业培训和社会调查与研究为6大服务内容，设置儿童青少年、长者、邻里中心、残疾人之家和社区服务五大部门。

1. 社区群体性服务

为弥补基层服务力量不足，精准性不强等问题，楚门镇社工站针对村（社区）居民开展福利性、公益性服务。福利性社区服务针对村（社区）中的特殊群体，包括困境青少年、孤寡长者、计划生育特殊家庭、残障人士等，为其提供个案咨询和社区活动等服务；公益性社区服务针对村（社区）内的全体居民，提供多层次、满足不同群体需求的社区服务。

2. 社会组织和志愿者培育

社工站通过社团培育的形式，培育发展群众社团和志愿组织。一方面，组建文化社团，由社团自我管理，服务群众；另一方面，以服务群体、服务类别为划分，组建专项志愿队伍，开展具有队伍特色的志愿者活动，加强队伍建设。社工站还对社团和志愿者团队进行实时跟进，督导评估，保障队伍高效、良性发展。

3. 社区重建和社区营造

社工站深入社区，了解居民实际诉求，与社区居民建立良好关系，挖掘社区骨干。作为主导者，楚门镇社工站营造以“楚洲文化城”为核心的党建、公益、文化阵地，成为群众休闲、娱乐、学习的重要场所；作为推动者，推行小区“社区重建”，多方协作，成立业主委员会，让“老旧乱”小区焕然一新；作为实践者，联动社区、小区、商圈，发动儿童成长联盟，营造“儿童友好社区”。

（二）服务开展情况

社工站在“1+2+N”的服务体系的基础上，以楚洲文化城为中心，开展青少年、家庭综合、长者健康、居民教育、社区服务、志愿者服务等常规服务。2020年，累计开展个案帮扶80余人，开展公益兴趣班327节次，专业小组8个，社区活动248场，大型社区文化宣传活动15场，志愿服务时数6945.3小时。开展项目17个，其中结项11个，持续开展6个，服务超过15万人次。

五、社工站人员配备和人才培养

（一）人员配备情况

楚门镇通过政府购买服务的形式，每年投入经费 187 万元，购买天宜社工服务。社工站现有专业顾问 3 人，专业指导 2 人，专业社工 17 人，兼职社工 18 人，志愿者 1600 余人。

（二）人才培养模式和特点

1. 学习先进经验，注重人才交流

社工站一方面组织社工前往社工站建设发达地区如广东乡镇（街道）社工站示范点学习借鉴建站方式、优秀服务项目管理等先进经验；另一方面，重视社工领域横向交流合作，提倡资源共享、共同发展，同香港山旅协会、浙江工商大学、启创社会工作服务中心等机构建立交流合作关系，有效促进社会工作从业人员服务水平的提升，共同探索社工站建设及队伍培养新模式。

2. 建立健全人才培育体系，提供个性化培养渠道

社工站依托天宜社工，形成一套完善的培训体系。社工的培训内容包括活动带领培训、专业技能培训、项目管理培训和员工赋能。聘用专业督导老师、资深社工传授经验。采取互动式教学开展培训工作，让实习社工和一线社工都能尽快适应工作。根据社工意愿和需求，提供相关课程信息，同时支持社工去其他社工站、社会工作机构交流学习；每周开展内部专业培训和分享会。

3. 培育本土服务团队，形成有效人才补充

社工站除了注重自身的人才培育工作，还根据本地实际服务需求打造人才培育平台。针对社区居民和志愿者进行专业技能培训，打造“社工＋志愿者队伍＋社区居民”的互动互通人才培育机制。社工站每月开展一次志愿者培训课程，由一线社工教授服务技能，提高志愿者的服务水平和专业技能。开展“贻知课堂”，为专职社工、网格员及其他社会组织提供专项培训；定期开展沙龙活动，活跃社会组织和社工队伍。

六、社工服务站典型服务项目和服务案例

（一）服务项目

1. “彩虹桥”孤寡独居长者结对帮扶

楚门镇社工站开展了“彩虹桥”孤寡独居长者帮扶项目，通过一系列的调研、家访、节日慰问等服务方式，从高龄老人到孤寡老人，针对服务对象存在的需求，逐渐发掘并确定了主要的服务对象和相应的服务内容。

社工站联合志愿者队伍，通过与志愿者结对的形式开展服务。如联合楚门镇中山村义工队，参与孤寡长者家庭的帮扶工作，团队成员与孤寡长者结对，为他们提供相关服务。除了一个月一度的定期探访外，发现问题后还及时开展个案，跟进相关问题。“彩虹桥”项目在例如中秋节、重阳节、端午节等节日中，组织孤寡长者开展外出活动，为老人提供关爱和支持。

2. “文化大超市”社团服务下基层

楚门镇在实现文化礼堂全覆盖的基础上，继续实施文化购买方式，委托楚门镇社工站推出“文化大超市”项目。经过整合和培训，从全镇挑选业余文体团队，通过镇政府和社工站共同把关，将各团队中的优秀节目和培训项目选拔列入“超市”。从戏曲到电影，从旗袍秀到乒乓球赛，“文化大超市”全方位展示公共文化产品与项目，通过将辖区内的优秀文艺团队和文化服务项目归纳到“文化大超市”菜单中，有计划、有步骤地向各个文化礼堂免费配送，让文化礼堂“切实有用”，群众享受到免费的文化大餐，从而实现政府、社团和群众三方的共赢。

（二）服务案例

1. 残疾人之家助残关爱氛围营造

（1）背景介绍。楚门镇残疾人之家是由楚门镇政府建设，委托楚门镇社工站运行的公益性残障人士服务机构。接收全镇全劳动年龄段的智力、精神和其他各类重度残障人士，建设以辅助性就业为主，集日间照料、医疗康复、体育健身、文化娱乐、工场作业、助残、培训办公等各项服务项目于一体的残疾人之家。

（2）主要做法。第一，打造助残服务平台。楚门镇社工站从社区的实际情况出发，根据本地社区残障人士的需求，开展多层次的服务。关注残障人士的基本需求，为残障人士提供康复咨询、健康检查、康复锻炼等基础康复服务；关注培育残障人士的劳动能力，培育残障人士的工作技能，让他们能够参与社区的经济发展。定期提供知识文化的学习，并开展社区文化娱乐活动。第二，营造助残关爱氛围。残疾人之家在社区中挖掘参与社区活动积极的居民参与残障人士的志愿服务，志愿者不定期开展常规志愿服务，并带动本社区的居民一起参与志愿服务。从志愿者中挖掘骨干志愿者，定期定向为残障人士输送服务，同时参与议事、培训以更精准提供专项志愿服务。第三，以残助残，自立自强。搭建了一支由残障人士组成的义工队伍——“三叶草”义工队。在日常活动的开展中，将以残助残的理念渗透进活动内容，让残障人士感受到自己的能力。引导义工队参与社区重残人士的走访。每年的全国特奥日和全国助残日举办相关活动，让残障人士参与并充当主要角色，发挥自己的能力。

2. 儿童友好社区建设

（1）背景介绍。楚门镇湖滨社区是楚门镇人口密度最大，商业和文化氛围最浓厚的社区。楚门镇社工站和楚门镇妇联合作，以儿童为中心，推动儿童友好理念融入社区发展，共同探索建立儿童参与友好社区建设的长效机制，以湖滨社区邻里中心的儿童之家为主要阵地，为儿童提供多元化的服务。

（2）主要做法。第一，空间营造——打造儿童友好环境。在湖滨社区核心区块设置儿童之家，内部设有亲子活动、儿童游艺、阅览室、心理咨询等功能区块，提供一体化社会服务。联合周边5分钟生活圈里的文玲书院、儿童体能中心等儿童活动场所，向辖区内的儿童及其家庭宣传倡导友好的理念。第二，服务营造——汇聚儿童友好力量。社工站与楚门镇中心小学、少年警校、中心幼儿园等结成共建联盟单位，吸收民警、教师等服务力量，整合妇联执委、巾帼志愿者等资源组成“爱心妈妈”帮扶团队，打造“社工＋妇工＋义工”的“三工”服务团队，实现家校社联动。第三，文化营造——烘托儿童友好氛围。儿童友好社区的营造旨在倡导和建立有活力、有利于儿童健康成长的社区，让社区的整体环境有利于儿童的健康成长。儿童友好环境既包括社区环境布局，也包括社区文化建设。

七、运营和服务反思

社工站在运营上采用第三方专业机构社会化运行的模式，在专业自主性、独立性方面有了较大的保障。也是因为有了专业上的保障，使得社工站的专业性能够得到充分的发挥。一是在运营管理上，社工机构对场地运营有了一定的自主权，让社工机构在服务编排、服务开展过程中对场地使用可以较为灵活。二是在经费使用上，采用购买服务的形式，年初签订协议，年末核算使得社工站的经费有了保障。三是在人才队伍建设上，社工机构独立招聘，自行培养，独立考核。这让人才队伍建设更加有效。四是在资源拓展上，独立运行让社工站不再安于现状，主动拓展资源。同时还可以通过筹款、募捐等更多灵活性的手段募集资金，让服务更具活力。

在服务上，第三方专业机构社会化运行保障了社工站服务的专业性。一是专业社工机构能够给社工站带来专业的社工服务，从调研、服务设计、执行到评估反馈等一系列的服务过程是社工的专业领域。二是服务规范性上，必须把握专业服务质量和服务规范，让社工机构能落地开花，繁花似锦。三是在服务发展上，专业社工机构除了做好基层的帮扶工作以外，还用发展的角度去看待社区建设，让生活更加美好在服务中变为可能。

社工站采用第三方专业机构社会化运行也存在一些弊端，需要对社工站有进一步的认识，统一各方思想，实现共赢。

1. 坚持党建引领，党员志愿服务模范作用

在党委政府指导下，紧紧围绕群众所需、所求开展服务工作。社工在做好专业服务的同时，要与在地党委政府保持联络，及时获取信息和政策方向，做群众关心的事，

让服务社会看得见，获得认可。成立党支部，发展党建联盟，发挥党员志愿者作用，将党建引领融入社工服务，让党建成为服务资源。

2. 坚持专人专事，三大工作手法参与治理

社工机构在开展服务的过程中需要对开展的专业工作有自我认知、自我评估。要将服务做实，让各方看得到专业工作带来的成效。同时，社会工作是参与政府社会治理的重要手段，也是一支重要的工作力量。用社会工作的三大手法参与政府的社会治理当中，让政府也看到三大工作手法是能够发挥出重要作用的。

3. 坚持资源链接，多元合作引导社会参与

做社工绝对不是做自己，更应当联系能联系的资源，运用能动用的力量参与社会服务。在政府资源、社会资源、企业资源等各种资源错综复杂的情况下，社会工作应当主动地担起责任，建立起平台，将优质资源对接到困难群体，将资源的作用发挥出来，成为用得上的资源。让社会组织、企业、爱心人士等社会力量有机会能够参与社会治理，运用项目化操作，把握需求，明确目标，共建共享，共同打造美好家园。

4. 坚持人才兴业，培育本土社工专业人才

社工站处于刚发展的阶段，社会工作行业是初期发展阶段。而这里的关键是人才和人才队伍的建设。人才兴，则行业兴。社工站应当把握住当下的机遇，积极宣传自己、宣传社会工作，营造良好的社会工作发展氛围。社工站在引进专业人才的同时，可以积极培育本土人才，培育社工相关的人才。提倡“个人督导 + 小组督导 + 专业培训 + 服务反思会”培育模式，营造良好的社会工作生态圈，让专业人才能够发挥价值。

“善水益湾”：建立党群、供需、资源联动机制

——浙江省海宁市黄湾镇社工站运营与服务

徐舒晴 吴思雯 徐静怡 陈雯茜①

一、基本情况介绍

黄湾镇位于浙江省海宁市东部，是海宁市最大的工业发展平台，在企业生产发展的需要及良好的务工环境“双重引力”的作用下，越来越多的新居民涌入这里，在册登记的新居民已是本地户籍人口的两倍多，成为海宁全市最大的新居民集聚区之一。新居民们对社会服务的强烈需求，给了黄湾镇社会工作事业发展壮大的空间和土壤。

为了更好地促进新居民融入与发展、优化整合“新力量”，黄湾镇深化“五社联动”机制，进一步发挥社会工作在“基层治理”与“暖‘新’服务”中的积极作用，于2020年7月正式成立海宁市黄湾镇社工站，2021年9月起依托在家庭、心理、项目督导与评估等领域具有丰富经验的5A级社会组织——海宁市和乐家庭社工事务所负责专业化建设与运营，团队现拥有省级及本土督导2名，站内配备专职社工5名，同时具有包括高校专家、资深社工督导、企业负责人等外部团队，指导、支持社工站各项品牌服务的开展。

二、社工站基本定位

黄湾镇社工站作为枢纽型、综合性、专业性社工组织，立足服务经济社会发展，着眼企业和新居民需求，整合辖区内党建、群团、企业、社会组织资源，统筹黄湾镇各村社民生微项目、社会组织公益微创投和政府购买服务项目，为黄湾镇社工与社会组织提供培育孵化以及能力建设服务，并结合黄湾镇企业、新居民集聚的特色，以“123X”项目服务模式推进党管社工人才队伍建设（“1”个党建核心引领），居民自治共治、新居民融入（“2”个领域治理品牌），困难家庭、高龄孤寡老人、困境儿童帮扶（“3”个民政基础项目），企业社工服务、反诈宣传（“X”个特色自选项目）等服务，积极打造以具有黄湾特色的“善水益湾（3415）”为核心理念的社会工作服务品牌，以

---

① 徐舒晴，黄湾镇社工站副站长；吴思雯、徐静怡、陈雯茜，黄湾镇社工站项目专职社工。

更好发挥社会工作在基层社会治理和社会建设中的重要作用。

站内软硬件设施按“海宁市社工站建站标准”完成统一对外名称、统一服务LOGO、统一全科接待、统一项目设置，专属站点空间1200余平方米，集综合接待区、党建活动室、社会组织孵化区、个案服务室、多媒体室、小组活动室、亲子活动室等多个办公场地为一体，因地制宜设置服务阵地，落地村社开展工作，深入一线提供服务，并严格按照各项规章制度，推进社工站日常工作开展的规范化、职业化、专业化。

三、社工站运营机制

在党建引领下，社工站建立党群、供需以及资源三大联动机制，提升服务实效。

（一）党群联动：凝心聚力，共谋发展

黄湾镇社工站和社会组织党群服务中心实行一体化运作，以社会组织党群服务中心党支部为核心，建立“1+4+N”党建大联盟，整合服务资源，扩大服务对象，深化服务成效。如，通过“三社共建、四季轮值”结对，钱江应急救援队党支部和各村社建立联动机制，合作开展清网护鸟、潮汛保卫、抗台救灾等志愿服务活动；新冠肺炎疫情期间社工站联合方舱接种点临时党支部、尖山社区社会组织服务中心党支部，整合各类志愿资源，开展疫情防控、全员核酸等工作，在中心工作、重点工作中展示了社工站担当。

（二）供需联动：需求导向，精准服务

在社会工作领域开展供给侧结构性改革，引入“菜单式”供需对接机制，通过征集部门、村社和企业需求，汇总提炼成项目需求清单，提供给社会组织按需“配菜”，再组织项目评审按质“点菜”，通过“二上二下”的磨合，切实保障项目质量。以公益创投项目为例，通过“菜单式”运作，部门、村社、企业根据自身特点、关注焦点，主动发布项目需求菜单内容，累计达90多条，再由社会组织“按需配菜”，迄今立项61个，如精准服务党建提升、心理危机干预、妇女赋权增能、特殊群体关爱、新居民融入、文化传承创新等，兼具在地性、针对性、实效性和专业性，培育的项目连续3年斩获市公益创投大赛一等奖，在质和量上都实现了蝶变跃升。

（三）资源联动：盘活资源，优势互补

在镇党委的支持下，社工站将辖区各类资源充分整合、优化、利用起来，通过党建引领、企业服务、居民自治、新居民融入、困难帮扶等社工站123X服务，将政府村社、党员、社会组织、企业职工、新居民骨干、学生、商户、农业女能手等群体紧密

连接起来，社工站志愿者队伍壮大至近 300 人，公益资源版图扩张，激活“北斗星辰照大湾”发展格局下的共同富裕硬核引擎。

社工站发挥枢纽服务平台作用，仅 2021 年便链接社会公益资金达 16.7 万元。其中，为推进“两富同行”温暖工程，社工站深耕本土水果资源优势，创新推出“益湾果园”帮扶项目，发动企业、新居民、红社力量等参与公益认购、推广、志愿服务的形式，链接直播带货团队资源，帮助困难家庭链接社会资源，解锁增收密码，助力困难家庭农户销售 3940 斤农产品，并链接邮政集团资源收购残障人士家庭爱心橘 20500 斤，折合 2.9 万元，凝聚多方公益力量，实现盘活资源，优势互补。

四、“善水益湾”服务体系建设

（一）“3415” 模式

黄湾镇社工站坚持立足需求导向，深入走访村社、居民、企业，进行扎实的需求调研，了解到辖区内流动人口较多，文化差异、社会融合问题较为突出，新居民群体中也普遍存在着增进家庭关系、获得自我成长、实现工作减压等需求。

结合黄湾镇本土特色，社工站突出打造“善水益湾（谐音 3415）”模式下的“3”位一体（项目化购买、专业化服务、社会化运作）、“4”大体系（党建引领、政社联动、星级评定、孵化培育）、“1”项特色服务（新居民服务）、“5”社联动（社区、社会组织、社工、社会资源及社区自治组织），构建共建共治共享的社会治理新格局。

（二）“善水益湾·益企汇梦” 企业社工服务品牌

黄湾镇社工站“善水益湾·益企汇梦”是着眼新形势下社会治理的新要求、新居民集聚地的新特点而打造的海宁首个企业社会工作服务品牌，聚焦企业新居民群体，探索出黄湾镇企业社会工作“一站三联 N 次方”品牌运行机制，由社工站提供一站式多功能服务，构建“政府—村社—社会组织”企业社会工作联动体系，多维度增进企业员工福祉，为企业与新居民员工创造有利的条件和良好的社会生态圈，促进新居民员工能够更安心地在工作岗位上发挥及提升个人价值。

截至 2022 年，社工站已在万凯新材料股份有限公司、浙江联鑫板材科技有限公司、浙江恋尚家居品有限公司、胜龙庇护中心等企业设立了十大企业社工服务站点，并初步提炼形成《企业社工站建设管理的内容和流程标准》。

1. “一站” + “三联”：合力构建“企业社会工作联动体系”

以社工站为平台，发挥枢纽型社会组织的作用，引导社会组织进驻企业送服务，为企业引入部门、村（社区）服务资源，共同推进企业文化建设；政府提供宏观引领支持、社区营造和谐环境、社会组织提供专业服务、共同参与，由此构建“一站三联企业社会工作联动体系”。

2. “N 次方”：多维度增进新居民福祉

以完善和发展企业员工及其家庭的 N 元社会支持系统、培育 N 个企业社工站点骨干、N 个企业服务领域齐头并进的方式，达到“工作减压、生活增趣、互助共建、美好生活”的幸福愿景，社工站根据企业员工的不同需求，以“点单式服务”深入推进“与心同行”关爱工程、“向阳花开”成长工程、“温馨港湾”融入工程、“乘风破浪”就业创业工程和“我的家园”自治工程等五大工程建设，多维度增进新居民福祉。

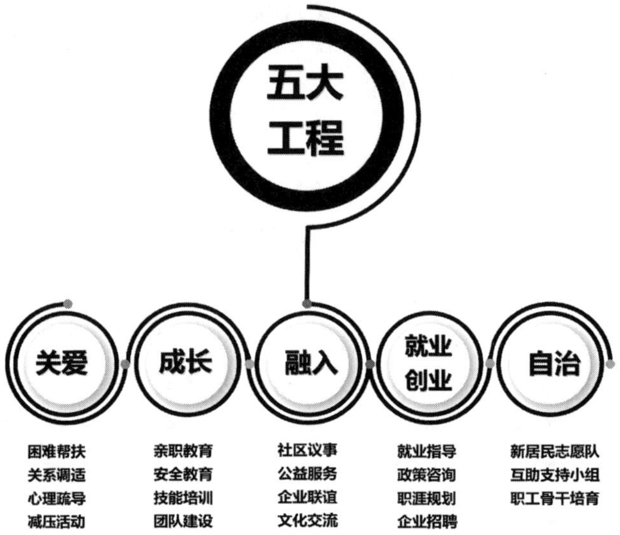

图1　五大工程图

2022 年，黄湾社工站还积极探索小组工作方法在企业社工服务中的实践运用，通过“福利员工增能小组”“女职工自我成长小组”“双职工家庭隔代教育成长小组”“新居民儿童成长小组”4 个各具特色的小组的开展，推动企业职工自身的发展成长，同时为企业职工家属开展家庭关爱、健康教育等专业服务，从而改善职工的生活、工作状态，进一步强化了覆盖新居民及企业全生命周期的社工服务平台，让来自五湖四海的新居民们能够安心扎根潮乡。

通过企业社工服务的开展，新居民们感受到了企业和社会的人文关怀，劳动生产效率提高、家庭关系增进、工作技能优化、减压渠道拓宽、社会交往增强，在新家园的幸福感、获得感、融入感提升，新居民和本地居民之间的活动连接和情感组带得到强化，也让企业管理更有“温度”，在满足企业自身发展需求、构建和谐稳定的劳动关系的同时，又有效缓解了新居民群体面临的社会问题，助力社区治理，实现基层减负。

五、社工站人才培养与队伍建设

品牌服务的创新与发展离不开专业人才队伍的建设与支撑及辖区内各类社会组织的相互支持协作。因此，社工站重视人才建设，分别针对“社会组织社工”开展以“创投项目运营”与“社工专业能力培育”为主题的陪伴式增能服务，针对“村社区社工”开展结合村社日常条线业务与实操能力提升方面的能力建设，针对“居民骨干团队”开展自治能力与参与公共事务能力提升的能力建设服务，使能力建设更贴合不同群体需求，更具有针对性。

同时进一步推进组织孵化工作，依托红社代办、“三务”公开、公益创投、党建联盟等载体，从“完善社会组织内部治理”以及“提升筹款与资源链接能力”两个目前辖区社会组织发展的痛点与难点开展孵化工作。

在依托专业社工开展服务的同时，以社工站为主导，建立了志愿者招募制度并开展志愿者招募以及培训工作，拥有稳定的志愿者队伍 9 支，志愿者 673 人，每年开展志愿者培训 4 场，内容涵盖志愿服务理念培训、志愿服务岗位职责与技能培训、志愿服务项目化管理培训等，有效拓宽服务领域、提升服务品质，服务触角不断向基层延伸。

六、企业社会工作服务案例：企业福利员工园艺小组

（一）背景

万凯新材料股份有限公司是尖山新区一家大型福利企业。截至 2022 年 6 月，该企业雇用福利员工（具有劳动能力的残障人士）216 人（其中浙江省 148 人，占 69%，海宁本地员工 102 人，占 47%，外省 68 人，占 31%），坚持为残障职工提供适合身体状况的劳动条件和劳动保护，积极对残障职工进行上岗、在岗、转岗等培训，解除残障人士的就业、晋职、晋级、评定职称、报酬、社会保险、生活福利方面的后顾之忧。

如何使广大福利员工融入企业大家庭，更好地发挥自身在企业发展中的作用，加深凝聚力和向心力，已成为企业当下的重要任务之一。

在此背景下，黄湾镇社工站连续两年在万凯开设“青青园艺，我创造”福利员工园艺小组，在为职工生活添彩的同时，激发福利员工潜能，提升其生存技能、增强生活信心，提升其团队意识和归属感。

（二）预估分析

1. 需求分析

社工通过前期企业走访了解到，企业内部福利员工大多是由于一次意外事故受伤

造成残疾，他们的生活也因身体的变化而一落千丈，人生轨迹从此改变。这些突如其来的打击让他们失去了面对生活的信心和勇气，也失去了原先赖以生存的本领和技能。因此，他们有着培养生存技能、重拾生活信心的需求。企业相关管理人员也表示希望提升福利员工工作技能，丰富其业余生活。

2. 优势分析

（1）资源优势：企业领导非常支持社工小组服务入驻企业，为了给组员创造更便利的学习环境，在企业内部提供了一个花园基地作为组员园艺活动的实操场地。同时，在企业内安排了会议室供组员开展各类学习活动。

（2）组员自身优势：企业福利员工内有的爱好园艺种植或本身在企业内是负责绿化养护工作，园艺小组开设的内容符合他们的工作特点，对于提高工作技能方面将会有更为显著的成效。

（三）服务设计与实施

“青青园艺，我创造”福利员工园艺小组意在通过园艺种植、绿色养护等教学活动，促使组员掌握园艺种植的方法；通过兴趣爱好的培养，丰富精神文化生活；通过经验交流与分享，增进组员间彼此关系，养成合作互助的好习惯，进而提升对美好生活的热爱。

为了加强福利员工的团队合作意识、沟通能力与技巧，在园艺一期小组活动中，社工围绕员工实际工作需求，以“组团＋承地”形式个性化地开设各类学习、互动内容。在服务过程中，社工引导组员分成不同小组，并认领属于各小组在企业绿化园地中各自负责的区域，明确修剪、养护的责任；社工在培训课程之外，也通过游戏、外出参观等方式，提升组员的参与度、与小组的黏合度以及与团队成员的信任度，使组员们意识到工作的完成以及成效不仅仅需要靠自己的能力与付出，更是需要团队成员之间的相互配合。在实操的过程当中，组员们没有一个懈怠，主动分工协作，甚至在没有社工的引导下，也能积极主动完成任务，组员和组员之间的配合更加默契。

园艺二期小组活动在一期的基础上，围绕盆栽种植技术，以“教、学、练”为一体，让员工更深入与细化地掌握相关养护知识与技巧，进一步激发组员发现问题、解决问题的能力。

在两期小组活动过程中，社工们链接本地资深的园艺老师为组员们讲解专业的种植、修剪、施肥等养护技巧；同时，组员们在园艺老师指导下，制订养护计划，按计划对各自所属的园地以及盆栽进行有效养护。在组员与园艺老师的互动中，也让社工看到了组员们强烈的求知欲和对于园艺的热忱。

（四）小组成效

1. 劳动技能显著提高

在绿植养护课程当中学习到的知识对组员日常的工作起到了实质性的帮助。通过理论知识学习，让组员了解了企业里面各种植物的习性，对如何修剪、如何施肥有了更深一步的了解，结合系列实操活动，进一步巩固了教学内容。在盆栽的养护过程中，组员们认识到了身边更多的花草植物，丰富了盆栽种植经验，在种与学的过程中，进一步锻炼了组员发现问题、共同协商解决问题的能力。

2. 参与意愿大大提升

组员的活动参与率达到了99%，人员稳定，和小组初期相比，组员们状态更活跃，团队合作意识也更强烈，面对自己感兴趣的事情愿意倾注自己的心血和时间，敢于尝试、无惧失败。“希望继续举办青青园艺，在青青园艺认识了很多美丽的花草，学到了很多养护知识，和一群喜欢花草的同事一起学习让我的心情很愉快。感谢社工、老师带我们走入一片新天地。”这是组员写在满意度调查问卷里的话。

3. 优秀骨干作用发挥

在两期的小组活动中，社工发现组员中有能够主动协助并支持其他组员开展园艺工作的孙师傅，有足智多谋、擅长人际关系协调的王大伯，有能够主动发现问题、热爱分享的刘师傅……社工通过优势视角，鼓励着这些骨干们带动、影响着整支队伍的正向发展，为企业的园艺工作添砖加瓦。

七、反思与展望

黄湾镇社工站建站以来，发挥社会组织专业作用，实现了规范运作；发挥品牌服务作用，引领了海宁企业社会工作的发展；发挥多元主体作用，激发了自治活力。截至2021年12月底，社工站已通过123X模式实施项目15个，面向企业职工、本地及新居民、困难家庭等开展个案、小组、社区服务及其他公益行动，服务共计11762人次。

此外，黄湾镇社工站在企业社会工作领域的实践还处于起步探索阶段，虽然积累了一定的服务经验、建立了服务架构，但还有许多成长与发展的空间。接下来，社工站将充分发挥自身在社会工作专业服务型、平台型机构的定位，探索并深化企业社会工作服务模式。

在服务场域方面，推进企业社工“企业为本”“园区为本”“社区为本”的三种区域覆盖模式。在服务体系方面，通过打造企业社工站点服务标准，形成一套标准化的管理模式和评价指标体系，规范和引领企业社工服务发展。在服务购买模式层面，努力探索“企业全额”、“政企1∶1资金比例”或“政府全额”等多元服务购买模式，激发服务活力。

在未来，黄湾社工站将会坚持“善水益湾”品牌理念，打造“益湾客厅”居民自治共治项目、“幸福·心家园”新居民融入一站式家庭服务、深化“善水益湾·益企汇梦”企业社会工作服务品牌，推进新居民社区微治理，打造“重要窗口”中的最精彩板块，贡献出社工力量，实现“善水益湾聚合力，共建共治心家园”的美好愿景。

大联盟·微治理
“红社联盟”党建+公益服务生态圈

——浙江省海宁市许村镇社工站运营与服务

许艳萍①

一、社工站基本情况介绍

2020年4月，作为浙江省社工站建设试点区域之一，浙江省海宁市《关于开展全市镇（街道）社工站建设实施意见》发布，要求以“项目化购买、专业化服务、社会化运作”为原则，通过设立镇（街道）社工站，加强专业化社工人才队伍建设，培育壮大社区社会组织，带动实施一批特殊群体社会工作服务项目，更好发挥社会工作在基层社会治理和社会建设中的重要作用，促进市域治理现代化。

同时，海宁市率先在全省层面发布了社工站建设的“123X”项目清单，即1个核心项目（强化党管社工人才服务）、2个品牌项目、3个基础项目（困难家庭、孤寡老年人、困境儿童）和X个自选项目，全面推动乡镇（街道）社工站规范化建设。

2020年5月13日，在海宁市民政局（市委社工办）的指导下，海宁市许村镇社工站正式投入运行。作为浙江省首家实体化运行的社工站，这标志着全省社会工作与基层社会治理进入新篇章。社工站依照“深入村居、便民利民、专业服务”的原则，建立了1000平方米的办公及服务场所。以综合接待区、专业服务区、组织孵化区以及公益慈善区为功能划分，配备了包括社工室、个案区、小组活动室、多功能活动室、志愿服务时间银行、民情茶吧议事平台、档案室等空间。

二、社工站基本定位和运营机制

社工站按照“党建引领、政府出资、社工实施、社会参与”的思路，以“红社联盟”为核心，积极探索“五个一”模式（即搭建一个平台，健全一套制度，做实一组服务，培育一批精英，构建一个公益生态圈），着力撬动各类社会资源，增强社区造血功能，解决社区问题，促进社区参与，实现党建引领下，人才培育、资源整合、服务

---

① 许艳萍，上海交通大学博士，海宁公益社工师事务所总干事，高级社工师。

协同，打造一个覆盖全镇的有活力、有持续力、有服务能力的“红社联盟”党建＋公益服务生态圈。

（一）搭建一个平台，激发镇域多元主体参与活力

为激发各类社会主体参与活力，构建“大联盟”以推动“微治理”，许村镇社工站积极搭建“红社联盟”平台。一方面畅通资源汇入的入口，串联全镇的社会组织、慈善企业、志愿个人建立服务“供需库”，实现资源有序匹配和联结；逐步培育百名红社精英，并引导其参与社会服务。另一方面拓宽资源输出的出口，择优建设百家红社基地，为服务提供载体；与此同时，依托许村镇社工站“五福宝”社工＋公益服务项目，为困难群众、退役军人、社会治理团体等群体提供服务。

（二）健全一套制度，夯实社区发展治理长效保障

成立“红社联盟”党支部，制订《许村镇社工站年度工作方案》《许村镇红社联盟实施方案》《许村镇红社基地建设标准和管理办法》《许村镇红社精英评选标准及考核办法》等运行方案，完善“党建引领、政府出资、社工实施、社会参与”机制，不仅服务内容拓宽至社区服务、社工服务、创投服务、文化体育等多维度服务，而且服务受众面拓宽至各网格基层群众和有需要的特定人群，运用社工专业技巧介入退役军人、困难家庭、孤寡老人、困境儿童、社区志愿骨干五大人群的服务。

（三）做实一组服务，回应社区各类家庭多元化需求

建成“镇—村、社区、企事业单位—微网格—红社基地”四级服务网络，层层铺开“红社联盟”服务网，发挥基层端点大力量，实现连心服务全覆盖。以个性化、多层次服务有效回应社区各类家庭的多元化需求。

（四）培育一批精英，构建社区公益可持续发展模式

面向全社会招募并遴选100名来自公益慈善、社区服务以及专业社工服务等领域的公益人士，进入“红社精英”种子库，建立“红社精英”培养课程体系，同时对红社精英以一年为一个周期进行持续性评价与过程管理，将红社精英的社会实践重点列入精英考核清单，有序引导红社精英参与许村镇社工站“五福宝”和“微客堂”品牌服务，实现红社精英从“被服务者”到“服务者”的转变。

（五）构建一种生态，有效提升镇域社区居民生活品质

许村镇“红社联盟”党建公益品牌服务，以许村镇社工站及社工站党支部为纽带，通过搭平台、建基地、优机制、开服务、创品牌、锻精英、参治理等实践，积极发挥社区、社会工作者、社区社会组织、社区志愿者和社区公益慈善资源的“五社联动”

作用，促进许村镇党建服务、精神文化服务、教育服务、健康照料服务、社区治理服务五大板块服务的协同和资源的整合，打造了服务机构全囊括、服务需求全覆盖、服务领域全方位的专业化社会工作综合服务平台。

三、社工站运营模式和特点

许村镇社工站重点围绕人才培育、资源整合、服务协同，打造一个覆盖全镇的有活力、有持续力、有服务能力的“红社联盟”党建 + 公益服务生态圈。

（一）以人才为核心，提升服务质量

一是通过引入专业机构与运营团队，保证社工站运营服务质量。许村镇社工站的运营方是5A 级社会组织海宁公益社工师事务所，该机构由华东理工大学社会与公共管理学院朱眉华教授创办，同时也是全国百强社会工作服务机构。运营方配备项目主管 1 人，专职社工 6 人，社会工作与社区治理领域专家督导 3 人。二是注重镇域内公益慈善人才的培养。面向全社会招募并遴选 100 名来自公益慈善、社区服务以及专业社工服务等领域的公益人士，进入“红社精英”种子库，建立“红社精英”培养课程体系，实现红社精英从“被服务者”到“服务者”的转变。

（二）以党建为抓手，撬动全镇资源

成立海宁市社工站党支部，充分利用党组织发达的组织系统，整合服务资源、构建服务网络，发挥桥梁作用。建成“镇—村、社区、企事业单位—微网格—红社基地”四级服务网络，层层铺开“红社联盟”服务网，同时，积极引导全镇域的社工机构、社会组织、公益团体、“两新”组织等多元的主体的加入，在党建服务、精神文化服务、教育服务、健康照料服务、社区治理服务五大板块实现资源的整合。

（三）以服务为基础，夯实工作成效

由许村镇社工站联动许村镇各“红社基地”，招募慈善团体、公益性企业、“两新”组织等，共同推出“五福宝”公益服务品牌，具体包括困境儿童“青春自护宝”、孤寡老人“时光守护宝”、困难家庭“最美照护宝”、退役军人“功臣拥护宝”、社区团队“自治培护宝”。截至 2021 年底，“五福宝”公益服务品牌服务群众 2 万余人次。

四、社工站服务体系设计和服务开展情况

许村镇社工站严格按照海宁市《关于开展全市镇（街道）社工站建设实施意见》社工站建设运行标准和“123X”的模式，进一步深化社会工作专业实务服务，打造品牌项目，为许村镇村（居）民提供全方位、多层次、一站式的专业化社会工作综合服务。

（一）党建引领核心项目："红社联盟"党建核心项目

启动"红社联盟"党建品牌建设，以许村镇社工站党支部为枢纽，遴选100个涵盖教育、文化体育、医疗卫生、社会组织、公益团体等各行各业的红社基地；培育100名涉及公益慈善、社区服务以及专业服务的"红社精英"。

1. 红社基地建设

按照"立足镇街、深入村居、便民利民、专业服务"的要求，充分整合资源，发布许村镇"红社基地"统一LOGO、号码编制以及遴选标准，并正式启动遴选工作。2021年6月下旬，举行"许村镇红社联盟2.0启动仪式"，发布首批20家许村镇"红社基地"单位，并统一授牌。2022年6月完成百家"红社基地"遴选工作，并依托"许村镇社工站党支部"，实施党建共建、党建联建、服务联动以及资源联享。2022年，研发红社基地服务标准及评价体系，依据各基地参与许村镇公益慈善事业的状况，对红社基地进行星级评级评价工作。

2. "红社精英"培养

面向全社会招募并遴选100名来自公益慈善、社区服务以及专业社工服务等领域的公益人士，进入"红社精英"种子库，建立"红社精英"培养课程体系，开展包括"情景党课""项目研训""议事协商ABC""志愿服务"等主题的"红社精英"集训营，每人配比不少于20课时。

3. 品牌项目实施

实施许村镇"五福宝"公益服务品牌。由许村镇社工站联动许村镇各"红社基地"，招募慈善团体、公益性企业、"两新"组织等，推出"五福宝"公益服务品牌，由慈善力量提供物质帮扶，由专业社工跟进服务实施以及精神帮扶，以回应许村镇各类家庭需求，恢复家庭功能，服务困难家庭，实现专业服务与公益慈善的叠加。与此同时，将"红社精英"的社会实践列入精英考核清单，有序引导"红社精英"参与"五福宝"和"微客堂"社会服务，让"红社精英"散发大能量。

（二）功臣拥护宝：军人志——优抚对象社会工作介入项目

社工站持续开展"军人志"优抚对象社会工作介入项目，按照需求导向、问题导向，具体围绕退役军人志愿者服务、重点优抚对象常态化关怀、退役军人主题活动、重点个案跟进等为退役军人提供专业化、个性化、精细化服务，与此同时，向全镇退役军人发放"功臣拥护宝"，切实提升退役军人对社区的归属感、对角色的荣誉感、对生活的幸福感。

（三）自治陪护宝：红哨网格——城镇社区自治陪护服务

近年来，随着海宁市许村镇融杭步伐的加快，一批商住楼盘在龙渡湖畔建起，不少村民从农房搬进楼房，一些新海宁人也因为工作需要在这里购房扎根。2020 年 6 月，许村镇融杭第一社区——龙渡社区正式获批。目前，龙渡社区管辖五个小区，常住居民近 3200 人。如何帮助生活在共同体中的不同群体、不同需求的新老居民由陌生走向熟悉，建立以熟人为关系的社区管理模式，共治是推动新生社区建设的关键。

许村镇社工站将基于新生社区的实际需求，通过完善居民参与机制，培育社区居民自组织，提高参与的组织化程度。同时，依托这类自组织为社区特色鲜明的不同群体提供微服务，增强居民交流互动，促进新老居民融合，从而推动新生社区居民融合的进程。

（四）困难家庭服务宝：聚焦三大类困境人群

社工站运营团队运用社会工作专业方法，以家庭需求为本，开展家庭生命周期全覆盖的专业家庭社工服务。服务领域重点涵盖困难家庭、孤寡老人、困境儿童等，并着力打造包括“新启程”困难家庭成长计划、“吾爱吾老”孤寡老人守护关爱计划、“守护星程”困境儿童逐梦成长计划等子计划，分别研发“最美照护宝”“时光守护宝”“青春自护宝”三个服务系列。结合全镇困难家庭“红橙黄”探访工作，为重点困难家庭提供实地探访，其他困难家庭实地 + 线上结合的形式探访，并以个性化服务跟进特殊需求。

（五）X 特色服务：“微客堂”乡村睦邻自治服务

“睦邻自治”是农村社区微治理的一种新载体。结合许村镇农村区域较多，且形态多样，治理难度大等特点，社工站打造了“微客堂”农村睦邻互助品牌，围绕着平台搭建、认同形成、助人自助等目标，策划并实施由浅入深的社区营造活动。

五、社工站人员配备

许村镇社工站通过探索“政府出资、机构实施、社工运作、社会参与”的运作模式，引入全国百强社会服务机构海宁公益社工师事务所，全面托管社工站，并配备项目主管 1 人，专职社工 6 人，社会工作与社区治理领域专家督导 3 人。

海宁公益社工师事务所是由上海公益社工师事务所于 2015 年在海宁注资 3 万元成立的 5A 级专业社会服务机构。2020 年 1 月，获全国百强社会服务机构荣誉称号。理事长朱眉华教授，系华东理工大学社会工作系主任。2007 年，朱眉华教授以志愿服务精神、抱持传播社会工作理念、以专业服务社会的宗旨，先后创办了上海公益社工师事务所及海宁公益社工师事务所，开社会工作专家领衔创办专业社工服务组织之风气之先。笔者在 2016 年入选浙江省社区工作领军人才，并当选 2016 年度全国百优社工，2018 年当选上海市优秀社会工作者。截至 2021 年底，海宁公益社工师事务所有专职社工 27 人，兼职督导 3 人。其中 2 人拥有社会工作师资格证书、19 人拥有助理社会工作师资格证书、5人拥有社会工作及相关专业硕士研究生及以上学历。

六、社工站典型服务案例：微客堂·大能量——乡村睦邻自治

（一）背景分析

许村镇社工站于2020年5月正式投入运营。本着便民利民、资源共享的原则，许村镇社工站落地沈士片区李家村，使用面积1000平方米。社工站服务团队进驻后，以沈士片区为中心，依托常态化家庭探访、高风险人群介入等方式，推动专业社工服务下乡进户。通过入户发现，就沈士片区而言，以家庭和宗族为单位的“原子化”趋势比较明显，数量庞大的外来务工人员更是加剧了这种趋势。村民之间往来较少，对村级事务“不感兴趣”，影响了乡村生活共同体的建设，也影响了村民自治的进程与水平。基于此，社工站团队选址李家村为试点，开展“微客堂”乡村睦邻自治的本土化探索。

（二）服务实施

1. 服务计划

“睦邻自治”是乡村微治理的一种新形式，主张利用村民的自家住宅成立“微客堂”睦邻点，并通过一定的微环境改造，以百姓自愿、互助的形式，自我管理、自我发展、自我约束、相互帮助，为所在的村民小组提供各项服务，充分借助各种力量建立有效的乡村服务与管理体系，培养和增强村民的归属感、参与感和公共感，是政府和社工站服务的触角，更是村民自治的载体。

2. 实施过程

2020年6月，许村镇社工站进村开展项目可行性调研，听取村委会意见，重点了解村民互动现状，入户了解家庭中各人群需求。与此同时，根据片块打包原则，选取分散的四个村小组，分别成立睦邻点，确保服务辐射整村。

（1）分组分类，打造“菜单”服务。四个“微客堂”分别侧重为老年、妇女、亲子以及青少年提供服务，同时以“睦邻”“家和”“乐融”“贤聚”命名。根据不同人群的实际需求，制定服务菜单，匹配各式课程及体验式服务，村民可按照服务菜单选择意向服务。

（2）堂主带头，激发“点单”热情。各个“微客堂”采取不记名投票形式，选举产生“堂主”，主要负责协助项目组开展场地的管理、运营及人员招募等事务。由“堂主”带头，社工引导的方式，在各自“微客堂”进行制度化建设，制定“微客堂公约”，并进行公告，以期参与者共同遵守、自觉履行。各点原始成员5~7人不等，经过5个月的运营，各点活跃人数不断递增，常态化参与村民人数最多的睦邻点可达21

人。越来越多的村民从刚开始的不明白、不理解、不敢参与服务变成现在的“铁粉”。与此同时，社工在过程中更多地赋权，倾听村民心声和诉求，根据村民反馈，及时调整“菜品”，以便各睦邻点服务接地气、受欢迎。

（3）群策群力，实现“公益”传递。“微客堂”的初衷是在小范围内实现村民的主动参与和适度自治，四个点风格不同、各有主次、运行有序，但所有服务仅限于“进点使用”。直到在一次“幸福点心”自制活动中，“堂主”张阿姨提议：“我们包的馄饨一人一份也够了，多出来的要不要去送点给王奶奶，她去年摔坏了腿脚行动不便，儿子对她也不太上心，怪可怜的。”无心的一句话，点燃了大家把点上服务“送出去”的想法。“微客堂·微公益”就此诞生。之后的服务，凡是涉及自制食品、物品，参与的村民都会默契地将东西预留一份“微公益专属”，并由“堂主”和一名村民共同送到村内困难家庭老人和孤寡老人家中，邻里感情不断加深。

“微客堂”通过搭建服务平台，畅通村民参与服务渠道，实现“把人聚起来”的睦邻目标。项目组根据各“微客堂”村民主体的不同特点，形成了不同的特色睦邻文化重点，提升了群众参与率，深化了邻里感情，构建浓厚的和谐邻里氛围，让“微客堂”散发“大能量”。

七、社工站运营服务反思

（一）坚持统筹推进，夯实工作阵地

一是提早谋划，统筹推进。在许村镇党委领导及统筹规划下，许村镇社工站负责“红社联盟”公益+党建大品牌的具体策划、组织实施和宣传总结，主动加强与各慈善团体、“两新”组织、社工机构等之间的交流互动，建立季度部门例会制度，定期通报项目实施情况，商讨项目优化提升措施。二是打造红社基地，抓好阵地建设。通过“红社基地”的延伸，因地制宜设置服务阵地，发挥基层端点大力量，实现连心服务全覆盖。同时，在硬件配置、制度建设、统一标识方面，为规范化工作提供保障。三是强化人才支撑，积极培育社工人才。在“红社联盟”统筹下，社工站运作以来，孵化了社会组织 11 家，培养党员业务骨干 3 名，提供专业督导 25 场，服务 1300 余人，人才培养稳步推进、卓有成效。

（二）聚焦困境人群，助力共同富裕

一是构建供需对接机制。社工站服务推行“三张清单”制度，即依托入户走访和日常工作，及时梳理群众“需求清单”，盘点社工站和社会组织能够承接的服务“资源清单”，通过对接供需，形成“项目清单”，实现“精准服务”。二是专业助力发展。从物质帮扶和家庭发展双重发力的角度，推出“五福宝”公益服务品牌，由慈善力量

提供物质帮扶，专业社工跟进服务，实现专业服务与公益慈善叠加，为困境人群走出困境赋能，助力共同富裕。

（三）实现资源整合，党建＋公益服务生态圈落地

通过社工站一年多的积极探索，大联盟·微治理——党建＋公益服务生态圈的社工站运营模式初步落地。“红社联盟”平台包括政府、市场、社会组织三大服务供给系统，每个供给系统又包含着多个服务主体，积极引导全镇域的社工机构、社会组织、公益团体、“两新”组织等多元的主体的加入，为镇域内各类家庭及人员提供党建共建、教育文化、健康照料、社区治理等多重服务，从而形成一个有序发展、富有活力、功能完善的党建＋公益服务生态圈，让大联盟助力微治理。

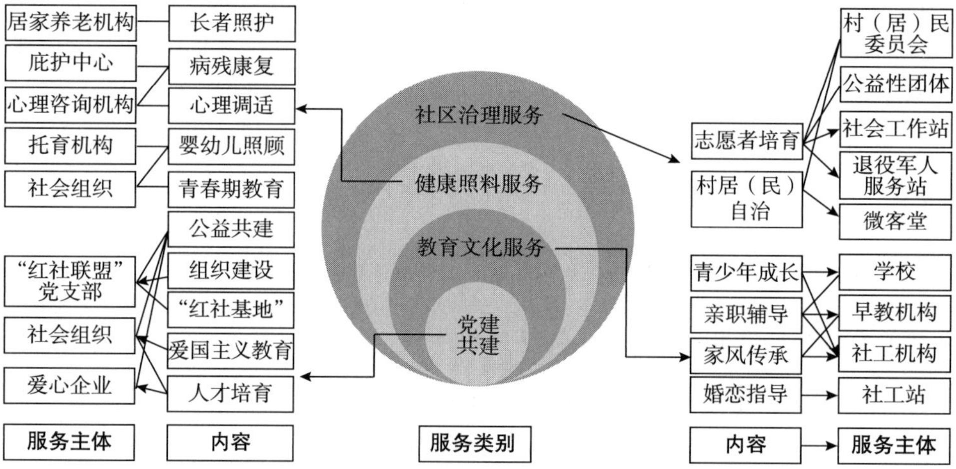

图1　浙江省海宁市许村镇社工站党建＋公益服务生态圈

街道社工站篇

社区文化引领下“三社联动”向“五社联动”转变机制探索

——湖北省武汉市江岸区新村街道社工站运营与服务

董秀娟　李　忍[①]

一、社工站和服务地区基本情况介绍

（一）服务地区基本情况介绍

湖北省武汉市江岸区新村街道地处汉口北部，街道下辖10个社区，是一个具有光荣革命传统的地方，红色文化资源较为丰富，有二七烈士纪念碑、武汉二七纪念馆等全国爱国主义教育示范基地，拥有良好的文化基础。

新村街道人口以铁路职工、江岸车辆厂职工为主，老年人口比例占到了70%以上。基于特殊的人口结构，新村街道社工站通过建设新村街道社区教育学院，聚集辖区内50～65岁的老年人参与社区教育，文化聚民，宜老安民，使居民老有所学、老有所乐、老有所为。2019年，社区教育学院共组织10个班级，148课时，服务20000余人次；2020年开设线上课程，服务人数达到10000余人次；2021年社区教育学院以志愿者积分为门槛，鼓励老年人发挥余热，积极投入社区治理。以社区教育学院平台孵化培育社区社会组织，共为航务社区、黑泥湖社区、铁北社区等社区孵化培育了6支以便民服务类为主、文体服务类为辅的志愿服务队，共计180余人参与社区教育学院的相关志愿活动，开展文艺会演10余场，志愿服务超600个小时。

（二）社工站基本情况介绍

新村街道社工站发挥地区传统优势，坚持以全民教育为出发点，坚持党建引领，秉承“教育惠民、反哺社区”宗旨，以社区教育学院为阵地，从社区需求、社区骨干、社区自组织、社区动员、社区文化五个维度出发，打造传统文化教育与社区治理创新服务相结合的社区营造与社区发展特色项目。

---

① 董秀娟，武汉市逸飞社会工作服务中心主管；李忍，武汉市逸飞社会工作服务中心总监。

采用“政府主导、专业承接、项目运作、整体联动”的工作思路，新村街道社工站提升双微计划①，积极发挥社会组织“在服务中孵化、在治理中成长”的中心理念，努力构建政府管理与社区自治相结合、政府主导与社会协同相结合的社区治理格局。新村街道社工站以建立健全活力、效率的基地管理机制，采用社会组织进行招募、培育等方式，对社会组织进行管理、督导、指导、评估、诊断及能力建设等培育服务。同时，新村街道社工站在社会组织参与社区治理工作方面协助社区社会组织参加公益创投，拓展社区服务，指导社会组织进行政策宣传、增强居民社区凝聚力，提升社会组织参与社区治理工作的效率和专业度。

二、社工站基本定位和运营机制

（一）基本定位

新村街道社工站以建成综合性社会组织服务平台为定位，完善四项机制（即“三社联动”工作机制、社会组织激励机制、政府购买服务机制、居民自治融入机制）为工作目标，以“孵化社区社会组织、培育社区组织品牌项目”为工作任务，旨在建设一个社区社会组织孵化培育平台，培育出一批本土社会组织公益组织，建设一支具有较强实务经验的专业志愿服务团队，满足居民群众多元服务需求，不断优化和拓展公共服务路径。同时，社工站坚持“红色引领”，凸显党组织对“三社协同”工作的政治引领作用，服务中引导基层群众听党话、跟党走，推动党的组织和工作在社会组织中的有效覆盖。

（二）运营机制

新村街道社工站采用政府主导，社会力量参与，专业团队运作的模式。

新村街道社工站以 11235 工作模式为运营特点。坚持一个指导——党建引领；抓住一个中心——新村街道社区教育学院；突出两个重点——双微计划；秉持三合工作法：结合社区实际发展要求，贴合新村街道发展路径，整合各方社会资源；围绕五个维度——从社区需求、社区骨干、社区自组织、社区动员、社区文化五个维度出发。

三、社工站服务体系设计建设和服务开展情况

2018 年 8 月，新村街道社工站通过问卷调查、半结构式访谈的方式，了解到社区居民对于文艺会演、外出参观学习的需求量较大，也迫切希望有更加多样化、多元化、专业化的文化学习活动。同时了解到，社区工作人员仍是社区基层治理工作的主力军，

---

① 双微计划，是指街道微实事大赛和微光银行计划。

虽然社区居民、志愿者、社区社会组织对于志愿服务活动有较高的积极性和配合度，但缺乏主动性和能动性。由此，社工站社工开始思考如何能够利用社区居民的文化参与需求来激发其主动性和能动性，促进居民参与社区基层治理工作。

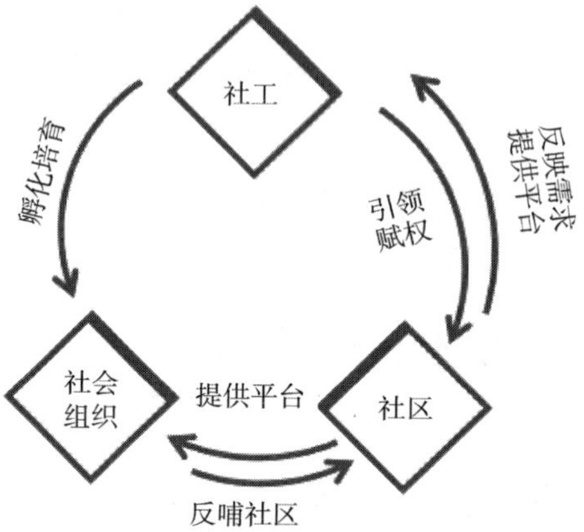

图 1

（一）初期：文化 +“三社联动”服务

社工站立足新村街道的历史文化背景，依据党的十九大“文化自信”及“加强社区治理体系建设”的政策要求，结合居民的文化需求，社工站借助社区平台，发挥社区社会组织在辖区居民中的引领作用，开办了新村街道社区教育学院，开展社区文化教育活动，同时促进文娱类社区社会组织向志愿类、治理类转型，积极参与社区基层治理。

1. 依托社区平台支持，广泛开展文化教育活动

在开展社区教育学院工作中，社工站社工以社区为平台依托，通过社区工作者号召居民积极参与，加强社区与居民的联系与交流；协调社区场地资源，助力多个教育课程的顺利开班，丰富社区文化教育资源；发动社区老党员开设“红色文化课堂”，开展各类政策宣讲，培养社区居民骨干；利用辖区内红色场馆，组织参观红色文化教育基地，观看红色历史教育影片，进一步丰富社区文化教育类型。

2. 发挥社工站社工的主导作用，整合各方资源

在开办社区教育学院、开展社区教育活动中，社工站社工起着组织者、引导者、协调者、资源链接者的作用。在开办之初，社工站社工在居民中进行了调研，了解居民的文化学习需求，对社区工作者进行了访谈，了解社区的基层治理工作需求，进而确定了教育学院班级课程。在招募学员的工作中，社工站社工借助社区工作者的支持，发挥社区社会组织的引领、号召作用，吸纳了越来越多的社区居民参加社区教育学院；在招募老师的工作中，社工站社工链接了各级老年大学、江岸区社区教育学院、社区

能人等各方资源，寻找专业的、有服务意识的老师，在教授学员的同时，通过“传、帮、带”等方式，促动一批居民学员参与社区基层治理。在课程开展中，社工站社工持续挖掘优秀学员骨干，引导辖区居民自我服务、自我管理。

3. 发挥社区社会组织带头作用，推动组织转型

社区教育学院组建之初，社工站充分利用社区社会组织在引导和组织居民方面的优势。在课程开展中，社工充分调动文娱类社区社会组织中组织领袖的作用，逐步推动其承担起学员管理、师生沟通、场地管理、活动组织等责任，实现社工的逐步退出。在社工的引导下，参与社区教育学院的文娱类组织又参与社区志愿服务，文娱组织积极动员社区居民及邻里朋友参与，从积极参与到主动承担、自主分工，成为社区志愿服务和社区治理的骨干力量。

（二）疫情时期：“三社联动”向“五社联动”转变

2020 年初，新冠肺炎疫情在武汉暴发，开启了以社区为基础治理单元抗击疫情的新局面。危机应对中，社区志愿者和社区公益慈善资源这两支力量发挥的作用更加凸显，新村街道社工站尝试将“三社联动”升级为“五社联动”。

在疫情防控封城期间，社区、社工站人力资源有限，社区社会组织的骨干成员普遍年龄偏大，不便参与。此时社区志愿者、社区公益慈善资源发挥了较大作用。社区志愿者协助社区封控管理、助力解决居民生活物资需求、代买药品、线上服务等，有效分担了社区工作人员的压力，切实满足了居民的生产生活需求。

社工站发现在继续推进社区基层自治工作中，社区志愿者和社区公益慈善资源的力量不容小觑，将其纳入原有的“三社联动”机制中显得尤为必要。同时社工站也意识到，原有的“三社”力量在社区文化服务、推动基层治理工作中存在一定局限性。

首先，社区作为阵地，自身服务力量有限。社区作为开展社区文化工作、推动社区基层自治的主要平台，社区工作人员忙于繁复的行政事务工作，在开展居民服务、文化服务、引导居民自治的力量发挥上，作用非常有限。

其次，社区社会组织不够成熟，未能形成常规服务。一方面，新村街道原有社区社会组织主要以文娱类为主，参与志愿服务活动主动性不足，居民自治型社区社会组织基本没有，在更进一步的文化服务、社区基层自治工作中，社区社会组织力量显得严重不足；另一方面，通过社区教育学院孵化培育出的社区志愿组织，成立时间较短，成员较少，骨干经验不足，尚未形成常态化的志愿服务机制，无法可持续地为辖区居民提供服务。

社工站作为开展新村街道文化服务的主导力量，急需吸纳新的服务力量，补充服务内容，拓展新的工作思路，助力新村街道多元文化的发展，进一步推动社区居民自治工作。

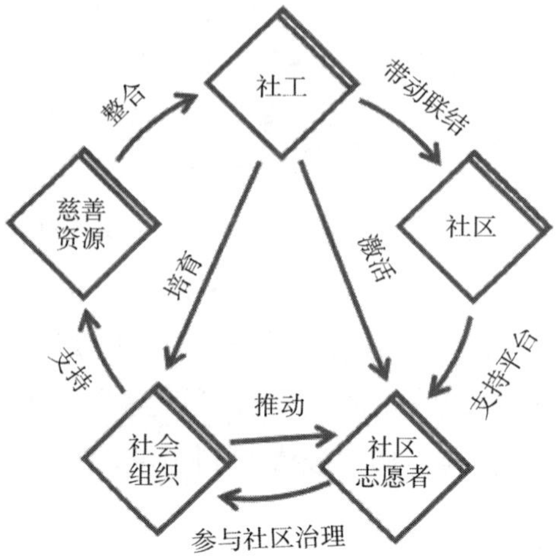

图 2

（三）新发展：文化 + “五社联动”模式

社区进入常态化防疫时期，新村街道社工站持续将文化服务与社区治理创新结合，逐渐探索“文化 + ‘五社联动’”的发展路径。

1. 坚持以党建为引领，丰富社区红色文化教育活动

新冠肺炎疫情暴发以来，以社区为基础治理单元，辖区退休老党员、下沉党员、社区党员工作者发挥了先锋带头作用，以实际行动感染、带动更多的居民志愿者加入社区基层治理的队伍。防疫点值守、消杀夜查、文明创建、人口普查、疫苗接种宣传等，随处可见党员们的身影。

社区进入常态防疫阶段后，借助党员下沉的契机，社区和社工站坚持党建引领，将党员和党员志愿者们纳入社区红色文化服务和社区治理服务工作中，充分扩大新村街道红色历史文化资源的优势，坚定“文化自信”，借助党员优势，打造红色文化街区。党建引领下，新村街道的红色文化服务，充分发挥了社区的平台作用和共产党员的先锋模范作用。

2. 发挥社工站社工的专业优势，科学整合各方力量

随着新村街道文化服务的开展和居民自治意识的提升，社工站社工逐步从社区教育文化的主导角色转变为引导者、协调者，发挥自身的专业优势，链接各方资源，整合各方力量，赋能社区社会组织和社区志愿者，引导居民从他人“助我”，发展到“自助”，再到“助人”“助社区”。

3. 赋能社区社会组织，促进参与社区服务

新村街道社工站自成立以来就非常重视本土社区社会组织的孵化和培育。从督导社区社会组织参与各级公益创投，到开办社区教育学院孵化志愿服务型社区社会组织，

再到组织开展街道级微实事项目大赛，引进外来专业社会组织激活本土社区社会组织，社工站社工一直在探索赋能社区社会组织的方式，提升社区社会组织参与社区治理服务的能力与意识。

4. 激活社区志愿者，坚实志愿文化基础

基于新村街道社区教育学院工作的开展，结合社区日常组织开展的志愿服务，新村街道社工站于2019年7月开始思索如何将社区教育工作与志愿服务工作结合起来，通过社区教育来进一步激活社区的志愿者。9月，新村街道社工站开启了“微光银行”志愿者积分管理制度的探索，以社区教育学院的学员为志愿者基础，链接辖区爱心商户，推动“微光银行”志愿服务积分兑换计划的实施。

引导新村街道志愿者通过“参与志愿服务—获得积分—结算积分—福利回馈—参与志愿服务”的活动闭环，以志愿积分循环的形式，联合新村街道的爱心商户一起回馈广大志愿者长期在社区的付出，以进一步激发辖区居民的志愿服务热情，在全街道范围内营造志愿服务氛围，探索保持社区志愿服务活力的途径。

在新村街道办事处的指导和支持下，社工站制定了有效的志愿者积分兑换激励机制，联合街道、社区组织开展了多形式、多种类的志愿服务活动。经过几年探索，截至2021年，社工挖掘了100多位社区能人志愿者，开展线上教育学院课程，带领居民学习瑜伽、魔术、太极等，调节居民情绪，促进居民疫后社交的恢复，助力疫后和谐环境氛围的营造。

自“微光银行”计划开启以来，新村街道志愿者们的服务都以服务时长的形式记录在各自的志愿者服务手册中，并通过积分兑换的方式实现了以服务换福利，激励了爱心再循环。

5. 撬动社区公益慈善资源，助力慈善文化发展

在慈善资源方面，社工站主要通过微实事、微光银行以及疫后的居民心理服务三条渠道进行撬动。

2019—2021年，为了提升新村街道民生质量，有效增进民生福祉，切实解决社区“小事、急事、难事”，新村街道社工站在新村街道办事处的指导和各社区的支持下，引入社区惠民资金，每年开展“微实事”项目大赛。以辖区居民的需求为出发点，引入外来专业社会组织，为辖区居民提供为老服务、退役军人服务及社区环境治理服务等，提升辖区居民的生活幸福感，引导、激励本土社区社会组织、社区志愿者的发展与成长，为新村街道的社区基层治理工作注入新的慈善力量。通过微实事的开展，新村街道社工站继续挖掘社区居民需求，培育出更多符合居民需求、反映居民诉求的社区社会组织，有效提升社区社会组织实施公益项目的效能，引领和推动社区社会组织内部治理和服务社区能力的有效提升，推动街道向社区社会组织购买服务、促进社区慈善文化的发展。

2019 年在开启“微光银行”计划之初，新村街道社工站联合社区走访辖区商户，最终签订了 5 家爱心商户，以优惠折扣、福利商品等方式为辖区的志愿者提供爱心积分兑换服务。2020 年疫情期间，更多的商户加入爱心商户中，壮大了社区慈善力量，推动了慈善文化的发展。

受疫情影响，疫后辖区居民在亲子关系、家庭关系、学习就业、社会融入等方面出现了不同的心理问题，新村街道社工站链接了专业的心理咨询师、心理治疗师、具有灾后服务经验的社工等为辖区居民提供咨询、个案、小组服务，有效疏导了居民的情绪问题，为社区的公益慈善力量引入了专业人员。

四、社工站人员配备和人才培养

（一）项目总监 & 督导

社工站将行政管理与专业指导工作合并，社工站项目总监也是项目督导，其职责主要是：发挥机构的支持作用，上传下达，传达机构意志。给予同工成长支持，对社会工作服务中心服务进行规划，与驻点单位及各相关部门进行协调，向社工传授专业服务知识技能，参与监督并评估服务质量。从项目执行、社工理论及实务技能、社工身心状态等各方面做好项目整体的督导工作。

（二）项目主管

社工站项目具体负责人是项目主管，其职责是：统筹管理项目各项事务，包括人事安排、项目进度控制、监督项目进展情况；通过开展培训交流对社工进行技术指导，提升社工能力；对社工提出的问题答疑解惑。负责与区、街道等各级领导单位的联系和工作对接，并定期向分管部门汇报工作进展。向相关部门提交总结报告和服务计划，应上级或合作单位要求整理并上交工作材料。

（三）项目组长

社工站项目还设置了项目小组长，其职责是：安排部署社工的各项工作，上传下达，与社区保持沟通，随时了解社区工作风向变化，保证社工指标任务的落实，包括社工的统筹管理、工作分配、工作纪律监管，保证驻点社工任务的落实，对社工进行技术指导，答疑解惑，做好人事管理及项目资料管理，按要求整理并上交工作材料。

（四）项目社工

社工站项目社工的职责主要是：完成项目指标内容，按要求及时完成提交各类文书，并及时进行文书归档。做好服务项目策划、服务跟进、总结评估等材料记录，开展或参与相应的服务交流、培训、讲座等提升个人技能。

五、社工站运营和服务反思

新村街道社工站以文化服务为切入，从“三社联动”转为“五社联动”，在以往的基础上进一步激活了辖区志愿者，尤其是党员志愿者，为新村街道的基层治理服务吸纳了更坚定的力量。在社区社会组织方面，社工站进行了专门化、专业化的督导、赋能，进一步提升了参与基层治理服务的能力与意识。在社区公益慈善资源方面，社工站链接了专业的心理服务、社会组织服务，撬动本土慈善力量。通过社区文化服务推动基层治理，社工站还需要进一步探索更多的途径。

（一）社区志愿者与社区社会组织服务能力提升

社区志愿者与社区社会组织参与社区服务的主动性和能动性虽然得到提升，但是由于缺乏更系统专业的培训学习，服务能力依然有限，致使服务效果不长久、不稳定。因此社工站在2021年开展新起点计划，加大培训力度，并设立激励机制，增强社区志愿者、社区社会组织的学习动力。

（二）社区慈善力量引入增加

新村街道社区公益慈善力量在社区服务中的比重尚小，且呈现间断性，可持续性不强，因此需要整合更多社区公益慈善资源，参与社区基层治理。

（三）社区文化多元性增强

新村街道社区文化工作的开展以社区教育学院为平台，以红色文化为引领，推动了社区志愿文化、慈善文化的发展。街道内在建的滨江商务区、拆迁待建社区都还需要继续发掘文化特色，满足居民的文化需求，打造更加多元性的文化街道，促进社区基层自治。

（四）支持社会组织提升“造血”能力

社会组织能力的提升，一方面需要借助外力，另一方面需要注重自身能力的发展，这就需要社工站及政府为社会组织增能赋权，支持社会组织提升“自我造血”能力。从政府层面来讲，政府支持和引导社会组织接触社会资源，允许社会组织链接社会各界资源，与公益基金会合作，为社会组织参与社会治理提供充足的外部资源支持。同时应加强基层管理部门与社会组织的互动沟通，了解社会组织的困境和需求，为社会组织提供政策上的支持，真正改变社会组织的地位，让社会组织有充足的人脉、资金、设备、场地等。

从内部来讲，社会组织内部存在管理模式不够成熟、资金账目混乱以及专业人才不足等现象，亟须提高社会组织的规范化管理能力和专业服务水平，从而激活社会组织发展过程中的内在动力。在这个过程中社工站要把握好度，一方面针对社会组织的困境提出可操作性的建议；另一方面注重对社会组织进行增能，提高社会组织自我成长和自我发展能力。

总之，要从外部支持和内部增能两个方面为社会组织发展提供支持，真正为社会组织参与社区治理创造有利条件。

资源共享　携手并进
构建体系化老年专业服务

——浙江省杭州市拱墅区小河街道社工站运营与服务

陈佳烨[①]

一、社工站和服务地区基本情况介绍

（一）社工站属地基本情况

小河街道成立于1954年，位于浙江省杭州市拱墅区中西部，地处京杭大运河两侧，是“国之三通 · 运之三水”的江南运河孤本地，是“活着的东方文化驿站”。街道面积6.38平方千米，是拱墅区南部6个街道中面积最大的街道。下辖9个社区，5万余人，其中60岁及以上老年人12500余人，占据人口比例17.8%。

（二）社工站基本情况

小河街道社工站是拱墅区街道级社工站，在市区两级民政部门以及小河街道的支持下于2020年4月正式挂牌成立。社工站位于长征桥社区小河佳苑北区21幢，面积600余平方米。站内在明显位置挂置了社工站标识，内设展示区、个案室、小组工作室、数字化会议室和综合接待区。社工站现与杭州市社会福利中心联合运作，街道配备专职社工3名，兼职社会工作师2名、助理社会工作师1名，兼职社会工作省级督导3名、市级督导助理3名。

二、社工站基本定位和运营机制

社工站以养老服务需求为导向，以“携手共进、专业自信、互助友爱”为宗旨，以培育本土化老年社工为侧重点，以提高老年社会工作者专业素质和实践能力为目标，通过杭州市社会福利中心社会工作团队专业力量融入社区的方式，在小河街道全域范围内开展老年社会工作项目。该项目旨在提高社区老年社会工作专业性和社工专业化

---

① 陈佳烨，浙江省杭州市社会福利中心社工科科员，2021年度杭州市社工督导助理。

能力，有效整合优质资源，将社工站打造成为老年社会工作人才发展平台、老年社会工作服务资源整合平台和服务协同参与平台，不断探索形成体系化、制度化、专业化服务体系，建立起杭州市老年社工站示范品牌。

作为“双社”建设的联动平台，小河街道下属 9 个社区有 3 个社区“阳光老人家”已分别挂牌社区社会工作室。

三、社工站运营模式和特点

小河街道社工站探索“一核双社 N 次方”运营模式。

“一核”：以党的领导为核心，以党建工作引领社会工作，以专业服务彰显专业价值，通过专业化服务平台、专业化工作队伍、专业化社会组织、专业化服务项目等系列品牌打造，不断提升专业社会工作参与基层社会治理的能力。

“双社”：社工站和社区社会工作室联动。坚持以点带面、点面结合，以街道社工站为专业枢纽平台，以社区社会工作室为特色服务支点，联动共治，发挥专业社会工作在解决社会问题、维持社会秩序、促进社会和谐等方面的积极作用。

“N 次方”：按照“资源下沉、服务下移、内培外引”的发展思路，以 N 名督导、N 类人群、N 个领域齐头并进的方式，不断拓展和延伸社会工作的专业服务形式、内容和领域，推动杭州社会工作职业化、专业化和本土化，高质量地满足人民群众对美好生活的需求，建设人人有责、人人尽责、人人享有的社会治理共同体。

小河街道与杭州市社会福利中心积极进行资源对接与整合，携手推进老年社会工作体系化发展，共同打造小河街道社工站的养老示范服务。当前双方的一个共识是以社工站建设为契机，推动老有所养向老有善养转变，将社会工作融入养老工作的全过程。

四、社工站服务体系设计和服务开展情况

（一）服务体系搭建

杭州市社会福利中心作为小河街道社工站主要专业力量支撑与输出的对象，坚持明确社工站“专业化”平台定位，结合自身业务工作从养老品牌特色服务做起，设计、规划适合小河街道属地区域特色，发展空间巨大的老年社会工作特色品牌项目，主要包含认知症社区照护服务、安心社护专业社工服务等。

1. 认知症社区照护服务

以“阳光老人家”为载体，为社区老年人科普认知症预防知识，链接医疗、志愿服务、康复等社会资源，开展认知症筛查，成立非药物干预专业社工小组，延缓认知症病程，提高生命质量。

（1）链接认知症照护联盟现有资源，邀请养老机构、社会组织、医疗机构、高等院校、文化传媒、法律服务等各种领域的专家学者，一方面针对认知症老年人、家庭及照护者开展科普讲座、技能培训等，提高公众认知，提升照护水平；另一方面邀请专家学者，适时开展讲座、论坛、沙龙、演出等活动，促进业务交流，加强资源共享。

（2）筛选符合要求的认知症老年人及家庭，开展非药物干预社工小组，改善其认知功能，同时加强家庭内部及同类家属间的支持系统。

（3）根据实际需求，开展老年人个案管理，提供心理疏导、资源链接等个性化、全方位、全过程的服务。

（4）开通认知症热线服务电话“85805680”（谐音“帮我帮您我来帮您”），积极链接资源，提供最新资讯、情绪疏导、求助咨询、医疗转介等服务。

（5）针对小河街道长征桥社区内相应年龄段（75 周岁及以上）老年人约 700 人，进行认知症筛查和居家养老服务需求调查，形成筛查数据分析报告，以此为基础提供精准化服务。

2. 安心社护专业社工服务

以重症绝症、鳏寡孤独等有需求的老年人为服务个体，掌握其身心状况、个性化需求，由包含社工师、心理咨询师、医师、护理人员、项目管理师、志愿者等在内的专业团队提供生命意义回顾、末端事项讨论、心愿实现及哀伤辅导等专业社会工作个案管理服务。

（1）需求调查：了解老人当下的身心状态、对临终关怀项目的参与意愿和服务项目进行选择。

（2）菜单化模块选择：生前预嘱（医疗遗嘱服务对象的 5 个愿望清单）、生命状况告知、生命陪伴、末端事宜讨论（追悼会、墓地、遗像、遗嘱）、心愿实现、生命回忆录（影像资料）等。

（3）家属抚慰：哀伤辅导、调查回访。

（二）服务举措

1. 重人才培育，构建专业化体系服务

小河街道社工站建立后，全面提质社工队伍专业化水平。一是注重引入社会工作元素，营造社会工作良好氛围。通过街道“社工学院”平台与国家培训网合作，定期组织养老服务类工作专业知识培训，提升社工队伍专业理论水平。二是深入开展“督导 + 社工”联动的模式推进社会工作人才的培养，聘请杭州市社会福利中心内理论知识与行业实务经验丰富的 3 位省级督导、3 位市级督导助理，通过个案或小组服务形式，提升居家、机构、社区养老服务专业水平。失独家庭养老、关爱空巢老人、老年失独家庭走出阴影等多个个案管理顺利完成。

2. 强资源链接，构建体系化专业服务

侧重老年社会工作发展，强化了社工站人、财、物的保障力度。一是打造居家养老社区网格。街道先后投入资金1500余万元，建成9个社区阳光老人家，引进3家专业社会组织托管，实现辖区居家养老服务全覆盖。二是整合社会组织力量，构建养老服务支持网络。街道整合注册备案类社会组织243家，注册类社会组织19家，其中涉及社会工作综合能力提升培训类2家、社会心理服务类3家、医养结合类6家。整合永前志愿服务团队、小河家缘志愿者协会等公益团队17支，为老服务类社会组织9家，占比达57%。街道30万元公益创投资金有侧重地倾向于养老公益社会机构的培育与扶持，提质社会组织科技化、专业化水平。如第三方社会组织“捣鼓车间”制作的阿尔茨海默病辅助颈环，被央视等媒体报道。三是社工站紧密依托与辖区杭州市社会福利中心、拱墅区和睦老人公寓、5家社区卫生服务中心、13所中小学等企事业单位资源共享，从居家养老携手机构养老、社会养老，构建体系化老年社会工作服务。

3. 树特色品牌，构建个性化服务体系

以社工站建设为契机，在实践中培养一支本土社工人才队伍，培育一批基层社工服务机构，带动实施一批社会工作服务项目，全面提质社会工作专业化水平。以阳光老人家为载体，社工为老人提供助餐、助浴、家政、代购、精神慰藉等服务。2020年新冠肺炎疫情期间，为老年人开展心理服务1500余人次、代购物品3000余件次、送餐1000余件。以专业机构为主导，针对患有疾病、残疾、孤寡等老年群体提供个性化关爱，如与杭州市精卫办、杭州心耀社会组织合作在全市率先试点探索老年人精神障碍患者自我管理项目，使老人敞开心扉，重拾社会能力；与杭州市社会福利中心紧密合作，协助做好志愿者招募、评估对象确认等工作，杭州市社会福利中心社工专业团队上门评估筛选，经过数据流统计、分析后于2020年11月23日发布了《长征桥社区认知症白皮书》。

五、社工站典型服务项目：认知症社区照护服务

小河街道社工站以省民生实事项目建设为契机，以老年社会工作为抓手，依托杭州市社会福利中心专业优势，自2020年启动认知症社区照护服务项目以来，取得了良好成效，并得到了社会各界的一致肯定。

（一）项目背景

据世界卫生组织2016年4月的统计数据显示，全球认知症患者人数已达4680万人，预计每年全球将新增770万名认知症患者，到2050年将突破1.3亿人。我国老年认知病人群体面临着家庭照护能力不足的困境，对认知症缺乏科学的认知、及时的发现和诊治、科学的照顾理念与技巧的训练、长期有效的社区照顾机制等造成了认知症

老人及其照顾者的生存困境。在此背景下，了解老年人群中认知症的状况及评估认知症老人的服务需求，链接社会资源，将服务有效地递送至认知症老年群体中，让老人幸福而有尊严地安度晚年已经成为养老服务中最重要的问题之一。

（二）服务目标

一是对长征桥社区认知症老人进行普查，了解该社区认知症老人的具体情况及老人居家养老的服务需求，以实现对其进行精准化服务的目标。

二是根据调研情况将认知症老年群体分为健康人群、风险人群、疾病人群、重症人群，并根据不同群体的不同服务需求开展个案管理或协调多方资源对其采取相应干预措施，进而构建全方位、多层次的认知症照护者支持服务网络。

三是以长征桥社区为认知症老人“筛查—预防—干预”照护服务实验点，由点到面逐步探索社会工作介入认知症家庭服务新模式，并进行推广。

四是提高民众对认知症预防照护的认识，提升照护者的照护能力，缓解因照护产生的不良情绪和压力，进而提高认知症老人的生活质量，为其家庭构建良好的支持系统。

（三）服务实施过程

1. 开展认知症筛查并发布白皮书

2020 年 8 月 13 日至 9 月 24 日，社工站组织包含社工师、医师、养老护理技师、心理咨询师、健康管理师等在内 20 多人团队，分成 6 支志愿小队，累计上门调查 719 名老人，共收回有效问卷 465 份。其中认知症筛查采用 MMSE 量表，能够全面、准确、快速地反映被筛查者的智力状况及认知功能缺损程度。而居家养老服务需求，主要从健康管理、生活援助、身体护理、外出助行、康复护理、情感慰藉、安全监控、其他需求八个方面做好调查。经过数据统计、分析，最终形成并发布《长征桥社区认知症白皮书》。

2. “守护爱的记忆”打造认知症照护服务杭州样本

2020 年 11 月 23 日，举办“守护爱的记忆——打造认知症杭州样本”主题活动，邀请杭州市人大、政协、民政、卫健委相关负责人，省、市养老服务行业协会领导，市级两代表、一委员，拱墅区相关负责人，局机关各处室负责人、各直属单位主要负责人，各养老机构负责人，共 200 人参与活动。该活动在新华社客户端、《浙江日报》、浙江新闻、《钱江晚报》《杭州日报》《都市快报》等众多媒体上进行了报道，引起了较大的反响。

3. 加强认知症资源共享互通

2020 年 9 月起，社工站充分链接资源，先后邀请养老机构、社会组织、医疗机构、职业院校等领域的专家老师开展认知症公益讲座8场，累计435人次参与，涉及认知症基本概况、认知症老人的心理及情绪问题、家庭及机构的适老化改造建议、日本及丹麦认知症照护体系经验分享、基于儒学研究的认知症照护与管理、浅谈与认知症老人及家属的心理沟通、制订认知症照护计划等内容，促进业务交流，加强资源共享。

4. 广泛开展非药物干预实务小组

2021年3月起，社工站与浙江省大爱老年事务发展中心达成协议，面向社区及机构筛选出来认知症老人和照护者，联合开展非药物干预实务小组活动。实务小组以身体享乐活动、怀旧金曲欢乐颂、蔬果认知互动、童年纸飞机、体适能训练等形式，锻炼认知症老人的理解力、观察力、专注力、语言表达力等，达到改善认知症老人认知功能，舒缓不良情绪，延缓认知症发展进程的目的。

5. 提升认知症家庭照护者专业水平

2021年4月起，邀请养老机构、社会组织、医疗机构、职业院校、法律服务等领域的专家老师，面向社区、机构范围内有需要的认知症老人、家庭及照护者，开展护智天使培训，涉及生活照料、基础照护、康复服务、心理沟通、机构管理、法律服务等内容，以此提升照护能力及服务素养，让认知症照护服务走向规范化、科学化、专业化的发展道路。

6. 服务转介与个案管理

开通认知症服务热线“85805680”，内容涵盖求助咨询、情绪疏导、医疗转介、寻求信息咨询等。根据实际需求开展个案管理，为认知症老人和家庭提供心理疏导、资源链接等个性化、全方位、全过程的服务。

此外，社工站还立足服务内容编制形成认知症科普图册，将项目实施过程、服务内容、可利用资源、执行经验等进行总结推广，旨在不断扩大示范引领辐射面，让项目成果惠及更多认知症老人、家庭及照护者。

（四）服务成效

厚植“助人自助”理念深入人心。社工站在项目开展过程中，能始终坚持将社会工作专业价值观运用到养老服务中，内化于心、外化于行。参与认知症照护服务项目的团队加强了对医疗、照护人员社工知识的普及和培训，持续发挥杭州市社会福利中心老年社会工作影响力；鼓励并引导项目人员将社工理念运用到日常服务中，满足服务对象需求，提高服务质量，促进社会工作不断融入养老服务体系。

满足认知症专业服务多元需求。针对认知症家庭科普、照护、干预、心理咨询等多样需求，依托街道社工站建立起老人家门口的“零距离”服务阵地。提供送餐、助浴、清洁、聊天等上门服务；通过筛查及服务需求的调研，了解认知症老人的真实需求，营造认知症友好社区建设环境，共同探索认知症照护创新模式。

整合社会资源发挥纽带作用。紧贴认知症发展要求和服务需求，坚持“共建共享”方式，推进专业照护体系构建。同时，联合认知症专区机构、医院精神专科专家、志愿者团队、社区居家养老服务人员共同建立支持平台，打造多层级共赢体系，让认知症预防及照护知识走出机构，融入社区，迈向社会。

六、社工站运营和服务反思

从社工站运行至今来看，在建设中存在以下瓶颈。

（一）运营缺乏持续性和固定性资金

当前社工站建设经费、运营经费和人员经费已纳入街道财政预算，用于社工站和社工室的硬件设施打造及日常服务运营。但政府购买服务的资金往往对人员费用计入不足，因此承接服务的机构往往在项目运作和人员支出方面左右为难；且社工站资金能否专项化、持续性也决定了服务的长效性。

（二）本土社会工作人才实务能力尚不足

人才瓶颈不仅表现在量的供给上，也表现在质的提升上。社工站面向的是最基层社会问题和多样化、个性化的民众需求，而社工专业人才大部分受到高校专业教育培养和偏重理论教育的影响，在触及本土领域实务能力上存在一定欠缺。例如认知症服务项目中，由于当前认知症本身在社会上的知晓率、普及率还处于上升期，且疾病的成因、发展、治疗都尚处于研究、探索阶段，社工的非药物干预、介入模式相较其他领域存在见效更慢、周期更长、耗费更久的情况。因此，在社工站全面铺开的同时，可以考虑按照“先有再专”的模式进行，在人才的使用中持续培养人才。

（三）社工站的知晓度和美誉度不足

社会知晓度和美誉度是衡量社工站服务满意度的重要指标，群众能感觉到社工的存在，有问题找社工，是社工站落地生根最直观的效果。截至 2022 年 8 月，社工站虽已全面铺开，但社区居民对社工站的知晓率、活动参与率不够高，有些甚至将社工站与党群服务中心、居家养老服务中心等混淆，对社工站的服务定位也不明确，造成“藏在深闺无人知”的窘境。尤其是在以老年服务为特色的认知症照护服务和安宁疗护服务中，部分认知症患者或家庭因隐私性等原因不愿意过多参与社工干预服务，且社区老年人相比养老机构老年人自由性更大，往往会出现社工干预小组参与性不够稳定的情况；大部分社区老年人对于以临终对象为服务群体的安宁疗护服务也是抱以排斥或不愿接纳的态度，个别服务对象因身体原因已无法“自决”，于是更多时候只能以家属的意愿为准，对社工介入造成一定程度的困扰。

（四）制度建设还不够健全

健全的制度是推动街道社工站有效运行的重要保障。社会工作作为社会福利制度的实践传递体系，与社会制度密切相关。尽管社工站已建立起工作制度、财务制度、场地管理制度、档案管理制度等工作规范，但仍然缺乏全国统一的社工站建设指导规范性文件，缺乏地方性社工站建设资金使用管理办法以及社工站服务与评价标准质量控制等制度性规范。

构建“多中心”格局与枢纽型微服务平台

——山东省济南市槐荫区青年公园街道社工站运营与服务

张　晴　赵　静[①]

一、社工站基本情况介绍

山东省济南市槐荫区青年公园街道社会工作服务站（以下简称青合站）于2020年9月9日正式挂牌成立，由济南市建达社会工作服务中心承接，与山东建筑大学等高校开展深度战略合作，是山东省首家街道级社会工作服务站。青合站是以街道区域实际需求为本，科学设置服务项目，以社区为基础提供专业社会工作服务，打通“最后一米”的民政微服务平台。青合站的建设是政策实践、实施研究和人才培育的三维实践。

青合站运用“站长＋项目组长制”管理机制。聚焦民政主责主业，形成“TCU”的运行模式——（Story Telling 叙社情，Talent Converging 聚才智，Spirit Uniting 拢人心），即党建助力微服务平台的顶层设计，通过“叙：社区需要精细识别”“聚：社区发展能力提升”“拢：困境人群精准服务”等三大微平台的建设，培育本土社工人才，精准提供专业服务支持，实现青年公园街道建设“合态和居”生态社区的目标。

二、青合站运营的基本定位和机制

（一）基本定位

青合站首先聚焦民政主责主业，以服务困境群体为主，搭建民政服务支持性和功能性枢纽平台，为基层社会治理体系和治理能力现代化提供平台支撑和专业力量。青合站作为民政服务的综合微平台，首先明确了以下自我定位。

1. 坚持党建引领，明确政治定位

青合站坚持党的政策引领，多方协调，联动合作。在专业服务中保持独立性，工作运行中通过与各级政府合作，在统一的服务机制下，保持社会工作价值伦理与方法

---

① 张晴，济南市槐荫区青年公园街道社工服务站站长；赵静，山东建筑大学法学院副教授。

技巧的相对独立。

2. 对标平台思维，找准角色定位

在服务过程中，青合站始终承担好提供直接服务的“工作站”、生产和培养社区服务的“始发站”、汇聚信息和资源的“中转站”、保障兜底服务的“终点站”的责任。

3. 发挥专业优势，确立服务定位

青合站的设立不仅是对基层民政力量的补充，更旨在发挥社会工作专业服务优势。一方面强化政策双向实践能力，既运用、执行社会政策，又在实践中不断反思政策的缺口，及时反馈街道政府部门，完善政策保障；另一方面强化服务多元供给能力，重视在地服务资源，调动基层民众主体性，传递社工服务精神，孵化社区服务力量。

（二）运营机制

在济南市槐荫区民政局“133N”社会工作服务站建设模式以及“常规活动 + 品牌专案”社会工作服务站项目运营模式的指导下，青合站精准把握职责边界，厘清街道级社工站与落地方的关系。青合站“嵌入”社区发展，协同青合站内外双网推进工作，实行参与式社区治理模式。

在青合站内网采用矩阵式组织结构，建立运营管理、行政管理、档案管理等五大职能部门；在青合站外网建立“落地方—社工站—社区居委会”三角畅通关系网、“槐荫区民政局—槐荫社工总站—街道级社工站”上下级协作运行助力网。

三、青合站服务体系设计和服务开展情况

（一）专向服务体系设计

“叙聚拢”旨在“叙社情、聚才智、拢人心”。青合站建设以资产为本的社区发展模式为指导，遵循“以资产为中心、以内部为焦点、以关系为推动”的原则，通过与高校社会工作专业进行深度合作，构建四大核心服务板块，即深度挖掘整合社区内生资源，着力社区关系重建和社区空间微更新，聚焦社区困境群体精准服务，为专业社工、社区工作人员、社区志愿者队伍进行赋能培训。四大板块服务秉持“支持、融入、同行”的服务宗旨，旨在激活社区内在动力、提高社区治理效能、促进社区发展。

（二）服务开展情况

1. 叙社情——叙社区温情，融社区治理

搭建社区治理需求精细识别微平台：了解社区，识别需求，构建多元共融的社区参与机制。旨在根据社区需要，以社工专业服务为纽带，以社区公益项目为抓手，拓宽社区居民参与渠道，提升社区参与能力，促进“社区共同体”的形成。

（1）搭建社情民意反馈机制——“金点子”征集。社区治理方面，青合站搭建“金点子”社情民意反馈机制，贴近社区生活，关乎民生百态，事无巨细地征集、采纳、反馈来自社区居民的良策，注重以人为本的感受度营造，助力实现柔性化的社区治理，通过筛选、评估，将具备建设性意义的金点子予以有效落实。

（2）盘活社区社群参与力量——社区治理工作坊。创新社区治理方式，提炼社区治理工作法，释放治理效能。合理引导社区居民参与协商议事，推动社区柔性治理，构建友好社区。搭建“时光储蓄”爱心公益银行，孵化社区志愿者队伍，激励社区居民公益行为。

（3）发挥民主议事的基层作用——小院会议。在民主协商方面，青合站搭建了“小院会议”居民议事平台，创新议事形式，汇集生活百态，激发社区居民自治性，推动实现社区事务共商共议，“如何设计一版属于自己的社区报”“如何打造自己家门口的图书馆”等议题都被搬到小院的茶桌上，品着茶香，把事商量。“小院会议”实现了议事群体的多元化，除了辖区的居民外，儿童、青少年、社区专职工作者、大学生、高校老师都成为小院会议茶桌上的常客。

2. 聚才智——聚社区才智，引文化活力

搭建社区发展能力提升微平台：以社区关系为着力点推动社区完成自组织、自治及自发展。链接高校师资资源，搭建街道、社区专职工作者教育平台，增强社区工作人员的专业素质。

（1）搭建教育资源联盟——青合学院。青合站在聚才智服务板块下设立了青合学院，以街道级社区教育学校为载体提供多元化的社区教育服务，开设“青合 FUN 乐园”“青合电影院”等 10 个班次，助力社区文化建设，实现文化服务惠及多元主体。

（2）增强再社会化功能——青合·人才微课堂。立足社区成立社区工作人才培育孵化基地，助力社工提高服务能力和专业能力，青合站通过制订个性化服务方案，通过开设“请让我来守护你”“我与未来社区有个约会”等专项服务项目，以团体辅导游戏为介入方法推动其实现心灵减压及团队培力服务成效，并链接高校师资资源提供培训、咨询、督导等服务。

（3）调动社会参与力量——青合“N +”计划。青合“N +”计划板块以社会协同为抓手，充分整合社区治理资源，推动资源联盟项目化，激发社会组织参与社区治理活力，链接社会、社区资源，搭建社区教育平台，拓宽多元主体参与社区渠道，助力实现共建共治共享的社区治理格局。

3. 拢人心——拢人际温情，暖居民之心

坚持需求导向、搭建上下级多元协同平台，为社区困境人群实施精准服务是青合站的特色。

（1）困境人群精准服务微平台——小院茶馆。通过链接外部专业力量资源，开展精细服务。小院茶馆现已成为困境人群服务微平台、文化建设微平台、民主协商微平台。以小院茶馆为载体，面对特殊服务对象输出 6 个专项服务品牌项目，如针对困境儿童开展“满天星辰赠予你”计划，输出青合 FUN 乐园和一隅拾趣，搭建社区儿童议事平台；针对聋哑残疾人开展“无言课堂”手语教学小组等，组建助残志愿服务队；针对盲障人士开展黑匣子小剧场和青合电影项目；针对失独家庭开展“时空与场域”项目。

（2）志愿服务培力——搭建“时光储蓄”爱心公益银行，完善志愿服务激励机制。采用“总行 + 支行”的模式，在“时光储蓄”爱心公益银行下设立“实物银行”“时间银行”“绿色银行”，涵盖了社区建设的各项指标，覆盖居民生活的方方面面，按照服务换服务、以服务换资源、以资源换资源、以资源换服务的总体思路，对社区居民的公益行为进行量化并储存，待日后需要再支取。

四、青合站运营模式和特点

（一）青合站运营模式概述

青合站在扎根基层社区，精准靶向服务，激发社区活力等方面展现出不可替代的价值。青合站“TCU”运行模式通过党建引领，促进多中心治理联动；搭建组织培育微平台，推动社区公益发展；建立沟通协商微机制，协同解决社区公共问题；提供精准专业服务及支持，促进基层民政功能发挥等方面作出了有益的尝试。

（二）青合站运营模式优势

1. 坚持以资本为中心，创新社区治理，提炼社区工作法

挖掘并整合辖区社会资源，评估社区居民需求，将社会资源对接居民服务需求，促进社会商企单位参与社区治理，培育社区能力，推动社区的文化建设，创新每个社区治理品牌。

2. 聚焦民政主责主业，推动民政靶向社工服务实操

精准掌握各社区内孤寡老人、残障人士、困难群体的基本信息和需求清单，发掘福利政策边缘人群，评估困境人群服务需求。聚焦社区需求，为特殊困境、边缘群体提供服务；形成社区困境人群需求库，链接外部资源，设计并提供精准化靶向服务。

3. “以内部为焦点”构筑尊重、关爱和支持的社区关系

聚焦社区居民及困难群体的切实需求，链接外部社会资源对接社区个别化需求，搭建社区互助网络、志愿网络、邻里协助网络，发挥非正式网络支持作用，全面提升社区居民的满意度和幸福感。

五、青合站人才培养

为进一步提高项目运作专业化水平，促进项目有序进行，青合站主要从以下三个方面进行组织管理和人才队伍建设。

（一）建立组织制度保障

青合站在人事管理、财务管理、物资管理、服务监督管理、风险管理等方面建立了明确的规章制度。

（二）强化专业人才保障

青合站服务人员中，社会工作者职业资格证持证人数、社会工作及相关专业学历背景人数占青合站总人数的80%以上。专业督导团队方面，采用督导＋专家团队研讲的方式，依托山东建筑大学等高校，组建督导专家智库，定期利用网络个别督导、现场团体督导、文书督导和服务技能培训，有效提高专业服务能力。

（三）培育本土社工人才

以青合站为载体，吸纳高校人才资源，组建专业实习基地，吸纳多元人才资源。同时，在青合站建设中积极发掘培育本土社工人才。

六、青合站服务项目和服务案例

（一）典型服务项目

序号	项目名称	服务目标	服务对象	实施模式与方法
1	青合·时光储蓄爱心公益银行	动员社区力量参与社区建设，调动社区居民的积极性，促进社区融合	辖区居民、社区工作者、共建单位等	实施模式：地区发展模式 实施方法：社区互助网络系统构建、社会资源链接
2	青合·小院会议（社区民主协商议事平台）	搭建社区矛盾调解机制，孵化社区和事佬的社区志愿者队伍，通过链接法律资源以及社区和事佬志愿者队伍的介入，监管和督导整个调解流程，合理化解决社区事务	辖区居民、社区工作者、共建单位、社会资源等	实施理论：增强权能理论、社会支持理论 介入方法：小组工作法、社区工作法等

续表

序号	项目名称	服务目标	服务对象	实施模式与方法
3	青合学院（街道级社区教育学校）	创新社区教育服务内容，满足社区困境人群的教育学习需求，整合社会、社区教育资源，以青合站为服务平台提供成长教育服务	以辖区青少年、妇女儿童、老年人等多元主体为服务对象，以社区困境青少年为主要服务对象	实施理论：社会支持理论、增强权能理论、优势视角理论 介入方法：个案工作法、小组工作法、社区工作法
4	青合·人才赋能课堂	根据街道社区专职工作者以及青合站社工的个别化需求进行赋能培训，链接高校师资力量针对社区工作者开展社区实务过程中某一薄弱环节进行专项技能培训	社区工作者、聋哑群体、社区骨干力量	实施理论：生态系统理论、增强权能理论、优势视角理论 介入方法：个案工作法、小组工作法
5	满天星辰赠予你（困境儿童、青少年）	以小组的形式为青少年提供历奇辅导、技能学习、人际互动等服务内容。以青合站为服务阵地输出社工专业化服务活动，补充传统学校教育的短板，以体验式学习为介入策略，坚持需求导向、问题导向以及成效导向促使提供的服务能够满足青少年需求、解决实际问题、达到预期成效	青少年、困境人群	实施理论：增强权能理论、生态系统理论、社会支持理论、优势视角理论 介入方法：个案工作法、小组工作法
6	小院茶馆（街道级困境人群服务站）	针对社区困境人群进行社区走访及个案访谈，整合多方资料为社区困境人群建档立案，发掘福利政策边缘人群，评估困境人群服务需求，形成社区困境人群需求库，链接外部资源，设计并提供精准化服务	困境人群	实施理论：优势视角理论 介入方法：个案工作法、小组工作法

（二）典型服务案例

序号	案例名称	服务人群	目标	介入理论	成效输出
1	“奔涌吧”·后浪历奇辅导介入青少年小组工作	青少年	培养儿童形成一定的抗逆力，通过思考与合作的方式达到游戏过关的目的，使儿童能够掌握获取成功的途径，从而促进其自我效能感的增强	实施理论：优势视角理论 介入方法：个案工作法、小组工作法	能满足儿童的心理需求，体验社会角色的实践，使儿童在愉悦的游戏过程中获取成长的“营养”

续表

序号	案例名称	服务人群	目标	介入理论	成效输出
2	基本公共服务均等化视角介入残疾人匮乏文化	智力残疾人	发掘服务受众群体的同质性，提升其包容性，消除案主参与社区的隔阂感；聚焦案主优势，激发案主潜能，增强自我效能感；以社会工作服务活动为载体，拓宽残疾人群参与社区渠道	社会排斥理论、包容性健康	聚焦民政主责主业，发挥社会工作专业优势，重点对困境人群实施相较于传统社会救助更为柔性的社会工作服务，总结残疾人社会工作的思路、途径及策略，并建构有效的服务模式，可供复制及推广
3	守望相助，与爱同行——街道级特殊群体服务站——小院茶馆	特殊群体	帮助服务对象进行正常社会活动，培养居民对残疾人的关心照顾意识，加强残疾人之间沟通交流，建立“守望相助”残疾人互助自组织	正常化理论、社区照顾理论、生态框架的评估	一方面满足社区专职工作者和社工对于技能学习的需求，另一方面加强社区聋哑人的技能输出，提升其价值感和自我效能感
4	大手牵小手	青少年及其家庭	转换服务介入形式，通过体验式学习教育模式，增强青少年在学习过程中的获得感与价值感。增加和同辈群体的接触和交往机会，创造更多与同辈群体相处的时间，增强青少年及其家庭的参与感和支持感；以社工服务介入增加亲子相处的机会，培育健康的亲子沟通模式	实施理论：增强权能理论、生态系统理论、社会支持理论、优势视角理论	培养青少年及其家庭学会与人接触交流，学会向人寻求帮助的能力，从而提升对同辈群体的适应能力，加快个人与群体的融合，促进青少年及其家庭的成长发展
5	爱的重生之走出困境，重拾温暖	失独家庭	打开心扉，走进社区重拾信心，助人自助多方支持，汇聚力量	社会支持与增能视角、优势视角	打破原有的“有色标签”，增加心理支持功能、感情功能，社会参与和互助的功能，帮助失独家庭树立乐观积极向上的生活信念

七、青合站运营服务成效和专业反思

（一）运营服务成效

1. 党建引领助力微服务平台的顶层设计

青合站坚持党建引领社会工作，在三大微平台建设的顶层设计、扎实为民服务方面发挥党建引领的重要作用。开展社区营造互助组织培育，同时作为连接社区和街道的枢纽，通过协议共建、队伍联动、活动共办、资源共享等方式开展合作共建，以共享与协同来发挥组织共建功能，发挥党建引领社会工作的组织共建性优势。

2. 叙社情，建立参与式社区治理微平台

社区是社会治理的基本单元，针对社区治理方面的难题，青合站重点在于参与式的社区治理。青合·社区治理工作坊、青合小院会议、青创空间板块在这个空间应运而生。通过搭建协商议事机制、金点子反馈机制、社情民意反馈机制、政校合作机制等，打通沟通商议路径。目前，已形成“前卫驿+”“七彩牌坊新驿站”等社区品牌；“大学生议事小组”“闲谈拉呱议事小组”等，除了辖区的居民外，儿童、青少年、社区专职工作者、大学生、高校老师都成为小院会议茶桌上的宾客，以青合站为载体撬动并释放更多的社区治理效能。

3. 聚才智，培育社区发展能力提升微平台

其核心优势是建立“府校地”协同发展微平台，提倡社区居民自助参与，形成“以内部为焦点”的社区自我发展与服务微平台。

创办街道级社区教育学校——“青合学院”，以此为载体培育孵化的社区社会组织已开始反哺社区，为视力障碍患者送艺上门等。在人才队伍建设方面，开设青合·人才微课堂，带领社区工作者参与技巧习得小组、社区社会组织赋能培训、志愿者赋能培训等主题的专项学习。目前开设的街道级人才微课堂已经达到了社区赋能培训全覆盖。

4. 拢人心，构建困境人群精准服务微平台

开展靶向服务，精准聚焦民政主责主业。通过对接需求与链接资源，运用社会支持和增能理论，发挥非正式网络的支持功能，恢复困境人群社会功能，探索“物质+服务”的社会救助方式，不断满足困难群众多样化服务需求。

全面整合服务资源，发挥社会工作专业优势，以需求为导向，以重建生活为本恢复困境人群生活信心。全面拓宽困境人群社区参与渠道，引入社会工作专业力量，引进山东建筑大学等高校资源，为微平台的搭建提供智库支持。组建一对一帮扶小团队等提供社区微更新设计、社区议事平台督导等专业服务，促进困境人群服务的精准化。

（二）反思建议

当前，社区治理已初步形成“多中心”治理格局。青合站作为其中一个重要的治理主体，不仅通过积极参与探索实践路径，同时也链接和发动多元主体联结参与。“多中心”治理理论提出治理有效应体现在制度供给、可信承诺、相互监督三者同时满足的情况下才得以实现。青合站的建设可有效促进这三者的发展，在原有社区治理的路径上发展出“服务型治理”模式，同时发挥专业优势，在多中心联动促进、社区社会

组织培育、公共问题解决以及公共服务供给四个方面开展行动研究。通过社会组织培育中心平台+社区志愿者+专业社工+社会组织+社会资源的“联动”服务模式，形成了“多方参与、共建共治共享”的社区治理格局。

构建“1+4+N”多元协同模式，织密兜底民生保障网

——深圳市盐田区海山街道社工站发展路径探索

于 瑶 陈婷婷 汪容华①

为切实做好广东社会工作改革工作，根据《广东省民政厅关于做好第二批乡镇（街道）社会工作服务站建设运营示范项目工作的通知》《广东省民政厅关于将广州市吕田镇、深圳市香蜜湖街道等15个镇街社工站定为“广东社会工作改革试点单位”的通知》，依照《深圳市民政局印发〈关于做好广东社会工作改革试点的实施方案〉的通知》的相关要求，在深圳市民政局和盐田区民政局的统筹指导下，海山街道积极响应试点工作部署，于2019年7月率先落地深圳市首家试点街道社会工作服务站——海山街道社会工作服务站（以下简称社工站）。

一、海山街道及社工站基本情况介绍

（一）人口聚集多业态发展的滨海旅游胜地

海山街道是盐田区委、区政府所在地，下辖田东、梧桐、鹏湾、海涛4个社区，涵盖梧桐、海月、鹏湾、海涛、海景、倚山6个社区居委会。户籍25908人，人口构成复杂、老龄化程度高。辖区内各类物业小区89个，其中住宅类小区60个，办公、学校、商业等小区29个。

（二）党建引领聚合资源建设为民服务阵地

海山街道紧抓“立足街道、深入社区”的建站思路，认真履行建设主体责任，率先成立领导小组，召开专题工作部署会，制定发布工作指引，结合区位优势，选址梧桐海景苑作为建站点。在党建引领下，明确社工站发展方向及工作重点，积极整合辖区资源，快速推进项目落地，助力落实民政兜底保障服务与社会治理创新，为海山街

---

① 于瑶，深圳市盐田区海山街道社会工作服务站副站长；陈婷婷，深圳市福田现代社工事务所督导；汪容华，深圳市盐田区民政局社工主任。

道建设宜居宜业宜游的现代化国际化滨海城区贡献力量。

二、社工站基本定位与运营机制

（一）以问题需求为导向，聚焦兜底民生保障与基层社会治理，确立“专业、枢纽、平台”三大定位

按照相关文件要求，结合服务对象需求、购买社工服务的整体情况，以及辖区公共资源分布与存量情况，确立海山社工站三大定位：专业、枢纽、平台。

专业：是指聚焦民政重点服务对象，精准识别服务对象需求，通过开展精准化精细化专业服务，协助其解决实际问题，建立有效的需求支持体系，推动社会工作在民政领域的深耕细作。

枢纽：是指在党建引领下，推动“大社工”概念下的专业协同。以社工站为枢纽中心，依托协同联席会，根植民政重点服务对象，加强跨专业跨领域合作，推动服务的专业化、品质化发展；实现社会服务工作人力协同、资源协同、服务协同。

平台：是指作为辖区内资源整合平台，链接社会力量，挖掘整合公共资源，推动资源共享，培育、发掘志愿与公益慈善力量，创新工作模式引导多元社会力量参与公共服务和基层社会治理，营造共建共治共享社会治理新格局。

（二）遵循社区为本理念，融合整合性社会工作策略建立服务运作管理机制

为推动站点规范化、标准化发展，持续输出精准化、专业化服务，参考运营机构管理模式，结合街道服务实况，形成了《海山街道社会工作服务站运作管理手册》，包含服务机制与运作管理机制。

1. 围绕“三大”定位开展服务，理顺“五大工作机制”

社工站聚焦民政重点服务对象，运用个案、社区行政、社会工作研究等专业方法，精准识别、建立支持体系。为确保服务的规范化、标准化，制定了社工专业服务保障机制；为推动社工站“枢纽中心”建设，提升街道内社工专业力量发展与协作能力，根据相关工作指引[①]，梳理出社工站专业协同机制；为促进社区＋社工＋社会组织“三社联动”，激发社会力量参与基层社会治理的热情与动力，制定了多元联动机制；为发挥社工站“资源平台”作用，推进海山街道范围社会工作服务资源的信息共享、资源互通，促进供需有效对接，按照“一方统筹、多方联动、信息互通、资源共享”的原则，制定了社工站资源共享机制；为规范社工站文件管理，依照内部文件有限制的分享和保密原则及对外信息公开原则，制定了社工站信息管理机制。

---

① 《海山街道社会工作者参与基层社会治理工作指引》《海山街道社会工作多元协同方案》。

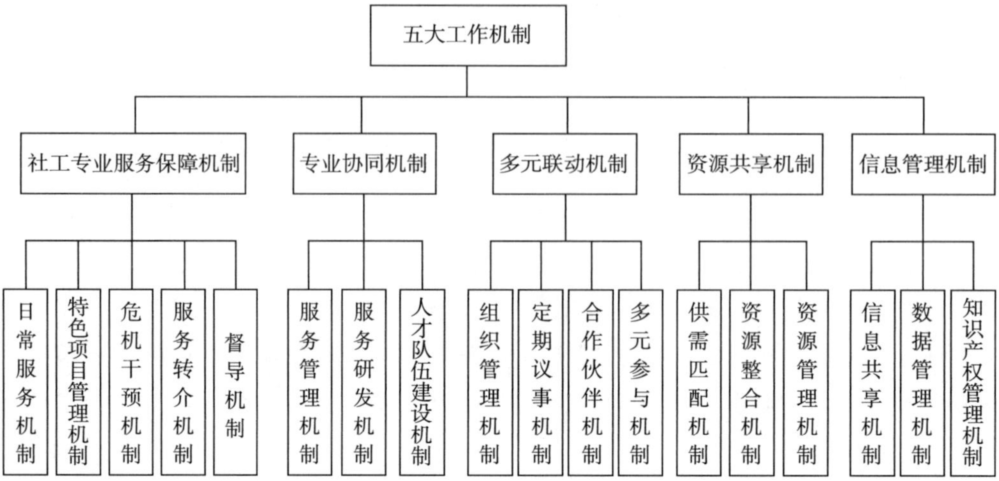

2. 依托文件要求，结合实际不断完善日常运作管理机制

按照相关文件要求，海山社工站制定了“街道办指导—运营机构 + 市社协支持—社工站站长统筹—副站长协助并落实——线社工执行”的组织架构，针对社工站各级岗位职责与人员管理制定细则。针对社工站日常运作涉及的管理事项，如服务场所管理、财务管理、风险及危机管理等，制定了管理制度，综合形成社工站《日常管理机制》，指导社工站规范化管理、标准化运作。

三、社工站运营模式和特点

海山街道共购买 35 个社工岗位投放于街道社工站、社区党群服务中心等服务平台和街道信访、综治、禁毒等专业领域，为辖区居民提供专业服务，初步形成多领域的社会工作服务体系。为进一步完善辖区社会工作服务体系建设，海山社工站围绕自身定位，探索建构“1 +4 + N”多元协同运营模式。

（一）以社工为载体，构建“1 +4 + N”多元协同运营模式

“1”是指以社工站为资源整合与服务枢纽中心；“4”是指 4 个社区党群服务中心社工团队的基层服务力量；“N”是指辖区内各部门岗位社工及其他社会服务力量等公共资源。“1 +4 + N”多元协同是指以社工站为中心，主要协同社区社工力量，联合综治、社会救助等岗位社工及辖区其他社会服务力量，建立专业联席交流会制度。以成长协同模式，通过集体学习培训，加强海山街道社会工作人才队伍建设，创新社会工作服务管理模式；以服务协同模式，通过个案管理、服务转介、项目合作等方式，建设跨部门、跨领域沟通平台、开展资源匹配工作，丰富海山社工站“资源库”，促进“三社联动”和发展，激发多主体参与服务对象问题的解决，促进基层社会治理创新。

（二）海山社工站运作模式四大特点

1. 承接街道服务职能，创新推动政府服务职能转移

社工站通过政府购买服务项目的方式运营，承接了街道在民政领域的服务职能，主要体现在以下三点。一是基本民生保障。针对辖区重点服务对象，通过专业方法，开展精准化、精细化的兜底保障服务，帮助困难群众解决实际问题，有效提升困难群众的幸福感、获得感和安全感。二是基层社会治理。通过举办项目大赛，引导商企、社会组织参与社会治理；通过对社会组织充权赋能增强社会治理参与主体的能力与活力，拓展参与主体的范围与深度，提高治理的精准化程度。三是基本公共服务。社工站通过大量入户探访，进行政策福利宣导，协助服务对象开展福利申请，促进政策在基层的落地实施。培育发展志愿与公益慈善力量，共同参与基本公共服务。

2. 构建新时代“大民政”格局，落实“小民政”服务

社工站承接街道部分“三基”职责，根据实际服务需求拓展了服务内容，如积极联动执法部门督促落实困境儿童的抚养责任；协调学校、妇联、综治等部门对自伤的青少年提供持续的心理辅导与危机干预等，推动构建社会服务“大民政”格局。另外，通过聚焦服务对象，将原本“大锅烩”的服务进行精细化改革，落实落细“小民政”服务。

3. 推动社会服务供给侧改革，打通社会工作壁垒

“政策福利有什么、给什么”的社会服务旧模式并不能满足服务对象多样化的需求，社工站通过精准定位服务对象、精准摸排服务需求、精准整合服务资源、精准培育社会组织，对服务供给侧进行设计研发，从源头解决社会服务供需匹配不平衡的问题，打破社会服务的壁垒，推动社会服务供给侧改革。

4. 提高聚焦精准度与智能化，推动社会服务规范化发展

社工站建站之初先后开展专题调研 10 余次，对接辖区 33 个部门，梳理出人口结构、资源分布、需求分类等基础服务数据，绘制出辖区资源地图 5 幅。根据困难因素将服务对象细分为四级，精准识别重点对象，依托自主研发系统实现智能跟踪分级分类服务；通过协同联动机制，形成社会服务合力，充分发挥资源整合平台作用，形成了独具“海山”特色的服务机制，推动辖区社会工作规范化发展。

四、社工站服务体系设计和服务开展情况

（一）“三位一体”创新海山社工站服务体系

社工站作为民政工作基层抓手，围绕“专业”定位，针对民政重点服务对象，以社会融合与脆弱群体等专业理论为支撑，将个案、小组、活动等社会工作专业方法与

基层社会治理相结合，创新思路提供兜底保障服务；围绕“枢纽”定位，以党建引领为先导，运用整合性社会工作策略，联动各职能部门提升公共服务优质化、精细化水平；围绕“平台”定位，践行社区为本的理念，不断加强社区支持系统建设。通过培力社会组织、整合公共资源、聚合社会力量，推进辖区基层社会治理创新，形成海山社工站“三位一体”服务体系。

（二）服务开展情况

1. 专业服务，织牢兜底保障网

截至2022年12月，海山社工站共提供情绪辅导、政策宣讲等各类咨询服务309次，及时回应服务对象诉求，有效协助其解决生活中遇到的问题；开展电访4126次，入户家访337次，不断强化服务对象与社工间的专业关系；建立服务档案424份，实现重点服务人群建档100%覆盖，厘清辖区重点服务群体共性需求；针对疑难、危机问题开展个案服务：成功帮助企图跳海自杀的少年回归正常生活、指导被家暴的妇女有效沟通减少家庭矛盾冲突。累计开展个案跟进155次，开展典型个案31个、小组3个、开展特色活动26场，帮助服务对象掌握新的技能，引导其树立积极乐观的社会心态，提升生活幸福感。

2. 枢纽联动，协同合作保民生

立足“统筹协同”定位，以党建引领为核心，加强社会工作枢纽中心建设，以专业交流为目的，能力提升为方向，统筹本土社工力量，推动成长协同——有效促进辖区内社工在心理服务、个案技巧与研究等方面的专业能力提升；统筹服务协同——进一步强化、发展辖区资源网络，通过个案管理、服务联席会议等方式提高服务的精准性、全面性。共计开展“专业协同联席交流会”系列活动16场。

3. 平台建设，聚合资源共治理

通过梳理和筛选辖区资源，并结合实际应用场景升级电子版资源地图。引入新合作机构25家，挖掘辖区内社区能人及专家智者47人，建立资源库与人才智库，组建过百人的民政领域志愿队1支，截至2022年12月，义工队支持服务达到137场，累计服务2538小时。通过举办街道项目大赛，有效整合辖区资源，促进多元社会力量参与社会治理建设，也为本土社会团体提供创新展示平台，通过充权赋能助力提升本土社会团体发展，孵化新的社会组织。新冠肺炎疫情期间，通过“双线”服务模式，发挥社会工作在资源整合、多元联动方面的优势，促进公共资源的再分配，为海山街道疫情防控工作作出贡献。

五、社工站人员配备和人才培养

（一）优兵合力，共筑服务基础

选拔组建：按照辖区居委会数目确定配备6名社工，根据《盐田区专业社会工作者职业分级管理办法》划定职级购买服务，按照“优中选优”原则，遵循“能力优先、专业为主”的思路，经过公开招聘与选拔，组建起社工站服务团队。其中党员占比33.3%，社工持证率达100%，中级社工师占比50%，服务团队专业性较高。

人员架构与分工：按照文件要求，社工站站长由街道社会事务科科长兼任，统筹社工站整体工作；由市民政局委派专家与运营机构调派督导为社工站提供专业支持；由经验丰富的社工担任副站长，协助站长做好站内日常运作与管理工作；5名一线社工按照“AB互补”分工模式，围绕老年人、残障康复等服务领域进行分工合作，协同开展服务工作。

（二）双管齐下，培育价值共同体

1. 三级体系助成长，专业支持促进步

为加强街道社工站人才培养，深圳市民政局开展专题支持项目，为社工站提供多样交流学习机会，提升在岗社工专业水平；在此基础上，盐田区民政局依托深圳市盐田区社会工作协会，组织开展专题培训，提高社工综合素质；街道高度重视社工站人才培育，多次邀请专家学者赴辖区开展实地督导培训，有针对性地提高社工实务能力水平，构建起“市—区—街道”三级人才培育体系。

2. 造势共学齐进步，激励自学同成长

为打造专业人才队伍，社工站定期组织开展如朋辈学习、党课小组等形式的内部学习，交流心得体会，探讨实践经验，营造团队内部学习氛围。通过“以老带新”的模式，加强内部沟通，鼓励双人合作开展经验总结，编撰社工站季刊12期。同时，支持并鼓励社工参加行业内相关培训学习，以学习费用报销、评优奖励政策、支付稿费等方式，激发社工学习热情，提升个人成长动力，提高社工专业素质。

六、社工站典型服务项目和服务案例

（一）“福耆海山　共抗疫情”高龄老人助养计划

为加强疫情期间街道中高龄老人的心理健康建设，提高其心理调节能力，社工站开展“福耆海山　共抗疫情”高龄老人助养计划。该项目通过资源整合、链接社会力量，为辖区老人提供关爱与温暖，通过咨询、个案与小组等专业服务，解决中高龄老人实际需求，缓解其因疫情影响带来的心理问题，显著提高老人的安全感与幸福感，探索出海山街道中高龄老年人助养模式。

在前期调研中，社工站通过联动专业养老机构、社区社工及心理专家志愿者，建立三级心理关爱服务梯队，由专家设计心理与行为测评问卷，由“日常关爱员”针对辖区内的1251位中高龄老人和60岁及以上残障老人进行电访，服务覆盖812人，最终回收有效问卷533份。经过专业数据分析，将服务对象分为“红、黄、绿”三级并分类提供服务。489名“绿”色层级服务对象由日常关爱员跟进，44名“红、黄”两级需重点关注的服务对象，由社工站发挥专业协同优势，经服务对象同意后，联动社区社工开展入户探访，进行二次需求评估及服务，超出社工专业能力范畴的服务，由专家进行跟进。

（二）让爱回家守护成长——寻解导向治疗在隔代抚养个案中的运用

社工站在开展困境儿童排查工作中发现，辖区内有一户经济困难隔代抚养家庭，服务对象（周叔，68岁）独自抚养9岁的孙女，儿子与前儿媳均不承担孩子抚养义务，也不履行老人赡养责任，致使祖孙二人生活困顿。社工第一时间介入，详细了解周叔家庭情况，周叔户籍湖南，来深定居多年，年迈多病困扰，无固定收入，依靠女儿赡养费生活。与儿子、前儿媳关系紧张，儿子离异后将孙女留给周叔抚养，前儿媳失联拒不支付抚养费，因年迈仍需长期抚养孙女存在焦虑情绪。社工运用倾听、同理等支持性技巧，与周叔建立关系；依据寻解导向治疗模式，引导服务对象着眼问题解决，给予情绪支持、肯定；以家庭为切入点，化解父子矛盾，引导周叔儿子回归家庭，承担抚养、赡养责任，推动家庭发挥正向支持功能，链接公益律师、民政专员等社会力量为周叔提供支持与帮助，协助周叔健全社会支持系统。

经过近一年的努力，周叔与儿子关系缓和，周叔儿子定期回深看望、陪伴女儿；社工链接网格员、物业、妇联、爱心企业等社会力量为周叔家提供粮油、文具等生活必需品及服务，有效提升周叔的生活幸福感、获得感及安全感。

七、社工站运营服务反思

（一）坚持专业服务，谨防社工行政化

社工在实际工作中，不仅负责提供专业服务，或多或少需要承担用人单位相关的行政工作，而行政工作与专业服务的比重直接影响社工站的服务成效。

海山街道为避免社工行政化，加强顶层设计与阵地布局：从制度层面进行创新设计，通过课题研究出台指导文件，对社工工作内容、参与方式、联动模式作出指引，强化社工的专业性；在服务阵地布局中，将社工站全员驻点至单独场地中，从空间上进行“行政与服务”的分割，最大限度保障社工专业服务性，避免社工过度行政化。

（二）加强队伍建设，减少人员流动率

众所周知，人员流动对工作延续性产生不良影响，特别是社会工作，服务的专业性更依赖人员的稳定性。如个案服务，社工变化会使服务对象信任感与安全感下降，重新建立关系、梳理服务计划会造成服务周期延长，服务效率下降。

据统计，海山社工站2019—2022年先后有6名社工离岗，两年社工离职率超30%，人员流动在一定程度上影响服务延续性及专业积累。因此，海山社工站在“市—区—街道”三级社会工作人才培养模式基础上，不断强化团队建设，通过多种方式提高团队向心力，降低人员流动率。

（三）精细职级管理，强化激励机制

为减少社工流动，盐田区借鉴国内外先进做法，于2018年初率先建立社工职级管理体系，明确社工人才分级管理与人才保障等机制，创新设定社工职级升降制度，机制改革成效显著。2020年11月，深圳市人民政府办公厅印发《深圳市提升社会工作服务水平若干措施》，进一步健全社会工作运行机制，细化社工人才分级分类管理，强化内部岗位分级，将阶梯薪资机制由制度指导落到实处，畅通薪酬可提升的内部晋升职业发展路径，提高社工服务岗位归属感，让社工自身的职业发展与服务推进、行业发展实现双赢。

聚焦民政主责主业，打造专业枢纽平台

——深圳市宝安区石岩街道社工服务站运营与服务

付钱香　陈庆雷①

一、社工站和服务地区基本情况介绍

广东省深圳市宝安区石岩街道社会工作服务站（以下简称社工站）于 2019 年 10 月揭牌运营，是广东省民政厅广东社工“双百计划”与深圳社工发展经验融合的广东省社会工作改革试点单位。由深圳市民政局统筹、指导，宝安区民政局落实、监督整体运营，致力于打造由石岩街道党委领导、各部门配合、工青妇联动、区域社工统筹发展下的聚焦民政主责主业，落实民政政策，服务基层社会治理的石岩街道社会服务平台。

石岩街道隶属于宝安区，辖区总面积 65.8 平方千米，总人口 64 万，所辖 10 个社区工作站、22 个社区居委会，具有一站多居、户籍与外来人口倒挂严重、人员流动性大等特点。

在社工站成立前，辖区已有 10 个社区党群服务中心和医务、学校、精神卫生、职康、禁毒、司法、社会事务岗等多个社工团队，约 120 名社工。此外各社区还有驻点律师、社区妇联馨和家园心理咨询师、社区儿童主任、残联专干等社会服务人员。社区社会服务队伍齐全、覆盖面广。服务存在不同程度的部门壁垒、机构壁垒和领域壁垒，缺乏统筹联动、支持与监测。

二、社工站基本定位和运营机制

深圳市首批“广东社会工作改革试点街道社工站”均采取购买服务的运营方式。社工站站长由所在街道社会事务办主任兼任（2022 年推行的“双百工程”，社工站站长由街道分管领导担任，常务副站长由街道社会事务办主任兼任），副站长在聘任社工中选拔任用。该运营方式一方面确保了社工站服务的专业性，另一方面确保领导重视

① 付钱香，深圳市宝安区海同社会工作服务中心驻石岩社工站副站长；陈庆雷，深圳市宝安区海同社会工作服务中心初级督导。

程度，从而确保街道社工站的辖区统筹联动性和资源调动性。

根据深圳市民政局印发《关于做好广东社会工作改革试点的实施方案》的通知精神及石岩街道社会服务的现状，社工站基本定位如下：

一是聚焦民政主责主业，落实民政政策，发挥社会工作的专业优势，关注困难群体，兜底民生保障；二是统筹联动辖区社会服务力量，打造专业枢纽平台，促进行业发展。

根据聚焦民政主责主业兜底民生保障这一定位，社工站专注开展困难老人、困境儿童、困难残疾人和低保户等困难群体摸排建档和关爱帮扶服务。

在统筹联动辖区社会服务力量，打造专业枢纽平台功能定位方面，社工站探索出“六统一”统筹协调模式：社工站带领辖区社工统一调研困难群体需求、统一设计研发服务项目、统一行动推广落实重点服务、统一建立服务资源库关爱帮扶困难群体、统一宣传石岩社工服务、统一监测评估社工服务成效与满意度。

三、社工站运营模式和特点

社工站在试点运营中非常重视服务模式的总结，探索出“党建引领、双工联动、慈善伴行、互联网+”服务模式。

（一）党建引领

坚持党对社会服务的领导。一方面坚持党建引领人才建设，培育社工党员队伍，发挥党员先锋模范带头作用；另一方面坚持党建引领服务设计，调动党员和党支部资源，设计“红伴牵手”石岩街道党支部、党员结对帮扶困难群体服务项目。

（二）双工联动

社工引领义工，义工协助社工。孵化培育社工站义工队伍，培育义工骨干，打造专业义工服务。

（三）慈善伴行

运用慈善思维筹款关爱帮扶困难群体。一方面积极研发公益项目，多形式多渠道地筹款；另一方面积极拓展多元化的社会公益参与途径，营造“公益无大小，人人皆可为”的公益慈善氛围。

（四）“互联网+”

研发小程序，借助互联网搭建服务平台。社工站2021年在街道资金支持下研发了“岩暖”石岩街道困难群体社会支持平台小程序，困难群体线上求助、爱心商企线上认领帮扶任务。

四、社工站服务体系设计和服务开展情况

深圳市民政局印发《关于做好广东社会工作改革试点的实施方案》中，将街道社工站的服务划分为养老服务、儿童福利服务、社会救助服务、慈善事业和志愿服务、社会组织服务、社区社会服务和残障康复服务七大类。

社工站试点过程中结合石岩街道社会服务现状和需求，将社工站服务设计划分为养老服务、儿童福利服务、慈善事业和志愿服务、残障康复服务和社区统筹联动服务五大领域。其中慈善事业和志愿服务领域、社区统筹联动领域是为养老服务、儿童福利服务和残障康复服务领域提供支持的领域。这样，社工站内部既有分工，又有合作，既相互支持又互相督促，形成上下游业务关系。

（一）儿童福利领域的服务内容

1. 创建全市首个街道未成年人保护工作站

石岩街道积极响应《深圳市民政局关于开展首批“未成年人保护工作站”创建活动的通知》，于2020年6月1日依托社工站，由深圳市未成年人救助保护中心授牌成立深圳市首个街道未成年人保护工作站（以下简称石岩未保站），创建街道未保工作平台。

2. 开展“政府主导，部门协作，未保统筹，多元参与”的街道困境儿童摸排调研工作

2020年4月，石岩未保站通过街道公共服务办下发（疑似）困境儿童摸排上报通知，街道群团、网格、各社区工作站等未保相关部门共上报81名（疑似）困境儿童。后联合社区社工、儿童主任对上报的困境儿童开展入户摸排调研，最终筛查出44名真实困境儿童，并完成需求调研。

3. 落实困境儿童跟进责任，探索困境儿童档案分类分级管理机制

为落实困境儿童跟进责任，社工站探索制定分类分级标准，将困境儿童分为低危、中危、高危、极危四个等级，以社区为主体，落实四级跟进责任。低危困境儿童由社区跟进，中危困境儿童由社工站与社区联合跟进，高危和极危困境儿童分别上报区和市未保中心，在区和市未保中心指导下跟进。

自此，完成了困境儿童一人一档台账信息建设，每名困境儿童都有专属档案、专属负责人。

4. 研发儿童服务项目，拓展服务资金、丰富服务内容

社工站研发“深护童心”系列困境儿童关爱服务项目，先后获得宝安区社会组织扶持资金资助、深圳市未成年人救助保护中心和民政部中央财政资金资助，并在2020

年深圳市儿童关爱服务项目大赛中获得三等奖；研发“圆梦困境儿童微心愿”项目、“岩暖童心，喘息驿站”项目，通过深圳市社会公益基金会上线筹款；项目研发申报有效拓展了社工站服务资金，丰富服务内容。

5. 探索“党建引领、双工联动、慈善护童、互联网+”街道困境儿童关爱帮扶

（1）党建引领。社工站积极发挥党员先锋模范带头作用，将特色党组织活动与困难群体关爱相结合，增强社会对困难群众的关注、关爱和关心，联合当地爱心商企开展“红伴牵手”——石岩街道党员、党支部牵手帮扶困难群众计划。

当地爱心企业艾美特电器（深圳）有限公司党支部为辖区内困境儿童捐赠了54台遥控电风扇，并与社工站一同走访慰问辖区内困境儿童。儿童们收到风扇后非常开心，迫不及待地一起动手组装，体验“礼物”带来的幸福快乐。

（2）双工联动。社工站联合石岩街道义工联创建了石岩街道困境儿童爱心帮扶义工分队。由骨干义工和心理咨询师、律师、康复师等专业人士组成，主要开展筹款动员、居家改造、资源整合、个案帮扶等工作。

一方面将辖区儿童主任、社工、心理咨询师、康复师等社会服务力量纳入义工队伍，提升其服务的使命感与责任感，凝聚辖区社会服务力量，形成合力；另一方面创新性地将爱心团体纳入义工队，每个团体成员分别建群，邀请团队成员与社工一起家访或组织公益活动，定期在群里反馈其团队资助、慰问、走访过的困境儿童家庭动态，维系与该团队的联系，激发后续资助帮扶意愿。后又孵化了义工自组织“艺善手作坊”，义工们固定在每周三下午来社工站做手工，成品留在社工站义卖，义卖所得用于街道困境儿童关爱。

（3）慈善护童。社工站依托石岩街道公共服务办链接辖区内资源，运用慈善思维引入辖区外公益慈善资源，为辖区内困境儿童募集爱心商企慰问金和慰问物资48批次价值59.8万元，为2名大龄困境儿童对接爱心商企成功就业。

（4）“互联网+”。社工站探索“互联网+公益慈善”，由街道出资研发“岩暖”石岩街道困难群体社会支持平台微信小程序。实现困难群体线上求助、相关人员线上报告（强制报告），爱心商企和个人线上登记帮扶意向、认领求助信息等，既是困难群体社会支持平台，也是群众参与社区治理的平台。

（二）社区统筹联动领域的服务内容

社工站除直接服务外，也发挥街道层面社工站统筹联动功能，设置了社区统筹联动服务领域，为辖区社工提供培训、维权、考核监测、联动服务，提升辖区社工服务专业水平和凝聚力。

1. 培训支持

对辖区社工、社区儿童主任等社会服务力量开展业务培训，提升辖区社会服务专

业水平。社工站组织辖区社工（助理）社工师考前培训、心理咨询师培训及社区儿童主任业务培训等。

2. 考核监测

社工站在街道办授权下，制订了辖区社工服务常态化考核方案并对辖区社工团队开展考核监测。目前，社工站对辖区社区党群服务中心社工团队、精防社工团队和居家养老服务开展了服务满意度考核调查，并形成调查报告提交街道办事处，作为街道在其服务经费拨款审批、履约评价或续签合同审批意见时的佐证。

3. 服务联动

社工站在街道公共服务办支持下，统筹联动辖区社工团队开展服务，一定程度上突破了社工服务的部门壁垒、机构壁垒和领域限制，实现不同部门、不同机构、不同领域的社工团队联动服务。如联合开展困难群体摸排与关爱帮扶服务、“岩暖大化”系列乡村振兴活动、“深护童心”街道困境儿童社会支持体系建设项目推行、街道大型新冠疫苗接种点现场服务等。

五、社工站人员配备和人才培养

社工站除街道社会事务办主任兼任站长外，另配专业持证社工 8 名（含副站长 1 名，专职督导 1 名）、行政辅助人员 2 名，其中中级社工师 3 名，党员 5 名，并在社工站设立了党小组。

社工站主要从督导、培训、实践三方面进行人才培养。

（一）督导

社工站除配备 1 名机构专职督导外，在试点前两年深圳市民政局的社工站支持计划下还为每个社工站配备了 1 名专家督导，每年为社工站提供 2～3 次督导服务，即“外部督导 + 内部督导”相结合的督导模式。外部专家督导主要是社工站功能定位探索、服务模式总结、服务规划设计等方面的指导，而内部专职督导则可以为每一名社工提供日常所需的个别督导和团队督导、督导培训等服务，为社工提供及时而必要的技术、情绪支持。

（二）培训

培训分为外部培训、机构内部培训、团队内部朋辈分享等多种形式。社工站鼓励各领域社工积极参加相关业务、工作所需的培训。如儿童福利领域社工参加深圳市儿童督导员初阶、进阶培训，残障康复社工参加残疾人公约相关培训和心智障碍者服务系列培训，负责项目的社工自费参加 PMP 项目管理培训，副站长自费参加社会组织品牌建设培训，行政辅助人员学习自媒体运营等。

社工站还利用团队例会时间开展团队内部朋辈分享，团队成员轮流分享各自擅长的专业理论、工作手法，或参加外部培训后内部转训等，通过输出巩固分享者的知识积累，丰富团队成员的相关知识。

（三）实践

社工站为社工的擅长点或接受的专题培训提供任务实践机会，让社工在具体任务实践中学习理论指导实践和在实践中巩固所学。如授权学习 PMP 项目管理的社工担任某个项目的执行负责人，要求学习心智障碍者服务系列培训的社工设计心智障碍者服务项目并执行，等等。

六、典型服务项目："深护童心"困境儿童社会支持体系建设项目

社工站积极探索项目化运作，研发"深护童心"系列未成年人保护与困境儿童关爱服务项目。

其中，深圳市未成年人救助保护中心 2020 年深圳市儿童关爱服务项目大赛支持的"深护童心"石岩街道困境儿童社会支持体系建设项目，旨在关爱帮扶困境儿童，为辖区困境儿童建立社会支持体系，项目包括"两个管理"和"两个建设"，分别是需求管理、资源管理、队伍建设和体系建设。项目在中期评估中荣获"优秀"等级，并顺利通过终期评估获得续签。该项目的困境儿童个案帮扶服务也已形成 4 个典型案例。

（一）妥善处理重点舆情个案

服务对象浩浩（化名）不足 1 岁，患有先天性心脏病和癫痫，其父肢体残疾，其母患有智力和精神障碍，伴有癫痫。其父忙于生计无暇照顾母子俩，其母多次精神病发作伤害浩浩，多次带浩浩乞讨，在超市拿东西不付钱跟工作人员起争执引发癫痫，引起群众围观。社工站社工龚萍通过危机干预和长达 11 个月的用心陪伴，多方筹措资源帮扶其改善家庭经济条件，上门普及未保法家庭监护责任、指导育儿知识、手把手教做饭和整理家务，提升浩浩父母的监护能力和意识。社工带领浩浩父亲分析如何让精神病妻子和浩浩得到更好照顾，从而让浩浩父亲自决作出同意妻子和浩浩回老家的决定。浩浩回到老家后，得到爷爷奶奶和哥哥姐姐更好的照顾。

（二）助力肌无力儿童悦纳自我、敞开心扉

服务对象小林（化名）初一下学期因肌无力导致行动不便，辍学在家，上网查找得知自己的病活不过 30 岁后，人变得更颓废自卑，从此两年没出过家门。经过社工 5 个月的专业介入与陪伴，小林主动走出家门，在饭店和父母、社工一起过 16 岁生日，与父母的沟通交流也逐渐增加。从两年不肯出家门，到需要戴墨镜和帽子出门，再到

不戴墨镜和帽子频繁出门和父母散步、下棋……小林逐渐悦纳自我，敞开心扉。

（三）增能助力大龄困境儿童成功就业

服务对象阿琳（化名）在家乡读职高时曾因校园欺凌诱发精神分裂症，从此辍学。其父也患有精神病，频繁家暴，其母为躲避家暴而带着阿琳从家乡逃到深圳独自养育阿琳。如今阿琳即将成年，想找工作减轻母亲负担，又自卑担心自己做不好被人欺负，社工运用增能理论介入 7 个月，有效提升其自信心和社交能力，助其成功就业。该案例获得 2021 年“广东社会工作改革试点深圳街道社工站优秀案例”。

（四）大龄智力残疾儿童走出家庭融入社会

服务对象小西（化名）二级智力残疾，在特殊学校就读高二，生活在与外公外婆、爸爸妈妈、大姨小姨同住的大家庭里，从小被呵护照顾。虽自身有独立的想法，但不被家中长辈放手。社工通过组织家庭会议和进行独立能力训练等，帮助小西走出家庭呵护，积极参与社区党群服务中心的义工服务，并在社工协助下成功找到假期社会实践工作机会，其工作能力、态度和人际交往表现获得酒店管理人员认可。该案例荣获深圳市自闭症研究会心智障碍者服务案例大赛第一名。

七、社工站运营和服务反思

（一）关于深圳市试点街道社工站运营模式的思考

深圳市首批试点街道社工站采取购买服务方式，街道社会事务办主任兼任站长。该模式既有利于社工站获得街道关注和支持，也有利于统筹联动功能发挥和辖区资源调动，又能确保社工站的服务专业性，有效避免行政化。但因社工站也是通过政府购买社工机构服务来运营的，所以辖区社工仍会对社工站有竞争意识和中立性的质疑。这需要社工站在运营过程中切实为辖区社工提供支持、维护权益、争取利益，在联动服务中严格要求自我，以专业性和带头精神来获得辖区社工的认可。

（二）街道社工站定位的思考

根据广东省民政厅关于广东社会工作改革试点的要求，社工站的服务要重点聚焦民政主责主业，发挥社会工作专业优势，关注困难群体，兜底民生保障。为此，社工站坚持聚焦民政主责主业，率先开展了辖区困境儿童、困难老人和残疾人的首次全面排查，很多以往不被人知的困难群体被排查出来，他们的困难和需求也被呈现出来，获得了很多爱心商企和社会组织的关注和资助。而社区党群服务中心政策文件中没有相关的定位规定，其对辖区困难群体数量和信息台账摸不清、服务缺乏针对性。由此可见，在社工站（点）推行之初就在政策文件中规范其定位或服务内容，能够有效保障服务的规范性。

（三）关于困境儿童社会支持体系建设的思考

社工站开展困境儿童需求调研后，深感困境儿童问题需求的复杂性，不是几次慰问或几次社工辅导就能解决的。如特殊儿童的特教康复问题，特教康复费用高、特教康复学位紧张、康复机构少而远导致交通成本高、融合教育落实不足、特教康复补贴异地报销难等，导致诸多坚持特教康复的家庭经济压力大、负担不起的家庭任由孩子错过康复最佳时期。社工站一直在致力于探索街道困境儿童社会支持体系建设，将政府社会救助政策资源、爱心商企和社会组织资源尽可能地整合进来多元参与帮扶。但仅一个街道的力量有限，需要市、区行业协会或未保中心的力量一起，来建立困境儿童乃至困难群体的社会支持体系，实现资源共享，共同营造公益慈善氛围。

“四位一体”模式下的“安居乐业”项目运作

——广东省广州市黄埔区文冲街社工服务站运营与服务

谢春华　吴小荣[①]

一、社工服务站基本情况介绍

广东省广州市黄埔区文冲街社工服务站于 2011 年 8 月开始由广州市洋城社会工作服务中心承接运营，现处于第四个项目服务期，社工站以全面回应居民及其家庭特别是特殊困难群体的服务需求，运用“助人自助”的服务理念和专业手法为辖区内居民提供服务。文冲街位于黄埔区中心城区东缘，总面积 10.07 平方千米。辖区内有 8 个社区（包含大型单位型社区、转制社区、保障房社区、商品房社区），共有户籍人口约 3.2 万，流动人口 2 万多。截至 2022 年 12 月，社工站重点关注的服务对象包括残障人士、困境儿童青少年（含事实无人抚养儿童）、低保低收家庭、孤寡长者、空巢独居长者、高龄长者等共计 923 人。辖区内有 6 家以上企事业单位、中国软件 CBD 等。文冲街历史悠久，建村已近千年，现有明清建筑多座，是黄埔区整体风貌保存较完整的古村落之一。

二、社工服务站运营模式和特点

（一）运营模式

党的十九大报告指出“打造共建共治共享的社会治理格局”；党的十九届四中全会进一步提出“坚持和完善共建共治共享的社会治理制度”。文冲街社工服务站以“四位一体”的运营模式，即“党组织 + 社区居委会 + 社区组织 + 社工”，以党建为引领、以社区居委会为主体、以社区组织为主力、以社工为专力，动员多元主体参与形成社会治理共同体，着眼于社区问题解决和社区需求满足，打造共建、共治、共享的社区治理格局，提升居民获得感、幸福感、满意度。

---

① 谢春华，广州市洋城社会工作服务中心行政总监，文冲街社工站主任；吴小荣，广州洋城社会工作服务中心副总干事。

（二）特点

“四位一体”社区治理模式的核心是在社区治理的过程中实现高效“联动”，既要求各个主体立足角色定位充分发挥作用，又要做到协调互助、优化提升，真正形成合力。

党组织签订共建协议，结合当前社区实际需求和突出问题开展党建引领社工服务；通过“一社区一社工”的对接，与辖区 8 个社区居委会建立定期沟通机制，完善个案转介和服务合作的流程，优化资源，提高工作效率；社工协助孵化社区组织，强化社会组织的人才培育和建设，扎根当地社区，因地制宜选择“服务包”向社区居民再输出服务；社工层面要以“助人自助”的理念服务公众、服务社区、服务社会，整合和撬动各种资源，因需求变化而不断创新服务模式。

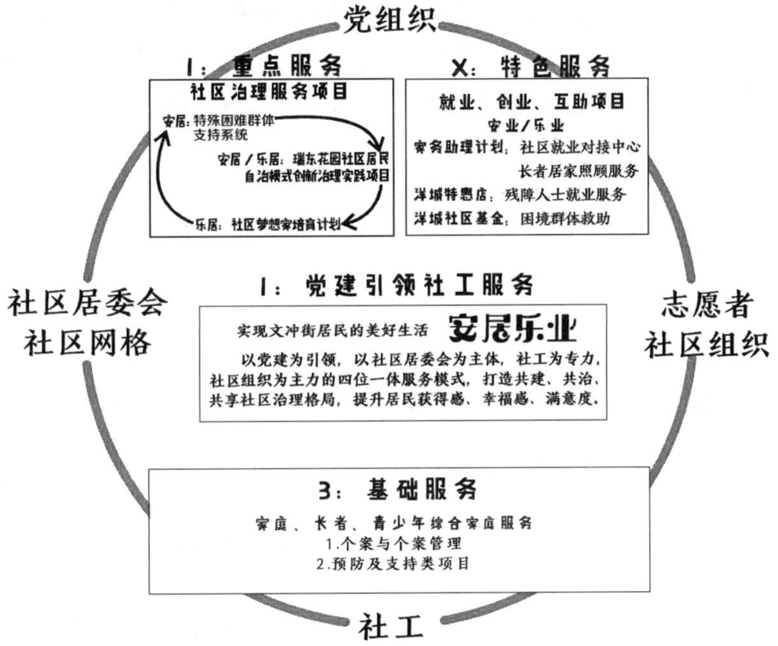

图 1　文冲街社工服务站“四位一体”运营模式

三、社工服务站服务体系设计和服务开展情况

（一）服务设计

文冲街社工站按照广州社工服务模式即“113X 模式”设计服务，即“1”个核心项目——强化党建引领社会工作服务，“1”个重点项目——突出辖区群众最关心、最直接、最现实的社会工作服务，“3”个基础项目——夯实家庭、老人、青少年社会工作服务，“X”个特色项目——提供多样化的社会工作服务。113X 模式发掘本土化特

色，探索拓展多领域的社会工作服务，以解决实际问题为导向，避免服务的千篇一律，构建了全方位、多层次、精准化的社会工作服务体系。113X 模式强化党建引领、社区重点项目、社区特色项目三个间接服务模块与社区基础服务（长者、家庭、青少年基础服务）模块的结合，构成社区整体服务的完整度，对服务设计的实务性、成效性的要求更加凸显。2018 年 10 月至 2023 年 6 月（5 年，第 4 个项目期），社工站围绕“安居乐业”为服务主题，开展了以下工作。

安居：一方面，关注社区重点服务对象，建立洋城档案分级管理信息系统与应急服务体系（依托社区基金提供临时救助支持），搭建服务平台，实现常规服务的全覆盖，提升重点服务对象的社会功能和环境适应性；另一方面，围绕社区公共问题和需求，开拓居民参与渠道，发展社区自治组织，激发社区参与动力，搭建社区治理平台，以提升居民的社区认同感。

乐业：一方面，尊重不同群体（以残疾人和失业妇女为主）的就业需求与特征，发展不同层次的就业服务，提升居民收入水平；另一方面，发掘服务对象的优势与潜能，开发针对性的就业支持，推动居民的个人发展与自我实现。

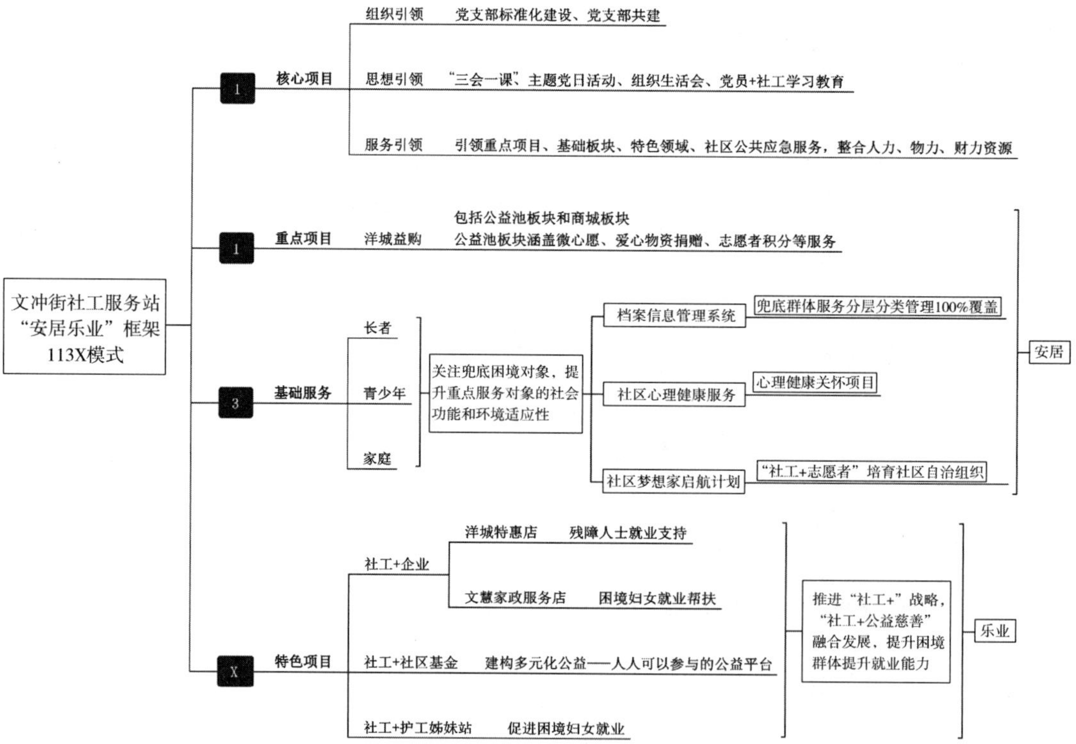

图 2　文冲街社工服务站“安居乐业”服务框架

（二）服务开展

“1”党建引领——强化党建引领社会工作服务

组织引领：文冲街社工站于2017年4月成立独立党支部，现有正式党员18人，其中社工站党员1人，机构党员2人，社区老党员10人，社区企业党员5人，设党支部书记1人。2021年，在街道党工委的领导下，搭建党群共建平台，与8个社区党组织签署了“结对共建服务协议”，共建洋城档案分级管理信息系统，共同关注923名特殊困难群体，实现数据资源共享。目前在册党员志愿者80人，党员志愿者共计参与服务60项，服务共计1000小时，积极动员党员志愿者参与困境人群帮扶、新冠肺炎疫情防控等方面发挥党员的榜样作用。

思想引领：为进一步加强社工的理论学习教育，党支部开展“每月一主题”学习教育，结合社工站每月家访日、党员回社区报到等，2022年开展“我为群众办实事”系列活动12次，进一步加强社工队伍的服务意识，提高服务素质，落实“三会一课”共计20次。

服务引领：社工站坚持以文冲街党工委为方向的引领，积极参与街道党组织活动，配合街道开展垃圾分类、禁毒宣传、平安创建活动、“羊城家政”基层服务站建设、疫苗接种、核酸检测、疫情防控数据专班等；2022年参加服务的志愿者600人次，志愿者服务442074人次，服务总时数4200小时。社工、志愿者的积极参与，有效筑牢了疫情防控底线，为街道疫情防控工作和社区治理等有序开展给予强有力的人力支持，社工在疫情防控中被街道领导称为“中坚力量”。

“1”重点项目——洋城益购项目

在原有社区基金的基础上，为了让更多的群体可以随时、随手做公益，提升参与的便捷度，提高社区基金的透明度和公信力，2021年10月，社区基金线上整合平台——“洋城益购”（公众号）正式上线。平台涵盖公益池（微心愿、爱心物资捐赠、志愿者积分）和商城两个板块，公益池让困难群众可以直接申请微心愿，爱心人士可随手点亮困难群众微心愿，志愿者更是可以将服务时数转化为积分参与捐赠或兑换。商城的部分收益也会转入社区基金，继续扩大公益池。同时，洋城益购加入区块链技术，钱款物资募集和使用全程可追溯，解决公益信任难题，鼓励更多社会资源、个人参与社区慈善，持续提升基金使用效能，提升平台的公信力与知晓度，及时实现人人公益。近期，洋城益购平台与广州市慈善会信息平台实现对接，微心愿上线需要经过慈善会审核方能发布，更加体现了线上公益的公平公正公开功能。

微心愿：可为困难居民提供及时有效的援助。自平台上线以来，截至2022年12月共为辖区困境群体上线微心愿和微项目20个，点亮16个微心愿，筹款16118元，总计510人参与，营造了良好的社区公益氛围，扩大了社区服务覆盖面。

物资捐赠：闲置物资可直接提交捐赠申请。自平台上线以来，共有20位居民参与爱心物资捐赠，折合价值20960元。其中在2月为辖区内一户火灾工地民工家属迅速链接生活必需品（奶粉、婴儿纸尿裤、衣服），居民迅速响应，2小时之内共计捐赠物资超500件，折合价值5000元，暖心、及时的服务受到居民的一致好评。

志愿者服务积分：志愿者可转化并捐赠累计志愿服务时数，或在商城板块中兑换产品或服务（如家政清洁服务、心理咨询服务），将志愿服务、社会服务和商业探索三者有机结合，链接更多资源，整合更多社会力量，搭建困难群体和社区公益资源之间的桥梁。借助平台打造“洋城云课堂”，探索在疫情影响下的志愿服务模式，鼓励辖区的志愿者在云课堂上传课程，扩大社区公益的服务面，使志愿者多样化参与，实现人人公益；与此同时，逐渐完善志愿服务“时间银行”，实现志愿时数与洋城益购商品与服务的转化。

“3”基础板块（家庭、长者、青少年）——社区心理健康关怀项目

基础板块聚焦辖区兜底群体，在社工站自主研发的洋城档案分级管理信息系统的基础上，动态把握服务对象的需求变化。2022年，社工站组建一支由“博士督导+资深社工”组成的心理健康教育团队，以社区心理健康教育为介入点，对困境群体尤其是特殊儿童如患有注意缺陷障碍、自闭症、情绪障碍等家庭提供心理辅导、压力缓解，提高困难群体的环境适应性，促使他们以积极、乐观的心态面对生活。

以家庭服务为例，社工为3名自闭症儿童提供个案和家庭互动服务，为被确诊为注意缺陷障碍的13名儿童，提供亲子注意力训练及注意缺陷障碍亲子支持小组；链接广州微笑阅读、小匡艺术等公益机构、爱心企业10家，在开展亲子服务、长者服务、青少年服务等方面提供支持。

“X”特色服务——困境群体就业促进计划

通过整合、盘活社区资源，以“社工+企业”的方式帮扶就业困难群体尤其是为残疾人和失业妇女提供更多就业机会。通过需求、能力评估、上岗培训等，洋城特惠店、文慧家政服务店、美食厨房实体店作为残疾人和失业妇女就业实践的平台。另外，“社工+社区基金”为陷入危机、就业需求的个人及家庭提供生活应急服务，促进困难群体能更好地“安业”“乐业”。以“社工+企业”“社工+社区基金”盘活社区资源，优化资源配置。结合线上线下的募捐方式，共有12家商户与中心建立合作关系，有意愿参与社区公益义卖。自2018年至2022年，筹款金额达100余万元，从而帮扶更多的社区特殊困难群体。其中，协助残疾人和失业妇女提供就业支持、社区社会组织培育、长者居家照顾等支出85297.7元，受益987人次。

四、社工服务站人员配备和人才培养

（一）人员配备

按照《广州市社工服务站（家庭综合服务中心）管理办法》要求，项目按照“四有”条件（即有工资证明、社保记录、劳动合同、工作记录）配备良好素质的人员团队。根据2022年上半年评估报告得知，社工站每月配备工作人员平均20人，社会工作者（包括持证和社工相关专业人员）配备14人，社工站主任社会工作服务经验达8年以上，并持有中级社工师证、广州本土督导证。评估期内持续在岗社工有13名，稳岗率为93%，服务延续性强。项目为团队配备符合要求的4名督导，其中2名督导是博士学历，有深厚的理论知识和实务经验，满足团队对继续教育和督导支持的需要。

（二）人才培养模式

文冲街社工服务站围绕“建设宏大的社会工作人才队伍”的任务，认真贯彻民政部社会工作人才队伍建设的精神，通过“请进来、走出去”的方式让社工可以多种方式参与继续教育，提升专业自信。“五有成长”——以能力为本的人才培养模式，挖掘社工的潜能，发挥优势，助力成长。

1. 有培训

社工站制订了年度培训计划，为社工提供分层分类的培训包：针对新入职社工，鼓励参加广州市社会工作协会组织的新员工入职培训；针对工作1～3年的社工，学习通用的专业技巧；针对工作3年以上的社工，开展有针对性的培训，如项目管理培训。此外，机构组织3个社工站进行领域交流会，促进六大领域（即党建领域、重点领域、特色领域、长者领域、家庭领域、青少年领域）相互交流借鉴。社工每年有定额的培训经费，“走出去”接受专业的培训，如深入系统学习临床社工培训，满足继续教育的需求。

2. 有督导

社工站邀请资深的督导为同工的学习成长提供支持，督导的能力与社工成长的需求相结合。如邀请专业的督导为基础板块（家庭、青少年、长者领域）针对“社区心理健康关怀项目”的实施开展每月2次以上团体督导，围绕长者、家庭、青少年群体的心理健康需求进行系统学习。如通过读书会共读《婚姻治疗的九个步骤》深入学习EFT理论并学以致用于婚姻家庭个案。此外，每月的“个案研讨会”让社工将理论知识与实践相结合。

3. 有实践

“教”才是最好的学习，通过培育讲师和督导团队，为有督导资质或符合条件的社工提供内部督导、内部培训师的机会，让社工可以成为某领域的“专家”，通过教授的方式输出经验，让社工有专业输出的平台，进一步加强学以致用的能力。

4. 有空间

一方面，社工站秉持“接纳包容”态度积极发现每一个社工的优势，助力社工成为“斜杠社工”。鼓励社工适当承担社工站的行政任务（如公众号推文编辑、视频剪辑、督导助手等），让社工在有限的工作时间内提高工作效率，给予社工“兼职”的补贴，增加社工福利。另一方面，社工站注重给予社工升职空间，定期跟踪社工的职业生涯规划，提供一对一辅导、朋辈支持，优先考虑和录取内部员工，助其升职加薪，让社工在新的岗位中不断挑战和成长。

5. 有奖励

社工站注重经验总结和输出，宣传奖励机制是根据社工发表文章的级别给予相对应的奖励（200～1000 元/篇），机构内部组织年度案例大赛，通过路演方式鼓励社工将实践的服务转为经验输出，提高社工的专业能力和自信心。

五、社工站典型服务案例：洋城社区基金的运营

广州市洋城社会工作服务中心社区基金（以下简称洋城社区基金）由广州市洋城社会工作服务中心与广州市慈善会合作，于 2017 年 12 月设立，主要通过动员社区资源，结合服务人群的需求，提供包括个人、组织、企业的人力、资金、物资资源的对接及运输，协助辖区内特殊困难群体走出生活困境，促进其个人、家庭的社会功能恢复。洋城社区基金整合社区资源，通过搭建基金参与平台，提升社区居民、组织、企业的社区参与，开发多元创收服务，促进社区基金持续收益，帮助社区困难群体实现再就业。

2019 年 3 月，一名来穗单亲家庭儿童因父亲被判入狱，即将面临监护缺失的困境。为了能让他继续在熟悉的环境中学习、生活，社工站联合街道、社区居委会、学校、派出所等多方力量，让社工站（街道）成为孩子的临时监护人，社工站启动社区基金，通过在幼儿园开展义卖、发动社区募捐等方式，为孩子筹集了足够的生活费。与此同时，面向社区招募合适的寄养家庭，提供定期的心理辅导，让他能够在熟悉、安全、友爱的环境下度过父亲不在的 14 个月时间。

社区基金支持情况：2019 年 3 月至 2020 年 5 月，每个月支持该儿童 3800 元生活照料费用，共 14 个月。2019 年 8 月 19 日起，社区爱心人士太平阿姨每月资助 200 元（包含于 3800 元内）。

六、社工服务站运营经验和专业反思

（一）运营经验

1. 发挥社工站党支部战斗堡垒的作用，红联共建，共同治理社区

社工站对党组织作用发挥较为重视。与街道党工委联动，在党建宣传、党史学习、疫苗接种等工作中，发挥积极作用。2022 年与 8 个社区党组织、1 家社会组织、2 家企业组织签署了“党组织结对共建服务协议”，在社区治理、社区宣传、亲子服务、妇女帮扶、长者居家改造等领域发挥带动作用，有效回应社区需求。社工站扎根社区 12 年，与街道（购买方）和 8 个社区居委会建立良好信任合作关系，有助于项目的稳定发展和服务成效的持续。

2. 社工在“辨识需求·精准解决”方面成效明显

社工站打造“洋城档案分级管理信息系统”，努力探索社工在困难群众兜底服务中的角色及作用发挥。针对六类兜底人群和服务发掘的困难人群，根据服务对象生理、心理、社会支持等指标进行评估分级，对重点服务对象进行 100% 建档分级管理，以保障能够及时、持续、动态性地开展个案管理及个案跟进服务，解决了之前因数据不清、需求把握不全，服务对象服务频率不清、服务资源及资源投放重复，且常出现对部分群体漏服务等现象。另外，将该系统推广至街道和社区居委会，实现了“线上共享数据，线下分类服务”的服务信息共享，积极及时回应社区及居民的需求。

3. 深入推进“社工 +”战略，“社工 + 公益慈善”融合发展取得新成效

通过“社工 +”实现各部门的密切配合与资源互补，建构起社区面向的整体资源网络。依托“社工 + 企业”“社工 + 志愿者”“社工 + 社区基金”三个面向联结的服务框架，打造了较为立体性的资源网络。

社工 + 企业：通过借助实体店（洋城特惠店、文慧家政服务店、美食厨房）满足残障人士的社区参与及就业需求，为他们提供稳定的就业训练岗位。此外，关注外来人口的弹性就业需求及回应长者的居家养老需求，培育社区的困境就业妇女成为家政员，组建护工姊妹站团队，为有需要的群体尤其是长者居家照料提供服务，带动更多的妇女就业。

社工 + 志愿者：通过以“洋城档案管理信息系统”精准分类共性需求，从统计服务对象的需求信息入手，整理分析服务需求的数量、类型、分布情况。梳理出各类服务包，以社区梦想家计划的服务模式——“服务包”，发动及培育居民自治组织以社区微公益创投的方式承接服务包，实现困境群体服务的全覆盖。从“社区居民”到“社区梦想家”，创造更好的社区实践，文冲街社区梦想家起航计划既是为了激活社区能人、团体、组织的参与动力，实现从“无”到“有”的社区居民参与的社区发展服务。

社工 + 社区基金：文冲街社工站于 2017 年 12 月开始筹建社区基金，形成以校园筹款、定点义卖、团购、收费课程、洋城特惠店、家政服务盈利等来源多样的筹款模式，影响力不断扩大，社会资源链接和整合能力也不断提升。2022 年，链接物资折合价值 264515.4 元。社工站社区慈善基金工作走在全市前列，充分发挥了“社工 + 慈善 + 志愿服务”作用，在行业内发挥了示范引领作用。

4. 人才是最好的资源，团队合作让项目走得更远

社工站全职人员及社会工作者等人员配备充足，工作人员稳岗率高，为夯实项目服务打下较好的基础。社工站注重人才培育和上升空间，注重团队配合和默契，基于个人优势让员工可以发挥所长，“接纳”和“欣赏”的理念深入人心。社工能坚守“活泼热情、用心服务、追求品质”的机构宗旨开展专业服务，在轻松融洽的氛围中越来越自信。

（二）专业反思

社工站秉持初心，踏踏实实扎根社区 12 年，在政府、街道、社区、居民、志愿者等支持和努力下，自 2016 年起至今，经第三方评估机构评估后等级均为“优秀”，并多次排名前三。未来工作方向要结合广东“双百社工”模式，继续落实兜底民生保障和社区治理工作。第一，在现有基础上持续优化服务框架和服务策略，总结服务模式继续深入社区开展服务，激发资源效益的整体发挥，进一步扩大资源的覆盖面和受益面，结合街道“幸福文冲”的理念，在扎实开展服务的同时，着力推进社会工作力量和实务的研究，提升品牌效应的影响面。第二，结合每个社区的特点深入开展“一社区一特色”，更有针对性地回应社区的不同类型的需求。第三，关注社工个人成长。随着年限和服务深入，社工对自我的要求越来越高，同时也带来了自我限制的压力。一方面要维系专业社工团队，另一方面加强社工培训，突破原有思路的限制，尤其是要学习政策，更好地将政策福利输送给有需要的服务对象。第四，社工站的资金来源是政府资助，对政府财政依赖性高，如出现政府资金未能及时拨款情况会造成服务的断层。随着社会转型带来的社会需求增多，各种社会问题凸显，洋城社工成立实体店助力社区特殊困难群体再就业，“洋城慈善基金”可以扩大服务资金的来源渠道，为可持续的发展提供必要的条件。未来，进一步总结公益加商业服务模式经验，提高社会组织的内部造血能力，创新解决社会问题的方式，优化社会资源再分配，辐射更多有需要的人群。

从嵌入到融入：街道社工站的运行逻辑与实践路径

——广东省广州市天河区五山街社工站运营与服务

陈　衍　刘王力　周小妹[①]

一、社工站和服务地区基本情况介绍

（一）社工站简介

广东省广州市天河区五山街社工站（原五山街家庭综合服务中心）通过政府购买服务的方式，自 2015 年 8 月起由广州市北斗星社会工作服务中心承接运营，以服务困境群体为主，以家庭为本，以社区为基础，提供专业化的社会工作服务。

社工站组建管理及服务人员队伍 20 人，其中社会工作者（社会工作专业人员和社会工作辅助人员）16 人，4 人为行政管理人员。

（二）社区背景

1. 五山街社区资源丰富的优势明显

五山街辖区内资源丰富，辖区内有众多高等院校、各类科研单位，同时，因近年来经济水平不断提高，吸引了众多创新创业组织单位进驻社区。总的来说，高校林立，企事业单位众多，经济、人力、组织资源丰富。

2. 五山街社区资源的整合程度偏低

五山街所辖社区属于典型的单位型社区，社区居民缺少参与社区事务的意识和平台，社区资源整合功能较差。与此同时，辖区缺少资源联动平台，除却商业机构，资源均以覆盖单位为主，社区资源整合运用情况有待改善。

3. 五山街社区居民的公共服务需求复杂多样

五山辖区集中居住大量长者、残障群体、在读学生，社区服务需求复杂且量大、多样。社区治理问题与社区服务需求如果仅靠政府部门单一主导力量介入和供给是远远不够的，因此，社区多元主体的协同介入便十分有必要。

---

① 陈衍，现就职于广州市北斗星社会工作服务中心；刘王力，现就职于广州市北斗星社会工作服务中心；周小妹，现就职于广州市北斗星社会工作服务中心。

二、社工站基本定位和运营机制

2010—2018 年，社工站的初期阶段，基本呈现“嵌入式”特点，即政府向专业社会组织购买服务，引导社工站社工嵌入社区，为社区居民提供个性化、专业化、多样化的服务。同时，政府通过优化社工站的生存发展环境，培育其参与基层社会服务和治理的能力，以弥补公共服务供给能力的不足。社工站借此机遇，不断提高服务输出能力，通过收集居民需求、策划专业服务项目，形成“依赖—给予”的关系特点。

2018—2022 年，社工站步入相对成熟的阶段，“融入式”特征日渐凸显。即注重发挥社工站的协调和整合作用，在运行过程中改变了过去社区社会组织缺位、居民不行动的局面，推动了不同主体间的深度合作，如图 1 所示。

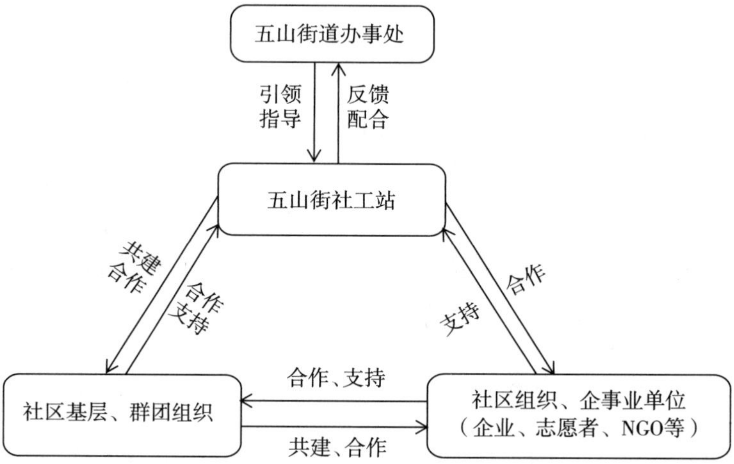

图 1　五山街社工站运营机制

随着政府向“小政府、大社会”转型，政府转移了社会服务职能，使社会服务社会化。社工站是指在街道设置的一个服务平台，区民政局为监督方，街镇为购买方，社工机构为运营方，根据区域服务需求实际情况，科学设置服务项目，面向全体社区居民提供专业、综合、优质的社会服务。

1. 织牢织密兜底保障网：为群众、家庭、社区打通民政服务“最后一米”，充分发挥社会工作专业优势，为有需求的群众提供精神慰藉、资源链接、能力提升、关系调适、社会融入等专业社会工作服务，从而与原先的兜底服务（社区基层、群团组织等）形成互补，构建起更加全面和完善的服务体系。

2. 积极推动社区治理与社区发展：社工站着力推动居民参与社区事务，营造社区共治氛围；培育社区社会组织，激发社会组织活力，提升社区居民自治能力；强化社区自治功能，推动社区协商制度多层次发展。

3. 注重资源撬动整合与再分配：基于社区特色，社工作为资源撬动者，挖掘及整合社区资源（资源拥有者——社区组织、企事业单位等）；社工作为资源再分配者，评估社区中不太明确的受助方，重新分配资源；让资源方与受助方匹配，使资源有更合适的流动。

三、社工站服务体系设计和服务开展情况

（一）社工站服务体系设计

针对社区特点，五山街社工站以“打造有能社区”为服务愿景，并依据社区能力建设的理论指导①以及参考学习有关社区能力测量的文章②，归纳出有能社区四个方面的特征，分别是：

- 社区有能力联动社区居民与驻区单位，增加社区与社区之间的互动，推动有能社区的环境建设。
- 社区有能力培育社区领袖，孵化社区组织，发动社区成员参与社区建设。
- 社区有共商议事平台，能推动社区成员参与决策。
- 社区有能力活化内部资源，链接外部资源，共同回应社区需要，促进社区发展。

为响应五山街关于推进建设“宜学、宜居、宜业、宜创”的五山文化小城的工作目标，社工站分别从“社区居民能力提升”、“社区社会组织孵化培育”、“搭建社区议事平台”及“社区资源整合调动”四方面开展服务，以“打造有能社区”为理念，整合社区内外资源，通过串联社区关系，孵化培育社区自组织，搭建社区参与平台，推动社区成员参与社区治理，营造良好和谐的社区人文环境。

根据广州市社工服务站（家庭综合服务中心）管理办法的指引③，五山社工站通过核心党建、重点服务、特色项目及基础人群服务回应有能社区的愿景实现，协力建设打造“宜学、宜居、宜业、宜创”的五山文化小城。

（二）社工站服务开展情况

五山街社工站在五山街党工委和五山街道办事处的指导下，以“党建引领社工服务”为核心项目，以“五社联动”社区治理服务为重点项目，以“创益五山”社区发展项目及“就业携行”资源平台项目为特色服务，为五山街辖内长者、青少年、儿童、

---

① LABONTE R，LAVERACK G. Capacity Building in Health Promotion，Part 1：For 五山 hom and For 五山 hat Purpose［J］. Critical Public Health，2001（2）：129 – 138.

② 黄云凌，武艳华，徐延辉．社区能力及其测量——以深圳市为例［J］．城市问题，2013（3）．

③《广州市社工服务站（家庭综合服务中心）管理办法》第八条社工站（家综）应按照“113X”的模式设置服务项目。即“1”个核心项目——强化党建引领社会工作服务，“1”个重点项目——突出辖区居民群众最迫切、最需要、最直接的社会工作服务，“3”个基础项目——夯实家庭、长者、青少年社会工作服务，“X”个特色项目——探索拓展多领域的社会工作服务。

残疾人等特殊群体提供专业化公益服务。

1. 核心项目——党建引领社工服务

（1）组织建设——落实阵地建设，保持学习常态化。在街道党工委的指导下，五山街社工站成立社工站党支部，落实制度上墙，设立党员社工示范岗，组织党员社工在日常服务中亮身份，发挥党员先锋模范作用。与此同时，社工站党支部结合内部学习以及外部交流等机会，保持学习常态化，不断完善项目党建服务。

（2）组织作用发挥——五山街社工站积极参与并配合街党组织工作，协助街党工委做好社区治理，落实三个聚焦。社工站党支部积极参与由街党工委、社区基层党组织开展的教育学习和党日活动，同时，社工站党支部联动基层党组织开展助力乡村振兴、垃圾分类、困境人群关怀等工作，链接资源折合超过 10 万元。

（3）党建引领服务开展——“双需求评估—菜单式对接—契约式合作”协力回应公共服务。社工站党支部以社区需求作为介入的主题及方向，通过“双需求评估”形成“社区服务包”，介入社区公共问题涉及社区共融倡导、困境人群关怀、垃圾分类、社区防骗等多方面内容。通过“菜单式对接”联动社区党组织及社区利益相关者对应回应服务开展，通过“契约式合作”规范各方合作内容，保障服务延续性。

2. 重点项目——“五社联动”社区治理服务

为响应市区关于全面推进优势主导型“三社联动”工作实施方案的通知精神，以及回应五山社区的在地需要，五山街社工站期望通过“三社联动”项目协同基层组织及社区社会组织搭建社区共建共治参与平台。项目介入重点是强化社区、社区社会组织与社区及社工之间的互动联系，推动实现“优势主导”，保障机制运作及服务开展的“可持续”。

经过过往服务经验的总结，项目初步梳理出针对社区公共问题的介入机制。结合重点项目五年服务推进进程，项目在推动“三社联动”服务模式常态化的基础上，逐步形成五山特色的“五社联动”社区自治模式。项目以介入新冠肺炎疫情防控为例进行工作情况介绍：

面对反复的疫情，在项目实践经验总结的基础上，社工站敲定了项目介入防疫工作的工作机制。在社区防疫工作上，在五山街党工委及街道办的整体部署和指导下，各社区基层党组织充分发挥社区骨干、党员先锋队的优势，联动社工站开展防疫志愿服务人员岗前培训，注重孵化、培育社区志愿团队、社区社会组织，以补充人力短缺。在组织培育过程中，项目根据团队成员制定不同的培育策略。针对以“居民为主”的社区社会组织，项目注重以培育骨干为策略，提升骨干能力，以推动骨干带新人，进而壮大志愿服务队伍。而针对高校学生型的队伍，项目则注重发挥其创新能力、团队优势，推动其参与公共问题。

此外，项目注重社区资源联动机制。在原有“三社联动”机制运作的基础上，除了推动成熟的志愿团体、社区社会组织助力推进疫苗接种、防疫科普宣传工作外，项目还积极发掘社区志愿者作为补充力量支持恒常的核酸检测、防疫排查等工作。与此同时，项目积极联动社区慈善资源助力防控工作，如链接捐赠的爱心防疫包用于关怀社区困境人群，或链接心理咨询专才力量支援一线防疫工作者舒缓压力，畅通资源对接渠道，助力实现“五社联动”合力推进疫情防控工作。

截至 2022 年 12 月，项目共联动超过 7450 人次志愿者参与社区防疫工作，联动 8 个社区社会组织及 5 个志愿服务团队助力开展社区防疫等工作，累计服务人次超过 81 万，链接 5 个社区慈善资源提供人财物方面的支持，折合价值超过 12. 1 万元。

3. 特色项目 1——“创益五山”社区发展服务

五山街社工站旨在联动社区多元主体参与投入，将五山街打造成一个有多元参与、服务可视化、公益可持续化的具有良好公益氛围的社区。社工站以“创益五山”公益花园项目为例进行服务成效介绍。在花园的建设过程中，社工站成功调动高校资源、热心居民等资源助力，从花园规划设计、项目宣传以及后续的服务推广，都有社区能人全程参与。同时，通过公益花园这个“可视化”的空间衍生出一系列的公益服务，项目通过公益课程、公益种植以及公益展销三个服务项目推动公益服务的推广。

公益花园的建成不是简单地用“钱”堆砌起来的，而是一系列社区资源碰撞的过程。通过挖掘社区达人，建立社区内部的人才库，推动居民从参与设计到在地营造，逐步形成内在的参与动力，这是公益花园拥有可持续生命力的关键。

4. 特色项目 2——“就业携行”资源平台服务

根据社区的服务需求，社工站期望整合社区资源，搭建一个就业资源平台，发挥就业信息共享、就业技能提升以及就业服务支持的功能。

（1）就业信息共享。社工站联动街道就业部门及辖内商企，通过“线上 + 线下”的方式进行招聘信息推广服务，涉及金融核算、行政文职、餐饮行业等方面，全覆盖社区 269 名失业人员，满足社区居民多元的就业需求。

（2）就业技能提升。社工站联动文创团队、初老服务队等资源为残障人士开展职业技能培训，不仅教授学习手工作品制作，还注重教授其对产品进行包装宣传的能力，增加其成功售卖的机会。与此同时，社工站联动就业培训资源开展技能培训教育（育婴师、面点师等），服务覆盖超过 500 人次，其中助力 7 名失业人员获得职业技能证书。

（3）就业服务支持。社工站在街道的支持下开拓公益性服务岗位，截至 2022 年 12 月，累计整合链接 22 个公益性岗位，为 228 名社区居民提供就业支持服务，协助失业人员创收 32. 1 万元，推动社区失业人员实现再就业。

5. 基础人群服务项目——长者、青少年、家庭服务

社工站通过分层分类分别针对兜底性困境人群及一般性人群开展补救性、支持性、预防性与发展性的服务。

针对兜底性困境人群，项目着力通过联动社区党组织引入公益资源，并结合“红棉热线”、重大节日慰问等方式，为困境人群提供物质、精神上的支持，实现困境人群兜底覆盖。

针对一般性人群，项目着力引入社会资源满足居民发展需求的同时，推动社区成员实现从自我成长到互助成长。

四、社工站运营模式和特点

根据广州市民政局印发的《广州市社工服务站服务清单指引（试行）》通知要求，社工站应聚焦脱贫攻坚、聚焦特殊群体、聚焦群众关切，发挥参与基本民生保障、基层社会治理、基本社会服务的作用。

结合广州市社工服务站服务清单指引，五山街社工站依托核心党建项目开展党建引领服务，通过联动社区基层党组织参与社区建设，协助街道党工委提升基层党组织战斗力；通过“五社联动社区治理”服务项目、“创益五山”社区发展服务以及“就业携行”资源平台开展基层社会治理服务，通过发挥不同资源主体的优势主导，推动社区成员参与社区共治；结合服务群体的需求开展基本民生保障及基本社会服务，关注兜底困境群体的同时开展适度普惠性居民服务，协助街道改善社区民生水平。

经过服务推进与介入，社工站总结出项目运营有以下成效与特点：

坚持党建引领，让社区治理“联”起来。在五山街党工委的指导下，五山街社工站党支部积极与各类党组织、社区商企、公益团体等80余个资源主体联动，带动引领社会力量参与社区建设，协助街道推动实现人人参与、人人尽力、人人共享。

强化慈善救助，让兜底服务“暖”起来。项目积极链接慈善组织、爱心企业、爱心人士等社会资源，畅通慈善资源与服务需求的供需对接渠道，截至2022年12月，累计筹集爱心物资超过6200件，发动志愿者超过2000人次，为超过1500人次困难人士派送爱心食材包、居家暖心包等，有效为困难群体解决实际困难。

搭建共治平台，让社区组织“动”起来。依托居民议事、社区参与平台，发现社区需求，介入回应服务主题涉及垃圾分类、社区防骗、公益慈善、社区文化建设等方面。

搭建共享平台，让社区资源“转”起来。依托社区基金及捐赠站点平台，撬动、筹集社区资源参与社区治理。截至2022年12月，累计链接调动社区内外资源折合超过83万元，其中现金资源链接超过26万元，介入回应服务主题涉及垃圾分类、社区防骗、公益慈善、社区文化建设等方面。

五、社工站典型服务案例：党建引领，“社工＋慈善”助力基层社区治理

（一）服务简介

项目立足于五山街特色，充分发挥高校资源的智力优势，调动高校群体的创造力和行动力，推动社区人群参与社区治理服务。与此同时，社工站依托五山街社区慈善基金及捐赠站的平台，为社区服务提供人力、财力、物力等保障，通过多元化项目和资金多元化等方式进行基层社会治理创新。随着服务的推进，逐步探索形成在党建引领下，社会服务平台、社会工作人才、社会组织、社会服务项目、社会资源的“五社联动”运营模式。

（二）服务模式与亮点

1. “双需求评估—菜单式对接—契约式合作”的党建引领服务模式，联动社区党组织资源开展社区问题介入

社工站在“五山街非机动车乱停放”的公共问题上，发现社区有安全出行的需要，经过双需求评估，最终形成“安全出行文明停车服务包”。通过菜单式的对接，社工站联动街道联勤办、广州地铁公司及高校学生党组织，对接开展“安全出行文明停车服务包”，在早晚停车高峰期实施社区巡逻及对居民进行宣传教育与倡导，指引其将车辆停放到指定的停车区域。通过契约式的合作，明确各方的合作内容：社区党支部发挥自身优势发动社区党员积极参与文明出行倡导服务；社工站着力开展社区社会组织培育及能力提升；街道联勤办发挥执法职能，对于屡劝不改的社区居民实施收车警告，法理情理双管齐下；广州地铁公司发挥支持的作用，定期在地铁站口提醒社区居民按规停放。

2. 依托“社工站—社区慈善基金—社区慈善捐赠站”三位一体的资源平台，活化社区资源，推动社区成员多样化多层次参与基层社区治理，促进社区资本培育成效最大化

社工站自申报成立社区慈善基金及社区捐赠站点以来，积极通过“环保回收”“公益模型拼砌”“公益花园”等可视化方式进行公益筹资工作，合法合规开展人力、物力、资金等资源的筹募工作。与此同时，社工站依托“社工站—社区慈善基金—社区慈善捐赠站”三位一体平台进行社区筹募的过程中，会吸引并引导社区成员关注如何结合自身服务特性资助资源回应社区公共问题。

截至2022年12月，五山街社区慈善基金共联动30余个社区公益伙伴，调动的人、财、物资源折合人民币价值累计超过83万元。由此可见，不仅调动社区资金，也同步开发调动社区内的人力及物力等方面的资源，多元化培育社区社会资本。

3. 开拓“社区微治理”大赛平台，激发社区组织培育的新路径，形成可复制的实践模式

结合五山街社区在地高校资源丰富的属性特点，社工站联动高校学生党建委筹划“社区微治理”大赛，依托微治理大赛平台，吸引社区党员、积极分子介入社区公共问题。在服务经验的总结上，形成了“以社孵社”的四步培育路径。

第一步，基于社区以往的服务经验及社区各利益相关者（高校、华农自管会、社区居委会）的访谈等，明确社区治理的方向，优先设置公益项目的议题方向；

第二步，依照社区的特色，挖掘运营较为完备的社区组织（华农自管会）且有介入社区治理经验的社区组织合作；

第三步，与较为成熟的社区组织（自管会）沟通，达成培育合作共识，提升骨干社区服务能力；

第四步，协助其搭建平台，孵化其他社区组织。

4. 发挥社区慈善基金、社区慈善捐赠站资源平台功能，激发基层社区活力，搭建“五社联动”社区基层治理网络，形成具有五山社区特色的社区基层治理体系

社工站通过发挥社区慈善基金作为民间“慈善资源的蓄水池”功能，为社区服务提供财力、物力等经济保障。社工通过孵化和培育社区社会组织建设更好的服务平台，通过多元化项目和资金多元化等方式进行基层社会治理创新，逐步形成在党建引领下社会服务平台、社会工作人才、社会组织、社会服务项目、社会资源“五社联动”格局。

六、社工站运营和服务反思

经过几年的实践及沉淀，笔者尝试对社工站运营和服务作出如下几点反思。

（一）顶层设计是社工站融入的政策保障

广州社工站的服务体系从最初的扁平化人群服务到如今的立体化“113X”服务，服务购买经费从最初的200万元/年到现在的240万元/年，基本上经历了从0到1、从1.0到2.0再到3.0的过程，其间解决了社工站建设的目标问题、资金问题、工作内容等问题，使街道社工站可以在短期时间内实现快速落地，并得到政府的合法性认同、获得足够的生存空间和资源的支持。

（二）专业力量是社工站融入的技术保障

社工通过社会工作的价值理念、专业知识和工作方法等，在具体的服务情境中扮演着不同的服务角色，既是服务提供者，又是资源链接者。社工在服务过程中始终秉承“助人自助”的理念，遵循个别化的原则，协助个人或家庭挖掘自身的潜能来解决

问题，最终达到协调社会关系、促进社会和谐的目标。

（三）关系建立是社工站融入的环境保障

社工站作为一个新生事物嵌入基层体系，需处理好社工与服务对象、民政局、街道及社区、机构等多方的关系。社工站在嵌入街道的过程中，需充分发挥社会工作独特的专业性优势，通过专业的服务，来保障社工服务的专业性。

平台共建·“五社”同心

——湖北省武汉市江岸区后湖街道社工站运营与服务

程 玥 李 忍[①]

一、基本情况

后湖街道地处湖北省武汉市江岸区西北部，总人口约20万。后湖街道有17个社区和90多个物业小区，涉及新型小区、城中村小区、老旧小区、公租房小区等多类型的小区，情况复杂多样。2017年12月，后湖街道成立社会工作服务中心，坚持“政府主导、专业承接、项目运作、整体联动”的工作思想，打造集“服务、督导、培训”一体化的人才培养基地，以“心归岸·后湖家”后湖街道公益创投为主要载体，通过服务项目化运作，持续回应辖区居民需求，构建政府主导、社区自治相结合的社区治理格局。

2021年，湖北省民政厅下发了《关于促进乡镇（街道）社会工作发展的通知》等文件，提出要更好地发挥社会工作在基层社会服务和治理中的专业支撑作用。后湖街道社工站积极响应政策要求，在“五社联动”模式指导下，深化“五社”功能，打造平台型社会工作服务体系，进一步完善以公益创投为依托的项目化运作模式，强化社工专业服务能力，激发社工站发展动力、撬动社会资源、发展志愿队伍、整合组织力量、盘活社区服务，不断推动社会组织参与社区服务，充分发挥社会工作在保障和改善民生、加强和创新基层社会治理中的积极作用，最终实现居民满意、社区获益、社工发展的共赢局面。

二、基本定位和运营机制

（一）服务定位

后湖街道于2017年12月1日正式成立并运营后湖街道社会工作服务中心（后于2021年正式更名为后湖街道社工站），通过打造街道三级社会工作服务平台，大力推动

---

① 程玥，武汉市逸飞社会工作服务中心主管；李忍，武汉市逸飞社会工作服务中心总监。

社会工作发展，并通过开展提供能力建设、信息交流、政策咨询、骨干培养、公益理念普及等服务，推动居民自治。

社工站配备 1 名项目主管和 4 名专职一线社工。项目主管持有中级社工师证，其他一线社工至少 2 名具备社会工作及相关职业资格证书。

社工站主要以扩大中心影响力、加大社区服务联动力、增强社会组织服务力为目标，发挥“五社”优势。具体来说，一是完善街道社工站的运营与管理，发挥党建引领作用，深化“心归岸·后湖家”后湖街道公益创投平台，建立流畅、高效的后湖街道社会组织参与制度；二是培育和发展本土社会组织及专业人才，加强组织间的横向联系，打造社会组织联盟；三是加大公益宣传，形成公益氛围，在保障服务的基础上实现后湖街道社会工作事业的良性发展，进而扩大后湖街道社工站的影响力。

（二）运营机制

1. 日常工作机制

后湖街道社工站由武汉市逸飞社会工作服务中心承接运营，不断完善社工站的专业管理、档案管理、财务管理、考勤管理、场地管理等制度，按照有场地、有人员、有功能、有制度、有服务的“五有”标准，确保社工站建设“量质并举”，并运用“五社联动”机制激发社会组织活力、提升社区服务、增加志愿者参与，以扩大社工站影响力。

2. 社会组织培育机制

后湖街道社工站为辖区社会组织提供咨询、督导、培训、评估等发展服务，促进社区组织发展。

一是社会组织服务，包括本土社区社会组织孵化培育和注册类社会组织规范化管理两部分，实现社会组织分类分层地、有序地参与社区建设。2022 年，后湖街道社工站协助 130 个社会组织进行备案工作，提供 30 余次咨询和 12 次专题督导。

二是完善公益创投体系。立足社区实际需求，以服务项目为依托，围绕项目申报、服务管理、人员管理和财务管理等，制定并完善《后湖街道公益创投管理办法》及《后湖街道项目公开评审规则》等制度，形成较为清晰的社会组织参与社会治理的服务路径，为社会组织、志愿者和慈善力量参与服务平台创造一个稳定、和谐的环境。2022 年全年组织项目评审会 19 场，组织 2021 年度街道公益创投末期评估和 2022 年街道公益创投服务项目中期评估，打包包括后湖养老服务和后湖防疫支持等在内的服务品牌。

3. 人才培养机制

以专业引导服务为原则，大力推动后湖街道的人才建设。一方面引入专业社会工作理念和方法，对后湖街道的社会组织、社区工作人员和社区骨干提供专业能力提升培训和个别化辅导，提高后湖街道社会工作人才储备；另一方面结合社会工作者职业资格考试要求和工作实际，进行考前指导和实务培训，提高社区社会工作从业人员及社会组织成员的职业素养和专业能力，加强后湖社工人才的专业化建设。

4. 志愿者管理机制

采用“统一规章、落地服务、组织发展”的服务机制，完善志愿者管理指导，按照《后湖街道志愿者联合管理守则》，规范后湖街道志愿者注册流程、明确志愿者的权利义务、强化志愿者培训，推动志愿服务队伍发展，带动志愿者参与社区服务活动，形成“规模效应”，有序推进后湖街道志愿服务事业的发展。

5. 疫情防控支持机制

积极应对新冠肺炎疫情防控需求，采用“行政支持 + 一线服务”相结合的方式，全面助力街道疫情防控。一方面提供疫后心理支持，通过“线上 + 线下”的方式，开展疫情防控科普、困难群众慰问、心理咨询、团体辅导等服务，为辖区居民、社区工作人员提供疫后心理服务，减轻焦虑，重建关系网络，顺利实现社区融合；另一方面，配合街道、社区开展行政性协助工作，包括但不限于核酸统计及采样协助、中高风险返汉统计、健康码转码、就医协调等内容，协助街道完成辖区的疫情防控工作，帮助居民能够顺利恢复生产生活。

三、服务体系设计和服务开展

在“五社联动”模式的指导下，打造平台型街道社工站，发挥社工站枢纽作用，通过公益创投实现社工服务项目化运营，以项目内容丰富社区服务，不断挖掘社会公益慈善力量，调动“五社”力量，完善社区服务覆盖、增加志愿者参与渠道，进而满足居民物质精神发展需求。

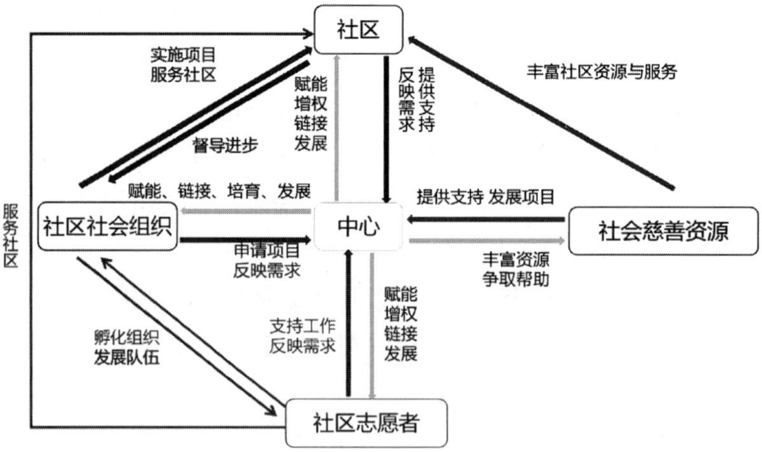

图1　平台型“五社联动”的工作框架

（一）社工构建服务框架

后湖街道社工站秉持以人为本的理念，以扩大平台影响力、加大社区服务联动力、增强辖区社会组织服务力这三点为目标，构建后湖“五社联动”工作框架。

一是完善平台型“五社联动”的运营与管理，制定并完善了公益创投运行体系，规范平台运行。2018 年以来，后湖街道社工站启动并持续开展“心归岸·后湖家”后湖街道公益创投，签约服务项目数量逐步增加，2022 年签约项目 78 个，较 2018 年的签约项目增长了 36.5%。

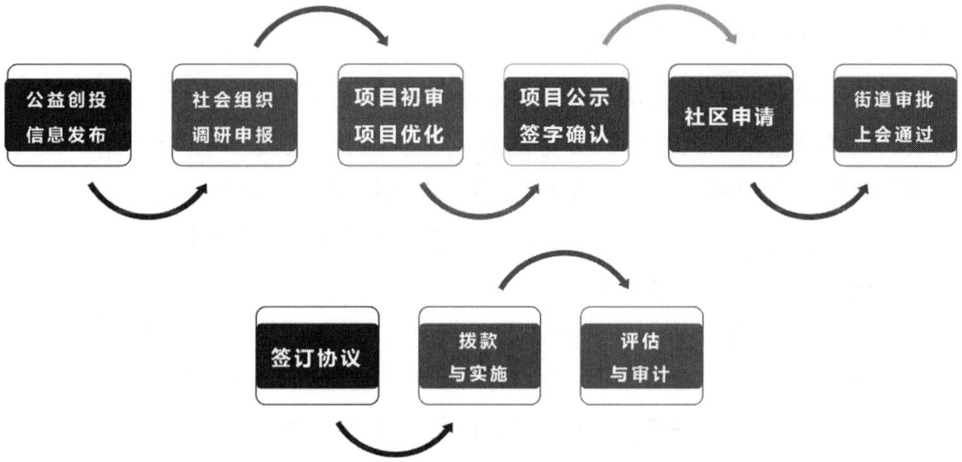

图 2　后湖街道公益创投参与流程

二是整合街道、社区的零散资金，统筹社区惠民、妇女、青少年、老年人专项经费等服务资金，化零为整，将此全部纳入街道级公益创投体系，不断扩充公益资金量。2022 年后湖街道公益创投中，用惠民资金购买的服务项目数占比达到 67%，还有 160 万元的老年人服务专项资金，用于社区服务，丰富了街道和社区的服务内容，进而构建起均衡、完善的社区服务体系。

（二）社区奠定平台基础

一是发挥社区的管理工作。联动社区社工室，了解居民需求、挖掘服务点、反馈居民意见、督导服务实施，完善“申报—实施—评估—反馈”的服务闭环。而且社区的服务资金是街道级公益创投平台主要的经费来源，为平台服务的开展提供物质基础。

二是发挥社区的服务功能。社区是服务的落脚点，资源和服务会落实到社区中用于服务居民，而服务项目想要顺利实施也离不开社区的支持和配合。

通过平台也可以针对困难群体、文化营造、纠纷调解等需求，引进更符合社区特色的服务项目，以帮助社区更好地发挥保障、教育和安全稳定的功能，让平台和社区相互促进、共同发展。

（三）志愿者增强平台活力

社工站重视志愿者力量，积极促进社区志愿者发展，营造奉献、友爱、互助、进步的志愿服务氛围。一方面，挖掘志愿骨干，树立学习榜样，后湖街道社工站通过多样化的宣传方式，挖掘社区中的居民骨干力量，并纳入后湖街道志愿者培育体系，对其进行专项培训，提高其志愿服务能力；另一方面，整合志愿服务力量，孵化、培育社会组织，形成志愿者—志愿服务队—志愿服务—吸纳志愿者的良性循环。

（四）社会组织充实平台服务

促进社会组织的发展、引导并管理社会组织服务是后湖街道社工站的重要服务内容。在吸引成熟社会组织入驻后湖服务的基础上，培育和发展本土社会组织及专业人才，开展社会组织党建活动，加强横向联系，为其提供能力建设、信息交流、政策咨询、骨干培养、公益理念普及等服务，推动社会组织发展，帮助社区社会组织不断转型，推动居民自治，实现共同进步。

自 2018 年后湖街道启动公益创投以来，有 21 家优秀社会组织进驻后湖街道社工站开展服务；2020 年虽然有疫情影响，但仍有 16 个社会组织参与后湖的公益服务；2022 年入库社会组织 20 个，其中有 12 个江岸区的社会组织，签约项目 68 个，累计资金投入超 220 万元。后湖街道公益创投在推广服务的同时，极大地推动了社会组织的进步与发展。而社会组织参与社区治理，服务涵盖健康管理、居家养老、社区教育、纠纷调解等领域，也能较为全面地覆盖社区居民的物质精神需求。

（五）社区慈善丰富平台资源

面对突发性危机和有特殊需要的居民，在社工站力有不逮之时，积极整合惠民资金、链接社会慈善资源，从物资到服务再到项目支持，为居民所想、解居民所急。

后湖街道社工站一方面协助后湖街道筹备社区基金，增强“造血”能力，另一方面积极整合惠民资金、链接社会慈善资源，从物资到服务再到项目支持，为居民所想、解居民所急。近年来，社工站先后链接了北京弘道慈善基金会的三期社会救助资源、深圳市建辉慈善基金会、深圳壹基金公益基金会、武汉市精神卫生中心疫后心理支持项目等资源，完善辖区的服务覆盖。

四、运营模式

江岸区后湖街道社工站在搭建起以赋权社工为中心的平台型“五社联动”工作机制服务框架的基础上，围绕一条党建主线、一个公益创投和两步组织发展的平台型

“五社联动”“一一二”工作法，不断推动后湖街道平台型“五社联动”模式的发展，推进辖区基层社会治理能力的提升，夯实后湖街道社会治理坚实阵地。

（一）坚持党建引领，促进社工发挥优势

后湖街道社工站坚持党建引领，发动红色引擎，激活红色基因，注重营造党建氛围，维护后湖社会工作系统稳定运营。这需要社工站着力培养在党的领导下的高素质、专业化、有凝聚力、向心力的社会组织联盟队伍，进而促进社会组织健康发展，扩大社会组织党建覆盖面，增强党组织的凝聚力、战斗力和影响力。

为此，后湖街道社工站积极发挥党建优势、参与党员活动。第一，后湖社工站功能性党支部充分结合支部主题党日，联合入驻社会组织党员积极参与，促进党员之间的学习与交流，发挥党员的先锋模范作用。第二，社工站组织开展社会组织党员交流学习主题活动，传承革命精神，加强组织联系。第三，社工站在后湖街道党政办的支持下，积极整合街道范围内党员志愿者的相关资源，宣传志愿服务事迹，扩大后湖街道的志愿服务队伍，营造党员志愿服务氛围，促进社工带动志愿服务力量进步。

（二）完善公益创投平台，扩大“五社”资源网络

完善后湖街道公益创投的相关管理制度，建立明确、清晰的申报制度和评估体系，依据实际情况对日常管理工作进行升级，使之更加规范化、便捷化，并完善街道公益创投管理办法，为社会组织参与公益创投创造更加公平、稳定和清晰的环境。

以需求为着力点，根据社区年度经费使用计划进行个性化定制的服务购买，充分尊重社区实际情况，制订个性化的社区服务方案。2021 年惠民苑社区主动找到社工站，希望通过街道的公益创投平台，在后湖的社会组织库中征集一项针对贫困家庭帮扶的服务项目，社工站全面收集社区、社区组织及辖区居民意见，拟定以爱心超市 + 志愿者服务的方式帮扶辖区困难家庭，并以此为主题发布项目征集通知，协助社区成功筛选出最佳服务项目及项目运营组织。

（三）促进社会组织发展，组织与督导两步并行

一方面，社工站将继续推动本土社会组织与外来社会组织共同进步。在积极引进外来社会组织参与后湖社会治理、服务本土居民的基础上，促进后湖街道本土社区社会组织的发展，以点带面，推动社会组织孵化项目的开展，进行社会组织咨询与督导，解决他们面临的发展问题，培养社会组织的骨干力量，促进组织发展。

另一方面，在专业社工督导的基础上，后湖街道社工站引入社区督导，由社区持证社工担任，实现社区督导与社工站社工的双向对接，推动双重督导。社区服务项目日常实施由社区督导监督管理，后湖街道社工站则着重在社会组织的专业性和规范性

上进行把控，将“社区视角”与“社工视角”相结合，帮助社会组织发现不足，及时进行自我调整，促进其发展。双督导机制不仅提升了社区工作人员对社会工作专业知识的认知，也壮大了后湖街道社工力量。

五、总结与反思

后湖街道社工站平台型“五社联动”的服务模式不同于一般的“五社联动”模式，对行政社会工作能力提出了很高的要求，因此需要在行政职能上充分赋权社工，以保证社工能有一定的灵活度和行政权威认可，提升社工在基层服务中的能力和地位。增强社工在“五社”要素中的联动力，发挥社会工作专业优势，在一定程度上提高了社区治理的效果，但是此模式也存在一定的局限。

第一，街道与平台需要保持统一。街道党工委和街道办事处作为基层党组织和行政机关在指导社区发展和增进居民权益等方面，有着不可忽视的重要地位。社工作为一个外来“专家”，要想发挥专业作用，就需要赢得街道的充分信任，获得行政赋权，奠定社工在社区、社会组织、相关单位中的行政地位和权力，形成专业权威。因此，在服务过程中，社工需要紧密地与街道结合在一起，充分参与街道各项工作，平衡社工职责、街道期望和社区需求之间的关系，在服务的大方向上与街道保持一致，以获得街道的行政性支持，成为街道长期发展策略的一部分，保障工作机制的稳定性。

第二，平台需要保持吸引力。平台要能不断地吸引和培育足够多的社会组织，以保障平台本身的活力。平台的发展离不开社会组织和社工的支持，他们通过优质的服务树立自己的品牌，也在不断壮大整个平台的规模。为此，就需要平台不断培养和发掘、引入有活力的社会组织，为社工进行专业赋权和竞争赋权，促进社会组织和服务项目的良性评比和竞争，使平台成为“活水”，构建对内稳定、对外积极的生态圈。

第三，社工要体现专业性。平台型服务模式中的社工从表面上看更偏向行政性的工作，但是不能忽视社会工作本身的专业性。平台社工要不断提升自己的专业能力和实务能力，掌握和运用以个案、小组、社区工作为主的专业方法，从专业视角帮助平台内的其他社会组织分析问题、解决问题，做好服务督导工作。此外，平台社工要有一定宏观的社会工作视角，主动运用专业理念和方法提供推动辖区社会工作发展，进而带动平台内所有社工的发展和进步。

总体而言，后湖街道社工站通过赋权社工，以社工服务项目化运作为纽带，串联起“五社”力量，进而深化“五社联动”机制。通过赋权，使社工获得行政上的支持和专业上的提升，再以项目化运作的形式吸引更多社会组织更精准地参与社区服务。这对在人口基数大、社区众多的情况下如何开展社工服务有一定的参考意义。在赋权社工的基础上，除了服务项目化外，平台型“五社联动”的工作机制还是需要结合社区实际来构建平台的主要服务类型（如救助帮扶、志愿服务、资源整合等)，联动“五社”力量，不断探索新的发展路径。

“组织、服务、营造”

——浙江省海宁市马桥街道社工站运营与服务经验

杨威威　赵恒发　徐建云　徐选国[①]

一、马桥街道社工站及服务地区简介

浙江省海宁市马桥街道社工站成立于2020年4月，同步建立了浙江省首家社工站党支部，立足本地特色设计了“红社好八联”服务品牌，依据“项目化购买、专业化服务、社会化运作”原则运作，强调发挥社会工作专业优势服务于基层治理体系和治理能力现代化，实现人民群众的美好生活需要。

具体而言，“红社好八联”的“红”是充分发挥党组织统筹协调资源的重要作用，推进辖区内的“五社”积极有效联动。为保障基层党建统合有力、“五社联动”顺畅，马桥街道社工站空间内布置了八个功能不同的空间，给予其明确的空间资源与治理机制支持，分别是红社会客厅、红社港湾、红社益巷、红社议站、红社讲堂、红社乐馆、红社智坊、红社苗圃，发挥资源联调、服务联心、载体联通、事务联商、信息联宣、阵地联享、管理联动、组织联育八大功能。

社工站所服务的马桥街道涵盖桐溪、经都、丰收、先锋、柏士、新场6个城市社区及马桥、正阳、利众、民胜、新塘5个行政村。当前，马桥街道正经历城乡融合发展带来的深度社会转型，基层社会治理体系逐渐由原有的“8村”转变为“6社区+5村”。面临社会现代化带来的系列社会变化，社工站致力于实现三重功能：在微观上，聚焦困境群众，发挥社会工作的扶助济困、专业干预的功能；在中观上，推进社区治理体系与治理能力现代化，解决城乡社区治理能力有限和意识不强的问题；在宏观上，协助建设基层社会治理的行动者网络、资源库与合作共治机制。

---

① 杨威威，河南师范大学河南省社会工作与社会治理软科学研究基地研究员；赵恒发，华东理工大学社会与公共管理学院硕士研究生；徐建云，中共海宁市马桥街道党工委委员、人武部部长；徐选国，华东理工大学社会工作系副教授。

二、社工站基本定位和运营机制

（一）基本定位：立足街镇、嵌入社区

马桥街道社工站秉持“立足街镇，嵌入社区”定位。“立足街镇”是指社工站利用政府权威盘活、吸纳多重社会福利和公益慈善资源，构建为社区民众提供服务所需的资源库。“嵌入社区”是指社会工作者通过链接辖区资源，运用专业理论与实务服务于社会困难群体，协调社区内不同主体共同服务于广大人民群众，在资源链接进程中深度嵌入居民日常生活并构建基层行动者网络。

（二）运营机制

基层治理中社会工作站需要营建出有利于专业效能发挥的运营机制。马桥街道社工站的运营机制有“政、社、校三方合作”的能力提升机制、“党建引领 + 五社联动”的集体行动机制、“生活园区与工业园区共建”的资源联动机制、“复合型项目运作”的机构运作机制。

第一，“政、社、校三方合作”的能力提升机制。街道办事处分别与社会组织、高校订立社工站托管合同与社会治理博士后工作站托管合同。博士后工作站为社工站日常社会化运营提供督导和智力支持。为保证多方合作顺畅，社工站的组织架构是由街道社会事务办副主任担任站长，统筹与协调资源；社会组织负责人作为副站长执行社工站服务内容，推进一线社工深耕细作。

第二，“党建引领 + 五社联动”的集体行动机制。社工站党支部强调融入基层党建网络，结合街道重点和中心任务探寻社工站的服务定位和具体职能，并在实践过程中致力于建设并促成辖区内社会工作者、社区社会组织、社区居民、社会慈善资源、社区志愿者的有效联动。首先，社会工作者在服务过程中开发志愿者岗位，让更多居民成为社工的联动对象。其次，社工在服务进程中重视收集困难群体“微心愿”并向外发布，吸引辖区企业、爱心商户或居民关注。最后，社工依托公益创投项目，为辖区内社区社会组织提供项目策划、项目实施、财物管理等方面培训，提升社会组织能力。

第三，“生活园区与工业园区共建”的资源联动机制。马桥街道工业园区存在大量企业，社工站通过为外来务工人员及子女供给社会服务，争取企业积极投身社会责任，拓展辖区公益慈善资源蓄水池，用于支持生活区内的低保及低保边缘家庭，打破空间区隔，让基层治理与社工站实践更有潜力。

第四，“复合型项目运作”的机构运作机制。社工站托管合同是“123X”综合性项目体系，项目设计兼容专业性与综合性，既重视发挥社工的实质专业性作用，又重视与基层民政部门、城乡社区工作者建立高效业务联系，更重视基层治理体系不断优

化升级，如此为社会工作参与基层治理厚植实践土壤。

三、社工站服务体系设计和服务开展情况

马桥社工站按照“123X”的模式设置服务项目，即“1”个核心项目——党管社工人才服务，“2”个品牌项目——具有区域特色的专业社会工作服务品牌和社区治理品牌各1个，“3”个基础项目——困难家庭、困境老人、困境儿童社会工作服务，“X”个自选项目——此项目是根据马桥街道的实际情况确定重点服务对象和重点服务内容。

（一）党管社工人才服务

该子项目的目标是建设党建引领下基层社会协同治理网络。具体包含：第一，建设“党建引领+社会救助”体系，聚焦困难人群，盘活区域资源优势，改进社会救助的实践效能。第二，建设联动街道各机关事业单位、城乡社区、社会工作站、社会组织的基层治理网络，以区域化党建激活社会治理创新事业。第三，开展党史教育，带动“创二代”服务社会，开展主题多样的特色党建活动。

（二）品牌项目

“儿童友好社区建设”项目落地在新场社区，新场社区的社会关系在村改居的过程中逐步松散。该项目旨在围绕儿童安全、儿童保护、儿童发展目标，依托儿童参与来唤醒社区参与。

“新居民融入”项目落地在“新兴商品房”的经都社区，旨在通过社工提供专业服务，增加新旧居民之间的互动沟通，加强新旧居民对彼此的了解，最终形成“社区一家亲”的良好氛围。

（三）基础型项目

基础型项目聚焦于困境儿童、困境老人、困境家庭三类人群，动用社会工作综合性的实务方法：探访关爱、专业干预、福利管理、社会倡导、个案管理，来保障服务对象权益、解决心理社会问题、强化社会支持、提升自助动机。具体实践要点有建档立案、风险识别、个案管理、资源链接、助人自助、社区参与，联通使用个案、小组、社区工作方法。

（四）特色项目

社工站的特色项目是“军民协作·勇立潮头——马桥街道退役军人党建联盟2.0项目”，立足马桥街道退役军人数量多、层次广、分布散现状，结合拥军优属、拥政爱民的主题思想，着力从关怀街道困难退役军人、强化退役军人的组织性、推进退役军

人反哺社会三方面着手，开展建立退役军人党建联盟、探访现役军人家属、照料困难军人、爱国主义教育讲座等活动，在服务退役军人的同时促进其反哺社会。

四、社工站运营模式和特点

（一）组织、服务与营造：社工站的运营模式

马桥街道社工站的运营模式可以概括为“组织、服务、营造”。

第一，组织。首先，组织好“政、校、社”三方合作，实现政府、高校和社会组织的互通有无，助力社工站良好的内部运营。其次，组织好社区社会组织和城乡社区居民，在服务中培育积极行动主体并建立针对性联动机制，给社工站实践更广阔的行动空间。最后，整合区域不同的党组织，盘活多方主体的资源，依据特定议题探索多方联动机制，发挥社工站服务型治理的重要功能。

第二，服务。首先，服务城乡社区居民，聚焦困难群众生活质量与行动能力意愿双提升。其次，服务社区工作者能力与意愿提升，成为社会工作者积极合作队友。再次，服务基层政府民政能力提升，在实践中发现问题、专业研究与提出建议，促使基层治理善治走向更高水平。最后，服务于基层社会治理创新，社工站不断依据实践需要探索建设基层治理新任务、新机制、新主体，为后续基层治理提质升级提供更大空间与潜力。

第三，营造。首先，社工站重视营造出社工站研究性实践的行动氛围、营造出社区治理共识、营造出街居文明。在博士后工作站的助力下，社工站将研究带入实践视野，强调通过理论指引保障案主问题及需求识别精准、制定介入方法有学理依据、服务效果要有证据支持。其次，社工在实践中不仅强调专业性，也倡导社区的治理性，基于公益创投、社区治理创新等平台，社会工作者协助社区社会组织、城乡社区工作者探索服务内容与路径，提升他们的理念与能力。最后，城乡一体化的客观现实倒逼基层治理需要不断探索新型社会文明，社工站的公益慈善、企业社会责任、生活区与工业园区联动、社区公共生活等理念，给未来马桥基层社会治理创新提供更多的观念支持。

（二）马桥街道社工站的特点

马桥街道社工站运营模式的最大特点可以概括为“党建引领下的多元主体互联互通”，社工站重视在实践过程中彰显互动性、互利性、互促性。

第一，社工站开展实务过程时重视“互动性”，吸纳其他“四社”的力量和资源，共同聚焦扶弱济困、社区发展、基层治理现代化等核心议题。依托马桥街道区域化党建网络，社工站在2020年成立了党支部，利用党建共建与专业联动两种方式与多重主

体进行互动。

第二，社工站运作绩效体现出“互利性”，重视在实践过程中与其他主体分享信息、传递意见、表达议题、寻求合作，保持高水平的信任。

第三，社工站实践效果体现出“互促性”，致力于推进社工站三个实践目标能够互相促进，即针对困境群体的关怀、治疗与服务，需要和社区治理体系与治理能力现代化、基层社会治理创新三个目标实现良性循环。

五、社工站人员配备和人才培养

（一）人员配备

马桥街道社工站目前共有 1 名站长、1 名副站长（兼任社工站项目主管）、6 名专职社工、4 个志愿者团队。其中，站长是街道社会事务办副主任兼任，副站长是由承接机构的项目主管担任，负责日常运营管理和社区社会组织的公益创投工作。专职社工分别负责“三困”项目、品牌项目、自选项目。志愿者团队有退役军人“向阳花”服务队、“儿童志愿者”服务队、“五老志愿者”服务队、“党员先锋”服务队，这些团队保持了对社工站较强的认同感，定期参与社工站开设的专项服务工作。

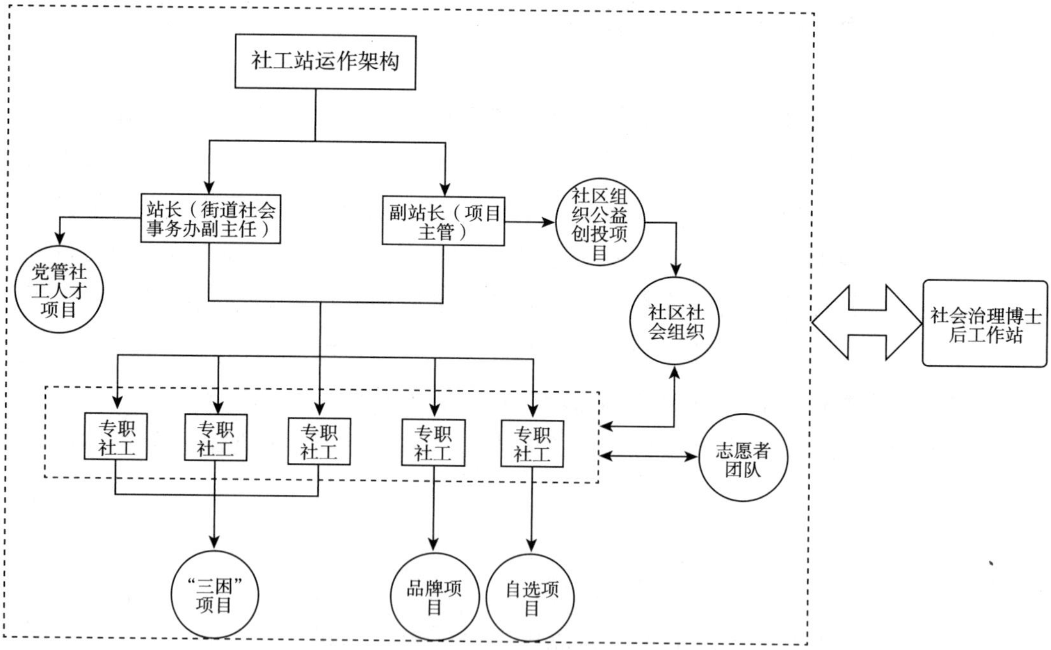

图 1　马桥街道社工站的组织结构与治理体系

（二）人才培养：3 个“1”机制

马桥社工站采取 3 个“1”人才培养机制，具体而言包括“一周一例会”“一月一培训”“一季一比赛”，依托社会治理博士后工作站邀请高校及其实务专家，围绕社工的表达能力、交往能力、专业知识、政策理解、服务技巧等多方面综合性开展培养工作。

具体而言，“一周一例会”指的是社工站每周都要召开例会总结反思一周以来的工作，包括实务中的实践反思、自身遇到的困惑等，通过反思实践和解答问题，提升实务进程的反身性。

“一月一培训”指的是社工站一个月至少要进行一次内部培训，内容包括开展主题讲座和读书会，以期通过讲座读书的形式提高社工的理论水平。

“一季一比赛”指的是“赛蓝图”“赛能力”“赛进度”“赛成效”，通过比赛激励社工把理论知识和实务技能运用于实践，全方位提高社工的个人能力。

六、社工站典型服务项目和服务案例

（一）“三困”项目：社工站特色服务项目

马桥街道社工站为了保障社会工作者能够切实发挥自身专业效能，将服务对象确定为困境老人、困境儿童、困境家庭，秉持“项目制”实践方式将服务对象归口特定社工管理，但各个社工同属于“三困”项目组，彼此互联互通并寻求协同干预。为保障社会工作服务实践的精准性与专业性，进一步根据困难紧急程度将服务对象划分为红、橙、黄三个等级，并分别制订了一套体系化、操作性的干预方案。为保障困境群众的生计发展权益，社工站、街道社会救助部门和城乡社区工作者形成了一套长效沟通合作机制，采取“个案管理”方法共同开展服务。针对该部分群体的服务可分为社会救助、社会政策、社会服务三个方面。社会救助指的是社工站社工会对遭遇突发灾害状况的家庭、个人或者遭遇重大疾病的个人积极链接资源，为其开展物质帮扶。社会政策指的是社工在提供服务的过程中积极宣传党和国家的有关社会政策，对符合政策条件的服务对象将其纳入社会政策，享受社会政策所提供的服务。社会服务分为基本服务和专业服务两个方面，基本服务指的是日常的探访关爱服务，以期发现潜在问题和风险；专业服务指的是社工发挥专业特长，来描述、诊断案主情况，设计出综合心灵疏导、社会融入、法律援助、危机介入、能力提升、家庭教育、关系调适等方面的服务方案，并协同其他主体寻求系统型社会工作服务。

（二）心系“雏鸟”，快乐助飞——困境儿童个案

1. 个案基本情况

小沈（化名），男，16 岁，家庭经济条件殷实，父母都有一份不错的工作。小沈出生的时候因母亲难产导致其脑部受损，智力发育迟缓，语言功能低于该年龄段应有

的水平，具体表现为语言表达不清晰、记忆力差等。由于小沈智力上的先天缺陷，导致父母一方面对孩子抱有一种“愧疚感”，表现为在物质上尽量满足孩子的一切，在生活上尽量“包办”孩子一切；另一方面潜意识中为自己的孩子贴上“啥都不会干”的标签，且由于“家丑不可外扬”的思想，小沈父母除了带小沈去培智学校外，几乎不带他去其他地方。平时由于父母工作比较忙，因此小沈与奶奶相处时间比较多。另外，小沈还有一个小学三年级的妹妹，小沈和妹妹之间偶尔会吵架，但是大多数情况下小沈会谦让妹妹，妹妹也并没有因为哥哥生理状况特殊而区别对待他，兄妹俩的关系总体上来说比较融洽。

2. 服务开展情况

此个案是马桥街道社工站的社工在走访社区困难群体的时候，先锋社区的书记主动联系社工，反映该社区有一位困境儿童小沈因为先天智力缺陷缺少精神上的关爱帮扶，急需社工的介入。社区书记和小沈母亲进行沟通，在社区书记耐心讲解后，小沈母亲同意了社工上门为小沈提供服务。

社工第一次上门是由社区书记以及小区民政员陪同的，这就为社工“进场”提供了极大的便捷，拉近了社工和服务对象家人之间的距离。第一次会谈很顺利，社工与小沈奶奶建立了良好关系。

社工与小沈家人良好关系的建立充分发挥了社工站自身所具有的优势——社工站本身是由政府打造的，社工正是利用了居民对社区书记的信任感与服务对象之间建立了良好关系。

社工从生理、心理、社会、环境四个方面，对服务对象的问题进行了预估，发现其生理上由于智力发育迟缓导致父母对其百般关爱，从而限制了小沈自主能力的发展；心理上由于不怎么与人交流导致其性格内向；社会方面，小沈没什么朋友导致其不自信；环境方面由于小沈生活范围小导致他社会交往网络范围小，语言交流能力差。

社工制订服务计划，运用增能理论从家人观念的转变、生活自理能力的提升、社会交往网络的改善三个方面介入，通过近 5 个月持续服务有效改善了小沈的生活状况，具体表现为父母愿意放手让小沈尝试做生活中简单的一些事情，小沈也学会了做生活中的一些简单事务，如倒热水、倒垃圾、写一些简单的汉字等。小沈还通过参与社区活动与人交流、表达自己，认识了新的朋友等。

七、社工站运营服务反思

（一）本土化：嵌入地方情境的社会工作专业实践

马桥街道有着本地独有的方言、生活风俗与习惯等，若聘请外地社会工作机构的外地社工，由于语言、风俗等诸多方面的不同可能导致其无法深度嵌入马桥居民的日常生活，服务的有效性难以得到保障。因此，马桥社工站所聘请的社工大多是本地人，并通过外部专家督导，不断提升其专业能力。这支本土化队伍了解马桥风土人情，且会说和能够听懂本地人的语言，有着自己的交通出行工具，再加上外部督导的培训指导，为马桥街道居民提供专业化的社会工作服务。

（二）体系化：统筹实现社会工作的多重专业职能

社工站担负着综合多元的职能，社工站内部管理需要有体系化的运营机制、规章制度，支撑治理效能的持续实现。首先，常规化、稳定化的专业社会工作人才队伍在街道驻扎，并与村（社区）联结，加上“外部督导+本土化培养”的模式，社会工作服务趋于稳定。其次，服务内容的体系化使社工站和政府各个部门形成了分工与合作的关系。“1+2+3+X”模式实现了对社会困难群体、社会边缘群体兜底保障，在此模式中，政府从顶层设计了社会救助体系，社会工作者则扮演政策递送者的角色，运用其专业知识服务于社会困难群体，深度参与基层社会治理。最后，基层社会治理网络的体系化。社工站通过“组织、服务、营造”的方式积极链接资源，联结辖区内社区社会组织、退役军人、党员、群众等不同主体，共同服务于马桥基层社会治理，构建了马桥基层社会治理多主体协同治理的网络。

（三）专业化：持续提升社会工作者的专业实践效能

为保障服务质量，社工站还需不断提高专业化服务能力。首先，需要充分发挥社会工作督导的重要作用。督导对于提高社会工作实务水平具有重要作用，一方面为其提供高水平实践的行动典范，另一方面也有助于依据理论说明、现场指导，为社工注入专业理念推进自我反思。其次，迈向反思性社会工作实践。社会工作者在进行实践时面对的是一个多变、复杂、不确定性的实践环境，社会工作者需要不断复盘自己的项目，对自己的实践角色、实践过程以及实践结果进行不断的反思，从自身的实务经验中提炼出属于自己的一套个性化实践知识和实践智慧。最后，形成常态化的内部学习机制。社工站要开发出一套日常内部共同学习机制，建立起共同的学习平台，在集体的研讨、反思中不断启迪自己的智慧，在共同的学习讨论中不断进步。督导体系、反思性实践和内部学习机制三者目标都是促使社会工作者的服务不断迈向专业化。

“增整拯正”工作法助推居民自治

——浙江省绍兴市上虞区百官街道社工站运营与服务

张露娜　季宏霞　杨　燕[①]

一、社工站和服务地区基本情况介绍

百官街道社工站位于浙江省绍兴市上虞区百官街道南丰社区中心辖区内，依托南丰社区社会组织服务中心阵地开展运营，内设社会组织功能室、社会组织孵化室、社工服务室、心驿邻里辅导站、红色议事厅、多功能室等功能区块，为党组织、社会组织和居民提供便民惠民服务。

社工站自 2020 年 4 月由上虞区民政局通过政府购买社会服务引入第三方社会组织——上虞区天宜社会工作服务中心（以下简称天宜社工，后更名为“绍兴市上虞区求义社会工作服务中心”）承接运营，2020 年 6 月正式挂牌成立街道社工站，根据省市区级建设要求启动运营。

百官街道地处上虞区中心，是上虞区人民政府所在地，是全区政治、文化、商贸中心。街道区域面积 40 平方千米，辖 9 个行政村、27 个改居村、20 个社区，共有人口 25 万（常住人口 20 万）左右。街道建有党组织 325 个，共有党员 5832 名。

虽为上虞区中心，辖区范围内基础设施完备且现代化，但百官街道的小区多数为拆迁安置小区，即俗称的“农转居”小区，小区人口结构具有复杂性，是农民与市民、本地与外地、流动与常住等多类人群的融合，他们在思想观念、生活习惯、经济条件、社会关系等诸多方面差异明显，在一些生活细节处理上容易发生冲突，进而引发矛盾，很多居民仍存在“村民”变“居民”的适应障碍。社工站通过为期 2 个月的前期需求调查发现以下现状：其一，社区长者数量占 1/3，有大量退休人士，他们闲来无事每天搬着自家板凳坐在小区门口，看着人流车辆来来往往，偶尔闲谈时事，更多的时候相对无言；其二，有一群热心跳广场舞的阿姨每晚在小区商户门口的石砖路上跳舞，经常会被绊倒扭伤脚，不同舞种的团队甚至会发生口角，以及争先恐后抢占优势地盘；

---

① 张露娜，台州市天宜社会工作发展中心总干事；季宏霞，绍兴市上虞区天宜社会工作服务中心主管；杨燕，绍兴市上虞区天宜社会工作服务中心项目干事。

其三，儿童青少年放学后满大街乱跑，或者回家看电视看手机玩电脑，家长们反馈想带孩子做亲子互动、想做志愿服务却无处可去；其四，有一群热心居民对小区门口没有石凳、路灯不明等问题有所抱怨，希望社区解决此事；其五，辖区内社区社会组织数量不少，但缺乏项目化的运作思维，各做各的社会服务，彼此之间以及和社区之间无关联和黏性；其六，居民对社区公共服务的需求巨大，比较偏好社区提供更多聚集性、群体性的活动。社工站作为服务居民“最后一米”的角色定位，在丰富居民生活、促进社区融入、缓解社区矛盾、提升居民自治能力，从而营造邻里互助的社区氛围方面大有可为。

二、社工站基本定位和运营机制

上虞区民政局出台《关于明确乡镇（街道）社会工作站建设要求的通知》，明确社工站是开展社会工作的基层综合型服务平台，参与打造基层社会治理共同体。具体围绕“1 + 3 + X”的模式开展社会工作服务，其中“1”是指以党建引领为核心；“3”是指在社会救助、社会事务、社区治理、养老服务、儿童服务等工作领域中任选 3 项开展社会工作专业服务；“X”是指结合乡镇（街道）实际，确定若干重点服务对象和服务内容，探索拓展多领域的社会工作服务。该文件明确要求落实购买经费，社工站服务项目所需经费原则上由乡镇（街道）负责，平均每年购买经费 30 万元；区民政局根据社工站星级评定标准每年给予 8 万 ~ 12 万元的运营建设补助。

百官街道社工站运营初期，从当地居民的社会服务需求出发，通过实地走访及问卷调研的方式，确定了相关服务领域，按照“1 + 3 + X”的模式积极开展社会工作服务。其中“1”是指以党建引领为核心；“3”是针对退休居民乐享社区生活、新居民加速社区融入、居民骨干发挥自治能力的三方面需求开展“虞爱同行”社区邻里融合服务；“X”是通过启动“虞之为伴”社会组织培育孵化服务和“虞英荟萃”社会组织能力建设服务提升上虞区社工专业素养，提高社会工作服务能力，打造专业型、创新型社会工作共享共建平台。社工站每年配备运营经费 49 万元，服务主体面向社会各个群体，实现社会群众共同参与，方便、有效地满足辖区内不同人群的需求，促进社会工作服务往深入方向发展，全力营造社区融合共进的和谐氛围。

三、社工站服务体系设计和服务开展情况

百官街道社工站作为首批街道社工站，在上虞民政部门和街道领导支持下，以“一核、五社、4 + X”为主线，坚持以民为本和创新开放的基本原则提供服务。“一核”指以“党建引领”为核心，“五社”指“五社联动”为基础，“4 + X”指四类社区组织——社区社会组织服务中心、社区居家养老服务中心、社区平安共同体、社区社会工作站为依托平台驱动 X 类服务，包括社区服务类、社区治理类、文化类、慈善

救助类、其他类服务，构建区组织孵化平台、社区社会组织孵化平台、街道组织孵化平台为核心的三级联动管理服务体系，形成发展有序、覆盖广泛、布局合理的社区社会组织体系，为全区4200余家社会组织和广大居民提供服务。

社工站启动至今，在坚持党建引领的前提下，善用四类社区组织的平台和资源优势，联动街道、职能部门、辖区内共建单位、企业、爱心人士和其他社会组织，共同参与街道基层治理。根据前期需求调查，社工站启动若干服务项目。

（一）“虞爱同行”社区邻里融合服务

利用社会组织服务中心各功能室，开放预约使用制度，整合调动各类文化资源、开设丰富多彩的社区文娱康乐服务，吸引居民走出家门、参与服务、增加合作，提升社区参与度和自治能力，促进多元基层治理格局的建设。项目共开展64场社区融合活动，组建社区备案型社会组织1个，举办居民议事会议3场，调动逾半数居民参与居民公共事务，最终为小区争取到政府资金设置石凳、改造路面，方便居民活动。

（二）启动“虞之为伴”社会组织培育孵化服务

为上虞区初创型或有督导优化需求的社会组织提供孵化服务，协助备案和登记、一对一的咨询和辅导、持续性的督导服务、量身定制的机构发展规划等，助其尽快实现专业化、规范化、效能化运作。项目共扶持机构4家，提供个别督导48小时，协助其顺利度过初创期，取得运作经费，打造品牌社会服务项目并良性运行。

（三）启动“虞英荟萃”社会组织能力建设服务

针对上虞区的社会组织、社区领袖、社工、社区工作人员及骨干志愿者的需求，通过专题讲授、小型论坛、小组讨论、沙龙、现场观摩等形式，进行系统性的能力建设，定期为其提供战略规划、项目设计与管理，提升其项目及组织运营能力。至今开展能力建设10场，社工站系列工作坊5场，针对服务对象需求展开点对点服务，助力上虞区多家社工站携手发展。

四、社工站人员配备和人才培养

根据上虞区民政局与区财政局《关于明确乡镇（街道）社会工作站建设要求的通知》要求，按“1+1+3+30”的要求配置社工站工作人员，即设站长、副站长各1名，专职社工3~5名（其中持证社工不少于3名），志愿者不少于30名，并要求专职社工具有大专及以上学历、年龄在40周岁以下。目前，百官街道社工站设有专职社工3名，均为助理社工师，配有社工督导2名，分别为高校社工系副教授和工作经验逾10年的资深社工，每月固定前往站点开展督导工作，确保服务的专业有效开展。

百官街道社工站人才培养模式为“统一受训、一对一督导、中心主任负责制”。社工站承接机构天宜社工内部设有完善的员工培训制度，所有员工接受人力资源部门的统一培训，开展社会工作概论、社会工作伦理价值观、家访技巧、活动设计和执行、社工站的服务定位和设计等至少三天两夜的入职培训。再根据社工站所开展服务领域和机构督导擅长领域匹配，为每名社工配备 1 名专业督导，定期予以线上线下支援工作。社工站副站长即受委托机构站点中心主任，接受机构总干事直接带领，实时予以行政、教育、支持功能督导，每月召开中心主任会议，每季度召开项目推进会议，每年开展退修会予以心理和专业上的支持，全面提高中心主任服务能力，协助其更好地带领团队开展高品质的社会工作服务。

五、社工站典型服务案例

“增整拯正”工作法助推居民自治

——以“虞爱同行”梁江家苑社区融合项目为例

绍兴市上虞区梁江家苑小区是一个拆迁安置小区，2500 名居民从梁家山、黄泥坝、横江搬至此处，从平房住进了高楼，从“村民”转变成“居民”。虽然居住条件较以前有了改善，但随之而来面临的是对周边生活区陌生、出行方式不熟悉、生活习惯差异大、现代化设备难掌握等问题阻碍了居民新生活的开展，甚至制约了他们的日常出行和社交，严重影响了推进现代化社区治理的进程。正值上虞区创建省级社区治理和服务创新实验区，在梁江家苑小区正对面建成“南丰社区中心”，融合社区党群服务中心、政务服务中心、商贸休闲中心、社会组织服务中心四个中心，以“推进社区综合体建设，打造城市社区 15 分钟服务圈”为实验任务，引进社会力量——天宜社工参与乡村振兴战略，推动农村社区建设提档升级。针对以上在梁江家苑发现的社会问题，天宜社工启动“‘虞爱同行’社区融合项目”，通过“增整拯正”工作法增加居民对社区的认识和归属感，激发居民潜能，培养自治能力，促进社区融合和基层治理。

（一）增加普惠公共服务——聚人心

社工通过 2 个月的小区走访和观察，发现居民对公共服务，尤其是公共文化服务的需求巨大：老年人每天扎堆坐在小区门口，看着往来的人流车辆静默无言；跳广场舞的阿姨在小区商户门口的石砖路上跳舞，经常会被绊倒扭伤脚；儿童青少年放学后满大街乱跑，或者回家看电视看手机玩电脑；家长们想带孩子做亲子互动却无处可去。因此，社工策划、组织和展开了社区义诊义剪、“童趣”儿童运动、“书邻”亲子手工坊、“手作之美，汇聚南丰”妇女手工等服务，吸引居民走出家门，会聚在一起，彼此熟悉和合作，不仅丰富了居民的日常休闲娱乐生活，更是让居民认识、了解和接纳社工，从而为后续招募和培养志愿者、合作伙伴和社区骨干奠定情感基础。

（二）整合多元社会资源——惠需求

随着居民需求的不断扩大和深化，仅凭社工所能提供的公共服务已难以满足需求，社工开始发挥“资源链接者”和“倡导者”的角色，挖掘有潜能有特长的服务对象从“服务享受者”变为“服务提供者”；鼓励骨干志愿者、有特长的志愿者和社会爱心人士成为普惠服务的提供者；联盟爱心企业和商家，通过天宜的平台提供无偿的公益服务，营造公益奉献的社会文化。自从 2020 年 4 月项目启动以来，社工开展了 60 场活动，累计服务 1185 人次，服务对象年龄层次不断增加、领域不断扩大，拓展了绘本馆、早教馆、新华书店、供销社、舞蹈机构、春晖中学、浙师大附中等多种合作资源，实现资源的优化配置和整合，切实有效地满足了社区居民的多元需求。在满足小区居民被服务需求的同时，社工重视在活动中发掘居民骨干，引导居民自治意识，带领他们增加对小区的观察和参与，说出自己的建议，逐步发挥居民在社区治理中的主体作用。

（三）拯救特殊群体——同攻坚

要促进真正的社区融合，则所有居民的福祉都不能少，尤其是小区内特殊群体的权益。社工带领社区骨干、居民参与者和社区志愿者对小区内的特殊群体开展探访和关怀，了解他们的所需所想，尝试共同解决他们的实际需要。如对小区内的独居老人，定期上门探访和慰问，动员邻里不时敲门关怀，给予生活上的帮助；对不会坐电梯不敢出门的老人，陪伴他们多次出行，并耐心教授注意事项，协助他们可以走出家门；对家有病患的家庭，带着医务志愿者上门走访，给予情绪疏导和专业建议；对家有幼儿的家庭，提醒做好门窗防护，保护好未成年人社区安全……在一次次的守望相助中，小区居民前所未有地团结和协作，对自己所在的小区加深了认识，增加了归属感和责任感，开始萌生如何让小区更和谐美好的想法和建议。

（四）正向引导社区治理——促自治

2020 年 10 月，梁江家苑第一个备案型社区社会组织——星雨舞蹈队成立，陈阿姨担任队长，专业志愿者何老师担任指导顾问，居民骨干 12 人，队员 24 人，每周四下午固定开展团队活动。他们主动对接社区，表达需要借用社区室内场地和希望维修户外场地的需求，得到了社区的鼎力支持，并推荐他们参与文化下乡服务。

2020 年 12 月，社工组织了一场居民自治茶话会，社区书记、小区业委会主任、社区工作者、居民骨干和普通居民自发前来，共 13 人共话当前小区面临的问题。电瓶车充电隐患、门禁设施不完善、垃圾分类难实施、健身设备破损等各种治理问题摆上台面，居民们集思广益，采用开放空间方式探讨社区问题，民主决议后续跟进措施，并主动进行责任分工，制定工作开展顺序和清单。

“增整拯正”工作法先通过公共服务让居民走出来，聚在一起，享受服务的同时唤醒他们对小区的关注和责任，再带领居民共同参与小区困难人群的帮扶工作，在帮助他人的同时产生使命感和归属感，再调动居民潜能和积极性协助他们自己解决小区的治理难题，从行为上、观念上和目标上推动社区的融合和居民的自我管理，实现了“助人自助”和“基层自治”的有效实践，促进了“环境宜居宜业”“社会和谐和睦”“公共服务普及普惠”。

项目实施一年后，通过第三方问卷调查评估显示，71.5%的居民对活动场所环境非常满意，77%的居民对社区中心的建设非常满意，64%的居民参加过社工组织的活动，且96%的居民愿意向他人宣传该服务，“虞爱同行”梁江家苑社区融合项目取得初步成效。

六、社工站运营的专业反思

基于社工站的实际运营情况，对站点的建设和运营有以下的总结反思。

（一）坚持需求导向，因地制宜做服务做品牌

社工站运营初期，采用文献法、观察法、访谈法、问卷调查法和讨论法收集和整合地方资源。走访服务辖区内的相关政府部门、街道办事处、村/社区委员会、社会组织、文艺骨干等，建立初步合作关系，了解其建议和需求。对辖区内的公共服务供给单位予以整合、梳理，绘制“人文地产景”社区资源图，掌握辖区内的人口和产业的数量及分布、经济文化水平和特征，初步分析得出居民需求，设计社会工作服务方案。无论在何地开展何种服务，社工站始终坚持“需求导向”的根本原则，立足需求分析和自身优势量身定制服务方案，并结合当地特点打造服务品牌，保证服务的可操作性、有效性、本土化和品牌化。

（二）坚持党建引领，党员发挥先锋模范作用

党建工作“为人民服务”的根本与社会工作“利他主义”精神有异曲同工之处，党建工作也是最基础的社会工作，党建引领社会组织参与社会治理，可以起到事半功倍的作用。党组织强大的号召力，党员的先锋模范作用，都可在社会工作服务居民时起到“敲门砖”“定心丸”“助推器”的作用。因此，社会组织应该且必须坚持党建引领，努力争取“社工党员化”“党员社工化”。

（三）坚持专人专事，三大工作手法参与治理

社会工作不同于其他专业，在于它坚持“平等、尊重、个别化、接纳而非批判、

以人为本、助人自助”等核心价值观和理念。在该专业价值观的指引下，社工站必然坚持做社会工作专业服务，运用社会工作个案、小组、社区三大工作手法，多管齐下，助力基层治理，只有坚持专业化、本土化和职业化，社会工作站才能真正发挥其助力民生的作用。

（四）坚持纵横连接，多元合作引导社会参与

社工站有效联动党委政府、职能部门、商家企业、爱心人士和社会组织，实现资源的优化配置和整合，将有限的资源投放到最需要的地方去，发挥好“桥梁”和“黏合剂”作用，将有志于营造正向社区氛围的各单位部门人员捆绑在一起，形成公益伙伴联盟，实现社会影响最大化、社会效应最大化，共建“我为人人，人人为我”的和美社会。

（五）坚持人才兴业，培育本土社工专业人才

社会工作站服务的有效实施和推广最重要和关键的因素还是人，尤其是专业的社会工作者，因此持续的人才培养十分重要。百官街道社工站建立“个人督导 + 小组督导 + 专业培训 + 服务反思会”的形式，促进一线社工不断提升自己的实务经验和能力，提升他们的服务胜任力，亦是促进项目成效更好实现的条件。

打造“以儿童为中心”的韧性社区发展共同体

——贵州省铜仁市碧江区正光街道社工站运营与服务

吴满纯[①]

一、社工站和服务地区基本情况介绍

贵州省铜仁市碧江区正光街道社会工作和志愿服务站（以下简称社工站）成立于2020年7月，在相关部门的支持指导下，引入深圳市龙岗区龙祥社工服务中心（以下简称龙祥）专业团队，为易地扶贫搬迁群众提供专业社会工作服务，组织开展志愿服务，发挥社会工作和志愿服务在脱贫攻坚、乡村振兴和社会建设中的积极作用，面向正光、打角冲两个社区提供服务。

走进安置社区，房屋崭新规整漂亮，道路宽广，人来人往，洋溢着新生活的气息。与此格格不入的是，无进出管理的社区路口，胡乱穿梭的车辆，刺耳的喇叭声，在机动车道穿梭的孩子们……这一幕，就是社工刚刚入驻社区开展服务时经常看到的场景。

通过摸底调研，社工发现辖区有6479户困难家庭，社区常住人口为儿童、老人，一个家庭的儿童数量为2~6名不等，绝大多数为留守儿童、困境儿童。家长忙于生计无暇顾及孩子们，孩子们经常独自在马路上和楼道间嬉戏玩耍。为进一步了解辖区儿童的服务需求，驻站社工深入社区开展了为期一个多月的社区调查，发现儿童在社区生存、社区安全、社区融合等方面均存在较多问题。

二、社工站基本定位和运营机制

（一）基本定位

基于以上背景分析及正光街道辖区常住人口的特质，驻站社工通过建设正光街道社工综合服务平台，开放公共服务空间，开展“以儿童为中心”为主线的服务介入，让儿童家长与儿童同步参与学习。以儿童服务为切入点，培育儿童和家长社区安全志愿服务队，多方联动共创儿童安全友好社区。在服务实践中以小志愿者队伍建设为

---

① 吴满纯，深圳市龙岗区龙祥社工服务中心副总干事。

"线"，发挥"五社联动"力量，将各领域专业服务"串联"起来，融合开展社会融入、社会救助、养老服务、留守儿童关爱、基层社会治理、社会事务六大领域社会工作服务，打造以"儿童为中心"的韧性社区发展共同体，促进新居民更好地融入城市社区空间，打造安置社区儿童安全样板工程。

（二）运营机制

龙祥社工结合易地扶贫搬迁社区服务运作实际需求，建立《社工服务站项目工作运行流程与标准》，涵盖社工站的服务设施、人员配置、服务内容、服务流程、运行管理、评价监督等内容，完善社会工作专业投入和服务规范，逐步规范健全社工站运作的保障制度。在社工站运营管理中，特别明晰区民政局、街道办事处、社工机构及社工服务站等主体的责任与义务，在服务运作层面重点明晰"五社联动"利益相关方的工作重点，为服务落地提供保障。

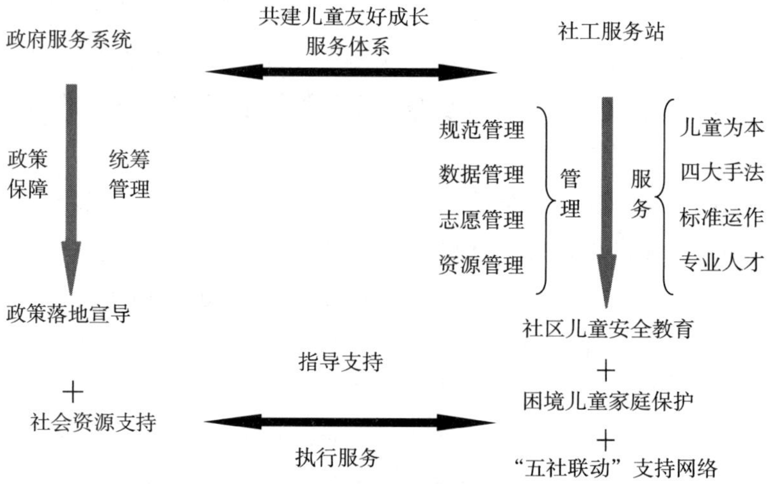

图1　以儿童为中心的社工服务站运营机制

三、社工站服务体系设计和服务开展情况

（一）"以儿童为中心"的服务理念

实践中发现，正光社区常住居民主要是老人和儿童，老人主要是担任照顾孩子的角色，因此在社区"以儿童为中心"开展儿童工作，很大程度吸引了儿童家庭和社区组织的关注。让儿童的声音更能被听见、儿童的行动更能被看见，儿童不仅是社工站的服务群体和受益群体，更应该成为社工站不可或缺的合作伙伴，应不断引导儿童参与核心角色。

（二）服务体系设计

搭建以“儿童为中心”的圈层服务体系，以点带面推进社工站的整体服务落地。在服务推进中，通过各主题儿童安全嘉年华活动，采用开放的服务空间，让儿童家长与儿童同步参与学习，以儿童服务为切入点，培育儿童和家长社区安全志愿服务队，发展居民兴趣团体，多方联动共创儿童安全友好社区，促进美好社区发展建设。

1. 核心圈：儿童安全教育主题嘉年华，带动社区多群体关注

该层面服务聚焦儿童安全成长，面向社区儿童大范围多场次开展交通、食品、居家、防拐等各类安全主题嘉年华，活动基于儿童视角并融合科学、艺术、创意等元素，通过游戏体验的方式吸引儿童的参与，并将活动设置在社区广场等人流量大的公共空间，以儿童参与活力，不断引导社区居民共同关注社区儿童安全。

此外，针对社区困境儿童安全保护议题，社工还策划实施“小鬼当家”困境儿童保护项目，以训练营的方式，增强困境儿童的自我保护意识、生活自理能力，提升其日常生活中自我保护和危险防范的能力，并为有需要的困境儿童家庭提供个案服务，深度援助儿童生存与发展。

2. 守护圈：组建社区儿童安全护卫队，以在地力量守护儿童

该层级服务聚焦社工培育和联动社区志愿服务力量，组建“儿童志愿者＋家长志愿者＋社区志愿者”等多元主体组成的社区儿童安全护卫队，对志愿团队培训、团队建设、人员管理、服务时数登记等方面进行规范管理，培育在地志愿力量。组织护卫队开展社区观察、入户探访，发现社区存在的安全隐患，及时记录上报。对存在隐患的家庭提出改善方案，积极寻找资源，对安全隐患进行有效介入。

在服务中社工发现，单靠几次活动难以在根本上提升社区居民的安全意识，组建一支社区志愿者队伍显得特别关键。秉承着儿童为本的服务理念，社工站开始组织小志愿者服务队，以儿童的视角去探索社区问题，再以儿童服务切入回应社区的需求，影响儿童家庭的生活观念和方式，以儿童的成长促进社区改变。首期活动得到社区20余个儿童家庭的积极响应，社工对小志愿者进行志愿服务知识与技能培训，带领小志愿者走访社区，发现社区安全问题，一起寻找解决问题的办法。目前，已组成有69名活跃成员的“萤火虫”小志愿者服务队。

随着社区儿童安全活动的深入，小志愿者服务队的服务从社区公共空间延伸到入户探访工作。服务队发现社区独居老人和留守儿童的居家安全问题特别值得关注，为此社工站纳新青年志愿者一同参与居家安全志愿服务活动，并邀请消防队队长对小志愿者和青年志愿者进行居家安全知识的培训，“小手拉大手”一同进行社区居家安全排查服务。一年间，志愿者已为15个家庭提供居家安全排查及环境改善服务。他们的行动也从对社区儿童安全的关注延伸到社区环保等服务的参与。

3. 支撑圈：从儿童到多群体兴趣团，发展联结社区共同参与

在儿童志愿服务参与的引导力下，带动更多的家庭走出家门、走进社区，参与社区公益服务活动，从传统节日到民俗文化的挖掘，形成“儿童为中心”的社区文化共同体意识。

一是以社区为平台建设儿童公共空间。一方面，搭建“街道社工站—社区服务中心”两级服务空间双向联动平台，在正光社区植入品牌项目“安全号列车”产品服务，将安全知识进行长效扩散；另一方面，社工站联动辖区“四点半课堂”等儿童服务阵地，提供象棋、书法等兴趣成长类活动，为儿童提供安全有趣的社区公共活动空间。

二是民俗文化联结多群体协同参与。随着活动影响的扩大，儿童服务也得到社区老年人的关注与支持。社工鼓励儿童从被服务者逐步转变为服务提供者，回馈和支持社区的老年群体。社工们发现，在正光社区这个多民族群众会聚的新社区，居民有着共同的“金钱杆”文化，于是社工以搬迁社区的民俗文化传承为切入点，策划实施了“金钱杆·心桥梁”社区融入计划，通过培育老年文体志愿队骨干人才，支持社区老年人参与公益服务。如此一来，社区志愿服务力量发展涵盖了老中青多个群体。

三是链接多方资源扩大社会支持网络。一方面，社工站积极联动社区、本地社会爱心人士等多方力量关注困境儿童安全，助力困境儿童家庭新社区生活的过渡、融入与发展；另一方面，社工站把视角转向了省外，发挥资源链接和整合优势，开展“深黔益行”系列捐赠活动，从深圳筹集儿童生活用品、童装、文具、玩具等爱心物资改善困境儿童生活，进一步扩大儿童成长社会支持网络。

（三）服务开展情况

基于龙祥社工儿童安全服务经验及正光社区儿童安全服务需求，龙祥社工从儿童视角出发，圈层推进社区安全服务和行动，探索基于儿童安全的社区参与式联动服务发展路径。2020 年 7 月至 2021 年 6 月，正光街道社工站共开展社区活动 18 场、志愿服务 111 次、小组活动 16 个（共 81 节）、个案 106 个，共服务搬迁居民 6898 人次，服务覆盖正光社区和打角冲社区两个易地扶贫搬迁安置点。

服务中，发挥龙祥社工资源整合优势，开展“深黔益行”系列捐赠活动，筹集儿童被子 30 床，儿童枕头及枕头套 30 个，童装 200 套，儿童保温杯 90 个，彩笔、笔袋等文具 112 件，米、面、油等 75 份，以及儿童玩具若干，累计 5 万元爱心物资投入使用。社工站积极联动社区、社会爱心人士等多方力量关注困境儿童安全，助力困境儿童家庭新社区生活的过渡、融入与发展，将儿童成长社会支持网络扩大。

社工积极发挥联合社区、社区自组织、社会组织、社会资源的联动作用，联结社区党政部门儿童服务平台建设的优势力量，发挥社区志愿者就近支持社区困境儿童家庭的优势，通过社工机构调动社会组织的社会资源整合力量，“五位一体”为安置社区

儿童安全成长保驾护航。

四、社工站人员配备和人才培养

（一）社工站人员配备

在实际调研中，龙祥社工发现社区存在服务群体大、服务对象分散等客观问题，为满足工作开展需要，正光街道社工站以本土人才为核心，重点招聘贵州籍社工专业人才，配备1名具有5年社工服务经验的项目主管担任社工服务站站长、1名在地本专业社工人才、2名本土青年社工助理。在龙祥党支部的支持下，委派党员社工督导为项目督导，项目督导对社工站工作质量进行管理。

（二）人才培养特点

社工站运营第一个年头人才培养重点需要突破组织协同、团队协作、专业增能、人才成长四大问题，让服务团队具备政策文化基本意识，共创团队工作向心力，掌握适切急需的专业技能，帮助社工找到未来的专业发展位置。在具体运作上，通过集体督导、个别督导、专题训练、团建历奇、参访游学等方式，协同“执行督导 + 专业督导 + 评估督导”多维度行动支持的方式，为驻站社工提供专业支持。

五、社工站典型服务项目和服务案例

（一）服务项目：“小鬼当家”困境儿童保护项目

正光街道社工站针对社区留守、困境儿童安全保护议题，策划实施“小鬼当家”困境儿童保护项目，重点培养儿童自我保护能力，围绕儿童居家安全、食品安全、防拐安全、防性侵保护、家务能力、理财规划等角度开展集中训练，以增强儿童的自我保护意识、生活自理能力，提升其日常生活中自我保护和危险防范的能力。项目服务内容主要有以下几项：

我是安全探索家：通过儿童议事的方式，与儿童一起探索社区公共空间、家庭生活、出行交通等安全议题，提升儿童自我保护的知识技能。

我是家务小能手：通过居家安全环境排查、生活物品分类管理等游戏，帮助儿童建立起注重日常居家安全、整洁卫生的生活环境的意识。

我是厨房小帮手：让孩子熟悉做饭的基本流程，学会简单的切菜方式和制作水果拼盘等；在食品安全小实验中，帮助他们了解添加剂对身体的影响和危害，引导其学会分辨相对健康的饮料、零食等儿童食物。

我是生活小财童：通过“红绿灯”游戏体验的方式，让孩子们学习生活费管理与使用的有效方法。

儿童安全嘉年华：采用嘉年华活动方式，将居家、食品、防拐等游戏活动让孩子们一站式体验，巩固提升学习成果。

（二）服务案例："滴滴侠"社区安全出行计划

针对正光社区儿童出行交通安全隐患突出问题，基于龙祥社工多年来对共创儿童安全社区的关注与实践，引入"滴滴侠"社区安全出行计划资源，举办系列社区儿童安全嘉年华活动，为社区儿童搭建开放式的交通出行安全教育体验空间。

嘉年华活动多设置在社区广场上，分设白天、夜晚、周末、暑假等不同场次，现场设童行斑马线、安全飞行棋、交通卡牌、安全标识涂鸦、手脚并用大挑战 5 个儿童交通安全游戏体验区，让参与的儿童在游戏中学习交通安全知识，累计为社区 600 多个儿童家庭开展安全知识教育。

活动参与从儿童到家长，只为让更多的家庭关注。龙祥社工相信儿童能保护自己，也相信家庭能保护儿童，开放的广场嘉年华活动，让家长们与孩子同步，为孩子的安全成长加一层保护。

从居民到志愿者，只为让更多的力量加入。每次活动社工都招募 10 个小志愿者，他们通过提前培训学习，专心致志为其他孩子提供服务，用自己的力量感染身边的人。

（三）服务案例："金钱杆·心桥梁"易地搬迁老年人社区融入计划

1. "搭台子"探索老人参与服务新路径

正光街道的居民主要来自沿河县、松桃县等地，多为苗族、土家族、汉族的居民，在这样一个多民族多文化的搬迁社区，社工发现很多老人家原来都是村里"金钱杆舞者"。基于此，社工以"金钱杆"为桥梁，以民俗文化为纽带，组织文体活动队伍，为老人搭建起一个老有所乐的平台。

2020 年 9 月开始，每天早上，社区广场"金钱杆"舞起来，老人们不分地域、不分民族载歌载舞，从最开始的十来个人慢慢地发展成为后来的 52 人骨干队伍。从正光社区延伸到打角冲社区，从金钱杆到扇子舞等，"金钱杆"成为搬迁老人走进新社区的桥梁。

社工定期组织老年文体队伍团建活动，增进队员之间的生活交流，帮助老年人在文体娱乐中重建社会支持网络，以提升社区老人的归属感和幸福感。在服务过程中，注重培养骨干力量，促进队伍发展壮大，组织社区活动中的公益演出，让老年人在社区也可以发挥余热，以饱满的精神面貌展现社区正能量。

2. "志愿力量"让老人感受新社区新温暖

基于老人普遍存在"三高"症状、骨龄老化、心脑血管等慢性疾病，社工站携手铜仁市第二人民医院、铜仁博奥口腔门诊等医疗服务队在正光社区、打角冲社区定期开展义诊活动，并为居民讲解常见病、多发病的预防知识和注意事项，针对不同病症提出诊疗建议，帮助老人养成更加健康的生活习惯。针对孤寡老人，社工站定期组织志愿者入户探访、慰问、陪伴，重点关注居家生活安全，为他们排查居家生活中的安全隐患，让老年人感受温暖和关爱。

3. “老故事”诉说老人在社区的新生活

社工以民俗歌舞会友，搭建起民俗文化交流分享平台，与中国熟人社会和人情关系的社会有了更多的契合点，新社区“朋友圈”逐步建立起来。在此基础上，社工开展了“老故事，新生活”故事小组，在故事里社工看到了老人们对未来生活的憧憬。

六、社工站运营专业反思

社工站结合社区儿童服务群体大且需求明显等实际情况，从儿童的视角出发，探索“五社联动”在安置社区中如何以儿童安全成长撬动社区服务的可持续发展。通过开展“以儿童为中心”的服务，儿童与家庭、朋辈、社区产生社会联结，带来整个家庭、社区的变化，培育出一支充满活力、生机勃勃的生力军。通过“以儿童为中心”重新定义儿童与家庭、相关利益方之间的关系，让儿童在自身增能的同时，带给家庭与社区令人欣喜的改变。

（一）儿童参与的相互影响

首先是儿童能力建设效果显著，增强了安全保护意识。参加过活动的孩子，在游戏活动体验中学习交通规则，学会了如何辨别安全隐患及如何前置避开“危险雷区”，很多服务的受益者自愿成为社工站的志愿者，仅小志愿者队伍人数就达到 69 人，他们主动把安全知识传递给身边更多的人。从发声到发生，相信儿童作为社区未来发展的主体，在与社区的互动中形成对社区的参与感与归属感，影响和改变着他们所居住的社区。

（二）儿童改变的家庭反馈

儿童家庭的态度与意识逐步觉醒。从首场安全嘉年华活动开始，儿童的安全服务得到家长的关注，活动现场有家长表示：“我们家好几个孩子，可以参加不?”“这个孩子还差一点到 6 岁，跟姐姐一起进去，可以吗?”“我们之前除了吼和叫，不知道还可以边玩边教孩子注意安全。”有的家长带着孩子现场报名参加小志愿者服务队。活动开展现场的好评，也让社工的身份和服务被看见。

（三）儿童行动的社区变化

在地居民、组织是改善社区安全隐患的重要力量，“小手拉大手”的志愿服务行动中，社工从孩子们自身关注的问题出发，鼓励孩子们发表意见和想法，倾听儿童的声音，让孩子们与社工一起探讨社区发展性问题。社工鼓励儿童力所能及地从身边的事做起，从小事情做起，以小主人翁的精神参与活动，由浅入深地培养儿童对社区的归属感和参与感。孩子们在社区生活安全方面的行动，一定程度上也影响着社区安全服务工作的推进，如放学高峰期，社区志愿者与学校联合开展交通劝导，以及社区安全巡逻、交通安全标识建设、社区岗亭服务等。

从儿童为本的视角出发开展服务的优势在于，虽然儿童存在年龄、阅历的限制，但社工也从实践中证明了，儿童作为未来社区的建设者，对于整个社区的发展具有不容小视的推动作用。这不仅是儿童自身成长的需要，更关系着安置社区的可持续发展。

动员多元参与　创新基层治理

——北京市通州区中仓街道社会工作服务中心运营与服务

王　妮[①]

一、基本情况介绍

北京市通州区中仓街道社会工作服务中心（以下简称中心）成立于2020年7月，坚持“四有四服务”党建引领、以“平安中仓、美丽中仓、人文中仓、幸福中仓”为目标，一址多用，搭建“社会动员、社创研究、能力提升、品牌建设”四个平台，开展组织培育、协商议事、社会工作、心理辅导等服务，覆盖辖区12个社区，1个商务区的87000余位居民。

中心由北京市众合社会工作事务所负责日常运营，聚焦社会问题，搭建四个平台，面向社区、志愿者、党员、社会组织、辖区单位五类群体，开展社会动员、组织人才培养、品牌项目推广、特殊人群服务等多元服务，凝聚多元力量，协同参与基层治理，构建治理共同体。

二、服务体系设计和服务开展情况

中心聚焦特殊人群生活、居民心理、组织能力提升、老旧小区改造和社区重点、难点、焦点问题，搭建困难人群服务体系、心理服务体系、组织培育体系、社会动员体系和协商议事体系。

（一）困难人群服务体系

立足低保低收入、困难残障、困难党员、军烈属家庭、空巢老人五类特殊困难人群买菜、就医和保洁需求，推出精微计划，动员社会力量为困难群体开展“小而美、真而实”的服务。

送菜上门：2020年，为265名困难服务对象上门送菜4693次。

送医上门：组建“医师+护士+药师+辅导员+工作人员”志愿服务小组，每周

---

① 王妮，北京市众合社会工作事务所项目经理。

点对点为44名困难服务对象评估健康风险、提供营养咨询、慢性病健康教育和药物滥用问题解答服务。

保洁上门：每季度为44名困难服务对象开展家庭保洁、理发等家政服务，为困难群体办实事、做好事。

（二）心理服务体系

采取“线上＋线下”调研，了解服务对象心理需求，建立专家心理服务团队，普及心理常识，缓解居民心理压力，营造社区心理大健康环境。

1. 调研评估，明确服务方向

随机调研100余人的心理健康状态，组建心理专家团，制订团体、个人心理知识普及等心理服务计划。

2. 宣传科普，传播心理知识

面向居民、社区工作者、志愿者等开展心理知识讲座、竞赛、影展、沙盘等科普宣传服务，传授沟通、心理自我调节技巧，有效缓解居民家庭、邻里矛盾。

3. 互动减压，提升治理成效

面向居民组织、垃圾分类引导队、精微计划志愿者、防疫一线社区工作者、老年人等开展心理减压和沟通技巧培训。

4. 储备增能，强化服务能力

面向志愿者骨干开展心理学理论与实操技术、共情、镜映、心理评估、家庭沟通等主题的心理培训，为中仓街道培育储备心理人才。

5. 专业服务，回应内心需求

针对有迫切需求的服务对象，开展个案咨询、沙盘推演等服务，回应服务对象内心需求，助力健康生活。

（三）社区社会组织培育体系

结合“六大委员会”职能划分，建立了12个社区207支社区社会组织信息台账。通过“金点子”“V爱中仓”实践项目，推动社区社会组织从“被动参与”向“自主服务”转变。

1. 调查走访，建立组织台账

线上问卷调研、线下走访，摸排12个社区社会组织发展现状，制订社区社会组织培育计划。

2. 组织备案，推动规范管理

整改注销、更新补录，于2020年完成207支社区社会组织的信息更新维护备案工作。

3. 组织培育，提升治理能力

结合社区“六大委员会”中心工作和社区社会组织发展需要，开展组织基本知识、团队拓展、组织领袖培养、专业服务等主题培训，提升组织参与能力，发展社区支部帮手。

4. 公益创投，推进项目化参与

发布“金点子·创享汇”主题公益创投，每年为12支社区社会组织提供经费支持，以项目化形式推动社区“僵尸”自行车、文明养犬、老旧小区改造、停车位管理等问题解决。

5. “V爱中仓”，打造品牌组织

自2021年起，每年发布“V爱中仓”雷锋月主题志愿服务，动员十几支志愿组织参与，整合近百家辖区单位资源，为周边居民开展志愿服务，获得广泛好评。

（四）社会动员体系

聚焦老旧小区改造中“社会参与不足”和“民主协商不够”问题，整合多方需求，动员成立18支“小区改造居民组织”，协商落实外窗更换、上下水改造、空调移机等居民实际诉求。

1. 明确动员任务

以北小园、新街下坡30号院、西营前街以及新城东里4个老旧小区改造需求为出发点，聚焦“社会参与不足”和“民主协商不够”问题，明确以居民骨干、居委会、施工方、设计方、物业为动员对象，以“社会动员+协商式服务”为手段，协同推进小区改造工作为核心目标的动员任务。

2. “四步”培育动员对象

（1）挖掘动员对象。通过居委会举荐、邻里推荐、入户探访、微信群征集等形式挖掘居民骨干，成立“小区改造居民组织”，摸排施工、设计、物业等多元主体需求，建立协调回应机制，引导居民关注社区公共事务。

（2）建立工作框架。结合不同改造阶段的居民诉求，建立老旧小区改造“6组1队”居民组织与遗留问题“4S”服务中心工作服务框架，征集、反馈、解决居民诉求。

（3）明确服务职能。引导“小区改造居民组织”规划组织职能，明确组（队）工作职责，推进组织运行。

（4）提升治理能力。针对施工方、物业、居委会、居民组织等小区改造相关利益方，开展入户调查、群众工作技巧、协商议事、沟通技巧培训等，提升多元主体参与小区改造工作的能力。

3. 落实动员工作

以居民需求为导向，调动小区改造居民组织、物业、施工等多方资源，回应改造中居民的多样需求。截至2021年6月底，开展通知宣传、意见征集服务24次，收集调查问卷3470份，统计居民意见需求2000余条。开展秩序维护工作54次、累计巡查达5760小时；矛盾调解工作75次，其中成功调解52次；居民组织反馈居民小区改造诉求500余条，协商并落实外窗更换、上下水改造、空调移机居民诉求150余件；开展高龄或独居老人、残障人士等特殊群体人文关怀服务57次，减少违建拆除、上下水改造、外窗更换、空调移机等改造工作对其生活造成的不便，让小区改造惠民工程更具人情味。

（五）协商议事体系

中心坚持党建引领，深入推进协商式服务，制订工作方案、搭建议事平台、培训议事技巧、开展议事会，构建中仓街道协商议事体系。

1. 出方案，定方向

建立专家智库，制订《中仓街道关于推进社区协商式服务工作方案》，明确街道协商议事体系建设的目标、原则、实施机制及操作流程，明确协商式服务方向。

2. 建平台，明定位

搭建“小院、胡同（楼门）、社区”三级议事平台，明确各级平台定位。小院级议事平台以胡同杂院为单位，用于调解邻里纠纷，讨论小院公共事务，收集、反馈小院需求、决策，接收、传达并落实上级议事平台决议。胡同（楼门）级议事平台以胡同（楼门）为单位，所有居民均可作为议事主体参与议事，用于胡同（楼门）间公共事务协商，汇总、传递小院、社区级议事平台信息。社区级议事平台用于汇总各胡同（楼门）级议事平台呈递上来的重点公共议题，结合议题内容，组织相关利益主体共同探讨社区事务。

3. 授技巧，提水平

依据居民、组织、党员、社区工作者接受能力、角色定位，开展协商议事知识普及、议事技巧讲座，提升多元主体协商能力。

4. 议实事，出结果

聚焦老旧小区改造中的上下水、停车位、智慧门禁安装、特殊人群关怀、突发事件等社区公共事务，开展协商议事会。落实小区改造宣传通知、维持秩序、引导解答、协调沟通等工作，提高居民诉求的解决率与满意率。

三、运营模式

（一）专业力量支撑

中仓街道通过政府购买服务委托北京市众合社会工作事务所运营中心，组建党建、治理、社会工作、心理、法律跨领域专家团队，面向社区工作者、社区社会组织、居民开展专业服务，多角度、多举措提升社区服务能力与居民参与能力。

（二）“中心＋社区”联动服务

建立街道、中心、社区、居民四级联动体系，促进四级体系多向反馈。一是自上而下。结合街道老旧小区改造、新冠肺炎疫情防控、社区社会组织孵化培育、基层治理创新等重点工作，搭平台、强宣传、促参与、提能力、创机制、惠民生，确保居民应知尽知、应会尽会、应享尽享。二是自下而上。针对漏水、墙面破裂、小广告、车辆乱停等问题，由社区建立第一防线，及时反馈解决。如需协助，则联动中心、街道共同参与，整合相关利益方联合解决，做到早发现、早报告、早解决。三是需求导向。搭建“线上＋线下”工作平台，构筑居民需求“连心桥”。线上采取“私人定制”模式，灵活运用“街道、中心、社区”三级网络平台，积极引导居民在网络平台上直接反映问题；线下在12个社区设置群众民情意见收集箱，集中收集汇总，实现“定点收集、定时汇总”的常态化服务模式。

（三）多元参与

坚持社会事社会办、专业事专业办原则，推进街道协商式服务，做到“民事民议、民事民办、民事民管”。强化社区支部帮手作用，以“V爱中仓”“金点子，创享汇”为主题发布志愿服务项目，招募社区社会组织、医院、高校、心理、法律等人才资源提供专业服务。

四、人员配备和人才培养

（一）人员配备

采用“专业社工＋社区工作者”服务模式，配备1名社区工作者、4名社会工作者跟进参与中心工作。专业社工负责项目设计、服务开展、服务站日常运营，社区工作者主要负责社区人员安排、街道事务型工作处理。

（二）人才培养

内部督导。中心面向站点专业服务人员实行每周一例会、每月一督导、每半年一培训培养计划，从站点服务质量与进度管理、站点日常管理、专业服务能力多方面培养站点内部服务人才。

专业培养。结合社区年度中心、重点工作，从社区工作者需求出发，链接专家老师，开展多领域能力提升培训，提升社区工作者对于社会工作的认识与参与度，推动社区工作者人才建设。

组织领袖培养。发挥社区社会组织社区“黏合剂”、社区矛盾“稀释剂”作用，开展组织管理、法律、心理、治理等多元主题培训，发布公益服务项目，组织社区社会组织参与公益宣传、服务等活动，加强组织培育发展和规范管理，促进社区社会组织由“被动参与”向“自主服务”转变。

五、动员社会力量　创新改造模式——居民组织介入老旧小区改造案例

（一）案例背景

始建于1999年的北小园小区，总建筑面积44055平方米，共有居民432户、1089人，2020年正式被纳入综合整治提升工程，改造内容包含楼本体改造和室外公共环境改造两部分，涉及上下水、外墙保温、公共空间、停车位、门禁系统等多项工程，面临改造任务烦琐复杂、居民诉求多样精细等问题。老旧小区改造作为一项惠民工程，与每位居民切身利益相关，这也为破解老旧小区“公众参与不足”问题提供了契机。为此，中心精准挖掘小区居民需求，在北小园小区创新成立“6组1队”居民组织参与老旧小区改造。

（二）主要做法

1. 听民意，促参与

（1）听民意。改造前期，社区开展走访式、网格式服务，通过微信群、直接反馈等方式收集居民对小区改造意见，发现居民前期诉求集中于对设计图、改造工期、垃圾处理、噪声、停车位、窗户样式的知晓度。

（2）明需求。基于对居民意见的分析，街道、社区总结出：老旧小区改造矛盾点主要缘于不了解改造政策、不知晓施工进度安排及设计、诉求反馈渠道单一、居民参与较少、对改造原材料存疑等。

（3）育组织。以居民需求为出发点，北京市众合社会工作事务所发挥北小园党员、志愿者、楼门长等骨干成员作用，成立“6组1队”居民组织——通知宣传组、意见征集组、秩序引导组、矛盾调解组、文明施工组、质量监督组以及志愿服务队，明确“6组1队”工作职能，确立了“一组牵头，全体配合”的工作模式。

（4）建机制。创新多元协同工作机制，推进互联共建。一是建立服务联办机制，多元共治。建立以社区为平台，街道办事处监督，专业组织、居民组织、施工方、设计方等协同参与的小区改造新模式，每周五召开“6组1队”周例会，反馈居民需求，形成议题。二是完善协商议事机制，多元共议。搭建协商议事平台，召开协商议事会议，由“6组1队”代表居民发声，协商解决策略，形成共建、共治、共享的良好局

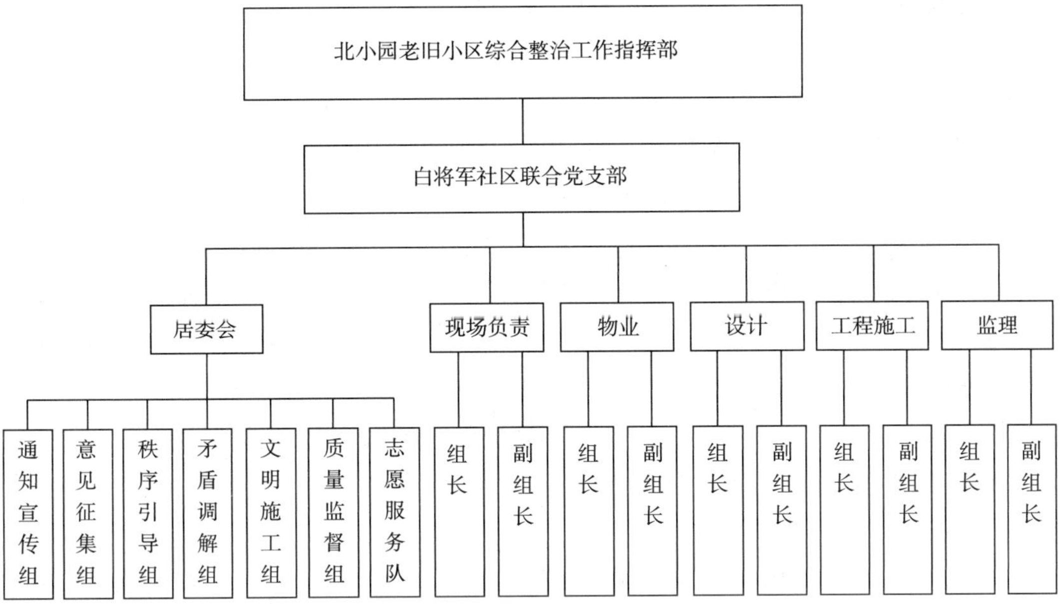

图 1　北小园小区改造多元协同工作机制

面。三是多元互联，构建信息联通机制。通过联席会议的形式，建立和完善街道、施工方、物业、设计、监理、专业组织联动机制。每周一召开联席会议，通报老旧小区改造方针、政策及最新动态，汇报小区综合整治各方实施进展情况，实现群众诉求的“上传下达”。

（5）应个需。精准识别党员户、老人小孩户、出租户、残障户、退役军人户、志愿者户和需求待回应户，通过“七彩”标识，主动回应“老街坊”个性化需求，有效助推北小园施工中的各项工作。

2. 增能赋权，提高多元协同能力

北小园小区改造中，中仓街道首次引入专业社会组织全程参与，发挥社会组织专业支持作用。

（1）搭建“6 组 1 队”框架。协助指挥部设计北小园老旧小区综合整治工作架构图，提供北小园改造“6 组 1 队”初步想法，确保做到“群众有诉求，社区有反馈”。

（2）提升组织服务能力。社会组织发挥自身和专家智库专业优势，整合北京农学院、北京工业大学、心理事务所、律师事务所、物业协会等多领域专家、技术资源，面向“6 组 1 队”开展沟通技巧、协商议事、领导能力、物业管理等督导培训，提升“6 组 1 队”服务能力，转变服务意识。

（3）助推社会影响力。以“社会动员 + 协商式服务”为手段、专业组织为依托、社区社会组织为抓手，居委会、物业、管理方、设计方、施工方、监理方、专业组织互动协商的多元协同工作机制，被学习强国平台、中国文明网等 16 家区级以上媒体报道近40次，为《北京市社会动员实施指引》提供了素材和模式参考。北小园小区改造项目被评为“北京市最佳城市更新项目”，白将军社区荣获“首都最美志愿服务社区”。

3. “6组1队”攻克难点问题

老旧小区改造是个综合复杂的工作，涉及多部门分工协作，“6组1队”助推部门间的沟通，及时参与协调工作中出现的难点问题，在攻克小区难题中发挥了重要作用。

（1）楼顶拆违的危机参与。2020年9月29日，北京突降暴雨给实施楼顶拆违施工方出了一道难题，432户居民中48户出现了楼顶漏雨，直接造成42户居民损失，其中10余人拨打12345投诉电话，施工方连夜冒雨积极采取补救措施，依旧难以缓解居民屋里进水的突发情况。凌晨时分，街道、社区、“6组1队”居民组织成员、施工方多方联动，入户走访，在一周内，多方协调缓解居民情绪，与受损居民协商一致，完成赔偿方案的制订，后期再未出现延伸性问题。截至改造完工，共拆除42处违建，3、4、5号楼楼顶全面完成了平改坡。

（2）停车位规划的基础数据获取。2021年3月，楼体内外改造即将结束，公共空间停车区域规划、活动室建设等工作陆续展开。64岁的“6组1队”成员张叔（化名），连续一周在上午10点后、晚上9点后盘点小区汽车数量，得到最多停放260辆，最少150辆的结果，为小区停车位改造提供了可靠的参考数值。

（3）留住居民的社区记忆。贴保温层时，根据设计图纸，2号楼阳台的镂空白色罗马柱需要全部封上，但群众反映罗马柱非常美观，很有建筑特色，不赞同直接封上，希望保留。意见征集组立即向社区反馈，街道相关人员及时与设计方沟通，最终决定在罗马柱处更换玻璃、加入保温层。这样，既保留了建筑原有特色，也能顺利完成墙面保温施工，得到了居民一致称赞。

（4）上下水改造中的情感沟通。5号楼花姨（化名）患病独居，是社区重点关注的“橙色”服务对象，生活不便，听说上下水改造需要入户动工，说什么也不同意改造。矛盾调解组与其熟识的成员入户探访，了解到她是因为担心噪声影响休息、亲戚家离得远才不同意入户改造。对此，矛盾调解组成员轮班将她接到自己家中看护陪伴，直到上下水改造完工。最终，整个小区432户居民全部实现了上下水改造施工，实现了小区整体管网系统的更新达标。

六、服务成效和专业反思

（一）服务成效

1. 发布“精微计划”，解决困难群众揪心事

动员专业社会力量开展以送菜、送医、理发及保洁为主的特殊群体生活照顾服务，强化社区特殊人员社会支持网络，切实为居住在本辖区的265名特殊人员提供“小而

美”的生活服务。

2. 健全社会参与机制，深化协商式服务

聚焦社区重点、焦点、难点问题，建立三级议事平台，形成以协商议事为手段、专业社会组织为依托、社区力量为重要抓手，共同参与解决问题的社会参与机制。

3. 实现社区参与转变

通过问题研究、项目研发、活动策划等方式，破解辖区内多元主体协同不够和公众参与率不高等难题，实现居民参与由被动向主动、多元主体协同由利益导向向价值导向的转变。

（二）专业反思

1. 居民参与在基层治理中的作用不容忽视

居民常年居住于社区，是对社区最为熟悉的人。社区社会组织成员作为社区中最为活跃的居民代表，可谓是社区“活地图”“万事通”，了解社区情况，且被居民认可、信服。因此，发挥社区社会组织为首的居民参与，在基层治理中的作用不容忽视。

2. 加强对特殊人群的关注

中心聚焦居民热点、难点、焦点问题，动员多元主体参与、搭建协商议事平台、建立上下联席机制，在创新基层治理机制工作方面取得了明显的效果。下一步，仍需运用社会工作专业理念，加强对社会救助、养老服务、儿童关爱保护等领域特殊人群的关注与关爱。

地区发展模式下的“共识共商共治共享”

——河北省石家庄市新华区赵佗路街道社工站建设

张永亮[①]

一、社工站和服务地区基本情况介绍

新华区赵佗路街道位于河北省石家庄市西北部，现辖6个社区居委会及1个村民委员会，辖区总人口6.5万。街道范围内有石家庄市第一批廉租房小区，有一定数量的困难群体。根据街道2020年的数据，辖区内低保人数360人，残障人数85人，失独人数9户13人，高龄人数472人。

社工站以助力社会治理创新为目标，承接运营的机构石家庄市德正社会工作服务中心在“共识共商共治共享”的社会治理和地区发展模式理论的指导下，充分了解街道所辖每个社区的现实情况并进行需求分析，遵循“党建引领，人人参与，自我服务，基层治理”的理念，坚持“两级社工服务”的模式，采用“社工站+民政基础工作”的形式，不断优化社工队伍，发挥社会工作专业优势和资源整合优势，推动“五社联动”，引领多元主体参与社会救助、为老养老、儿童关爱保护、政策宣传、基层社工人才培养、老旧小区环境建设、困境群体帮扶等服务，传递党的声音，落实党的政策，助力社区治理，打通服务群众“最后一米”。

二、社工站基本定位和运营机制

赵佗路街道社会工作站坚持党建引领，做实“一核多元、六位一体”（党建为核心，社工机构+社区社会组织+社区志愿者+社区领袖+社区骨干+社会力量为主体）的社会工作模式，全面贯彻落实石家庄市社会工作发展战略规划，践行以人民为中心的发展理念，遵循“研究社会问题，解决社会难题”的社会工作基本价值定位，突出聚焦特殊群体、聚焦群众关切，发挥社会工作专业优势、特色服务优势和资源整合优势，以“7+X”的服务内容为导向（“7”指聚焦社会救助服务、为老养老服务、儿童关爱保护服务、社区治理服务、社会事务服务、基层社工人才培养、助力乡村振兴等

① 张永亮，河北省石家庄市德正社会工作服务中心研发部部长。

民政七方面服务内容为主责，“X”指积极联动多方资源为补充)，在加强基层民政服务能力、助力基层社会治理和乡村振兴事业中发挥独特价值，为社区居民提供有精度、有温度的专业服务。

三、社工站运营模式和特点

2019 年，“三社联动”项目落地赵佗路街道，项目以充分调动社区居民参与，推进社区“三社联动”机制建立为总目标，在“共识共商共治共享”的理念和地区发展模式、组织化与社会秩序和社会资本理论的指导下，遵循赵佗路街道的现状与需求，提炼出 N 社团、一事务组、一服务平台的“N + +”服务机制，并有效发挥社区、社会组织、社会工作等作用，助力社会治理创新。

2020 年，赵佗路街道开始以建设红色社区社会组织为介入路径，进行社工站建设，推动基层治理。项目以“1 +4 +2 + N”的服务模式进行介入，“1”代表党建引领，指党建引领红色社区社会组织，助力社区治理工作；“4”指多元参与社区治理中的四大主体，包括社区、社会组织、社会工作人才、志愿者，在社区服务过程中，厘清各自职能并相互依托，聚集各方力量，多元参与社区治理；“2”指一事务组一服务平台；“N”指红色社区社会组织参与社区服务和社区治理的 N 种形式，如公益服务、能力提升、文体娱乐、基层治理、居民服务、公益创投、联席会等形式。

2021 年，街道社工站项目在石家庄社工站统一建设指引下，遵循“研究社会问题，解决社会难题”的理念，在重点社区建立中心站点，作为街道社工站的基地，在其他社区推进社工室服务点建设，作为街道社工站服务的延伸。在项目运作中，形成街道和社区层面两级服务体系。

四、社工站服务体系设计和服务开展情况

以“社工站 + 民政基础工作”为工作形式，遵循“党建引领，人人参与，自我服务，基层治理”的理念，建立两级社工服务模式，在街道层面建立街道服务联席会，整合街道、社区、社工、社会组织骨干、街道内资源代表、居民代表等利益相关方的力量，参与街道基层治理工作；在社区层面，继续培育发展红色社区社会组织，以此为载体，推动社区居民组织化发展，实现社区自我服务。

(一) 街道服务联席会机制建设

1. 建立专业关系，建设信息库、需求库、资源库“三库”

在项目开展初期，与街道各个利益相关方建立关系，全面掌握赵佗路街道的人口状况和基本情况，建立内容完整的“数据信息库”；以数据信息为基础，社工深入开展调研，用社会工作专业理念和方法研究本地人群和社区的现实需求和潜在需求，建立

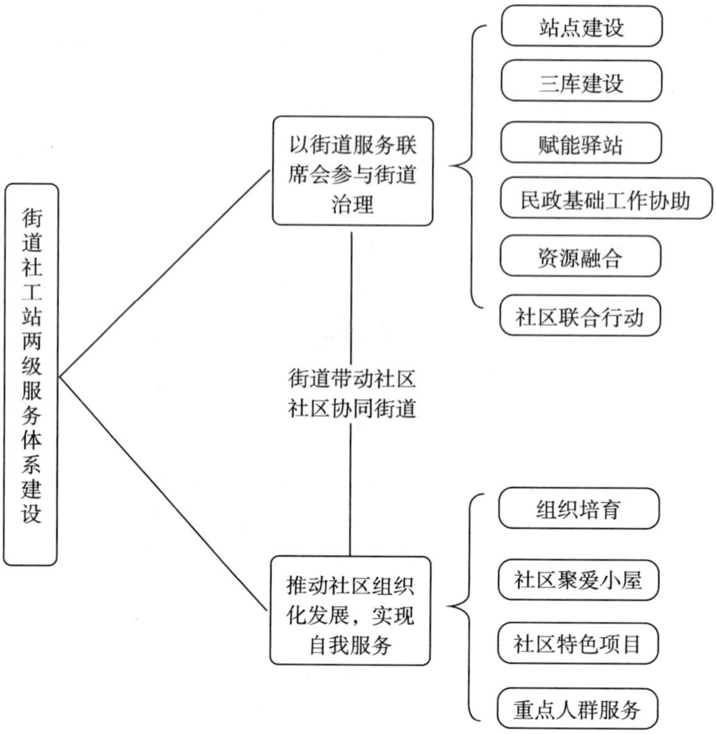

图1　社工站服务体系设计

覆盖全域的“居民需求库”；整合与链接资源，汇聚社会力量，建立能够满足多元化需求的“资源储备库”，在研究社会问题、解决社会难题上发挥社工专业优势。

项目采用整群抽样的方法对社区近300名居民进行需求调研，收集问卷280份，其中有效问卷230份。结合调查问卷中的居民需求，社工一方面针对社区不同人群，如党员、社区骨干、社区工作人员、社区青少年及家庭等具有代表性的群体进行了焦点访谈，最终聚焦了社区需求；另一方面针对原有社区社会组织中的党员负责人、党员骨干及社区党员积极分子积极进行面对面访谈，了解社区的需求分别为重新参与社会的需求、困难老人医疗保障的需求、经济收入提升的需求和社区社会组织建设的需求。

2. 社工站站点建设

进行站点环境建设，进行必要办公条件装饰、必要功能区设置、必要宣传设施建设工作。

3. 开展定制作服务

充分发挥“聚爱小屋”的作用，针对特殊群体，联合有关部门、社会团体和机构，定期组织开展“定制化”服务，让社工站成为传递爱的阵地。发挥“赋能驿站”培训、交流的功能，定期组织本地社工开展专业培训和工作交流，把孵化社工机构、培养社工人才和提升专业社工职业能力作为常态化工作。

4. 开展社区联合行动

借助资源库，利用信息库和需求库数据，在街道范围内开展社区联合行动，利用重大节日等契机或者结合社区存在的实际问题，整合街道范围内多方面力量，共同达成街道层面的行动策略。

5. 建立街道（地区）、社区两个层面的联席会议制度

街道层面由社会工作机构和地区办事处参加，主要解决服务项目规划、资金保障、资源配置等问题。社区层面由社区社会组织、社区工作者和专业社工参加，研讨居民服务需求、社区治理需求和落实服务项目等事项。

（二）社区组织化建设

（1）根据社区特点和居民特点，发掘社区多元主体。项目团队一方面组织社区党员、骨干力量进行面对面访谈，深入了解不同层次人群的需求，借助访谈，精准摸需求；另一方面组织现有社区社会组织成员，开展社区社会组织宣传活动。社会工作者通过开展社区活动这一过程带动社区居民了解社区，培养起社区参与感，且社会工作者在与居民的互动和居民所关注的议题中更多地挖掘社会资产，同时发掘社区内党员、居民代表和领袖，发掘有志愿服务意向的居民，充分发掘社区内的管理型、技能型的人才，为社区社会组织孵化培育储备人才。

（2）让“红色社区社会组织”多元化参与社区治理，提供社区服务。根据不同“红色社区社会组织”的服务内容、参与治理内容、服务宗旨、服务理念的不同，将组织分为基层治理类、居民服务类、公益慈善类、文体活动类 4 类。通过分类可以让“红色社区社会组织”更好地理解自身的服务方向和理念宗旨，确定其组织定位，从而更优质地为社区居民及社区进行社会救助、为老养老、儿童关爱保护、政策宣传、基层社工人才培养、老旧小区环境建设、困境群体帮扶等服务。

从 2019 年起，赵佗路街道社工共培育了 10 支社区社会组织，对于不同时期发展培育的社会组织，也采取着不同的管理形式。如对于幸福食堂、共享空间维护志愿队、助老团、睦邻社等有服务经验，同时也对社会工作有一定了解的组织，社工站负责定期跟进组织活动安排，了解组织人员构成，定期组织成员开展团队凝聚力培训，增强组织成员的融入感和归属感；对于红烛光爱心社、心语驿站、爱心车队等新成立的社区社会组织，培育的重点在于制定完善的组织规章制度，邀请居民参与常规活动，从而扩大组织知晓度，让更多人了解并愿意加入该组织。

（3）发挥社区“聚爱小屋”作用，开展特殊群体服务，建设社区特色项目。整合社区服务力量，重点为社区困难老年人、困境儿童提供专业化、针对性服务。

（4）整合社区基层力量，结合本辖区特点，在街道范围内开展精准帮困、重点群体介入、社区治理等方面的特色服务项目。

（5）参与社区疫情防控。2021年1月，由于新冠肺炎疫情在石家庄暴发，社区社会组织在社区党员南红雷的号召下，成立了爱心车队、爱心商户两支临时应急队伍。其中，爱心车10余辆，主要为在疫情期间有特殊情况需外出的困难人群提供方便，在近一个月的服务中，共出车30余次，为居民提供了极大的便捷。其中车队为危重症孕妇开通绿色乘车通道，在车队人员的配合下，保障了孕妇及胎儿的生命安全，受到了媒体关注，获得了社会大众一致好评。

爱心商户红色社区社会组织成立于2020年初，由于明珠花苑社区的特殊性（公租房廉租房聚集地，困难人群较多），疫情期间，在社区党员和组织负责人的号召带领下，周边20余家商户为社区困难群体捐赠米面油等基本生活物资，价值2.3万元，为困难人群在疫情期间提供了基本的生活保障。同时，商户还联合为社区防疫人员提供免费的早午晚三餐，解决了疫情期间一线防疫人员吃饭难的问题。

五、社工站人才培养

社工站服务人员的培养主要从两个方面进行：一是培育驻点社工进行社工站服务体系建设；二是培育社区骨干和社区社会组织骨干，作为社区力量，参与社工站服务与社区基层治理。

赵佗路街道社工站共配备两名专业社工、一名督导。针对驻点社工，主要由督导带领，在社工站定位、社工站基础建设、需求调研、服务设计、社区骨干培养、社区治理参与等方面进行培养。同时，驻点社工积极参与新华区社会工作指导服务中心组织的培训交流活动，与其他社工站点进行经验交流。

针对社区骨干，主要进行社区认同、社区资源分析、社区组织能力建设，借助公益创投等形式，为社区骨干、社区组织提供服务支持，推动骨干、组织参与社区基层服务。

六、社工站典型服务项目和服务案例

（一）服务项目——社区微工厂项目

1. 项目简介

明珠花苑社区建立社区微工厂试点，社工通过发现社区资源，链接社会资源，在“与邻为善、与邻为伴”的共识理念和“资产为本”的社区发展理论指导下，根据社区的现状和需求，从“人”+“文”+“产”三个维度打造社区微工厂一体化平台，解决社区困难群众就业问题，促进社区居民参与意识的培养和能力的提升，建立社区认同感，最终实现居民通过自助及互助的方式解决问题。

2. 项目服务需求

赵佗路街道明珠花苑社区属于石家庄市第一批廉租房社区，其中60岁及以上老年人约占总人口的1/5。从居民构成来看，社区廉租房达692户，低保户、孤寡残障、低收入等困境群体较多，高达2000余人。

3. 项目服务阶段

第一阶段：以社工为主导，了解需求、链接资源、搭建平台，建立社区微工厂，提升居民收入的同时，增强其自我效能感。

第二阶段：“社工＋志愿者”为主导，以社区基金为支撑，建立社区工厂机制，实现从提供服务到激发参与的转变。

第三阶段：以社区自组织为主导实现自运行，形成多元化产品，促进其持续发展。

4. 项目服务实施

（1）“人”。社区微工厂项目建立服务站1个，打造社区微工厂一体化平台，为社区300名居民动态建档。项目组建社区社会组织队伍2支——“巧手坊”“星管家”。“巧手坊”通过加工外贸产品，赚取手工费；“星管家”是在疫情过后，社工和社区协商之后，链接了周边的顺丰快递站，解决快递到家“最后100米”的问题，既缓解了社区困难群众就业问题，又通过社区资源链接，实现邻里互助。

（2）“文”。重构社区信任，实现从他助到自助的意识转变。社工通过本项目将社会资源链接进社区并开展技能小组培训，在社区服务的过程中社工注重激发困难群众的内生动力。他们逐渐转变思路，不是寄希望于他人的奉献，而是希望通过自己的努力获得经济收入的提升。

（3）“产”。项目通过社会资源链接、社区社会组织队伍建设，在开展的经济收入提升的两个项目中，覆盖人群达到80余人次，获得经济效益20000余元，人均月收入400~1000元不等，现两个生计项目能够分别独立运营，并有骨干负责人进行管理。

（4）“社”。社会、社区资源的链接整合，让居民与社区的黏合度更加紧密。明珠花苑属于廉租房、公租房聚集地，困难群众较多，社工整合社区周边20余家爱心商户，为困难居民提供物质上的帮助。在“巧手坊”社区社会组织成立初期，提供了3000余元资金支持。同时，他们还积极参与社区志愿服务，不定期在社区内组织开展便民服务，多次积极响应社区爱心捐款，为项目的开展提供辅助资金支持。

（二）服务案例——微工厂项目助她走出抑郁

社区微工厂在明珠花苑社区的建立，让社区许多特殊家庭和特殊居民重新融入了社区生活，并且对自己、对社区有了全新的认识。

玲玲（化名），女，32岁，现居于明珠花苑社区南区公租房。社工在服务逐步开展中了解到玲玲是一个大学生，由于就学期间的个人感情问题和突如其来的家庭问题，她的精神一度受到严重的打击，患上了抑郁症，导致其大学毕业后至今未能正常工作。

社区微工厂项目开展后，在社工的引导下，玲玲加入项目，平时在“巧手坊”与社区居民一同穿珠、聊天，社区居民也时常跟亲人一样鼓励、支持玲玲，在这里她不仅有了第一份工作，还有了自己的生活圈。一个多月后，玲玲通过自己的努力，拿到了第一份收入。虽然钱不多，但她看到了自己有能力可以挣到钱，支撑自己的基本生活。

当“星管家”在社区设立后，玲玲兴奋地找到社工想报名参加，经过社工与对接快递站的多次培训和操作讲解，她作为“星管家”正式上岗了。社工亲自带领玲玲走完整个流程，再三确认没问题后，第二天玲玲开始独立进行入户送件的工作。在之后的一个月，玲玲每天早上、下午定时与社区门口快递员对接快件，每天按时按量完成送件入户的工作，收入也相应有了提升，虽然辛苦，但是她从中找到了快乐。

七、社工站运营和服务反思

（一）社工站顶层推进路径对于站点建设的支持

石家庄于2021年发布了本地社工站的全市推进计划，在整合以往社区社工服务的基础上，正式进行“市社工指导服务中心—区社工指导服务中心—街道社工站—社区社工室”四级体系建设，并且统一了“研究社会问题，解决社会难题”的指导思想，为社工站推进工作提供了指引。

（二）社区社会组织作为社区基层治理的参与群体发挥了重要作用

街道社工站实施的“爱心车队”“社区微工厂”“助老团”等社区社会组织项目发展较好，可以独立开展活动，补充了社区基层服务的形式与内容，满足了社区居民更多元的需求。下一步需要继续给这些组织链接一些外部资源，让它们可以更好地独立运行。对于发展不太好的组织继续给予支持，加强各组织之间的交流合作，使之共同进步。

（三）街道社工站需要将各个社区进行联动

不同于社区之间简单的合作，街道层面的基层治理需要实现各个社区之间的有效联动和资源共享，在街道层面做到统筹各社区基层治理的推进路径，来共同解决街道层面的问题。在街道社工站的推进建设上，需要掌握街道层面的服务需求、资源优势，不能将眼光限定于某个社区之中。

“精准关怀，耆乐融融”

——重庆市南岸区花园路街道社工站运营与服务

黄　鑫　杨运慧　王　艳　邓　洁　周昌祥①

一、社工站和服务地区基本情况介绍

花园路街道是重庆市南岸区老旧散居民区比较集中的地方，其中老年居民占全街人口的20.24%。为做好辖区居家养老服务，尤其是解决好高龄空巢、残障、孤寡等困境老人的居家照顾问题，2020年8月由南岸区民政局出资购买，引入重庆市民悦社会工作服务中心（以下简称民悦社工）承接运营花园路街道社工站，以花园路街道各社区养老服务站为实施地，其中以南湖社区作为主要服务区域，覆盖街道其他社区养老服务站，针对辖区老年人开展居家养老服务。社工站发挥老年社会工作的专业优势，提供精准专业服务，以搭建平台、整合资源、专业服务为主要方法，探索一条行之有效的社区居家养老模式，助力社区困境老人安享幸福晚年生活。

二、社工站基本定位和运营机制

花园路街道社工站以探索街道层面高龄空巢、残障和孤寡等困境老人居家照顾为主要任务，力求通过精准评估老人需求、精准配置服务资源，以专业引领志愿服务，开展有针对性的适老化服务，助力困境老人身心健康，有尊严地老化。

为提高服务的专业性、针对性和有效性，社工站的运行秉持“一线社工驻站，引领志愿者协同，社区提供服务平台，机构配置专业督导”的运行机制，配备2名专职社工，通过发掘辖区内外助老资源，建立为老志愿服务资源库，同时深入困境老人家庭，精准评估个性化需要，引领辖区居民志愿者、高校志愿者，将老人需求与志愿服务资源精准对接，确保专业服务和志愿服务持续和长效。

三、社工站运营模式和特点

辖区困境老人照顾采取居家养老为基础，站内养老为辅助的运营模式。尊重老旧

---

① 黄鑫、杨运慧、王艳、邓洁，重庆市南岸区花园路街道社工站社工；周昌祥，重庆工商大学社会工作系教授，重庆市民悦社会工作服务中心理事长。

散居民区困境老人的居住特点，针对高龄空巢、残障和孤寡老人的个性化需求，链接有居家照顾专长的社区志愿者和高校志愿者，对接困境老人的个性化需要，为其提供居家工具性服务和专业陪伴；同时提供站内服务，以社区养老服务站为平台，对到达养老服务站的老人状况进行评估，并设计相应的专业服务与志愿服务内容，满足老人们同质性和个性化需要。确立以街道社区养老服务中心为轴心，辐射全街各社区养老服务站，实现困境老人居家有人照顾，来站有人呵护。

困境老人服务实现了居家照顾和进站服务的有效衔接，得益于“1 +2 +1”（1 名居民志愿者 +2 名大学生志愿者 + 服务 1 名或 1 户困难老人）服务模式。社工充分发挥专业作用，全面评估困境老人需求及志愿者服务意愿，引领和调动居民志愿者、高校志愿者的利他精神，让受助老人与志愿者双向选择，精准匹配，促进双方建立信任的、稳定的服务关系，定期开展温情陪伴、生活协助、知识传授等志愿服务，满足困境老人个别化需求，提高老人的生命质量。

四、困境老人社区服务体系设计

为探索和形成科学的困境老人服务体系，区民政局、花园路街道办事处、南湖社区居委会、民悦社工共同研究，针对老旧散居民区老人的居住特点及对老人的分类，重点提供困境老人照顾服务，提出“以居家照顾为基础，将服务送到受助者家里；以来站服务为辅助，让老年受助者感觉像家一样温暖”的目标。为确保服务目标的实现，社工站建立起三级督导体制，一级督导由区民政局、街道办事处担任，提供养老政策支持，保障养老服务方向；二级督导由社区“两委”担任，提供社区老人和志愿者基本情况以及养老服务站平台和资源，协同和指导一线专业服务和志愿服务；三级督导由民悦社工聘请资深专业督导，为一线社工和志愿者提供服务技术、知识传授、情绪疏导等支持，让一线社工和志愿者保持高昂的服务热情，同时对服务过程和结果进行诊断和评估，确保为老服务质量。

困境老人照顾体系包括对老人状况进行分类评估，建立志愿服务资源库，促进受助者与助人者的精准配置。在三级督导体制下，社工站不断优化服务理念、理论指导、服务文化、服务主题、服务技术及服务评估，使困境老人得到稳定、持续和有效的专业服务。

社工站确定的困境老人服务的主要内容如下：

（1）整合与搭建为老资源库。整合辖区内外养老服务资源，形成多元资源库。通过社工的调研，准确把握服务对象需求，定期开展惠民、便民、利民服务，实现老人需求和服务资源精准对接。

（2）培育老年服务志愿者团队。民悦社工与重庆 5 所高校社会实践部、志愿者协会建立长期合作关系，为工作开展提供不竭的志愿者力量；挖掘楼栋长资源，组建长者志愿者队伍，保障志愿者服务的长效性和延续性；完善志愿者管理，开展定期招募、培训、分享、激励等，提升志愿者服务的专业性和积极性。

（3）提供普适性服务。对老人共性需求，社工整合辖区内外资源以及培育志愿者开展公益集市、兴趣类主题活动、安全知识讲座、智慧助老等服务，满足多数老人共性需要。

（4）开展个性化服务。对高龄空巢、失独、残障等特殊老年人进行针对性走访，运用个案管理方法，通过结对帮扶形式，为特殊困难老人提供医疗就诊、关怀慰问、社会支持等服务，挖掘服务对象潜能，协助困难解决和生活境况改善。

五、典型服务项目：

“精准关怀，耆乐融融”

——重庆市南岸区花园路街道困境老人照顾服务

（一）项目背景

中国人自古重视家文化，安土重迁，居家养老依然是最主要和最基本的养老方式。社工在走访中发现老人们对于物质生活并没有强烈需要，而在情感关怀、心理抚慰方面需求明显。他们希望有人能倾诉，有人能耐心听他们唠叨，这种需求在新冠肺炎疫情期间更加强烈。另外，部分高龄、残障等出行不便的老人，非常需要上门服务。为此，项目社工要探索一条既能满足老人情感需要又提供生活照顾的居家养老方式。社工通过整合辖区资源，培育志愿者，将暖心服务送到困难老人家中，为老人提供情绪疏导、身体康复训练、卫生清扫、手机教学、生活物资采买等服务。

2020 年，民悦社工持续承接由重庆市南岸区民政局购买的老年社会工作服务项目。该项目愿景为“聚善行、汇大爱、齐发展、享晚年”，其中“精准关怀，耆乐融融”志愿者服务项目为重点服务板块之一。民悦社工秉承以人为本、全人关注、尊严养老服务理念，采用“1 +2 +1”服务模式，将志愿者服务与老人需求相匹配，双方建立稳定的服务关系，满足老人个性化需求。

（二）项目特点

（1）参与性强，延续性好。社工与高校社会实践部合作，有稳定的志愿者来源，志愿者有充足的时间、积极性参与长时间志愿服务。楼栋长长期服务老人，延续性好。

（2）长幼相教，共同成长。老人在社会阅历方面比较丰富，志愿者对新鲜事物比较了解，二者相互补充和学习，促进双方共同成长，在老人得到关爱和照料的同时，也实现了教育社会新青年的目标。

（3）精耕细作，凝练模式。“1+2+1”服务模式实践2年，从最初探索到后期形成完整服务模式，在服务对象挖掘、志愿者招募、服务质量监控、志愿者激励等方面具有成熟的经验。

（三）服务理论

1. 社区照顾理论

社区照顾是指整合全部社会资源，运用正规照顾和非正规照顾网络，为需要照顾人士在家庭或者社区中提供全面照顾，帮助其维持正常的生活。照顾基本可以从四个不同层面进行界定：行动照顾——起居饮食的照顾、打扫居所、代为购物等；物质支援——提供衣物、家具、现金、食物等；心理支持——问候、安慰、辅导等；整体关怀——留意生活环境、发动周围资源以提供支援等。项目社工围绕这四个层次开展服务，为居家养老的老人们提供非正式的照顾服务，促进他们在社区内“独立生活”，提供“适合性”支持，使他们在社区中实现最大化的独立性和自我控制能力。

2. 社会网络理论

社会网络和社会支持常常联系在一起，网络大多数情况下都扮演支持性的角色。社会支持网络是一种非正式的社会支持，通常被视为解决个人及社区问题的“第一线”问题。因为当个人遇到问题时的第一反应通常是寻求相熟或亲密的人的协助，所以，社会支持网络无疑是补足正规社会服务的一种有效支持模式。社会支持网络有缓冲压力和正向鼓励两大功能。

社会网络中的支持可以在两个关键性时刻介入，其一是在危机将会发生或刚发生后但在压力产生之前，此时社会支持可以帮助个人去采取较乐观的态度或做较适当的准备去降低压力的负面影响；其二是在压力产生后但病态形成前产生作用，帮助个人采取较积极的态度去面对困难，或鼓励个人去执行适当的治疗程序。这些支持系统可以包括亲戚、朋友、互助小组及邻舍照顾团体等，而所提供的支持可能包括心理及情绪上的支持，协助日常生活上的细节，提供物质、金钱、技术及意见等。社工开展各类为老服务，为老人匹配青年志愿者和居民志愿者，也是构建老人社会支持网络的一部分。

（四）服务设计与介入

1. 项目调研和前期准备

（1）确定关怀老人名单。社工走访各社区获取特殊老人名单，根据名单实地入户走访了解老人基本情况，了解老人及其家属精准帮扶的意愿，在尊重老人及其家人意愿的前提下，填写服务需求评估表，评估老人需求，并根据需求进行分类，筛选服务对象。

（2）确定志愿者数量。根据所需精准帮扶老人数量来确定志愿者招募人数，每位或每户老人匹配 2 ~ 3 名志愿者，预备志愿者数量大于实际需要志愿者人数。

（3）制定服务激励制度。社工听取志愿者及老人意见，结合项目情况制定有效的志愿服务激励制度（出具单位志愿服务证明、中国志愿服务网时长记录、颁发优秀荣誉奖章、公共媒体优秀志愿者事迹宣传等）。

（4）筛选及储备志愿者。第一步：通过中国志愿服务网发布招募信息，在合作院校社会实践部、志愿者协会发布招募通知，志愿者相互宣传推荐等方式招募符合条件（至少连续服务 3 个月，每月至少 1 次入户、1 次电访）的大学生志愿者，并从楼栋长中选择合适的居民志愿者，初步形成志愿者库。第二步：社工将招募的志愿者聚集起来开展招募宣讲会，详细讲解精准服务项目激励措施、服务内容和要求。第三步：对参与意愿较高的志愿者进行面谈，筛选服务动机纯粹、动力更足、品质更优的志愿者。实际招募人数多于所需人数，预留 5 名志愿者作为后备人员。

（5）团建及培训志愿者。组织志愿者进行团队建设活动，促进相互认识建立友好关系，明晰服务初心和服务宗旨，增强责任意识；开展志愿者管理制度、初次探访技巧、沟通技巧等专业知识技能培训，促使志愿服务规范化和专业化。

（6）签署服务协议及知情同意书。志愿者与民悦社工签署志愿服务协议，一式三份（学校、志愿者、社工机构各一份）。服务前社工向志愿者详细讲解“志愿者帮扶服务知情同意书”，明晰服务细则，并对内容进行答疑解惑，志愿者对知情同意书无异议后签署，以维护双方权益和规范服务质量。

2. 志愿者与老人精准对接及服务开展

（1）社工向志愿者讲解老人基本情况及服务需求，志愿者根据自身实际情况选择适合服务的老人，提前熟悉老人基本信息。社工带领志愿者与老人见面，建立初步联系。社工向老人讲解服务内容（陪伴、生活协助、知识教授等力所能及的服务）、服务周期（至少连续服务 3 个月）、服务注意事项（双方的权利义务）等。之后老人签署“志愿者帮扶服务知情同意书”，一式两份，服务对象自存一份保留。

（2）对于不善言谈的老人，前期社工需多次带领志愿者入户服务，以解决老人实际困难为主，给予情感支持陪伴，促进双方信任关系的建立，再由志愿者独自前往开展服务。

（3）为每位或每户困境老人匹配 2 ~ 3 名志愿者，根据老人的需求也可匹配志愿者服务小组，协助老人处理日常生活中遇到的问题。每组志愿者每月至少一次入户和一次电访，双方也可自行商定服务频次，志愿者按约定频次进行精准服务。

3. 社工督导培训与服务反馈保质量

（1）培训、跟进与督导。每月进行一次专业知识培训（如电访、话题切入、突发情况处理等技巧）；每次服务后社工及时了解老人及志愿者服务反馈，对志愿者在服务中遇到的困惑或困境予以解惑和指导。社工及时给予督导，提供心理支持，传授知识技能等，促进志愿服务有效进行。

（2）多沟通、常联系。社工及时与服务对象沟通，保持密切联系，积极关注他们的感受及顾虑。

4. 服务成效巩固及志愿服务管理

（1）社工倾听志愿者和老人双方的心声，明晰服务中的优点与不足、成长与进步，鼓励服务对象看到生活中的积极面，回顾服务中自己获得的喜悦和改变，巩固服务效果。

（2）服务终止前一个月，社工需提醒志愿者及服务对象服务截止日期，提前做好双方的离别情绪处理。

（3）社工需做好志愿者服务时长记录、录入、审核、评优以及报销车费、服装收回等收尾工作，宣布服务关系正式结束。

（五）项目产出与成效

1. 关怀群体直接受益，效能感价值感提升。截至2021年6月，该志愿服务项目直接服务58位特殊老人，间接服务90余人，开展服务550余次，志愿服务时长累计超过1000小时。志愿者能长期为老人提供情感支持、生活服务、身体康复等精准化、适老化服务，解决了高龄空巢、失独、残障老人的精神慰藉、心理支持、生活协助及老有所学问题。这部分老人的个性化需求得到满足，自我效能感和价值感增加。

2. 形成大学生志愿者参与社区老人居家养老服务模式。引入年轻的志愿者参与老人服务，一方面志愿者得到成长，志愿精神得以发挥；另一方面让困难老人得到了陪伴与照顾，服务中二者教学相长，取长补短，实现了双向成长和共赢，居家养老也利于减轻老人因住养老院带来的高额经济负担，减轻家庭压力。

3. 挖掘内生力量，楼栋长参与顾老服务。由楼栋长组成的顾老志愿者队伍，发现长者需求、带领大学生志愿者初次走访、监督服务效果并定期反馈，成为老人需求与志愿服务不可或缺的纽带。

4. 形成了一套完整的志愿服务体系。从招募到服务开展到评优激励等，有一套可复制的操作资料，值得学习和借鉴。

（六）专业反思

1. 精心动员，组建志愿服务资源库，是项目取得成效的基础

社工通过线上发布招募通知，线下开展志愿者招募宣讲会，动员和发掘优质志愿者，为服务开展奠定了良好的基础。

2. 精细评估，精准对接，专业守护是项目获得成效的关键

（1）精细需求评估，发掘服务对象。做好老人与志愿者的初次匹配和筛选工作，

根据老人实际需求精心挑选和对接适合的志愿者。

（2）专业服务，保持边界。社工对志愿者进行专业培训，如社会工作价值观、服务理念、服务技巧等，确保志愿者熟悉服务流程，遵守社会工作伦理，独立开展服务；及时跟进和了解双方相处情况，处理服务中遇到的问题。

（3）保护三方权益，签署服务协议。志愿者与老人签署知情同意书，让老人知悉项目服务内容、周期及注意事项，规范服务内容，避免双方情感陷入造成二次伤害。

3. 居家照顾，入站呵护，点面覆盖，使养老服务体系更温馨

该服务针对入站老人开展各类呵护服务，也针对不能来站享受服务、出行不便等特殊困境老人开展入户关怀，站内服务与居家服务相结合，使老人晚年生活更温馨。

4. 社工引领，志愿者协同，共筑社区养老可持续发展平台

经过2年多的项目服务，社工共计储备优质志愿者100余名，其中核心成员28名，他们能在社工的引领下有效开展志愿服务，稳定地为社区老人提供服务。志愿者与社工共同筑造了居家养老可持续发展平台。

5. 实现志愿者价值，激励褒奖利他精神，是项目获得成效的重要法宝

（1）适当授权，服务创新。志愿者可根据老人的情况自行商量服务内容，创新服务形式。志愿者将服务范围扩展到室外，陪同失独老人外出休闲、为偏瘫老人进行肢体按摩、共度生日、赠送服务影集等，给予了老人温暖，志愿者也有强烈的价值感。

（2）社工注重对志愿者的团建。同伴的支持与鼓励能使志愿服务之路走得更远。社工注重志愿者团建与心理关怀，将同班级或熟悉的同伴分为一组，相互鼓励，并开展学习成长小组，构建团队支持。

（3）志愿者激励，以激发志愿者的主观动机为主，让志愿者看见自己的成长和进步。社工定期在服务群发布服务动态，服务周期结束后根据服务频次和服务反馈进行评优和宣传报道。

6. 社工树立良好形象，传递正能量，是凝聚爱心的重要支撑

社工服务中重视社会工作理念及价值观的传播，用正向阳光的状态去感染人。传递正能量是维系好社工与志愿者、长者良好专业关系的重要因素，也是凝聚爱心的重要支撑。

党建引领聚合力，“五社联动”增效能

——湖北省武汉市武昌区水果湖街道社工站运营与服务

叶国珍　王力芹　肖慧敏[①]

一、服务背景和基本情况介绍

武汉市水果湖地区是湖北省政治、经济、科研、文化的中心，省委、省政府及高校学府、科研院所等300余家单位密集于此。水果湖综合地位突出，资源丰富，居民文化水平普遍较高，同时也并存一批老旧社区，居民服务与社区建设需求层次迥异多样。街道辖区面积15.2平方千米，分为17个社区，辖区人口25万。

水果湖街道2014年成立湖北省第一家街道级社会组织孵化园，2016年起在武昌区统筹推进下成立街道社工站，由第三方社会工作机构承接，2019年试点运行武昌区首批8个社区社工室，1个示范社工室。2020年为加强“五社联动”阵地平台与服务体系建设，辖区17个社区社工室全部挂牌成立。

二、运营概况与功能定位

（一）运营概况

6年来，在水果湖街道党工委领导下，依托街道社工站阵地，随着“三社联动”升级为“五社联动”，社会工作专业优势不断凸显，在社区社会工作人才培养、社区社会组织培育与服务开展、志愿服务队伍建设、社会慈善资源链接以及专项社会工作服务等方面发挥了积极作用，共创立了20余个街道和社区治理创新品牌，获得40余项省、市、区荣誉奖项，被《人民日报》、湖北电视台、学习强国等媒体报道300余次。

（二）功能定位

水果湖街道社工站立足于全街道，与水果湖街道社会组织孵化园阵地合一，辐射水果湖街道17个社区，为各社区社工室建设提供社会工作服务专业支撑与服务管理。

---

① 叶国珍，湖北省武汉市武昌区水果湖街道办事处科员；王力芹，武汉楚馨社会工作服务中心督导主任；肖慧敏，武汉楚馨社会工作服务中心督导。

社工站发挥基层党组织的指导、协调、动员作用促进社会治理创新，健全“五社联动”提升基层社会工作的组织力和支撑力，加强社区工作者、专业社工、下沉党员、社会组织、志愿者队伍建设，提升执行力，开展党建引领守初心、助人自助增信心、美好家园享舒心、困难帮扶献爱心、“五社联动”结同心“五心同创”活动，提升水果湖街道基层治理向心力。

在具体服务功能层面，水果湖街道社工站以党建引领下“五社联动”机制为主轴，通过建阵地（社区）、育人才（社会工作者）、培组织（社会组织）、聚队伍（社区志愿者）、搭平台（社会慈善资源），充分发挥枢纽平台和专业支撑作用，为深化“五社联动”机制、提高社区治理效能注入强劲动力。

建阵地：街道社工站为全街17个社区社工室建设提供政策参照，以及硬件建设与服务打造的意见建议和技术支持，全面推进全街道范围内社区社工室统筹建设。

育人才：水果湖街道社工站坚持党建引领，辐射各社区社工室，促进专职社工与社区持证社工相互学习、双向提能，推动全街范围内可信、可靠、可用的红色社工人才队伍建设。

培组织：通过内培、外引相结合的方式培育本土社会组织，并以社区惠民资金为依托，社会组织为载体承接社区服务，街道社工站依照“组织推介—服务立项—项目实施—服务督导—项目评估”的程序实行惠民项目全流程管理。

聚队伍：街道社工站为社区社工室开展各社区志愿者队伍建设提供专业助力，凝聚、吸纳志愿者为社区居民尤其是重点人群提供服务，并参与社区治理工作。

搭平台：街道社工站充分挖掘水果湖街道资源优势，开展公益营造，搭建平台整合社会慈善资源，并建立公益慈善资源库，强化社区治理与民生资源保障。

三、社工站服务体系设计和服务开展情况

水果湖街道社工站致力于深化“五社联动”机制，提高社区治理效能。紧紧围绕“聚”合力和“增”效能，社工站从社区社工人才培养、社会组织孵化培育、社区志愿者服务支持、社会慈善资源链接以及社会工作专业发挥五个层面，将社区治理与居民服务的主体和要素“供给”，与治理服务的“需求”之间有效对接，真正凝聚合力、增加效能。

水果湖街道社工站具体开展如下服务。

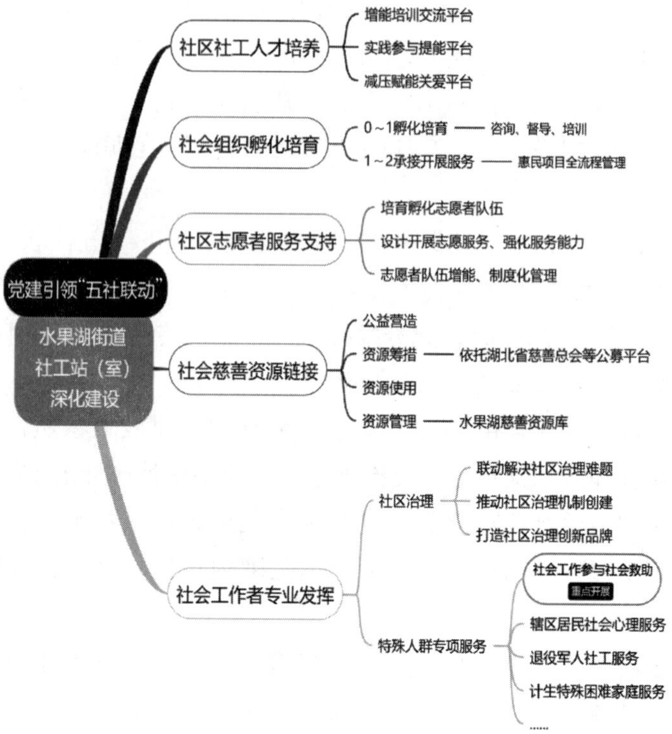

（一）社区社工人才培养，整体提升社区治理水平

社区是"五社联动"基础阵地平台，社区工作者是社区的主体服务力量，那么如何提高社区的专业服务水平，进而提高社区治理与社区服务效能呢？水果湖街道社工站始终坚持党建引领、坚持本土化、坚持培养与实践相结合，搭建三个平台，即"增能培训交流平台＋实践参与提能平台＋减压赋能关爱平台"，全面培养水果湖街道可信、可靠、可用的红色社工人才队伍。

1. 红色社工队伍建设

依托水果湖街道党建引领红色社工服务项目，打造"专业社工＋社区持证社工"的水果湖街道红色社工人才队伍，强化党员社工的带头作用，完善组织架构，加强团队建设。各社区社工室选取社区持证社工骨干作为具体负责人，与街道社工站专业社工加强衔接和协同，在街道党工委领导下，共同推进队伍联动和服务联动。

2. 增能培训交流平台

增能培训交流平台主要包括两个层面：一是社会工作专业服务价值、服务意识层面，比如党建引领社会工作主题培训；二是与社区实务相结合的社工服务技能技巧层面，比如社会救助综合评估方法、网格入户服务技巧。新冠肺炎疫情期间培训交流不间断，促进社工理念与方法融合渗透。

3. 实践参与提能平台

增能培训学习的内容要落地到服务实践中才能发挥实际效能，同时反过来促进服务能力的提升。实践参与提能平台依托街道社工站，为社区持证社工提供社工活动参与、社工项目参与的机会，专业社工与持证社工通过共事、磨合，双向提能，持证社工提高社会工作实践服务能力，专业社工对社区工作与运作模式也加强认识了解，有效促进双方联动。

4. 减压赋能关爱平台

社区是“五社联动”的阵地与根基。随着疫情防控常态化，社区工作者身心的压力随之加大。“五社联动”项目机制下，社工与社区联动，社工转变为服务者角色，及时回应社区工作者的需要，在服务中提供积极支持和正向影响。在武昌区民政局的指导和水果湖街道党工委的领导下，社工开辟服务板块，发挥社工专业、心理学专业优势，为社区工作者搭建减压赋能关爱平台。包括2020年复工后开展增能减压小组，链接心理咨询师开展心理团体辅导；链接慈善资源为全街社区工作者新春送福袋，夏日送清凉，在疫情严峻时期为社区工作者子女提供网课托管等服务，在细微处传递关爱与支持。2021年，“美愈水果湖”社区工作者艺术疗愈减压关爱项目，通过系列艺术疗愈活动、一对一树洞倾诉等方式为社区工作者赋能减压。

（二）社会组织孵化与培育，扩充社区服务组织力量

水果湖街道社工站成立初期，依托水果湖街道社会组织孵化园，从零到一，从无到有，结合社区需求、居民需求，从不同资源条件出发，助力社区内培、外引社会组织200余个，有效扩大社区服务组织力量，服务资源、领域更加专项化、专业化。在社区治理与居民服务中，探索出了“自治参与型”“资源落地型”“实务孵化型”社区社会组织，并且分阶段、分重点地推进社会组织培育与服务落地工作。比如针对新成立的社会组织，咨询指导注册成立，成立后的督导方向主要为促进社会组织落地社区承接服务，帮助其了解街道社区实务、如何与社区对接并建立关系、如何评估社区需求，进而设计服务项目，另外还包括非营利机构的财务管理要求等。对于连续两年以上开展社会组织服务的，督导重点则转向服务的迭代升级、资源的链接使用等。

为了发挥社会组织资源优势与服务力量，鼓励社会组织充分参与社区治理与社区服务，水果湖街道每年以社区惠民资金为依托，购买社会组织服务，由社会组织承接开展为老、助残、儿童、家庭、心理等不同领域或群体的惠民服务。5年来水果湖街道共开展惠民服务项目200余个。作为专业支撑和枢纽服务平台，水果湖街道社工站在街道党工委领导下，依照“组织推介—服务立项—项目实施—服务督导—项目评估”的程序实行惠民项目全流程管理，提高社区惠民服务落地效能。经过5年来的惠民服务管理与开展，目前社会组织活跃度非常高，与社区治理与服务充分融合，在新冠肺

炎疫情期间以及常态化防疫工作中积极发挥作用。

（三）社区志愿者服务与支持，强化社区本土服务力量

在社区治理多元主体中，社区志愿者是不可或缺的一支力量，他们有着先天的在地优势，其中，广大社区党员志愿者更是发挥先锋模范作用，凝聚社区党的力量，在维护社区治安、缓解居民矛盾、促进邻里互助方面发挥着重要作用。社工依托街道社工站，开展社区志愿者支持，助力志愿者服务发力。

夯实下沉党员在社区志愿服务中的突出作用，社工密切结合社区实际需要，培育引导志愿者队伍开展专项社区治理工作。如，东亭社区七宝巡逻队通过社区社工室重新整合优化，依托武昌区公益创投项目资金支持，从提供社区巡逻、安全巡查、矛盾调解等服务，在疫情背景下延伸发展为“抗逆前行”应急志愿服务队，300 余名下沉党员和下沉工作队加入，凸显出党员志愿者在社区应急志愿服务中的突出贡献。

依托党员力量培育社区社会组织，助推常态化为民志愿服务。如，在水果湖街道社工站的专业支持下，滨湖社区社工室以社区退休书记刘爱芝为社区本土社会组织带头人，培育成立并注册社会组织——滨湖社区红五星便民服务中心，形成“逢五过”志愿服务集市，推动志愿服务常态化发展。茶港社区科苑小区支部书记在街道社工站的倡导下，主动牵头注册成立茶港社区科苑便民服务中心，解决科苑小区无物业管理造成的居民环境困扰。

（四）社会慈善资源链接，增强民生服务资源保障

社会慈善资源是“五社联动”机制中的核心力量，水果湖街道位于省委省政府所在地，公益慈善资源非常丰富。如何把资源用起来，让资源保障和服务民生，同时倡导更多人参与社区公益，是水果湖街道社工服务和社区治理所要推动的。

在武昌区民政局指导下，在水果湖街道党工委领导下，社工通过“公益营造→资源筹措→资源管理→资源使用”的脉络，有效联动社会慈善资源。

1. 公益营造

其一是开展公益文化建设。水果湖街道制作水果湖公益标识，配套服装。在开展公益活动或服务时，统一使用标识，社工、志愿者以及社区工作人员统一着水果湖公益服装。活动宣传品包括背景板、宣传页、指示牌上要印有标识；制作标识标贴，方便在活动互动物资，比如游戏纪念品、伴手礼上张贴，确保标识的使用频次，形成品牌效应。

其二是开展系列公益活动。活动一般比较大型、定期、成系列，选取居民群众多的户外地点开展，定位为“家门口的公益”，让社区公益的概念深入人心。例如水果湖街道社会组织开放日按照季度开展，公益大巡游在春节等节庆期间开展，社区便民服

务日每月固定日期开展。红色流动公益集市在2020年疫后复苏阶段每半个月开展一次；2021年每季度开展一次；把社工疫后心理疏导项目宣传放进去，并且把下沉单位、下沉党员资源也链接进来参与爱心捐赠和困难群众结对帮扶行动。

其三是加强公益品牌宣传。为树立并扩大“水果湖公益”品牌影响和传播，每次大型活动都非常重视媒体宣传，单红色流动公益集市首场活动，就受到《人民日报》、湖北电视台等18家媒体报道。

2. 资源筹措

一是建平台。水果湖街道早期探索成立“善之源基金”广泛接纳辖区爱心单位、企业、个人的公益慈善资金，由水果湖街道社会工作联合会管理，用于特殊困难群体或困难家庭的救助帮扶。

二是借平台。为了进一步加强规范，水果湖街道开始借助具有公开募捐资质的平台链接社会慈善资源，依托湖北省幸福家园村社互助平台成立了水果湖街道基金，并且每个社区设立基金账户，街道联合区慈善总会进行资金使用管理，加强了慈善资金的合法性、规范性和透明度。

三是项目化筹措。通过设计成公益服务项目，实现人、财、物资源的筹措。项目以公益创投、惠民项目征集、慈善平台发布等形式，集结各类资源。目前水果湖街道公益项目筹措重点倾向于困难家庭社会救助项目，以及抗疫志愿者关爱项目。

3. 资源管理

资源筹措后，慈善资金按照相关平台资金管理要求进行管理，将更广泛的人、财、物资进行合理规范的管理，形成资源管理机制，建立分门别类资源库，并且资源库在服务过程中持续动态扩充。

4. 资源使用

社会慈善资源的使用，按照供需的对应性、资源的当下可得性等综合匹配。包括根据需求寻找资源，例如社区服务中遇到困难家庭，就可以到社会救助慈善项目中寻找资金资源和帮扶服务，以及根据资源定制服务。资源评价和影响正向积极，可以开展定制服务，精准化使用社会慈善资源。

（五）社会工作者专业发挥，提高服务精细化与专业化

水果湖街道社工站在深化“五社联动”机制、发挥专业支撑作用的同时，扎根社区，发挥社会工作专业优势，开展特殊群体直接服务，助力特殊群体、困难家庭的社区与社会融合。街道社工站主要开展计生特殊困难家庭、退役军人、困难家庭、高龄独居老人和新冠肺炎康复患者及丧亲家庭社会心理服务。

1. 疫情下多方联动为受疫情困扰的居民穿上“心理防护服”

新冠肺炎疫情期间，水果湖街道社工站在党工委领导下，多方链接资源，依托武

汉市社会工作联合会平台快速集结全国心理咨询师及医务志愿者，为水果湖街道的居民、抗疫一线社区工作者提供心理与医务咨询，为他们在疫情特殊时期穿上“心理防护服”，顺利度过疫情期。疫情进入常态化防控阶段，社工承接基金会项目，开展“爱满江城”疫情后心理疏导社会工作服务项目，开展线上线下心理服务与社区融合服务50余场，累计服务群众过万人。

2. 通过承接专项服务为特殊人群开展关爱项目，为特殊困难群体搭建社会支持网络

水果湖街道社工站试点开展社会工作参与社会救助社工服务项目、“启爱筑梦”计生特殊困难家庭社工服务项目、“军梦再出发”退役军人关爱项目等。专项服务在街道社工站统筹下开展，更有利于调动“五社联动”多元主体和要素的力量，精细化、专业化解决社区特殊困难群体的实际需求，缓解社会矛盾，提升特殊困难群体的幸福感。

四、服务成效

水果湖街道社工站成立以来，通过党建引领聚合力，“五社联动”增效能，发挥社工专业优势，大大增强了水果湖街道社区治理活力，助推社区治理品牌建设。

（一）党员社工与党员干部的优势凸显，党群关系、干群关系不断改善

街道社工站在直接为基层居民群众开展服务的过程中，对党的服务宗旨与社会工作服务理念的进一步融合有了更深的认识，对以社会工作服务传递党的温暖有了更强烈的认同感和归属感。广大下沉党员干部得到锻炼，发挥了党组织人才建设的功能优势与党员干部的先锋模范带头作用。党员对社工的党建引领和思想引领，助推社工在专业理念、理论和方法作用充分发挥，更加贴近人民群众需求，切实回应痛点和难点，党群关系、干群关系不断改善。

（二）深化“五社联动”机制聚合多元力量，同时搭建平台促进多方主体提能

水果湖街道社工站充分发挥“五社联动”机制优势，在党建引领下聚合多方主体力量，边培育、边联动，推动社区、社会工作者、社会组织、社区志愿者、社会慈善资源投入基层社区治理和为民服务的实践，形成联动机制，并且在服务过程中双向提能、多方提能，社区治理能力与治理水平在理论与实践双层次得到提升，参与社区服务与治理的其他主体力量不断增强，资源要素也不断扩充，为社区治理与居民服务开展提供良好的保障。

（三）扩展社区治理与服务深度及广度，提高了社区治理与服务效能

随着社区治理与服务力量的增强与聚合，社区、社会工作者、社会组织、社区志

愿者、下沉党员、下沉单位、社会企业、爱心人士等多元共治，共同参与，意味着服务供应方的增多、增强；依托水果湖街道社工站的专业支撑与枢纽整合功能的发挥，服务需求的部分，即社区治理难题与居民服务需求得到更加专项、专业、精细的回应，服务资源也在政府资源基础上实现了社会拓展，这样一来，服务效能必然得到很大提高。社区治理与服务的深耕度，以及服务覆盖广度得到同步的提高，体现在社区治理难题得到解决，并且形成社区治理机制；开展一户一档、一案一册专业化服务，提高专业服务效能，增强困难群众的获得感、幸福感、安全感，居民群众得到真正的实惠。

（四）街道社工站平台功能的充分发挥，勃兴水果湖街道慈善精神，公益服务形成叠加拓展效应

水果湖街道社工站建设以来，通过社工服务、人才培养、平台搭建，以及各类公益宣传等，很好地营造了水果湖街道社会工作与公益服务氛围，公益越来越成为一种自然。做好人好事、体现人文关怀，是在水果湖街道党工委领导下，依托街道社工站、联动多方力量发出的公益信号和声音。近3年来，随着“五社联动”机制的不断深化，水果湖街道社会慈善资源有了更多的契机和平台被挖掘和激活，并充分参与社区治理与服务。有参与才有关注，这更扩展了居民群众、社会大众对社区服务的关注与支持，更有益于形成供需顺畅对接的局面，付出一份爱心的同时收获一份爱心，让公益回流，让爱传递，共同为水果湖街道建构一份美好与和谐。

五、专业反思

水果湖街道社工站在取得服务成效的基础上，提出如下专业反思。

（一）进一步提高党建引领下社工站基层治理服务力

街道社工站要充分发挥党建引领的整合作用，跳出“五社”主体各自的条条框框，促进多元主体上下贯通、衔尾纵横。要进一步加强和宣传党的理论知识，将党的群众路线和群众方法深入贯彻落实到社会工作过程中，不断创新社工党建工作方法，使社会工作的方法理念更加适用于基层社区治理工作，并且致力于参与并解决居民重点关注的急难愁盼问题，提高社区治理服务力与服务效能。

（二）提高社会工作者队伍建设规范化水平，打造高质量人才队伍

街道社工站还要进一步建立健全社工专业人才队伍的培养机制，全面开展社工人才队伍培训，建立线上与线下督导模式，将基层社工教育培训体系化与专业化，搭建操作平台提供更多实践参与融合平台，促进党员社工本土化。完善专业社工的奖励评价机制，提高社工的自我认同感与社会认可度。

（三）进一步扩大街道社工站服务宣传与平台效应

目前街道社工站服务重点致力于社区治理以及特殊群体的直接服务，整体社会层面的知晓度还欠缺，不利于社会力量的进一步扩大与社会慈善资源的聚集。社区治理和居民服务还存在更广阔的需求空间，在党建引领下，街道社工站需要进一步扩大服务宣传面，加强社工站的宣传效应与平台效应，进一步推动街道社区内外社会慈善资源网络的建设，优化慈善资源配置与使用，提高慈善资源使用效能，构建“党建+社建”资源支撑体系，增强社工站在联动力量的协调以及资源整合中的统筹能力。

村、社区及其他社工站篇

党建引领构筑乡情共同体，协力打造乡村治理新格局

——广东省佛山市顺德区北滘镇黄龙社工站运营与服务

佛山市顺德区一心社会工作服务中心①

广东省佛山市顺德区推进专业社会工作服务已有10余年，区内各镇街、社区通过自主购买服务等方式，形成各具特色的社工服务发展模式。其中，北滘镇黄龙村作为“全国基层治理示范村”“全国民主法治示范村”“广东省先进基层党组织”，其社工服务成效受到广泛关注。本文尝试以北滘镇黄龙社工站运营与服务为例，阐述以党建为引领、以乡情治理为理念的原则之下，黄龙社工强化社区党委根基、构筑乡情共同体、实现“共建、共治、共享、共荣”的乡情治理新格局，打造基层治理创新的“黄龙经验”。

一、服务站点所在地区基本情况

（一）社工站所在村居情况介绍

黄龙村位于顺德区北滘镇西南部，全村行政区域总面积4.89平方千米，户籍居民4572人，流动人口约1.26万，是岭南水乡与工业气息交融的现代化农村。

社工2017年末进入黄龙村，通过前期走访观察及调研发现，黄龙村需求主要呈现“三不足”：一是因征地分红收入比照性落差，村民对本村发展带来的红利获得感不足；二是村民本身对社区文化保育及发展意识薄弱、社区资产未被充分挖掘，从而使得村民对社区文化认同感不足；三是村民参与社区治理主体意识不强，村民多抱怨、常传谣造成干群关系不和谐。这些问题背后的社区群体多元化需求，正是黄龙社工服务过程中重点关注、多向介入的焦点。

---

① 佛山市顺德区一心社会工作服务中心：成立于2013年，是顺德区5A级社会组织，机构坚持党建引领，秉承“以人为本、诚信务实、专业卓越”的价值观，以“陪伴生命成长、共筑社区温暖”为使命，通过扎实的社会服务，努力实现“每个人都在有人情味的社区里感受爱、成为爱、传播爱”的美好愿景。

（二）社工站介绍

黄龙社工站于2018年11月成立，针对“三不足”问题，在响应国家与地方政府对社会服务文件精神的基础上，坚持以党建为引领，以“乡情共同体”构建推动“乡情治理”，以乡情凝聚多元主体广泛参与，以乡土文化构筑治理氛围与参与平台，以乡情场域创造非正式的社区事务参与新规则，以乡情动员社区资本充分融合，形成黄龙村社工服务体系闭环理论框架，成功探索了多项在地化社工服务“黄龙经验”，包括首创“文化造节”以乡土文化打造情感共同体、“党群共建公益微创投”党群自治公益行动、“街巷善治”社区党群议事协商行动三大品牌服务及行动成果。

二、服务站点基本定位与运营机制

（一）社工站基本定位

1. 党群服务的提供者：提供党群服务，凝聚党心民心

在黄龙村党委、村委会的引领下，黄龙社工站围绕村内各类群体需求，联动党群力量开展满足其需求的普惠性社区服务，打通党服务群众的“最后一米”，以“有求必应”的服务凝聚“一呼百应”的民心。

2. 乡村资源的撬动者：盘活乡村资源，激发内生动力

黄龙社工站协助村“两委”，盘活“人、文、地、产、景”社区资源，着力培育社区骨干与组织，构建社区文化自信，共建社区公共空间；协助发挥乡村地理优势，探索乡村产业发展，不断加强村民信任与合作，打造共同体精神，激发社区内生动力。

3. 基层治理的协作者：深化村民自治，助力治理创新

在黄龙村“两委”的统一部署下，社工站把以“乡情”嵌入服务，聚焦培育社区多元主体，强化村民参与意识，提升协商议事能力，深化村民自治实践。坚持党的领导下，提升村民参与乡村治理的积极性、主动性、创造性，营造“自己家园自己建”的良好氛围。

（二）社工站“4+3”运营机制，保障服务有效推进

“4”即四级资源保障：黄龙村党委、村委会负责社工站的资源筹措，联动区、镇、村、社会慈善组织四级资源投入，在北滘慈善会·和的爱心基金[①]的大力支持下，村两

---

① 北滘慈善会成立于2009年，是由北滘镇委镇政府牵头发起的5A级非营利性社会组织，致力于推动慈善事业发展，营造乐善好施的社会氛围。2017年，广东省和的慈善基金会向北滘慈善会捐赠1亿元善款，设立北滘慈善会·和的爱心基金，用于支持北滘镇精准帮扶、医养提升、社区营造、文化保育、公益行业发展等多个领域，以“五社联动”体系撬动社区内生动力，推动社区高质量发展。

委携手本土社会组织——佛山市顺德区一心社会工作服务中心开展社工站运营。

“3”即三种合作主体：为保障社工站发挥更大作用，黄龙村“两委”负责项目的统筹与监督，确保党建、群建、社建的有机结合；社工负责提供专业社工服务；社会创新中心等枢纽平台及督导单位为服务提供专业指导。同时，在北滘镇党建工作办公室的指导下，社工机构党支部书记担任黄龙村党委非受薪委员，加强了社工站服务和村党委的沟通联动。

三、服务站点运营模式与特点

（一）社工站运营模式

围绕国家“五社联动”的指导思想，黄龙社工站秉承创新“五红五心”运营模式：夯实红色阵地，延伸党建毛细血管；锻造红色标兵，树立党群行动先锋；织密红色网格，党群服务就在身边；设立红色基金，探索社区永续发展；赋能红色科技，扣紧党群的连心锁。通过“五红”工作的深入，达到强核心、暖人心、聚民心、解忧心、筑同心的“五心”服务格局。

（二）社工站运营特点

1. 多元主体参与

黄龙社工站是村内社会服务及治理的重要载体，在村党委的引领下，村内党员、村民小组长、村民自组织、乡贤等党群骨干参与社区建设，联动黄龙村乡村振兴促进会、黄龙村党建结对企业/单位、顺德慈善会、北滘慈善会、和的慈善基金会等社会力量为乡村振兴建言献策、出资出力。

2. 服务纵横推进

黄龙社工站每年投入过百万元，服务涵盖党群服务、文化营造、社区治理三大板块，把服务嵌入治理，治理结合服务，服务覆盖全面；同时每个服务板块纵深发展，把党群沟通、协商议事、行动实践工作深耕在乡村长者、妇女、儿童、青年、新村民及特殊群体等服务中。

四、服务体系设计与服务开展情况

党建引领是黄龙村推进社区治理现代化的一面旗帜，“乡情治理”是黄龙社工站探索推动在地社区治理创新工作的策略。清华大学教授蓝煜昕提出的乡情凝聚下的多元主体广泛参与、乡土文化所构筑起的治理氛围与平台、乡情场域下创造的非正式社区行动规则、乡里乡情动员起来的社会资源资本，为黄龙村社工服务体系闭环设计提供了理论框架。因此，黄龙社工站分步走、稳节奏、策略性地搭建多元主体参与社区事务的平台，充分整合乡村经济、党群服务、文化营造三方的乡情治理要素，推动多元主体参与，构筑“乡情共同体”，实现“共建、共治、共享、共荣”的乡情治理新格局。

（一）坚持党建引领，强化村党委根基

党建引领是黄龙社工站服务的立根之本，党群先锋骨干、队伍和组织是筑牢党在基层的核心政治领导地位、实现农村基层长治久安与和谐发展工作的重要抓手。黄龙社工站在过去 3 年驻村服务期间，培育以党建引领为核心的社区多元参与主体，增强其对村党组织的向心力，强化村党委根基。

（二）推动多元参与，构筑乡情共同体

1. 锐意拥抱村改战略，助力乡村经济进步

近年来，随着社区党建引领下的社区社会工作深入推进，干群互信关系的改善、乡邻凝聚力的增强，黄龙村成为顺德区北滘镇率先推进村改的村居之一，首期改造方案仅 6 个小时就实现了超 2/3 的表决通过率，表决同意率超过 91%，黄龙村工业发展空间破旧形态得以改变、产业层次得到提升，这为黄龙村的集体经济和乡村振兴创造了空间，也为黄龙村社工服务的螺旋式上升的体系建设提供了重要的原动力。

2. 深耕社区党群服务，塑强乡村社会关系

黄龙社工站强调基本公共服务均等化，建立充分的党群链接与互动，把基层群众牢牢地团结在党组织周围。社工站通过社区基础服务、恒常农民教育、困境兜底帮扶、个案介入服务等服务手法更全面地去接触村民群众，3 年多的驻村服务共计举办社区活动超过 1616 场次，直接惠及本村党员群众共计超过 50890 人次，村民走出家门，发展正向的社会关系，进行正面的社会舆论渗透，从一朝一夕的服务当中产生“润物细无声”的党群关系，深化地区情感，形成新时代非正式的社会规范和社区共识，激发村民公共精神和互信情感，村民凝聚力大大增强。

3. 激活乡土文化力量，提升文化凝聚价值

随着顺德区北滘镇城市化进程不断加速，乡村文化逐渐凋零，村民的社区归属感逐渐降低，社会原子化对社区治理提出了更大挑战。为此，黄龙社工站开创“文化造节”工作方式，探索出以文化自信推动实现社区治理创新及乡村振兴的“五步走”路径：“发掘文化→活化文化→培育社区社会组织→打造乡情共同体→建设治理共同体”。

（三）催化社区认同，助力基层治理创新

“一核引领、多元共治”是黄龙村探索乡村治理创新、营造共建共治格局的“红色引擎”，其中，“一核”为党建引领核心，“多元”既体现为参与主体的多元和参与平台

方式的多元，也体现为场域资源资本联动的多元。

1. 多元主体参与，党群自治意识充分提升

黄龙社工站借助社区群体发展性服务、社区文化营造、党群组织培育等大量在地化工作推进，充分动员社区多元主体参与社区自治，为黄龙村建设发展、创新治理捐资助力。以党建引领推动“乡情治理”，构建以社区多元主体为内在驱动的“乡村智库”，让黄龙村党员群众成为“自己家园自己建”的“话事人”和“本土专家”。

2. 多元平台搭建，党群参与渠道稳扎稳打

黄龙社工站充分搭建了党群议事平台、实践平台、学习平台、沟通平台等多元参与平台，让黄龙村党员群众拥有了情感沟通和意见表达的场合。其中，党群议事平台促使社区特定议题被关注、被讨论、被解决；党群实践平台以公益微创投行动赋力社区党群组织发展，形成“自己家园自己建”的合力；党群学习平台为本村党员群众提供党性学习、议事协商行动等学习，提升党群参与治理“软实力”；党群沟通平台通过充分活化及培力“街巷长”及村民代表团体力量，将治理单位落实到村小组及“街巷”微细胞。

3. 多元资本共建，党群资源高效精准输送

黄龙村乡情共同体为基层治理提供了多元且丰厚的资源条件，近 10 个村企党建结对共建企业借助黄龙乡村文化节、重阳老人宴、志愿服务时数积分兑换等具体行动，为社区治理输送资源；北滘慈善会·和的爱心基金等单位为本村社工服务提供了资金保障，本村乡贤及党群先锋骨干等共同参与乡情治理，促进党群资源高效精准对接。

五、人员配备与人才培育

黄龙村党委、黄龙村委会通过外包服务模式与社工引进资源服务模式相结合的方式，为本村党群提供社工服务。外包服务模式主要为上级单位配置社会服务资源到村居，村居通过与社工服务机构签订“委托服务协议”，由社工机构社工直接执行服务；社工引进资源服务模式主要为社工主动联络争取顺德区内基金会、特定项目资金等形式，将项目资金及项目内容落地于黄龙村，为本村党群提供专业社会工作服务。

2022 年，黄龙社工站驻点社工人员 8 名，社工服务由村“两委”领导班子成员统领，项目一线人员分配以项目板块为基础，以“党群服务线”“文化营造线”“协商治理线”为不同的侧重点，培育和打造黄龙社工站的专业人才，通过外聘督导、内部督导输送，从多维度提升社工专业服务能力。

六、典型服务项目及服务案例

黄龙社工站自 2018 年 11 月进驻黄龙村以来，积极推动社区多元参与构筑乡情共同体，在当地顺利首创“文化造节”乡土文化共同体打造、“党群共建公益微创投”党群

自治公益行动、“街巷善治”社区党群议事协商行动三大品牌服务及行动成果。

（一）冬瓜文化节，构建乡情共同体

黄龙社工站发现，蕴含“乡情”要素的优秀乡土文化对村民具有教育和陶冶功能，提升社区的文化素养及乡风文明；同时，文化自信对于促发社区群众增强情感共识、提升社区认同感有着重要作用，重构“乡情”共同情感纽带，对治理工作推进尤为关键。黄龙村深挖村民深有共鸣的“冬瓜文化”，重构以文化情感为纽带的乡情共同体，一方面提升社区的文化素养及乡风文明，另一方面推动和谐一致的价值取向和社会心理，增强村/居民的归属感。

一是挖掘社区文化。黑皮冬瓜是黄龙村村民有共同回忆点的经济作物，具有较高的辨识度，通过社区营造的手法，让“黑皮冬瓜”这种村内党群共同认可的文化符号成为调动村民参与社区事务积极性、增强村民对乡村认同感的强力纽带与精神载体。

二是活化社区文化。以“文化＋活动”的方式，举办系列主题艺术探索、文化传承等活动，唤起了村民对冬瓜文化的认同；打造社区特色文化，让黑皮冬瓜文化节成为村民心中的记忆爆点，营造社区文化共识和氛围。

三是培育社区社会组织。撬动积极参与冬瓜文化品牌建设的社区骨干成立冬瓜合作社，并提升村民社区事务参与能力，为共同营造好社区文化达成共识与共同行动。

四是打造社区文化共同体。在文化造节过程中，越来越多的党群因为“文化”和“乡情”愿意持续走出来，积极参与后续相关活动，甚至在参与过程中村民逐步实现由参加者变成推动者、由反对者变成支持者的转化，为黄龙村社区治理工作输入了强有力的群众支持力量与可持续行动的信心。社区文化名片打造过程亦催发了“冬瓜经济”再生，既促进了经济增收，也为持续打造当地文化品牌提供了群众基础和行动经验支撑。

（二）党群微创投，自己家园自己建

近年来，面对村民服务需求的多样化与本村服务输送主体单一的不一致、社区内兴趣文体组织自娱自乐、互助型组织转化率较低、可持续发展动能不强等问题，黄龙社工站打造公益微创投平台，积极开展相关行动。包括：一是成立公益微创投学院，通过宣讲动员、技能培训、组织发展陪伴式督导等服务，提升党群组织素质能力；二是创建种子资金孵化项目，引导社区社会组织积极参与社区公益项目申报及获得资助，开展多元服务，激活各类社区社会组织参与动力；三是搭建“三社”联席会议平台，形成“每季一议、每议必行”的党群沟通互动机制，促进资源资讯共享，促发村民提升参与社区事务的主体意识；四是开展微创投公益嘉年华，让村民的努力和付出被看到、让他们行动的价值影响更多人。黄龙村探索可持续公益微创投行动，为“乡情治

理”注入新动能，开创了村民参与“自己家园自己建”行动的新局面，是黄龙村社工以实践证明的助力社区治理之“新法宝”。整体成效包括：

第一，从“一个人”到“一群人”。以党群之力回应社区多元需求，两届党群公益微创投成功孵化培育党群组织及团队39个，促成近500名成员常态化参与社区志愿服务，共计组织开展社区公益实践2200次，服务覆盖社区群众29450人次，回应了社区困难群体帮扶、文化推广、康乐服务等多元需求。

第二，从“我参加”到“我组织”。两届公益微创投共计开展26场主题培训、近200次项目督导，党群组织社区公益活动的意识和能力均得到提升。

第三，从“各自玩”到“一起玩”。党群组织从各自为政，转化为社区志愿者，共同筹划乡村盛事、担当防疫先锋、共同交流兴趣才艺，党群组织融合度更高。

第四，从“到处找”到“在身边”。党群公益微创投构筑了社区互助氛围，通过在探访中发现生活困难的群体，立即配置帮扶行动，有效实现社区内党群资源高效精准对接。

（三）街巷齐善治，议事协商化矛盾

黄龙社工站在服务过程中充分累积社区资本，推举社区党群先锋成为社区治理网格中的街巷长，通过走访排查、信息登记形成“社区治理问题清单”，定期举办党群议事厅，鼓励街巷长共同参与社区议事协商等具体工作事务，促进社区多元主体共同参与基层治理中的自我管理、自我监督等工作。自2020年7月至2021年6月，共计开展党群议事协商会议/行动12场，街巷卫生黑点发掘、垃圾桶放置、龙涌庭院共建等议题得以充分探讨和落地，促成多元主体在社区治理中积极发声和充分发挥动能，过程及成果如下：

一是行动调研。黄龙社工站通过发动党员、生产队小组长、生产队村民代表、热心村民等基层党群骨干力量组成共建行动小组，对街巷中杂草丛生、废品乱放、鼠蚁出没等脏乱闲置公共空间进行集思讨论、行动调研，了解周边村民对将要进行改造的地方的想法与服务需求。

二是议事协商。社工通过议事协商的方式，引导村民就闲置空间的清理工作、公共空间的功能性以及具体的设计方案、材料使用等各方面进行讨论，并共同商讨出布置方案、落地方案。

三是共创行动。借助“种子计划”微创投资助＋议事协商的方式，在确认庭院区域设施分布方案基础上，设置特定扶持办法，鼓励庭院周边村民在小额资助下参与庭院共建，为周边群众增添了新的生活空间。

在“街巷善治”议事协商行动过程中，多个街巷日积月累的顽固问题得以讨论与改善，更重要的是，来自街巷的老中青党群代表，均积极参与整个行动，提升了对社

区公共事务的拥有感和参与社区事务的规则感。

七、服务站点运营与服务反思

黄龙社工站从2017年末驻村以来，充分结合当地经济结构、在地文化符号、乡土群众关系以及社区资源特征，探索以“乡情”助推的基层自治的“黄龙经验”，活动受到广泛认可。

然而，社工在整个基层自治工作体系中，承担的是村居引进的“第三方”角色，是黄龙村自身内循环系统的“中间层”角色，对于社工服务见之于整个黄龙村乡情治理体系的建构，当前仍需反思。

（一）“乡情”要素嵌入治理功能，更强调情感性而非工具性

乡情治理具备了法治、德治所不具备的情感、地方精神规则载体，例如当社工面对社区内人居环境治理问题、邻里矛盾等具体议题时，自上而下的统一动作、法定程序的矛盾调处，显然不是社工力所能及的范畴和动作，但通过日常大量基础服务铺垫，社工与村民谈文化、谈情感、谈关系，累积了不少以情感为本而非以责任、权利为本的社区资本，社工以认同、回馈、正向强化的方式鼓励村民作出的具有积极情感意义的行为，帮助村民看到“共荣”的目标，从而催发村民群众懂规则、懂让步，充分参与基层自治。

（二）“社工”要素嵌入治理角色，为社区发展充分赋能

黄龙社工站参与协同治理，除了保留个案、小组、社区传统社会工作服务手法以外，更进一步地以社区营造方式为乡村基层治理赋能，但仍存有可探索的空间。

一方面，乡情治理的实现离不开围绕本地发展和治理的精英议题网络，包括本土精英、社会贤达、社区骨干因广泛参与而形成的群组。然而，纯农村社区资本未能充分施展优势，让普通民众发展成为能够撬动乡情共同体构建的“新士绅”精英网络尚需条件和时日。另一方面，社工服务项目暂未形成可持续有效的运营机制，包括缺乏完善的服务购买机制、随大环境变化而快速变动的服务购买需求，以及服务项目运营本身延展创造的社区议事协商机制、党群沟通互动机制等，仍需要不断打磨验证，形成持续有效的经验及机制。

枢纽增能型社工站助推村庄协同共治

——广东省广州市从化区江埔街凤二村社工站运营与服务

谭秀妹　卓彩琴　马林芳　欧阳文静　李银枝[①]

在广东省广州市从化区委组织部、广州市从化区民政局和广州市从化区江埔街道的大力支持下，2019年开始筹建凤二村社工站，2020年4月正式运营，积极探索社会工作参与乡村振兴的新路径新模式。

一、服务区域基本情况

广州市从化区江埔街凤二村面积约10.98平方千米，位于派街高速双凤互通出入口，距街口中心城区约10千米，下辖13个自然村22个经济社，共791户；户籍住户3815人，其中60岁及以上长者470人，低保低收入家庭40户，特困供养5户，困境儿童35名，残障人士125人。村党总支部设支委5人，现有党员95人。近年来，江埔街凤二村以党建引领为核心，试点实施枢纽增能型村级社工站，创新乡村社会工作服务模式，凝心聚力、真抓实干，打通服务村民的“最后一米”，实现了从“软弱涣散村”向“广州最美村庄”“广州名村”的蝶变，实实在在提升了村民的获得感、幸福感、安全感。

二、社工站基本定位

广州市从化区江埔街凤二村枢纽增能型社工站从建立开始就定位成为乡村社区服务的枢纽中心，在村“两委”的指导下，为乡村社区服务发展提供专业力量支持，充分发挥驻地社工真正下沉乡村的优势，以“幸福+”为服务载体，以大多数村民关心的需求作为切入点，将乡村生产、生活、服务与自治融为一体，动员乡村多个主体共同参与对村民的服务和对乡村公共事务的管理，撬动多方力量解决民生问题，对上协助村“两委”建立健全社会服务体系，提升乡村服务的专业化、精准化水平。对下综合运用“三平台”的作用，着力解决基础民生问题，为村民带来实实在在的获得感，

① 谭秀妹，广州市从化区民政局社区治理科科长；卓彩琴，华南农业大学社会工作系教授；马林芳，华南农业大学社会工作系副教授；欧阳文静，广州市从化区社会组织联合会副秘书长；李银枝，广州市从化区江埔街凤二村社工站站长。

另外通过整合“四基地”的作用，促进各方力量协同合作，在资源共享、互利共赢的前提下，形成乡村治理人人有责、人人尽责的局面，多方助力乡村社会服务发展。

三、社工站运营模式和特点

凤二村社工站以政府购买服务为指引，以社区需求为导向，通过“社会组织为载体、社会工作专业人才为支撑、公益慈善力量为支持、志愿服务力量为补充”的多元协同共治运营模式，聚焦民政兜底服务对象实际需求，为乡村困难群体提供精准化、专业化服务，打通为民服务“最后一米”，提升村民的幸福感、获得感和安全感。

社会组织为载体：从化区社会组织联合会具体负责凤二村社工站的运营管理，针对社工在实际服务过程中遇到的痛点和难点，引入外部资源和社会组织力量，联动从化区内的社会组织把公益服务带进凤二村，有效补充社工在服务力量上的不足。

社会工作专业人才为支撑：驻村社工对凤二村的470名60周岁及以上长者，40户低保低收入家庭、5户特困供养、35名困境儿童、125名残障人士等特殊群体进行上门走访和建立“一人一档”，并对困难群体的实际情况进行摸底分析需求，提供专业社工服务。

公益慈善力量为支持：推动建立的凤二村社区慈善基金、幸福食堂、爱心到家等项目，均以慈善资源为主体或重要组成部分，搭建起公益项目所需资金等资源的供应链。

志愿服务力量为补充：通过“社工 + 志愿者”的联动机制，由专业社工结合乡村特色和具体的服务需求，挖掘乡村志愿者、培育乡村能人，成立花木兰志愿服务队、小哪吒志愿服务队、青年志愿者协会等志愿服务队伍，有效解决村民的各类需求，激活乡村内生动力。

四、社工站服务体系设计和服务开展情况

（一）“枢纽增能型”凤二村社工站服务体系设计

“枢纽增能型”凤二村社工站助力乡村振兴总体设计（2020.4—2025.3五年规划）

（注：在2020.4—2021.3年度实践探索基础上做了优化）

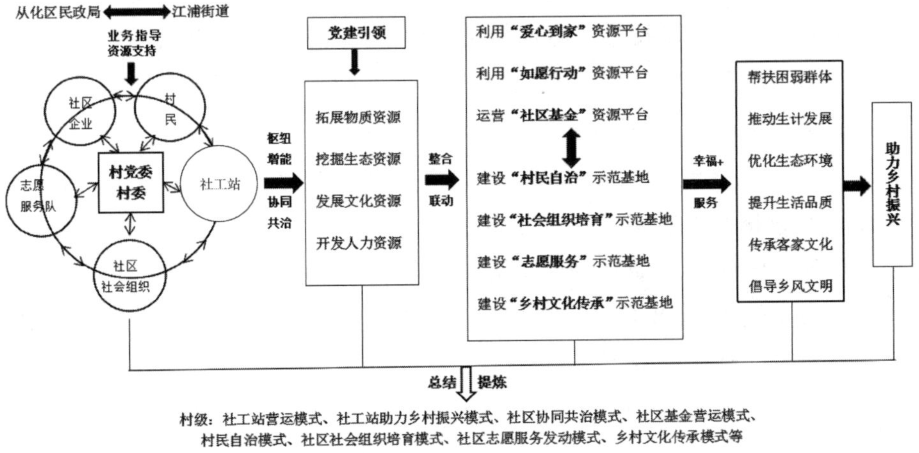

（二）2020 年 4 月以来的服务开展情况

1. 党建引领下社工站为枢纽，撬动村庄内外资源助推乡村振兴

（1）用党建力量激活城乡融合发展“能量棒”，调动村庄内外资源助推乡村振兴。党员社工组织城市、农村党员志愿者开展探访村庄高龄长者活动，深入村庄与长者“打成一片”，关爱长者的身体健康和生活状况。党员社工还积极联合村党总支、“两新”党组织开展支部共建活动，组织村里党员开展外出参观和学习活动，参与党员达 80 多人次。与华南农业大学公共管理学院、动物科学院、科学研究院共建党建基地，充分发挥高校党建力量开展助农助销增收帮扶，帮助凤二村村民推销凤凰鸡 152 只、砂糖橘 3000 多斤等，大大提升人民群众的获得感，助力乡村振兴。

（2）借助红色影片，用党的精神凝聚民心，倡导乡风文明，为乡村振兴助添精神动力。凤二村社工站以党建工作站为依托，联合党员志愿者深入群众，在凤二村凤宴广场、社工站等播放红色影片。从精选红色影片，到传播红色影视，再到宣传时政热点、红色传承、典型事迹、传统民俗等信息，旨在把更多红色资源送进乡村，打造党史学习教育新阵地，让村民群众做到知史爱党、知史爱国，推动新时代文明实践在凤二村开花结果。截至 2022 年 8 月，在凤二村社工站陆续播放了《建党伟业》《红海行动》《我爱我的家乡》《我和我的祖国》等 20 多部爱国题材教育影片，用红色情节触动观影村民的心灵，增强村民的爱国主义情怀和集体主义观念，为乡村振兴提供精神动力。

2. 利用三大资源平台，调动村庄内外资源，帮扶困难群体

（1）有效利用从化区的“如愿行动”资源平台，帮扶困难群体实现微心愿。联合村委会干部、志愿者等一起走访困难家庭，了解和关心其日常生活方面遇到的实际困难，针对他们的需求，开展持续性系列关爱帮扶活动，为他们点亮微心愿。截至 2022 年 8 月，社工通过如愿行动平台，精准帮助凤二村 98 名困难群众“点亮”微心愿。

（2）有效利用从化区“爱心到家”资源平台，帮扶困难群体享受购物优惠。链接爱心企业，为困难群众定制特惠的电商超市平台，每月推出“爱心清单”，通过“企业补贴 + 项目补贴”的双补贴方式，截至 2022 年 8 月累计帮助 123 户困难群众享受到优惠的生活必需品和食品，“企业 + 项目”双补贴金额达 6839. 82 元。

（3）运营“社区基金”资源平台，帮扶困难群体。动员街道、社区、企业、村民、乡贤、社会组织等群体共同参与社区建设，筹建社区基金，成立基金管理委员会和监督委员会，引导社区形成自助互助服务体系，让社区公益服务真正普惠村民，持续满足村民需求。截至 2022 年 8 月，凤二村的社区基金募捐金额达 31845 元，实现乡村社区资金共建、慈善共助、幸福共享。

3. 建设四大示范基地，社工通过赋权增能促进村民参与社区治理

（1）建设村民自治示范基地：探索“乜都倾”（编者注：粤语，啥都能聊的意思）议事会模式。发动村民、村委会、志愿者等多元主体，以议事会的方式，聚集村民商议村内帮扶困境家庭、打造邻里花园等大小事务，带动村民参与共建公共空间、共谋社区发展，不断激发乡村自治活力，发挥村民“建设者、管理者、受益者”作用，引导多元主体共同参与乡村治理。截至目前，凤二村开展协商议事20多场次，参与的村委会干部、村社区社会组织代表、党员社工、村民代表等超2000多人次，累计解决了25个议题。

（2）建设社会组织培育示范基地：培育5支志愿服务队。充分发挥社区社会组织参与乡村治理和乡村振兴的作用。培育并提升花木兰志愿服务队、小哪吒志愿者队、青年志愿者协会、花木兰艺术团和金凤凰协会等本土社区社会组织参与乡村服务的能力，带动其广泛参与乡村各项服务，激活乡村内生动力。

（3）建设志愿服务示范基地：发动志愿服务行动。重点发展本村村民成为在地志愿者，充分发挥“土专家”“田秀才”等乡村人才，同时吸纳来自不同阶层、不同职业的外地志愿者进入乡村志愿者服务队伍，联动高校，打造乡村振兴志愿者实践基地，让广大乡村志愿者参与志愿服务的决策、实施、管理全过程，定期开展困境家庭、重度残障人士等特殊群体探访、送餐等关爱服务，推动“兜底型”救助向“发展型”救助转变，实现村民之间的守望相助。截至2022年8月，已挖掘领袖骨干达70多名，培育志愿者百余人，参与社区活动百余场，累计参与志愿服务总时数达3521小时。

（4）建设乡村文化传承示范基地：挖掘、推广客家文化。社工通过开展创作村规民约之歌、唱客家山歌、村庄节庆、公益游、知识竞赛等多种形式挖掘当地客家文化和创新文化传承载体，建立村民的文化自信，吸引城市人进来，推广客家文化。

4. 开展“幸福+”系列服务，发挥互助精神，帮扶困难群体，提升村民生活品质，传承客家文化，倡导乡风文明

（1）幸福食堂服务。采取政府补贴、村民共建和慈善基金助力的措施，打造以幸福食堂为核心、以配餐助餐为抓手的“幸福食堂+”配餐助餐服务模式，大力激发村里留守妇女、志愿乡贤、爱心企业资源等多元主体优势，为有就餐需求的乡村老年人、儿童或重度残障人士等提供配餐助餐服务。截至2022年8月，幸福食堂累计帮助困难群众配餐助餐40347人次。

（2）幸福衣坊服务。面向农村困境长者、重度残障人士等特殊群体开展公益洗衣服务，通过培育志愿者，让其承担上门收取衣物、查验洗涤物品、操作洗涤烘干设备、分送清洗物件、台账登记等“一条龙”服务，为农村独居孤寡老人、留守困境儿童和残障人士解决烦琐、枯燥的洗衣难问题，让他们不必为衣物、被褥的洗涤而烦恼，有更多时间享受精神文化生活。截至2022年8月，幸福衣坊累计为困难群众提供公益洗

衣服务约 2000 人次。

（3）幸福童享服务。通过政府部门划拨专项资金，热心企业、社会组织捐款，为农村留守儿童、孤儿、残疾儿童和大病儿童配备专项生活物资，保障他们的基本生活需求。社工协同社会组织、慈善组织为农村困境儿童逐一建档、开展个性化关爱服务和个案管理，定期上门探访，了解困境儿童基本需求和微心愿，为其点亮微心愿。同时组织外出活动及交流，为其提供情绪支持，以增强困境儿童的自理能力及人际关系等，让其享受更多帮扶服务和更加公平的发展成果。

（4）幸福义诊服务。链接南方医科大学附属第五医院、社区医院、村医等合作共建资源，邀请医务志愿者定期下乡开展义诊活动，并通过教导、培训等方式，培育热心村民成为本土健康生活指导员，定点定期免费为群众测血压、血糖，传授常见病、慢性病、季节性多发病的预防控制方法，普及医学常识和健康知识等。截至 2022 年 8 月，幸福义诊累计服务超 1000 人次。

（5）幸福义剪服务。通过与村内外理发机构合作，邀请理发师志愿者定期下乡开展义剪活动，并为高龄长者、重度残障人士提供上门义剪服务。同时动员花木兰志愿者参与理发培训，成为本土义剪志愿者，形成自助互助的良好乡村氛围。截至 2022 年 8 月，幸福义诊累计服务 600 多人次。

（6）幸福学堂服务。驻村社工充分挖掘村庄内外的服务资源，开设多元化、多层次的留守长者、儿童、妇女学堂服务。链接正佳集团的导游、从化区关工委等资源为儿童开展海洋生物、生态教育等课堂；组织村里的长辈、乡贤带领儿童挖掘凤二村客家传统文化；组织留守儿童开展广播员培训小组、摄影小组等；组织留守长者开展歌唱课堂、智能手机学习等；组织留守妇女开展广场舞学习、茶话会等，丰富村民精神文化生活，促进村民在互动交流中实现能力增长。幸福学堂开办以来，开展活动 52 场次，服务惠及儿童、妇女、长者等超 2800 人次。

五、社工站人员配备和人才培养

为更好地推进乡村社工服务，运营机构广州市从化区社会组织联合会充分发挥其作为本土枢纽型社会组织的作用，凝聚政府部门、社会组织、慈善、志愿服务、企业等社会力量和资源，在人员配备上按照“1 +2 + N”的方式配备专业社工人员，即站长 1 名，负责统筹日常工作和专业服务；一线社工和社工助理各 1 名，协助开展各项社工服务；乡村志愿者 N 名，参与乡村大大小小事务。

在人才培养上，采用“横纵向”双督导培养模式。其中横向是指“政府 + 高校 + 机构”的综合专业督导制，政府提供政策指导，高校提供理论指导，5A 社工机构提供实务指导；纵向是指“综合专业督导、一线社工、乡村志愿者”三级督导培训计划。

六、典型服务案例

（一）培育花木兰志愿服务队，推动妇女参与社区治理

凤二村社工站前有一片杂草丛生的荒地，为践行“人人为社区，社区是我家”的理念，社工积极召集花木兰志愿者一起讨论荒地未来的景观，并展开积极的行动，“邻里花园”就这样诞生了。花木兰志愿者和社工一起清理杂物、搬运石头、锄地翻土，并各自从家里找来可以用得上的木板、水缸、荷花等物品，志愿者们还自主认养、管理和发展花园，为花花草草浇水除虫，为花园的持续“成长”创造活力。

邻里花园的打造过程是以社会工作的“社区增能”的理念为方向，采用“社工+村委会+乡村志愿者”的协作模式，开展“乜都倾”议事会、乡村志愿者赋能培育小组等，推动村中妇女骨干组建花木兰志愿服务队，并积极参与邻里花园社区公共空间打造等乡村治理，乡村妇女从“乡村服务者”摇身一变成为“美丽乡村建设者”。自2020年7月开始，经过前期的沟通协调、中期的打造建设、后期的合作维护，邻里花园从一片荒地到村里亮丽的风景线和网红打卡点，让花木兰志愿者感受到了行动的力量，通过典型示范也有利于推动更多村民深入参与乡村治理，共同推动美丽乡村发展。

（二）社工推动村民议事会，激发村民自治意识和能力

“民生无小事，事事有回响。”这是凤二村社工站探索“乜都倾”村民议事会时的自我承诺，它也成为提升村民参与社区事务的意识和能力、推行农村社区民主商议决策、深耕从化议事试验田的“敲门砖”。2020年7月21日，凤二村社工站邀请凤二村村委会干部、村中积极分子、村（社区）社会组织代表、党员社工等11名村民代表共同参与了主题为“深化村民自治，提升议事能力”的凤二村邻里花园社区共建议事会，就社区内的环境整治和空间建设进行议事协商，这是新时代背景下凤二村首次老中青三代“坐埋一齐”（编者注：粤语，坐在一起的意思）乜都倾，不仅让大家零距离、面对面地各抒已见，也能扎实提升村民参与社区公共事务的能力。凤二村村民议事协商以“流水的议题，流动的代表团”形式，以议题定代表，以代表定方向，以方向定行动。因而，每一次议事协商都是面向广大村民群众招募代表团、发声人，营造“社区有事，大家一起好商量”的乡村治理氛围。凤二村社工积极发挥专业优势，引导村民学习表达、议事技巧，鼓励和引导村民代表们在议事协商、日常社区生活中积极互动交流、建言献策，发挥个人所长参与乡村治理，推动构建共建共治共享的乡村治理格局。

七、专业总结与反思

（一）以社工站为枢纽，社工整合行政村内外资源，将福利服务系统化、常态化

行政村作为最后的行政管理单元，容易出现“上面千条线、下面一根针”的情况，导致资源重叠浪费、服务碎片化，以及福利服务的不均衡。凤二村社工站作为一个枢纽，利用“如愿行动”“爱心到家”“社区基金”三平台，整合村内外物质资源；利用四基地建设，开发村内外人力资源。物质资源与人力资源互动产生聚合效应，将福利服务系统化、常态化，持续支持村里的老人、残障人士、儿童、妇女等特殊群体，让他们能够享受到社会发展带来的福利，提升他们的生活品质。

（二）以社工站为“能量源”，社工采用赋权增能的专业方法，激活社区内生动力

凤二村社工站是村民活动的核心公共空间，这里设立了社工办公室、幸福食堂、幸福学堂、社会组织党群服务中心等功能区，社工以这些功能区为“能量源”，采用赋权增能的专业方法，提升村民参与社区建设的意识和能力，激活社区内生动力。通过培育社区社会组织，将村民组织化，根据他们的优势和强项，引导他们更好地参与社区建设，开展志愿服务，推动社区发展。通过村民议事会，让村民关注社区公共问题，为社区发展建言献策，成为社区发展的主人，培养村民的公共精神。

（三）社工站发挥第三方和专业优势的作用，推动了村庄社区治理结构优化，初步形成了以村“两委”为核心的协同共治机制

社工站进驻前，村庄治理结构呈现垂直科层型特点，即在江埔街道党工委的领导下，由村党委和村委会通过自上而下的赋权方式，组织村民自我管理、自我教育、自我服务。但是，村民参与乡村治理的意识相对较薄弱，往往是行政式、被动式地参与其中，存在盲目性和机械性，一些群众即使参与了各类治理主体组织的活动，但他们对于其参与乡村治理的行为目的、治理逻辑根本不清楚（祝一，2021）[①]。社工站的进驻，打破了原有的治理结构，项目社工在从化区的赋权下以第三方的身份嵌入原有的社区治理结构，村“两委”释放自己的权力和治理空间，让社工可以发挥自己的专业优势，培育社区社会组织，发动志愿服务，推动社区企业参与，培养村民意识和能力，推动了村级社区治理结构优化，初步形成了以村“两委”为核心的协同共治机制。

---

① 祝一．从“三治融合”到“一核多元”——D市农村治理主体多元化协同机制研究［J］．农村经济与科技，2021（7）．

（四）社会工作要在乡村振兴中发挥有效作用，需要具备发展性社会工作思维和能力

所谓发展性社会工作，明显有别于长期以来的城市取向和服务为本的社会工作，本土化的发展性社会工作更加关注农村等贫困地区和人口、重视社区传统以及在地化甚至非正式化的组织与服务传递模式，社会工作者需要综合担当照顾者到陪伴者再到同行者这三种角色，重视社区资源的利用，重视社区生产性组织的建设（徐其龙，2020）[①]。社会工作要在乡村振兴中发挥有效作用，需要以“兴农爱农”的价值伦理为指引，吃苦耐劳精神为保障，高超的工作能力为支撑，还需要具备整合微观、中观和宏观的发展性社会工作理论与方法的能力，综合素质要求高。凤二村社工站的社工综合素质还尚未达到这样的要求，一些社工也因不能承受工作压力而离职，从化区社会组织联合会作为背后的支持机构，通过聘请高校专业老师和其他机构的资深优秀社工担任督导，持续支持社工的专业成长，以保障社工站的顺利运行和发展。

---

① 徐其龙，陈涛．发展性社会工作视角下社区服务、社区营造和社区发展的整合研究［J］．华东理工大学学报（社会科学版），2020（3）．

社工站助力乡村振兴

——重庆市秀山县官庄街道雅都社区社工站运营与服务

蒋利民　盘其利　丁海飞　田仕林[①]

一、服务地区和社工站基本情况介绍

（一）服务地区情况简介

雅都社区位于重庆市秀山县官庄街道，辖区山清水秀、社区居民主要经济收入来源为务农和外出务工。近年雅都社区“两委”在党和政府号召下，积极探索本社区发展路径，目前已形成第一书记、驻村工作队、社区书记、社会工作者等多方协同参与的社区发展治理格局。

（二）社工站情况简介

为发展一批本土农村社会工作示范项目，使社会工作“专业化”与民族地区“风俗化”有效结合，探索农村社会工作参与基层社会治理，促成一系列有效的社区治理模式。2019 年 12 月，秀山县民政局委托秀山本土专业社工机构——秀山县心阳社会工作综合服务中心（以下简称心阳社工）在雅都社区开展农村社会工作示范创建项目。心阳社工入驻雅都社区后成立了雅都社区社会工作服务站（以下简称社工站），社工站运用社会工作理念和方法，联动社区居委会、社区自治组织、社区志愿者、社会资源开展服务；以巩固脱贫攻坚成果、助力乡村振兴为目标，践行大爱民政精神，针对社区留守老人、留守妇女、留守儿童及特殊人群开展乡村协同治理、乡风文明建设、乡亲邻里互助、能力发展提升等系列服务，培育社区自治组织成长和发展，助力互助、友爱、美丽、和谐、幸福的现代新型乡村建设示范发展。

二、社工站定位和运营机制

作为全县第一个农村社会工作示范创建项目执行地，雅都社区社工站承担了开展

---

① 蒋利民，重庆市秀山县民政局社会事务和救助科科长；盘其利，重庆市秀山县民政局养老服务及儿童福利科科长；丁海飞，重庆市秀山县心阳社会工作综合服务中心主任；田仕林，驻村社工。

专业社会工作服务、培养本土社会工作人才、培育社区社会组织、带动社区发展协同治理等工作职责，探索农村社区基层社工站高质量发展道路，凸显秀山县在社会工作服务领域的先行性与示范性。社工站以县民政局作为指导单位，街道办事处作为监管单位定期督查，心阳社工实施社工站项目，社区“两委”提供活动场地并协同参与，形成项目纵向指导监督机制。

在社工站运作过程中，心阳社工作为执行机构不断推动专业社会工作服务落地，促进本土社会工作专业发展。社工站建立以来，社工经过走村入户、调研分析，将社区需求进行分层分类，并制订项目服务计划。社工站在党建引领下，引导党员发挥先锋志愿者作用，同时以雅都社区本土文化和社区特色为媒介，开展各项服务计划，邀请社工专业的教授和实务经验丰富的督导，指导项目深化实施，形成“双督导 + 主管 + 社工 + 志愿者”的工作模式与分工，项目常规开展结合定期督导、联动志愿者力量，整合资源，促成多元合作开展农村社会工作服务局面。

三、服务体系设计和服务开展情况

（一）服务体系设计

社工站运用社会工作专业方法，通过“五社联动”模式即社工联动“社区居委会、社区社会组织、社区志愿者、社会资源”，推动项目实施。经过需求调研，社工站在个人层面以满足社区特殊困难群体等重点服务对象需求和发展为己任，在社区层面以乡风文明、绿色生态、乡村治理、基层社会组织培育为目标，助力人才振兴（儿童成长）、组织振兴（自组织培育）、文化振兴（乡风文明建设）、生态振兴（环境整治）等方面的示范效应，以四大计划开展雅都社区社工站服务，即美好陪伴计划、绿色宜居计划、乡风文明计划、自治参与计划。

1. 美好陪伴计划

针对社区留守困境儿童、妇女、老人及孤残人士等重点特殊群体开展关爱服务，主要内容有：以社区关怀和互动为主，以个案服务方式给予针对性服务，设计开展丰富多彩的教育类、知识类、成长类、互动类活动；联动社区居委会、社区社会组织、社区志愿者队伍定期组织开展慰问及关怀活动，提升社区归属感和幸福感，促进社区群体之间的互动和关怀；营造互帮互助的社区邻里氛围，丰富社区居民精神文化生活，提升社区居民自身能力及认知，为居民提供自我成长和发展的平台和途径，促进和谐、成长、互助、有爱社区氛围的构建。

2. 绿色宜居计划

良好生态环境是农村社区的最大优势和宝贵财富，而农村垃圾不当堆放及处理严重影响了社区环境。绿色宜居计划在当前大力推进垃圾分类的时代背景下，结合乡村振兴理念的可持续发展计划，引导社区居民树立垃圾分类丢弃和处理意识，学会正确识别垃圾类别，做到投放正确；针对农村垃圾特点，引导居民厨余绿色堆肥、减塑循环利用；定期开展环境保护知识宣传、垃圾分类宣传入户及环保教育活动，与居民共同践行垃圾减量，从源头减少垃圾产生，促进社区垃圾分类实施，改善卫生环境状况，提高社区居民环境保护意识。

3. 乡风文明计划

乡风文明建设是乡村振兴过程中的重要环节，提升居民精神风貌，培育文明乡风、良好家风、淳朴民风，从而不断提高乡村社会文明程度。乡风文明子计划，以社会主义核心价值观为引领，营造良好的社区精神风貌，组织社区志愿者、自治组织，在社区积极开展"尊老爱幼、邻里互助、夫妻和睦"等优秀家风民风宣传倡导，组织"远亲不如近邻、互帮互助一家人"邻里互助趣味运动会及主题宣传活动，开展文明家庭、最美庭院等乡风文明创建活动。通过宣传示范作用，增强社区民风感召力、凝聚力，提升居民地缘归属感，为乡村振兴提供强大精神动力和保障。

4. 自治参与计划

国家治理能力现代化建设，关键在基层，核心在基层，要充分激发基层广大群众的活力和积极性，完善基层居民参与、居民享受的"共建共享"治理格局。自治参与计划主要内容为：营造"居民参与、居民受益"社区氛围，培育居民社区参与意识，提升居民社区治理参与能力，从而充实基层自治力量；发展基层社会组织，在社区培育并形成群体类、同质类、志愿类社区社会组织，充分激发居民参与意识，提升居民参与能力与道德素养；采用"社工＋社区社会组织＋社区志愿者"模式，以专业知识和技能培训相结合，发动社区群众力量，调动其参与积极性，发展、培育社区自治组织及志愿者队伍，强化社区特殊人群如妇女、老人之间的支持网络，促进社区居民参与社区自治。

（二）服务开展情况

1. 2020年种下"社工"的种子

社工站自成立以来，根据社区"三留守"群体及特殊困难家庭群体的需求开展了丰富且接地气的服务。

一是针对留守儿童群体，开展以关怀陪伴为主，习惯养成、自信心提升、学业成绩提升等为辅的主题服务；二是针对留守妇女群体，开展以增能赋能为主，心理疏导、亲子教育、婚姻家庭和身心健康知识学习为辅的主题服务；三是针对留守老人群体，以人生回顾为主，居家安全知识和法律知识普及为辅开展主题服务；四是针对困难家庭、孤残老人，开展走访慰问、心理疏导、增能赋能等支持服务，缓解其自卑、焦虑、无助等不良情绪，引导其积极面对生活，协助其更快融入社区；五是针对社区乡风文明建设、居民自治参与等，在社区发起优秀家风家教、主题减塑活动宣传等服务；六是新冠肺炎疫情防控期间，链接基金会资源，为社区抗疫防疫一线工作人员子女、困境家庭子女等42个家庭进行爱心物资捐赠。

专业社会工作服务丰富了社区居民业余生活，加强了居民与社区的联动，促进了更多社区居民关注社区公共事务、参与社区自治。

2. 2021年专业化与在地化深度融合

在2020年服务基础上，社工种子已在居民心中生根发芽，居民们对社工的认同度不断提升。2021年项目组总结经验、立足背景需求、优化服务设计，以助力脱贫攻坚与乡村振兴有效衔接为主要目标，扩展服务宽度与深度。截至2021年12月，美好陪伴子计划针对留守儿童开展成长教育、红色教育、知识素质扩展、安全教育主题服务等共计800余人次；针对留守妇女及老人等困难群体开展“亲子情绪管理小组”“健康知识宣传讲座”“美家美妇、有品生活”“唱响老年生活”等活动，共计服务300余人次。绿色宜居子计划定期宣传环境保护知识，与居民共同践行垃圾减量，从源头减少垃圾的产生，切实做好垃圾分类与环保卫生相关工作，提高社区居民环境保护意识，开展“我的村庄我维护”“垃圾分类我先行”“口腔环保回收”“环保知识进村下组”等活动，共计服务400余人次。乡风文明子计划开展群众性精神文明创建活动，提升乡村精神风貌，开展了“美丽乡村导游小组”“汇聚社工力量、助力乡村振兴”“欢庆祖国华诞、共建文明社区”等活动，录制了雅都社区献礼祖国72周年的祝福视频，共计服务400余人次。自治参与子计划开展“青年志愿者主题交流”“社区自治组织团队建设与培训”“居民团队协作体验趣味运动会”等活动，针对疫情防控等社区公共卫生安全问题，组织社区志愿者进组入户，开展线下“社区防疫宣传到户”、线上“防疫千万家、事关你我他”活动，共计服务700余人次。

相同的社区、人群、服务领域和手法，恰似儿童和少年、昨天和今天的关系，相互衔接、彼此成长。针对儿童成长，从基本的安全教育、生命教育到人文教育、舞台展示；针对妇女群体，服务从婚姻家庭知识、亲子沟通到两性健康知识、女性气质提升；乡风文明绿色宜居计划，从社工倡导到居民协同参与；自治参与计划，从妇女老人到社区青年、大学生等群体的参与融入，从老年自治组织到青年志愿组织……这些不仅是工作手法的突破、服务领域的拓宽，更是居民自治参与、全民参与的体现，实现了专业化与在地化的深度融合。

四、社工站运营特点

社工站运营模式为社会工作服务机构作为第三方组织以服务站运营者角色入驻社区，与社区居委会联合办公又独立于社区居委会。社工站任务是联动社区居委会，引导基层干部运用社会工作专业理念和方法开展社区服务、培育社区本土社工人才、促进社区服务职能化与专业化发展，形成“社工＋社区居委会＋社区其他资源或组织”，如社区小组、驻村工作队、社区自治组织，即社工主导、社区参与、其他社区社会组织协同的“1＋1＋N”联动运营模式。

此运营模式特点是社工具有职业性、独立性，同时又具有联动性，与社区地缘关系和相关利益方相互独立又相互连接，最大限度保证社会工作者的专业性和价值中立。

五、人员配备和人才培养

社工站严格按照项目要求配备专业人员，以保证项目有效实施。具体人员配备为：2名项目督导＋1名项目主管＋1名行政助理＋1名项目全职社工＋N名志愿者。执行团队包含1名高校社工专业副教授、2名社会工作师、1名助理社会工作师，外加1名社区本土社会工作人才培养对象。人才培养对象坚持在地化、自觉化原则，即优先培养社区本土人才，培养其认同社会工作理念。社工不定期与本土人才沟通交流，传输专业社工知识，并在工作内容中找到相同点，协同开展服务，在服务中影响理念形成，同时动员培养对象参加社会工作者职业水平考试，并予以报考备考相关指导。

六、典型服务项目和服务案例

案例1　挖掘社区资源、培育社区社会组织

（一）深化培育老年组织，从有到优

项目立项之初，社工在进行需求调研时，发现雅都社区存在一群有活力、爱娱乐、爱分享的老年群体。但群体内部缺乏规范，存在成员分工不合理、成员内部矛盾时常发生、资源紧缺等问题，成员多次分分合合，具有显著的自发性、娱乐性和不稳定性特点。

培育第一步：评估需求、专业沟通。社工对该组织的需求进行初步评估，了解其需求与困难；确定其为服务对象，向其介绍了社工的角色和该村社会工作示范创建项目的内容及目的，交流该组织现阶段存在的困难和规范方向，最终达成一致：在社工引领、成员主导下，将组织规范化、制度化建设运营起来。

培育第二步：制度化、规范化促成组织化。社工引导骨干成员对组织进行挂牌，布置文化墙，从精神情感方面凝聚组织力量；建立组织信息档案，制定相关制度，助力组织活动规范化；设立组织架构，设立会长、副会长、舞蹈队长、后勤队长等职务，增强组织成员归属感、责任感。

培育第三步：引领组织主动参与社区服务。结合相关政策、项目目标、社区发展需求等进行定期培训，制订组织服务计划。邀请组织成员对活动进行宣传招募，并邀

请其参与活动策划和活动组织协调，成员们从活动策划、组织及开展全程参与志愿服务，培养组织成员团队执行能力，并形成定期沟通机制。将社区社会组织从自发性、娱乐性向组织化、规范化、综合服务化发展。

通过一整套社区组织孵化技术与流程，以解决问题和满足需求为导向，促成组织成员自我管理。现在该组织已发展成为一支社区骨干社区社会组织，正式组织成员已有 30 多人，成员组织归属感大幅提升，成为社区基层自治的有效力量。

（二）挖掘培育青年组织，丰富社区社会组织

青春社区需要青年参与、加入，为了让青年群体更好融入社区发展，社工走近社区青年，与其进行深入沟通，向青年介绍社工站并邀请其参与社工站的相关服务，组建“青春活力志愿者队伍”。

发挥青年优势，搭建青年交流平台：邀请参与社工站服务，策划开展“以青春之我创建青春之社区”主题沙龙活动，邀请社区青少年以及在校大学生、社区青年干部等参与。活动中，社工介绍和展示社工站相关服务成果以及暖心服务案例，使社区青年进一步了解社会工作服务及志愿服务的含义与内容。让青年们在社区学到新知识，结交新朋友，感受社工的魅力，加强了社区凝聚力；组建社区青年志愿者交流群，志愿服务团队完成初步搭建。

参与志愿服务、组建志愿团队：2021 年 7 月中旬，社工站在社区发布了暑假班志愿者老师招募事宜，社区青年们纷纷报名，参与志愿服务，全程参与暑假班的制度制定及课程安排。从前期计划到开班组建再到顺利开展，社区青年志愿者很好地发挥自己的优势，提升自身能力的同时让社区留守儿童度过了一个非常有意义的暑假，进一步增强了青年们对社区的责任感和使命感。社工借此机会引导青年们组建志愿服务团队，并给予相关支持。在社工引导下，志愿者团队的组织架构完整建成。

参与社区公共事务、彰显青年担当：2021 年 7—9 月，新一轮新冠肺炎疫情来袭，志愿者团队主动与社区干部一起走村入户、参与防疫宣传与排查。此举让社区居民看到了社区青年的力量与担当，在此过程中，青年志愿者团队在社工引导下逐步壮大，得到社区干部的认可和支持；志愿者团队的自信心和凝聚力得到提升。

案例 2　成长课堂——社区儿童的成长加油站

经过需求调研发现，社区的学龄期儿童放学后基本为“散养”状态，孩子们较为缺乏素质教育，祖父母基本没有能力与精力辅导孩子作业，使得孩子对素质教育的需求更加迫切。为了解决社区儿童课业辅导问题、促进其健康成长，提升其综合素质，增强其沟通能力、培养其兴趣爱好，2020 年新冠肺炎疫情防控关键期结束后，社工针对社区学龄期儿童持续开展社工站专题服务——成长课堂。

工作日每周一至周三下午 4 点后，学生到社区成长课堂辅导室，完成当天作业，社工根据儿童整体需求和特点，不定期开展各种素质提升团体辅导，如增强青少年自我认识、正确合理地表达情绪、心理辅导、合理时间规划、未来梦想畅谈、建立良好人际关系和协作能力、养成良好行为习惯等。

2021 年暑假期间，特色成长课堂开放 4 周，时间为每天上午 9—12 时，内容包括暑期安全教育、暑假课业辅导、语言能力提升、国学诗歌朗诵、兴趣爱好培养等，并开设了特别节目——认识祖国大好河山之“云旅游”主题课程。“云旅游”格外受孩子们欢迎：社工与志愿者以 PPT 讲解、播放视频、朗读地理口诀等方式带领孩子了解中国的 23 个省、5 个自治区、4 个直辖市、2 个特别行政区的文化底蕴、著名景点以及特色美食。课程中，孩子们兴趣高涨，呼声不断，团队之间还进行了城市速记游戏 PK，学生都积极主动分享自己想去的城市和学校。此主题课不仅让儿童深入了解了祖国的大好河山，还激发了他们爱祖国爱家乡爱学习的情感。有孩子开心地对社工说：“这是我过得最开心、最有意义的一个暑假。”

经过 1 年多的运营，成长课堂儿童从最初的 8 名发展到现在的 60 名。社工利用积分制度 + 团队游戏 PK + 收获分享等方法，极大地提升了儿童的团队合作意识；成长内容从最初的课业辅导、生命教育到后来的舞台展示、人文教育，社区儿童的课外活动得到丰富，知识眼界得到扩展，素质能力得到提升。为加大与儿童家长及监护人的沟通，社工还专门建立了家长沟通群，定期在群里反馈儿童活动图片，在外务工的家长打开手机记录就可看到自己孩子的活动表现，极大地增强了家长与社工、社区、儿童之间的互动和了解，使儿童及家长对社区更有归属感，进一步助力儿童友好乡村、和谐美丽乡村建设。

七、社工站服务运营反思

社工代表社工组织以第三方身份入驻社区，建立社工站。社工站成立之初与社区居委会等组织相对陌生，彼此缺乏了解，需要一定时间磨合，磨合的程度直接影响项目的进程和效果。社工作为外来人员，来到社区开展工作，对社区情况了解和熟悉需要一定的时间，因此，社工站运营是否顺畅，社工作为“社区外”人员是否能在最短期间完成破冰，这需要项目执行团队，特别是入驻社工存在良好的沟通协作能力、基层调研能力，与项目相关方保持良好顺畅的专业关系。项目的执行要得到相关方深度支持与参与，需要从项目设计、运行、机制方面明确各方职能职责，确保各方利益。

社工站作为边远民族地区首批农村社会工作示范创建项目试点站，具有示范性与先行性，但作为区县级社工组织，社会工作的发展程度、发展氛围与主城发达地区还存在一定差距；同时社会工作虽然拥有完备的理论体系、良好的专业方法，但每个地方都有其特殊性，社会工作要想更好地服务基层社区，还需理论联系实际，结合本地风俗文化让社工服务更接地气，融入当地特色发展。

社工与新社区共成长

——广东省惠州市大亚湾区澳头街道兴港社区综合服务中心运营与服务

罗天雨①

一、基本情况介绍

（一）项目背景

2018 年，广东省惠州市大亚湾区实现全区 39 个村（社区）社工项目全覆盖，是惠州市首个实现社工项目点全覆盖的县（区）。2019 年底大亚湾区新增 18 个社区，在短短半个月的时间内，区民政局于 2020 年 1 月 13 日新增 18 个社区综合服务中心，持续保持大亚湾民政社工项目在全区所有村（社区）全覆盖。

为了进一步提高社区服务水平，不断满足居民物质、文化和生活需要，着力提高居民生活质量与幸福指数，推进社会主义和谐社会建设，大亚湾区民政局通过投标的形式委托惠州仲恺高新区大同社会工作服务中心运营兴港社区综合服务中心，项目期限为 3 年。该社区综合服务中心配备 6 名工作人员、1 名兼职督导，以青少年、老年人、残障人士、家庭、志愿者发展等重点群体的服务为核心，根据兴港社区实际情况科学设置服务项目，提供综合、优质的社会工作服务。

（二）社区概况

兴港社区是 2019 年底大亚湾区澳头街道新设立的基层社区，辖区面积 3.39 平方千米，已有 3 个小区完成入住，常住 689 户、2200 人。社区现有工作人员 10 人，其中正式党员 5 人，法制副主任 1 人，社工 6 人。辖区有新、老小区，居民主要从事餐饮、渔业、服务、公司职员等行业。居住在小区中的居民主要为中老年群体，且存在“候鸟型”居民，居民之间熟悉程度不高，外地户籍购房者居多，对于社区公共问题、邻里互助等关注度较高。

---

① 罗天雨，广东工业大学社会工作硕士研究生。

二、项目服务目标

（一）总目标

以社区综合服务中心为平台，运用专业社会工作手法，为社区不同人群提供多种形式的专业服务，协助社区居民解决问题，满足社区不同人群的多元化需求，促进其发挥潜能，增强社会功能，提升生活品质，致力于营造社区居民相互关怀、自助互助的氛围和提高社区居民解决问题的能力。

（二）整体规划目标

1. 起步阶段

团队进驻，与社区居委会筹备组、小区物业等现有组织建立服务关系；完成社区需求调研，掌握社区情况及居民群体需求特性；制订服务方案，普及居民对服务中心及服务的了解，为辖区内社区居民提供多样化的常规服务；宣传社区服务，引导居民参与社区建设，发展并组建社区社会组织，协助兴港社区居委会筹备组完成居委会组建工作。

2. 发展阶段

满足各个服务群体的基本需求，深入发展特色服务，回应个别群体特别需求，进一步优化社区资源配置；与社区相关部门合作，联动社区各种公益力量以及培育社区居民骨干，共同回应社区公共问题。

3. 稳定及较成熟阶段

打造兴港社区特色品牌项目，形成有效的“社区＋社工＋社会组织/志愿者”联动模式，通过稳定的社区互助网络、组建社区社会组织，推动社区常规服务和专项特色服务的持续发展。通过推动社区发展，促进社区内不同群体之间形成良性互动，从而构建社区和谐、共融、互助互爱的“有爱有能”社区。

三、运营模式和特点

（一）运营模式

以党建引领，致力于营造社区居民相互关怀、自助互助氛围和提高社区居民解决问题能力，坚持“以社区为本”的服务原则，动员、组织社区居民参与社区管理及服务，发展潜在的社会组织，建立“社区＋社工＋社会组织/志愿者”联动的服务机制，通过“有爱有能”社区建设服务，促进达到互助、和谐、幸福社区。

（二）运营特点

服务的社区是新成立的社区，社区摸底情况从零开始，注重社区需求调研，掌握社区情况及居民群体需求特性。

以党建引领，注重与社区居委会平等、合作关系，建立“社区＋社工＋社会组织/志愿者”联动的服务机制。

确定社区综合服务中心整体服务方向，分阶段、分重点地有序推进社工服务。

四、服务执行情况

（一）社区情况摸查

社区居委会筹备组的首要任务是全面准确地了解管辖社区情况，这与社区综合服务中心对社区情况摸查不谋而合。但双方的侧重点不同，社区居委会筹备组重点在于对社区管辖范围的小区、人口、企业、建筑等情况进行全面摸查，为有序开展工作提供数据支撑。而社区综合服务中心侧重于了解社区居民的现状和需求、潜在的问题和社区可用资源，更好地为居民提供契合需求的服务。

社区需求调研主要采取了以下四种方式进行。一是通过联动社区居委会筹备组对社区居民进行扫楼式的调研和宣传，了解人口数据、人口分布等特点；二是通过随机抽样问卷调研的形式对社区居民基础服务需求、社区公共问题、社区居民意愿等情况进行摸底；三是走进物业小区，观察了解物业小区居民的生活环境、硬件设施和生活习性；四是向原有小区的管辖单位、街道办事处了解小区以往情况。

（二）与社区居民、社区居委会筹备组建立关系

社区居委会筹备组刚组建不久，就经历了新冠肺炎疫情防控“大考”。社工与社区居委会筹备组挨家挨户“扫楼”排查，充分整合资源，以“社区居委会＋社工＋物业＋医护＋警务”服务模式开展疫情防控工作，以入户走访关爱、微信线上解答的形式为138名隔离人员答疑解惑、安抚恐慌情绪、舒缓居家不能外出的烦躁情绪等；同时建立了社区居民交流群，在短短的两个月内共有385名社区居民加入群中，社工通过发布正确、理性、乐观的信息和权威可信的信息渠道，避免了社区居民恐慌、焦虑等情绪的蔓延。这次危机促使社区居委会筹备组、社区综合服务中心、社区居民站在统一的抗疫路线上，建立了深厚的专业关系。

（三）明确社区居民需求，拟订中心运营方案

通过前期的社区情况摸查，社工已经大致了解社区特点和居民需求，但哪些是社

区居民现阶段最紧迫、最重要的需求仍需明确，如兴港社区长者注重健康维护需求和休闲娱乐需求、妇女家庭关注亲子互动和亲子教育需求。此外，兴港社区多为外地/外省户籍人士，社区缺乏可共同参与的活动平台，居民信息获取渠道较狭窄，居民之间不够熟悉，邻里文化单薄，社区邻里融合服务和居民社区参与需求凸显。

兴港社区综合服务中心根据需求调研分析制订了《“有爱有能”社区服务两年规划——大亚湾澳头街道兴港社区综合服务中心（2020—2021 年）》，将服务内容分为七大板块：长者服务、妇女家庭服务、志愿者和社区社会组织发展服务、青少年儿童服务、“缘来一家亲”社区融合服务、资源整合和应急支援服务、特殊群体服务。

（四）取长补短，初步满足各服务群体基本需求

通过召开多次群众代表会议推举兴港社区居委会成员后，兴港社区居委会正式成立，班子成员趋向年轻化、高学历。社区居委会的主要任务是协助上级部门做好与居民利益相关的各种工作以及保障社区居民的合法权益，承担政府公共职能。由于社区居委会日常的工作量多且复杂，服务形式行政化，精准服务难以深入开展。但兴港社区“两委”是勇于创新、敢于先行的班子，每月定期与社区综合服务中心召开联席会议，及时了解双方工作动态，合力打造“有爱有能”社区服务。兴港社区居委会探索推行“党支部—网格—楼栋”的三级红色网格工作体系、组建“1＋1＋N”红色网格服务队、“小圆桌・大融合”党建创新模式，为解决社区公共问题提供了多元化的服务，旨在打造守望相助、邻里相亲的社区共同体。

兴港社区综合服务中心从社区居民的需求出发，以社工专业的价值观和服务方法弥补行政化工作的不足。社工首先以“探索社区的奥秘”青少年社区融合夏令营项目的自然小组、贝壳 DIY、社区探索等活动帮助“小候鸟”认识所居住地的人文环境，通过接触不同的事物，并借机促进家庭良性互动，让来自不同地方的青少年们在交流互动中了解社区、认识大亚湾，提升熟人社区文化氛围的同时提高了社工的知晓度，打开了服务局面。

社工积极发挥离退休人员余热，调动其参与社区志愿服务，例如在舞蹈小组中担任志愿老师、自发开展公益理疗、牵头成立合唱团组织、及时关注社区公共问题等。通过开展“邻里文化节”“老友记学堂”“政策知多少”等社区社会关系融入活动，搭建增进外地/外省户籍人士邻里互动平台，创造社区内各种社会交往的机会，建立居民之间的支持性社会网络。

（五）深入发展特色服务，回应社区公共问题

兴港社区居委会通过开展“板凳”议事会活动探索建立以党支部为核心，居民、业委会、社区综合服务中心、物业公司共同参与的协商议事模式。社工借助该平台抛

出社区公共问题，大家进行深入的探讨。56%的社区居民对居住的社区公共空间满意度为一般，对社区公共空间关注度高，其中最关注的是楼道环境卫生、小区配套设施、社区娱乐场所建设等。

兴港社区综合服务中心回应因缺少公共活动空间而产生的各种困扰和问题，制订了“微空间·共营造”社区空闲公共空间盘活专案，充分发挥“联动”“桥梁”作用，引入资源助推社区服务发展。通过参加大亚湾区社工“一站点一特色”项目创投比赛获得资金支持，巩固项目成效，扩大项目影响。

五、人员配备和激励措施

（一）人员配备要求

兴港社区综合服务中心总共配置6名全职工作人员、1名兼职督导。其中，中心主任1人，要求为社工师或有5年以上工作经验的助理社工师；一线社工4人，要求为助理社工师或社工专业毕业的学生，居住在大亚湾区本地的居民优先考虑；行政1人，大专以上学历，无持证要求。

（二）机构督导与培训团建支持

为了提升项目服务质量，督导每月定期开展培训，对一线社工给予所需的指导和建议，项目主任每月月初向督导汇报上个月工作情况以及本月工作计划，督导对项目进程进行监测。

为了提升在岗员工的专业理论知识与实务水平，增强各领域员工掌握各自领域服务对象的特点，机构对新入职同工提供针对性的培训，例如“三社联动”服务模式培训、社区营造培训。

为了提升社区综合服务中心同工的归属感，减轻工作压力，中心每季度定期开展团建活动，机构每半年开展团建活动。

（三）社区工作环境友好氛围

当社区居委会与社区综合服务中心形成合作、平等的关系时，双方的联动有“一加一大于二”的效果，社工能够专注于自身的工作，不用因为社区居委会安排的行政化工作而陷入两难的境地，有助于形成良好的工作氛围。

（四）福利政策激励

大亚湾区民政局结合试行期间执行情况及全区社会工作发展实际制订了《惠州大亚湾经济技术开发区社会工作人才扶持激励方案》。该方案指出，大亚湾区社会工作人才扶持资金由区民政局列入部门年度财政预算，用于社会工作人才补贴、继续教育、评优考核、权益保障等相关补贴和奖励。方案还强调了要建立社会工作人才继续教育扶持机制。每年组织社工参加不少于80学时的继续教育培训，提升专业服务能力。建立社会工作人才团队建设扶持机制。设立社工团队建设项目经费，每年组织开展至少1次社工团建活动，提升社工归属感。建立社会工作人才学习提升扶持机制。每年组织至少1次区优秀社工参加社会工作先进地区或院校（培训机构）学习交流，鼓励社工参与各类社会工作学术会议。

六、“微空间·共营造”社区空闲公共空间盘活特色项目

（一）项目需求分析

兴港社区居民多为外地/外省户籍人士，入住率较低，有一大部分居民属于“候鸟型”，社区缺乏可共同参与的活动平台，导致现在小区居民之间并不熟悉；现在小区中发展了文娱类社区组织，因没有场地而在楼下练习，产生个别邻里摩擦；一些老人独自居住在子女购买的房子里，没有亲朋好友，非常孤单。小区邻里文化单薄，邻里互动需求明显。

社区公共空间聚集地是社区居民沟通交流的重要平台。社工通过社区需求调研了解到，社区场地现存的不足之处包括：可用作开展活动的场地少，场地利用率低；社区内便民服务、娱乐健身设施少。因此，社区应当提高社区公共活动场地的利用，为居民提供公共活动的平台，满足社区居民活动场地需求。

（二）服务目标

促进社区充分利用空间，提高空间使用效率，结合辖区特色及居民需求进行改造，为居民提供公共活动的平台，满足居民活动场地需求，让公共空间成为居民“易进入、可参与、能共享”的邻里中心。

（三）项目优势和资源

1. 社区的内/外资源优势

地理位置优势，社区居民、物业、社区居委会与活动中心距离较近；各群体容易聚集，乐意面对面沟通；小区内有按规划建成但由于未完善相关设施因此并未开放的活动中心，物业已经配备了桌椅、乒乓球台等设施；兴港社区居委会对活动中心的盘活开放和使用大力支持。

2. 所影响人群具备的优势与资源

社区居民中有较高学历的居民代表（社区能人）；社区多数居民有争取自身权益的

意识；社区居民之前自发捐赠书籍、书架。

（四）项目服务模式

本项目主要以社区营造为理念，侧重社区动员和社区居民共同参与的介入策略。社区营造的目的是落实居民和社区成员对社区事务的知情权、表达权、参与权和监督权，核心理念是尊重居民主体地位。在对辖区闲置空间进行梳理和建档的基础上，采用多元联动的方式，打造一个让居民想去、爱去、能去的社区公共空间。

（五）项目介入过程

1. 社工联合社区居委会、物业、热心居民建立沟通协调小组

沟通协调小组不定期开展联席会议，社工分享项目服务最新进展及下步计划，听取社区居委会、物业、热心居民等的意见和想法，共同为空闲空间献言献策。活动中心初定规划为社区政策宣传/社工活动室、理疗室、图书室、卡拉 OK 房、棋牌室等。

2. 展开宣传，充分链接社区内外资源

社工加大宣传力度，做好与社区居委会和其他社会组织沟通对接，充分链接社区内外资源，社区居委会提供整体经费支持，协调开发商、物业公司提供水电、空调等硬件设施，发动居民积极捐赠家中闲置桌椅、书架、风扇等，链接社会资源捐赠图书，打造了第一个建立在花园小区的“共享书屋”。

3. 以“共享书屋”为突破口，引起社区居民、物业对空置活动中心的关注

在活动中心定期开展“我的书屋·我的梦”图书漂流会活动，带动社区居民前往活动中心积极捐赠家中闲置图书，引起社区居民、物业对空置活动中心的关注。另外，社工积极挖掘社区内的理疗、绘画、书法等能人，将打造的空间转变为切切实实为居民服务的场所。

4. 在活动中心开展丰富的社区活动，带动社区居民自发利用空间

通过在活动中心开展长者婚纱摄影、“兴港印象，我来分享”亲子家庭图片故事分享会等活动，促进居民对活动中心场地的认可以及带动社区居民自发利用空间。组织社区能人开展趣味英语角、打造舞蹈练习场地，使得越来越多的居民开始关注社区空间的营造。

5. 培育热心居民代表以及社区社会组织，居民对活动中心进行自我管理

现已成立社区社会组织 3 个，并建立活动中心志愿者管理小组负责活动中心日常运营和管理。在微空间改造的过程中，社工充分动员社区居民参与，“这是我们自己的活动场地”“我们有能力打造好公共活动场地”的社区共治理念开始在社区生根发芽。

（六）服务成效

社区社会组织自发利用空闲场地开展社区活动，如社区舞蹈队组织社区长者学习

健康操和八段锦，在一定程度上丰富了社区居民文化娱乐生活。

现在活动中心的管理、开放均由热心居民运行，从问题的提出者成为问题解决的主要行动者，形成了管理可持续、活动可持续、经费可持续的可行方案。

促进居民互动、增强社区凝聚力，着力提升居民的主人翁意识，社区居民主动提出解决社区其他公共问题的建议并尝试独立执行，逐步改变居民传统“等靠要”的观念，公共空间的使用权最终回归居民。

七、运营和服务反思

（一）在运营方面的反思

社工站/社区综合服务中心的发展离不开区民政局、街道办事处、村民/居民委员会的指导和支持。大亚湾区是惠州市首个实现社工项目点全覆盖的县（区），区民政局提出社工服务应逐步从“社区服务”向“社区治理”升级，肯定各承接机构、广大社工对推动大亚湾社工发展的贡献，并从坚定政治站位、加强互动沟通、打造特色品牌三个层面对大亚湾社工发展提出了建议和指导。街道办事处、村民/居民委员会肯定社工站点在服务群众、社区治理等方面发挥的积极作用。如此才能获得更多的资源支持，有利于项目的持续运营。

社工站/社区综合服务中心的可持续运营需要团队建立稳定的社区互助网络，形成专属“资源链接图”，积极发挥桥梁的作用；有效推进社区常规服务，通过社区居民喜闻乐见的活动方式获得大家的认同，保持与社区居民的互动频率；打造专项特色服务，形成可持续发展机制，深化服务内容，凸显社工专业性。

提高社工专业服务技巧，完善机构/政府相关部门关于社工福利机制，有利于促进项目团队人员稳定。《惠州大亚湾经济技术开发区社会工作人才扶持激励方案》的出台激励了许多本土社工坚守岗位，不轻易离开社工行业，但会在行业内流动。机构的福利制度是留住团队人员的关键，应加强完善团建福利、学习培训、晋升等福利机制。例如加强社工对“三社联动”服务模式的理论和技巧学习，才能进一步提升服务质量，回应服务中遇到的困惑。

（二）在服务方面的反思

社工站/社区综合服务中心的服务应该与村民/居民委员会提供的服务有所区分，但不能将两者完全割裂。往往在社区公共问题、社区特殊人群服务、社区突发公共危机等方面，双方的工作内容有交叉，应建立沟通合作机制，取长补短，共同为建设美好社区努力。

社工站/社区综合服务中心在刚进驻新社区时，可以以某一特色活动/服务为突破口，引起社区居民对社工服务的关注，有利于项目快速推广。

社工尝试建立社区“能人库”，积极发挥社区能人的作用，提高社区能人服务技巧和专业性，培养社区能人参与社区事务的意识。当社区问题得到解决后，社区居民如何持续自发参与社区公共服务及社区管理，且能够实现有效的运营，是尤为重要的问题。

民族社区社工站建设的实践与探索

——西藏自治区拉萨市两个易地扶贫搬迁社区的试点

德庆玉珍　嘎玛益西卓玛[①]

一、前言

西藏星光社会工作服务中心（以下简称西藏星光）的发起方是拉萨海雕视角教育咨询有限公司，自2015年成立初始，便一直致力于通过教育创新为社会变革和进步提供驱动力，随着服务内容越发丰富，逐渐发现实现教育创新和变革，仅仅以儿童青少年群体作为服务对象，是不充分且不全面的。孩子所属的家庭、生活的社区都将是需要不断开发和涉足的领域。因此，西藏星光便有了初步的雏形。

对于试点社区的选择，西藏星光进行了一系列的前期走访和实地调研工作，完成了对社区内不同服务群体的用户小传、人物侧写等工作，对于社区内部情况及特性有了初步的了解和预估。相比于普通社区，易地扶贫搬迁社区有以下几个较为突出的问题：搬迁社区构成人员异质性大，大多来自不同的地区；多数居民作为农牧区搬迁户，文化程度较低、缺乏市场就业竞争优势；多数人处于特殊家庭结构，如单亲、两地分居、隔代抚养；特殊边缘群体较多等。

因此，选取易地扶贫搬迁社区作为社工站建设的试点服务对象，它所面临的挑战是多样且复杂的，也因如此，它又必将是具有建设性指导意义的实践，对于未来西藏及少数民族地区社会工作的开展产生深远影响。

二、本土社会组织介绍

西藏星光成立于2020年8月7日，为西藏自治区首家旨在提供专业社会工作服务的民办非企业单位，由自治区民政厅直属管理。

机构坚持以“通过星光的照亮，帮助、引导和赋能弱势群体”为使命，向有需要

---

① 德庆玉珍，西藏星光社会工作服务中心发起人兼监事长；嘎玛益西卓玛，西藏星光社会工作服务中心社区项目负责人。

的个人、家庭、群体、组织和社区提供专业化、人性化的社会工作服务。截至2021年12月，西藏星光已在两个易地扶贫搬迁社区开展了系列服务，共计覆盖5000余人次。基于两个社区的实际情况，社工站的主要服务对象为社区内的边缘大学生、残障人士、儿童青少年、社区工作人员及妇女、老人、社区贫困户等。

作为西藏首家专业社会工作服务机构，在西藏自治区各级领导及区民政厅的指导下，西藏星光因地制宜地探索本土化的社会工作服务模式，同时为西藏本土社会工作相关政策的制定与落实积极建言献策。西藏星光希望通过自身不懈的努力，影响和改变周围的群体，并将西藏星光的每一步探索经验进行整理，期盼为西藏未来社工站的发展提供借鉴意义。

三、试点社区基本情况介绍

西藏星光在中国共产党成立100周年、西藏和平解放70周年之际，于2021年7月1日正式在拉萨市城关区蔡公堂街道恩惠苑社区及拉萨市堆龙德庆区东嘎街道祥和苑社区建设首批汉藏双语社工站。在社工站成立之前，西藏星光社工便已经驻扎于上述两个易地扶贫搬迁社区，开展了系列丰富多样的社会工作服务项目。

恩惠苑社区于2017年12月9日正式成立。该社区占地面积共计44177.93平方米、总建筑面积为48804.74平方米。目前，社区居住着藏、汉、回族等759户3276名（城关区99户356人、林周县643户2865人、空港新区17户55人）易地搬迁群众。

祥和苑社区于2016年建成，现已建设完成一期、二期，工程面积2.6万平方米，社区整体工程还未完成建设。目前社区总户数为1702户6605人。其中辖区内易地扶贫搬迁户1170户4642人（堆龙620户2235人、当雄550户2407人），社区内小康安居达532户1964余人。

四、试点社工站（双语）已实践服务介绍

（一）儿童及青少年社会工作

1. 社区儿童及青少年课外教育活动

西藏星光的发起方拉萨海雕视角教育咨询有限公司，自2016年起就持续为恩惠苑社区提供针对儿童及青少年的公益课外教育活动。2020年9月，随着西藏星光的成立，该服务因公益属性转至西藏星光旗下，并同时将服务延伸至祥和苑社区。

易地扶贫搬迁社区内的家庭结构复杂，有较多的单亲、隔代抚养等情况。鉴于父母文化程度较低，无法为孩子提供优质的家庭教育及陪伴。同时，随着扶贫搬迁，众多儿童及青少年面临从原有的乡村教育转至城镇教育，出现“无法跟上学习进度”等多重困境。

因此，社区儿童及青少年课外教育活动“阳光社区”成为西藏星光及发起方——拉萨海雕视角教育咨询有限公司进入社区的首个项目。“阳光社区”是西藏第一个系统针对社区儿童青少年的教育服务项目，旨在通过公共社区的力量，为学校教育、家庭教育提供有力的补充，实现教育合力，形成学校教育、家庭教育、社区教育有机统一的“三教合一”学习型社会结构。2016—2021 年，“阳光社区”儿童青少年课外教育活动在恩惠苑社区及祥和苑社区公益服务儿童及青少年 200 多人，累计开展服务达上千人次。

2. 青少年青春期自护教育

随着社区青少年课外教育活动的开展，社工站发现社区有较多青少年步入青春期并对两性关系产生好奇心。为弥补家庭教育的缺失，同时协助青少年正确认知青春期、两性关系及自我保护，社工站进一步开展了专项“青春期及自护教育课程”，共计覆盖恩惠苑社区青少年 782 人次、祥和苑社区青少年 82 人次，合计 864 人次。

3. 大学生职业生涯规划指导

针对得到社工站资助的 8 名大学生，其中含恩惠苑社区 5 人、祥和苑社区 3 人，社工站引入企业资金为每名大学生提供生活费支持 1000 元。除此之外，为保证受资助大学生拥有更清晰的职业生涯规划，社工站免费提供 20 集职业规划在线学习资源，协助大学生进行简历、自荐信及面试的准备。

（二）妇女社会工作

社工站以儿童及青少年为切入口，获得了社区居民的了解与认可。在服务儿童及青少年期间，社工站关注到社区女性群体是另一个重要的服务对象及社区切入点。社工站在开展日常社区工作时发现，社区大院内经常有中老年女性晒太阳，在“社区女性闲暇时间比较多，需要更多女性活动”的假设下，社工站通过用户访谈、需求验证等过程发现：“社区女性正在经历多重困境以及缺失自我关爱”的情况。针对该群体的服务需求，社工站开展了以“婚恋关系”“常见妇科疾病”等内容为主的工作坊。

（三）老年社会工作

针对易地扶贫搬迁安置社区老年人的服务，因他们以往常居高海拔地区，较多患有慢性疾病，社工站联合医疗资源在两个社区开展了两批公益义诊及药物赠送活动。同时，针对社区老年人不懂汉语同时无能力获取更多健康知识的困境，社工站开通了藏语版本的公益医疗音频，截至 2021 年 10 月，发布公益医疗相关音频 11 期，已有 2720 人次阅读及聆听。

（四）社会救助社会工作

2021 年 5—9 月，社工站通过及时有效的资源链接，为易地扶贫搬迁安置社区的边缘大学生、无劳动能力残障人士以及建档立卡贫困家庭提供资金和物资的支持，同时为服务对象提供了系列公益赋能课程，包含且不限于性教育课程、职业生涯规划课程、活动策划及邮件礼仪的培训。在社工站的支持下，救助对象中的大学生们分别在自己的社区组建了相应的志愿者服务团队，在社区内开展了多次志愿服务活动，社区内社会组织初现雏形。截至2021年12月，该类社会救助类工作共计使9名边缘大学生、2名无劳动能力残障人士以及92户建档立卡贫困家庭受益。

（五）家庭社会工作

针对易地扶贫搬迁安置社区普遍存在的家庭矛盾较为突出的问题，围绕家庭教育主题，社工站尝试开展家庭教育工作坊。

（六）社区治理与发展

因人员结构、经济及文化教育条件等因素，易地扶贫搬迁安置社区的社区治理及社会工作开展存在较大难度。随着社工站在服务社区的活动逐渐成熟，2021年9月，社工站开始针对社区工作人员提供系列能力提升工作坊，不仅为缺少专业社工知识的社区工作人员提供系列赋能课程，同时也协助他们就工作中自我效能感低等一系列问题予以支持和改变。

五、西藏民族地区社工站（双语）雏形探索

经过初步实践，就西藏民族地区社工站（双语）建设雏形探索的总结与归纳如下。

（一）运营理念

社工站遵循“积极稳妥、务实开放”的运营理念。在西藏自治区社会工作专业人才底子较薄，快速建设高标准社工站有现实困难的情况下，积极创造条件，创新探索本土双语社工人才培养模式及社工站建设模式。

（二）功能定位

社工站作为开展社会工作的基层综合型服务平台，围绕“1+3+N+X”的特色功能开展社会工作服务。其中“1”是指以党建引领为核心，依托镇街党群服务中心、社会组织中心等开展社会工作服务；“3”是指以社区、社会组织、社会工作者组成的“三社联动”为服务基础，引导社会力量和公众共同参与基层社会治理；“N”是指为辖区内边缘家庭、留守人员、残障人士、流动人口等困难群体以及其他有需要的人员提供心理疏导、人文关怀、能力提升、生计发展、关系调适、社会融入等N项专业化个性化服务；“X”是指结合实际，培育发展多个社区社会组织和志愿者队伍，为社会

工作提供人才和资源等方面的支持。

（三）队伍建设

目前站点已配备4名专业社工：站长1名（持证双语社工），督导1名（持证双语社工），主要负责站点日常工作的跟进和陪伴一线社工的成长；2名驻站社工（具有专业背景和实际经验的双语社工）。此外，社区内部还配备2名社区基层工作人员、2名社区居民。

驻站社工年龄均在45岁以下，拥有大专及以上学历，具有社会工作专业资质，以本地户籍人员为主。社会工作专业资质指社会工作及其相关专业毕业，或持有全国社会工作者职业资格证书。

（四）人才选拔与培育

由于社工站处于建立初期，社区自身工作人员虽然拥有丰富的基层工作经验，但对于社会工作缺乏理论知识及专业技术。在有限的资金及专业人才缺失的背景下，社工站将支持与培育社区工作人员为主要服务内容，着重培训实操技巧，如访谈、个案工作、小组工作等。从社区工作人员中培养专业社会工作者，提升服务水平，逐步构建社区的双语社会工作人才队伍。

（五）资源整合

针对两个易地扶贫搬迁社区，社工站通过整合内外资源，使边缘大学生及残障人士得到了爱心企业的资助，同时社区居民也能够享受到优质的医疗资源，并与律师事务所合作为社区居民开展系列的双语普法讲座，进一步提升其法律意识。

六、“实践性”的探索新发现

如上述内容所呈现，西藏星光作为在西藏社区第一批社工站建设的实践者，为更好地完善本机构社工站的运营，同时为更多未来即将进入社工领域以及进入民族社区开展社会工作服务的同行予以支持，现就本机构社工站建设中遇到的问题和反思进行详细阐述，为后续西藏社区社工站建设和社会工作的开展提供一些新的想法和思路。

（一）转换使用已有的双语社区工作人员为专业社会工作人才

在社工站建设初期，社工机构在面临各方资源及资金不足的情况下，如何以最低成本实现最高成效，是必须要面对的棘手问题。

就西藏星光而言，在建立社工站初期，在有限的资金及人力条件下，发现当地的社区工作人员其实是潜在的有力后备军，培养和赋能社区工作人员，能够解决社工站建设中遇到的基础硬件问题，同时也能协助解决社区工作人员在平时工作中自我效能感低、价值感低等一系列负面问题，对于社区整体的治理和发展也将起到正向的支持作用，很大程度上回应了社工站建设的初衷。

同时，就民族社区而言，为方便入户开展需求调研，需要能够熟练使用当地语言的社工人才，最佳情况是熟悉当地的风俗文化。也因此，已有双语社区工作人员将成为专业社会工作服务的后备军力量。

综上，民族社区在社工站建设初期即社会工作起步阶段，培养和赋能本地社区工作人员将是在短期内初步建立社工站及社工人才库的开始，同时他们又是能够和社区居民快速建立稳定专业关系的重要潜在人群。

（二）注重以当地群众需求为导向、不加评价性的服务供给

民族社区的社会工作和非民族社区的社会工作有不同点，亦有相同点。西藏星光社工在开展服务的过程中，再次意识到了注重需求为导向的服务理念的重要性。

1. 需要被验证的猜想

社会工作服务中，社会工作者会以第一视角观察到许多所谓的“社会现象”，由此就容易产生初步的猜想，很多时候，许多服务的开展、活动的策划往往就是由初步的猜想而来，大众以为的“需求”也常常建立在不真实的猜想之上。由于猜想得不到验证，很多社会工作的开展对服务对象而言，可能会是无效的。对于社会工作者本身，也将是一种工作效能感的打击。

下面的真实案例来自在社工站建设前期的实践经历。当时社会工作者正在社区内进行社工站建设前期的走访和调研，发现即使在工作日，也会有较多妇女闲坐于社区大院内。因此，社会工作者进行了初步的假设和猜想，考虑到服务社区为搬迁安置点，社会工作者猜想社区内“闲散妇女”或许正在面临就业困难的问题，搬迁前的传统就业技能在新的社区及城市生活中无法得到有效的施展，导致很多女性面临着就业空窗期。由此推断，社工站可以提供系列的社区妇女技能培训班，或通过链接资源，解决妇女就业难的问题。

但是，上述内容仅为社会工作者的一种猜想，之后通过用户小传、人物侧写等调查方法，就该类社区妇女开展了系列深度走访工作。最后的调查结果推翻了上述猜想和假设。这群妇女并不是所谓的“闲散”人群，她们在家庭工作中更多充当着家庭主妇的角色，接送孩子、完成家庭琐事便已经占据了她们生活的大部分时间，即使提供就业机会，她们也面临着无法上岗的问题。

因此，社会工作者发现作为一线服务者，应当具备极强的洞察能力，只有在了解了服务对象的需求，并在此基础上开展的系列工作坊、小组工作才会是有效的、切实的。要了解服务对象的需求，就要求社会工作者必须是“沉浸式”地深入参与，浮于

表面的观察往往是不充分的，因为猜想是需要被不断验证的，如果缺失缜密的思考过程，反而会浪费更多的时间，最终的劳动成果也可能是无效的；就社会工作者本身而言，也会极大降低其自我效能感，进而形成不必要的恶性循环和职业倦怠。

2. 服务对象的“需求”

“以需求为导向的服务供给”中提到的“需求”，必然是指服务对象的需求，但在真实的社会工作开展过程中，社会工作者发现，确实是在以需求为导向工作，但有时社会工作者的需求和希望往往会和服务对象的需求相混淆。

下面这一案例来自西藏星光在社区开展救助项目时遇到的真实故事。社会工作者巴桑（化名）通过社区边缘家庭日常走访工作了解到大学生扎西（化名）以优异的成绩考上了大学，但因为扎西的家庭为零就业家庭，难以保障其未来的就学支出，因此有弃学的打算。通过上述信息，巴桑推断大学生扎西及其家长均有送其就学的希望，只是迫于家庭经济状况而选择弃学。同时，巴桑发现扎西成绩优异，也非常希望他能够继续就学。之后，巴桑并未进行下一步的沟通和调研，验证服务对象的真实需求，便链接了相关救助资源，进而完成了一系列的救助文案工作，最终扎西也如巴桑所希望的，来到了内地，开始了求学之路，但在一周不到的时间，扎西表示因为长期食素，无法适应内地的饮食，最终选择了退学。

就上述案例而言，可以分析的角度很多，但是从需求角度出发，巴桑缺少对服务对象的全面了解。同时，巴桑因为自身最初的预判和希望而掩盖了服务对象本身可能潜在的服务需求，即使巴桑的初衷是正确的，但终究不是服务对象的需求。因此，在这种情况下，结果未必是理想的。就巴桑而言，微观层面反映了工作经验的不充分，宏观层面也体现了在以需求为导向的服务开展过程中，缺少了主体意识。社会工作开展过程中切忌“自我感动式”的服务，建立服务主体意识尤为关键。

（三）搭建“三位一体”的综合平台支持系统

西藏本土社会工作由于现在还处于蓄力发展阶段，从各方面来讲都没有形成成熟的机制，有很多居民、学生甚至工作人员都未曾听说过社会工作以及社工站。因此，社工站的正常运行需要多方的大力支持和协助。同时，为保证社会工作全面有效的开展，和政府、学校、社区等多部门、多方位、多角度进行联动合作也将是未来西藏社会工作开展的重要一环，但就目前阶段而言，上述内容的实践还是缺失的，需要逐步落实。

1. 需与政府联动合作

西藏星光自成立初始，便得到了西藏自治区民政厅等各级民政部门的大力支持，再到后续社工站的成功建立，都离不开政府方面及各方政策的肯定和支持。不难发现，社会工作要走向社区、走向学校以及走向个人，如果没有政府部门的支持就会寸步难行。因此社工站需要与政府部门进行联动合作，通过与政府衔接，使社会工作服务开展得更加流畅。同时，社工站的建设也能协助民政部门相关工作在社区得以落实和开展，最终实现双赢的目标。

2. 需与学校联动合作

社工站在社区内开展系列面向青少年群体的工作坊服务时，会遇到一些存在偏差行为的儿童青少年群体，包含且不限于存在吸烟、校园霸凌等问题。解决该类问题的方法除社工站社工的专业服务外，还需与学校进行同步跟进、双向合作，方可发挥实质性的效能。另外，就学校而言，和学生所属社区社工站的紧密合作，也有助于学生社会工作的顺利开展。因此，为更好地陪伴儿童青少年茁壮成长，学校和社工站的紧密合作也将是社工站运营的重要环节。

3. 需与社区联动合作

建立社工站，最主要的服务对象就是社区居民，但是仅仅依靠社区居民是不够的，还需要社区居委会的大力支持。在西藏，社会工作刚刚起步，缺乏专业的社工人才，而社区工作人员作为社区最核心的成员之一，能够深入社区了解居民的真实需求。另外，社工站也能更有效率地协助社区工作的科学开展，因此社工机构、社工站与社区居委会及街道的合作是尤为关键且必不可少的。

“三张清单”汇聚社区治理政府、市场、社会合力

——湖北省武汉市江岸区球场街道货捐社区社会工作服务室运营与服务

李登科　王晓倩[①]

一、社区社工室和服务地区基本情况介绍

湖北省武汉市江岸区球场街道货捐社区成立于2000年7月，社区环境优美，基础设施完善，物业服务齐全。社区内居民大多为高学历、高收入人群，对生活品质要求高。同时，社区居民人员结构复杂，居民情感关系相对淡薄，矛盾纠纷频发。

为了更好地服务社区居民，货捐社区2019年成立了社会工作服务室，设于货捐社区党员群众服务中心内，配备社工办公室、个案工作室、小组工作室、多功能活动室等功能室，具有完善的标识索引，并由社区本土的社工师负责社会工作服务室的具体运营。

二、服务基本定位和运营机制

从社区基本情况出发，结合当前社区治理的要求，货捐社区社会工作服务室（以下简称社区社工室）将自身定位为集交流功能、服务功能、资源链接功能于一体的综合性平台。

首先，社区社工室是社区工作者的交流平台。社区社工室积极组织开展内部交流培训，向社区工作者宣传社会工作的专业理念与方法，不断增强社区工作者在宣传倡导、组织动员、资源链接以及居民服务等方面的能力。同时，社区社工室协助社区工作者开展社区治理工作，帮助社区工作者在社区治理的实践中加深社会工作专业知识的转化与吸收，进而打造一支可信可靠可用的货捐社区社会工作人才队伍。

其次，社区社工室是开展专业社会工作的服务平台。在球场街道相关社会福利保障政策的指引下，社区社工室工作人员与社区工作者协同运用社会工作的专业方法和

---

① 李登科，武汉市万帮社会工作服务中心总干事；王晓倩，武汉市江岸区球场街道货捐社区社会工作室社工。

技能，为有需要的个人、家庭以及群体提供专业服务，提升其生活质量。

最后，社区社工室还是引导社会力量参与社区治理的资源链接平台。基于社区内部拥有中国民生银行、中南剧场、托马斯英语等各类资源，服务室一方面加强社区参与的宣传与倡导，调动各类主体参与社区治理的积极性；另一方面加强社区志愿者能力建设，提升参与社区治理质量，加快实现社区治理的“共建共治共享”。

三、服务体系设计和服务开展情况

社区社工室在党建引领、场地及硬件配置、人力资源配置、日常运营管理、专业服务规范化等方面做到“六有三统一”，即有场所硬件、有工作团队、有服务计划、有管理制度、有服务活动、有宣传阵地，统一工作流程、统一对外形象、统一建设标准。在此基础上，结合社区治理的要求以及社区居民的需求，社区社工室形成了包括社区社会工作及公益服务理念宣传、社区社会工作服务项目实施、社区居民参与平台搭建、社区服务人才和组织培育等在内的服务体系。

从2019年开始，社区社工室引入江岸区微公益创投运作理念和机制，在球场街道社会工作服务站以及货捐社区的指导下，社区社工室重点培育由社区居民、驻区企事业单位等自发成立且围绕社区教育、养老、助残、青少年、家庭、环保等主题的社区社会组织，通过项目化的运作方式，激发社区居民自我服务的热情，引导社区社会组织参与社区治理，逐步提升社区治理的现代化水平。

四、社区社工室运营模式和特点

历经几年的实践探索，社区社工室的运营形成了以社会工作者为核心的“五社联动　多方参与”的服务模式。通过“五社”聚力，撬动辖区内的各方资源力量，积极参与社区建设。

社区社工室依托3名专业社工，实现与球场街道社会工作服务站以及货捐社区之间的高效联动和持续运行。一方面，建立球场街道社会工作服务站与货捐社区社工室之间的联系协作机制，确保社区社工室能够有效获得球场街道社会工作服务站的持续督导，保障各项工作的稳步推进；另一方面，充分利用社区社工室工作人员来源于货捐社区内部的天然优势，将社区内的社区工作者、社区社会组织、社区志愿者以及社区公益慈善资源有效整合利用，发挥“五社联动”的效能。同时，社区社工室还定期开展各类人才培训，进一步保障“五社联动”质量，推动社区治理的长足发展。

五、人员配备和人才培养

社区社工室共配备3名专业社工，均来自本土的社区工作者，通过社会工作者职业水平考试之后，经过江岸区专业化培养，既具备专业社会工作知识，又拥有本土社区工作服务经验。在此基础上，为了保证工作质量，社区社工室依托球场街道社会工作服务站对工作人员开展“两步走”人才培养计划。第一步，重点提高服务落实能力。利用球场街道社会工作服务站每月一次的实地督导服务，以服务站运营过程中的实际问题为例，与服务站工作人员展开深入交流探讨，不断提升其服务落实能力。第二步，关注核心服务设计能力。依托江岸区组织开展的各类社会工作人才培训班，持续扩充社区社工室工作人员的社会工作专业知识，启发其社会工作服务思路，进一步增强其服务设计能力，从而设计出“接地气、有新气、聚人气”的专业服务项目。

六、典型服务项目和服务案例

典型服务项目：青翼计划（青少年服务类）

（一）服务背景

货捐社区位于武汉市中心城区所在的球场街道，面积 0.56 平方千米，常住居民 38200 余人，其中 14 岁及以下的青少年有 1367 人；辖区有武汉六中、上智中学等 4 所中小学、马荣幼儿园等 3 所幼儿园，在校学生 3976 名，是全区学校相对集中的街道之一。有效回应青少年需求、组织好学生放学后的活动、规范培训市场等，已成为辖区居民、学校和青少年共同关心的热点话题。基于此，“青翼计划”应运而生。

（二）服务目标

通过“青翼计划”激活社会力量，助推社区治理，发挥社区社会组织和辖区单位协同作用，以青少年为媒介，实现政府治理和社会调节、居民自治的良性互动。

（三）服务措施

1. 组建“青翼联盟”，创新运营模式

一方面，组建“青翼联盟”。在球场街道领导的指导与支持下，“青翼联盟”顺利成立并吸引了武汉人民艺术剧院、武汉市实验初级中学、招商银行、博才培训学校、莫林艺树等 27 家辖区单位加入。“青翼联盟”以服务青少年为中心，以社区活动阵地为主要平台，以辖区单位和各类社会力量为支撑，并将办公地点设在服务经验丰富的货捐社区。各联盟单位根据自身行业特点和专业优势，提供公益服务，实现自主化运营。截至 2021 年，“青翼联盟”成员单位已增加到 70 余家。同时，为了更好地推动“青翼联盟”的发展，在球场街道党工委和货捐社区党委的指导下，社区社工室聘请武汉市万帮社会工作服务中心的专业社工作为“青翼联盟”的发展指导。在万帮社工指导下，社区社工室协助“青翼联盟”建立“三张”清单制度。首先，通过问卷对家长和青少年的需求进行全面收集摸排，以结构式访谈的方式对学校需求进行调查，整理辖区居民、学校、青少年需求形成“需求清单”；其次，上门走访指导各联盟单位填写资源登记表，强化单位自身优势和服务方式，整理收集辖区单位服务青少年资源形成“资源清单”；最后，将“需求清单”与“资源清单”对照形成“项目清单”，以“项目清单”为依托打造小小音乐家、公益美学课堂、亲子运动会等青少年特色项目。

另一方面，创新运营模式。社区社工室聚合政府、市场、社会三方力量，形成“政府推动、市场联动、社会发动”的运营模式（如图1所示）。

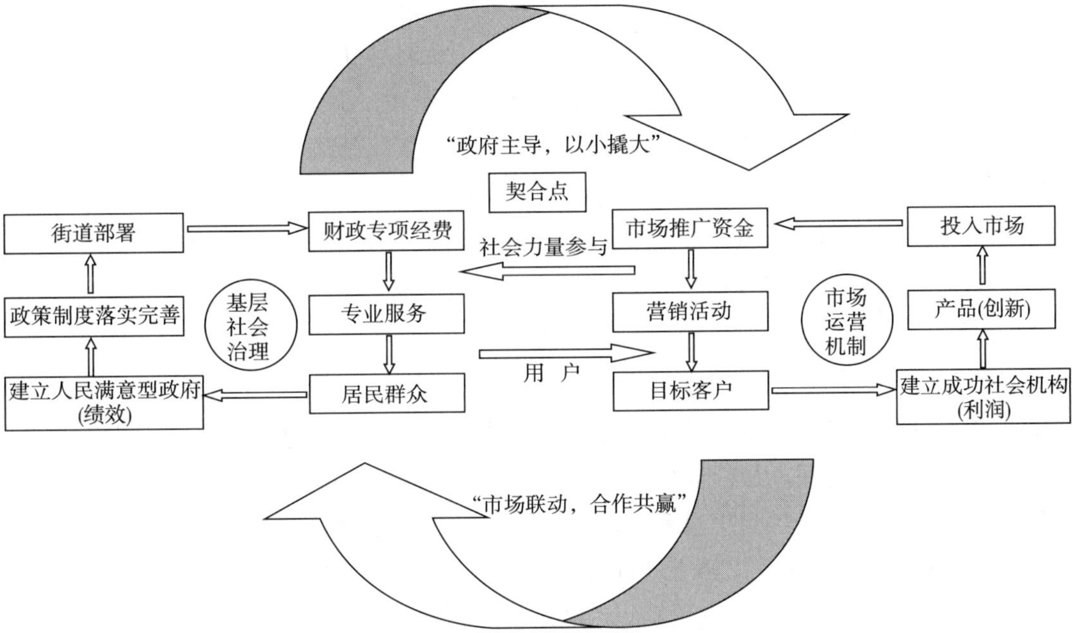

图1 “青翼联盟”运营模式

首先，政府推动。服务室以满足辖区居民、学校和青少年多层次多样化需求为出发点，以“青翼联盟”为核心，将政府的惠民资金、文体经费、服务活动、居民参与作为基础推动力量，采取项目化方式运作，激活社会力量，积极推进青少年服务公益化、专业化、社会化。

其次，市场联动。社区社工室将“青翼联盟”在经营中的市场推广资金、营销活动、目标客户的运营机制等内容与基层社区治理服务相结合，充分利用市场资金，“小资源撬动大服务”，促进社区治理发展。例如，将辖区招商银行的营销活动与社区的亲子运动会相结合，社区以1800元的资金投入带动了招商银行近3万元的资金投入，实现市场联动合作共赢。

最后，社会发动。社区社工室发动社会力量参与社区治理，辖区单位相互合作，进一步提高资源使用效率。派出所、工商所、食药监所、司法所、城管执法中队通过加强校园周边市场监督管理、治安管理、社会秩序维护，营造良好社会环境；学校、剧院剧场、文艺培训机构通过提供文体活动场所、设施设备、专业老师，丰富青少年精神文化生活；社区工作者、社工等通过为青少年提供志愿服务，组织青少年体验社会、服务社会；司法所、心理咨询公司通过对青少年开展普法宣传、心理辅导，提高青少年自我保护意识。

2. 健全志愿体系，打造公益平台

为了充分发挥社区志愿者以及社区公益慈善资源的力量，社区社工室以“时间银行”为载体，采取“三个三”服务方式，打造青少年“时间银行”志愿服务公益平台，引导社区公益慈善资源助力社区志愿服务发展，进一步健全志愿服务体系。

第一个“三”意指由时间银行服务站、志愿者人才队伍、“青翼联盟”组成的操作主体。通过成立球场街道“时间银行”志愿者服务驿站，组建“智慧星”智囊团志愿者服务队和“青翼”青少年活动队，梳理“青翼联盟”资源库，开展具体志愿服务，为健全志愿服务体系打下坚实的阵地基础和组织基础。

第二个“三”意指由线上管理体系、积分管理体系以及制度建设体系组成的服务体系。首先，建立线上管理体系，实现服务信息化发展，提高服务效率。通过线上微信群的管理，做好志愿者登记、志愿服务项目发布和志愿服务时长记录工作。通过前期青少年活动的开展，收集服务对象信息。于2018年11月成立青翼球场街道青少年公益活动群，在群中发布志愿者招募信息，志愿者通过填报报名表，由“青翼联盟”负责人审核，审核通过后发放时间银行存折，正式成为球场街道小小志愿者。同时，在微信群中发布志愿服务项目信息和活动信息，由服务对象自主选择报名参与志愿服务。截至2021年，青少年青翼志愿者活动群，累计活性用户达500余人，对辖区的社区治理起到了正面宣传和推广工作。其次，完善积分管理体系，采取激励机制，保证服务的可持续性。按照参与者需求，制作球场街道统一的志愿服务积分兑换清单，做好积分线下管理，满足志愿者“以时间换时间、以服务换服务、以服务换实物”的兑换需求。目前，共有40余人完成兑换，兑换有学习用品和儿童剧亲子套票等。最低兑换礼品有铅笔盒，最高兑换礼品有儿童剧票。最后，建立制度建设体系，形成制度汇编，保证服务的合理性。结合街道、社区爱心时间银行的实际工作，制定街道时间银行管理的系列制度，包括时间银行管理细则、积分标准和兑换标准细则、爱心商户服务和管理细则、运营团队工作守则，形成制度汇编，规范化管理，形成长效机制。根据实际使用情况，将不断完善各项制度。

第三个“三”意指由资源链接、宣传推介、成果展示组成的平台功能。通过积极链接爱心单位资源，用于兑换服务时长，兑换内容有青翼联盟成员单位提供的付费课程、儿童剧票、儿童玩具、文具用品等，激励青少年开展多种志愿服务。同时球场街道用少量资金向“青翼联盟”成员单位购买课程和儿童剧票，提高了“青翼联盟”成员单位参与公益服务的积极性，保障时间银行良性循环，进一步夯实公益平台的运行基础。

3. 打造“青教”阵地，聚焦服务提升

打造“青教”阵地，提供青少年活动平台。在球场街道党工委和社区党委的指导下，进一步整合社区青少年空间、家长学校、四点半学校、未成年人活动场所等阵地资源，推进青少年活动阵地提档升级，每年街道文化惠民经费、文体经费、社区教育经费等重点向青教活动倾斜，为货捐社区、同庆阁社区青少年活动阵地增添投影、音响等硬件设施，确保青教阵地运行顺畅。

打造活动常态化，聚焦服务提升。街道社会工作服务中心社工每月赴社区组织青少年开展活动，为辖区青少年活动提供专业化指导，突出爱国主义和优秀传统文化教育，从小培养青少年的民族自豪感，增强民族自信心。“青翼计划”活动已形成较为稳定的运行模式。在活动主题上，针对青少年不同需求，确定“学习”“心灵”“实践”“志愿”四大主题，分季实施，实现每周有活动，每月不重样；在活动载体上，依托推广“学习强国”、助力军运会、开展志愿服务等全区重点工作，策划举办全民读书日、青少年趣味运动会、青少年音乐会等活动，确保活动的丰富性和趣味性；在活动承办上，采取社会机构交替举办的形式，既避免了社区独立举办的繁重工作，又实现了“青翼活动”的普惠普利；在力量参与上，学习活动以青少儿为主、心灵活动以社工引导为主、实践活动以辖区单位为主、志愿活动以家长志愿者和青少儿志愿者为主。

典型服务案例：小巷议事厅（社区治理类）

为了解决社区公共问题，化解社区矛盾，社区社工室积极探索民主协商机制，依托开放空间会议技术，成功组建货捐社区小巷议事厅。货捐社区小巷议事厅通过“六步七规”工作方法，针对社区公共问题开展形式多样的协商，促进社区居民之间的有效沟通，进一步激发社区居民自治活力，实现民事民决、民意民达。

社区社工室通过协助社区梳理社区居民需求，进而确定议事意愿群体、组建议事团队以及制定议事规则。同时，根据居民意见比较集中或涉及社区公共利益事项进行事务分流协商，确定了“提→审→议→做→评→约”的六步议事流程，并形成有针对性的行动团队，通过链接整合辖区单位、社区社会组织、爱心商户、志愿者、下沉党员等本地资源，有效落实协商后的决议。

小巷议事厅通过一系列的议事原则和程序联系沟通，最终达成集体共识，实现了社区发展和多方共赢，为社区营造和谐友爱的氛围。一方面，议事内容能够更全面解决社区各种难题。小巷议事厅的议事内容既涉及了社区公共问题，又包含了居民日常生活中面临的实际困难和矛盾纠纷，如宠物扰民、交通工具乱停乱放等问题。另一方面，议事效果良好能够提升社区治理成效。通过小巷议事厅，有效化解了居民之间的矛盾，调动了居民参与社区治理的积极性，构建居民自我管理的社区协商工作机制，保障了协调过程的规范性和合理性，确保协调成果得到落实，促进了邻里关系和谐和社区稳定。

小巷议事厅之所以能顺利成立并有效落实服务，主要得益于以下几点：首先，议事主体多元化丰富了居民参与主体。小巷议事厅的议员设置为常任议员和非常任议员，既保证了参与主体的客观性，又保证了参与主体的利益相关性。在小巷议事厅议事过程中，吸纳了社区居民代表、楼栋长、党员、民情观察员以及相关职能部门负责人等群体广泛参与议事，为社区议事贡献智慧。其次，议事形式多样化，畅通了居民参与渠道。小巷议事厅不仅可以线下开展座谈会议形式开展议事活动，还创建了 QQ 群、微信群等网络议事形式，这些都丰富了社区议事形式，增加了基层议事效果和渠道。

七、社区社工室运营和服务反思

为更好推动社会工作服务室发展，以货捐社区社工室的运行实践为样本，结合当前社区治理的要求，提出如下优化建议。

（一）坚持党建引领，提高社会协同

综观货捐社区社工室的运营过程，要坚持党的领导，把党的工作融入社会工作服务室的服务中，不断提高社会工作服务室的政治功能和服务功能，以党组织引领带动社会工作服务室组织发动志愿者，密切联系服务群众，促进社区本地资源参与基层治理能力的提升，更好地组织、引导、团结社区居委会、社区社会组织、辖区单位和社区居民，激发社区各类主体参与社区治理的活力，提高社会协同作用，不断满足居民群众的多元需求，全面提升社区治理体系和治理能力现代化水平。

（二）完善“三张清单”，实现互促共赢

在原有服务的基础上，货捐社区社工室应当进一步全面完善需求、资源、项目“三张清单”制度。一方面，细致梳理居民群众和驻区单位、社区社会组织的“需求清单”，实现“需求我知晓”；另一方面，掌握区直部门、驻区单位以及社区各类公益慈善主体的“资源清单”，实现“资源我清晰”。在此基础上，深入推行项目化运作方式，有效对接需求和资源，实现“资源需求双匹配”。同时，进一步实行街道社区和驻区单位双向需求征集、双向提供服务、双向沟通协调机制，实现优势互补和互促共赢。

（三）落实专业服务，满足居民需求

坚持以社区居民需求为导向，从货捐社区的实际情况出发，货捐社区社工室应当培育居民所需的社会组织，开展居民所需的社会服务，实现“居民有什么样的需求，就有什么样的社会组织提供服务”。依托政府购买服务，采取项目化运作方式，将面向社区基层居民的服务性工作委托专业社会组织承接，由社会组织为社区居民提供专业

性的服务，引导社会力量有效承接社区服务事项，拓展社会组织参与社区治理的深度和广度，满足居民需求。

（四）加强“五社联动”，完善社区治理

在党组织领导下，货捐社区社工室应当充分整合社会工作者、社区、社区社会组织、社区志愿者、社区公益慈善资源五方力量，加强彼此之间的联动，为社区居民提供切实有效的专业服务。同时，社工室还要有效调动五方主体参与社区治理的积极性，将五方主体的优势进行有机组合，进一步助力社区治理，不断推进当前社区治理的现代化进程。

"五社联动"一体，多元共建促融

——湖北省武汉市武昌区粮道街道东龙社区社工室运营与服务

武汉爱熙社会工作服务中心　粮道街道"五社联动"项目组①

一、社工室和服务地区基本情况介绍

粮道街道地处湖北省武汉市武昌区古城核心地带，资源丰富，辖区下设8个社区，东龙社区作为粮道街道样板社区社工室，获得武昌区民政局、粮道街道、东龙社区、武汉爱熙社会工作服务中心和街道社会工作服务站各方面支持。

东龙社区从2016年11月引进社工机构专业社工，社区工作人员也在不断学习社会工作知识，提升社工服务的业务能力。截至2022年7月，社区有6名工作人员考取了助理社会工作师资格证书。东龙社区2015年成立社区大党委以来，一直坚持以党建为引领，深入推进区域化党建工作，以居民需求为导向，充分发挥辖区单位多元共建的优势，有效整合辖区资源，先后创建"七彩夕阳""东龙群愉文化坊""天使之家""青少年智慧托管""智慧微展厅""智慧东龙"时间银行等诸多项目，形成七联七共"驻地单位联动"工作法（党建联动、服务联办、文化联创、环境联治、平安联动、活动联谊、公益联通），在推动社区管理和社区服务上，取得了一定的成效。

2020年7月，武昌区制订《关于推进2020年社会工作服务项目的实施方案》，明确提出社区社工室全覆盖的目标，以"专业社工＋持证社工"的形式推动社区社工室有序开展服务。

二、社工室基本定位和运营机制

东龙社区社工室是粮道街道的样板站——社工室示范站，社工室以党建服务为引领，围绕社区治理、居民自治、志愿管理、社区品牌打造等工作内容，开展社工室服务和建设，充分调动社工积极性，发挥专业社工和持证社工协同合作的资源优势，促

① 作者：徐凤玉、张洁、匡念、朱雪婷、黄璐，武汉爱熙社会工作服务中心驻粮道街道项目组社工；郭慧敏，东龙社区党委书记。

进社区社工室更好、更有效地参与和解决社区基层治理和基本民生问题。

运营机制："五社联动"为主，"双工联动"为辅。根据三张清单——服务需求清单、服务项目清单、社区资源清单，构建服务网络，搭建协同善治平台（街道社工站），联合组建社区社工室；打造社区品牌，挖掘社区特色；助力社区社会组织培育和社区工作人员能力建设，完善惠民服务，探索社区志愿发展模式等。

三、社工室运营模式和特点

（一）东龙社区社工室运营模式

社工室运营模式为"1+1+2+5+N"模式。即1个中心——以社区大党委为中心；1个平台——社区社工室；2个服务主体——专业社工加持证社区工作者；5方社区服务力量——社区、社会工作者、社区志愿者、社区社会组织、社区公益慈善资源；N项特色服务——"多元共建客厅"打造区域化党建项目、"天使之家"流动儿童城市融入项目、志愿者"红色益联盟"项目等社区特色项目。社工室通过强化核心引领、整合多元主体、创新工作模式、打造共建阵地、优化服务举措，构建以社区大党委为核心，通过发挥专业社工的专业特长，结合社区持证社工的本土化优势，整合辖区社会组织、各共建单位党组织、社区志愿者等共同参与社区治理。

（二）东龙社区社工室特点

1. 强化党建引领，构建区域化党建矩阵

东龙社区有直管党员249人，下沉党员628人，党员是基层社会治理的重要力量，每一名下沉党员对居住的社区小区更熟悉，东龙社区区域化党建矩阵的建设，打破了资源的壁垒，推动党建资源的协同联动及党员管理的协同联动，健全以队伍管理、沟通协商、岗位设置等协同发展机制，建构优势互补、资源共享、共同发展的区域化、开放型党建联合体。用"党旗红"渲染"志愿红"，通过党建联动带动社区志愿者、社区社会组织团队等多方力量，建立社区"益"联盟平台，建立健全长效服务机制，推动更多社区居民参与社区治理。

2. 以需求为导向，制定精准化服务项目

社工室以居民需求、社区需求为导向，通过引入专业社工力量，摸排辖区基本情况，有针对性地制定服务需求清单和服务项目清单，再结合社区的资源清单，在多个领域开启特色项目协作，形成"特色星期四"常态服务日，并在7个领域开展30余项为民服务工程，为辖区居民提供精准的社区服务，促进社区治理，实现社区融合。

3. 社区治理为主，探索专业化发展空间

社工室目前共有7名社工，1名专业社工，6名持证社区工作者，由社区书记担任站长。东龙社区不断充实专业社工力量，推进专业人才队伍建设，现阶段社工室主要协助基层民政部门做好社会救助、社会福利、社会事务以及相关社会治理等工作。为更好地解决基本民生、基层治理中的实际问题，社工室应结合社区实际需求，探索专业化发展路径。

四、社工室服务体系设计和服务开展情况

（一）因地制宜，培养社区人才，对接服务清单

东龙社区自管党员与下沉党员志愿者人数众多，但由于缺乏系统管理与指导，党员志愿者能为社区提供服务的机会与形式有限，难以完全发挥党员志愿服务力量。东龙社区社工室践行“助人自助”理念，以激发辖区党员服务活力作为服务切入点，与社区联合开展“红色益联盟”志愿服务项目，首先对下沉党员进行问卷调查，精准统计社区下沉党员情况，包括下沉党员的基本信息资料、专业特长、志愿岗位意愿、能提供的个性化服务等内容，同时结合实际情况和通过社会工作专业方法，发现、收集居民需求，设置开发新的志愿服务岗位，开展特色社区服务项目，让下沉党员的服务内容与形式能与社区需求、群众需要精准对接，让党员志愿者们从家园清洁、门岗值守等单调的任务中解放出来，激发下沉党员服务活力。

（二）群策群力，搭建沟通平台，促进多元共建

在服务了一段时间后，随着对社区了解的深入，下沉党员们逐渐在服务过程中产生了一些想法，对社区治理也有了一些建议，东龙社区社工室及时集合下沉党员们进行团队建设，开展“金点子”沙龙以及每月一次的联席会活动，收集大家在社区治理方面的意见，了解下沉党员对社区服务相关问题的想法，鼓励下沉党员们自我管理、自助服务，引导大家共同商讨更加贴合社区需求的志愿服务方案，签订党员包保楼栋参与小区治理服务协议，共商社区文化品牌标识、共同探讨社区“多元共建客厅”项目打造等事宜，搭建社区议事平台。在与下沉党员不断接触的过程中，社工发觉部分党员志愿者情绪管理及沟通技巧方面有所欠缺，因此利用社工室平台开展志愿精神、志愿者情绪管理及沟通技巧、垃圾分类知识等专题培训活动，帮助大家提升服务能力，为更好地服务居民、服务社区添砖加瓦。

（三）持续激励，凝聚榜样力量，激发服务活力

社工室注重对志愿力量的持续激励，通过开展志愿者表彰会等形式，对“红色网格管家”、垃圾分类志愿者、平安志愿者、优秀党员等优秀团队及个人进行表彰，并制作了东龙最美人宣传展板，对表彰人员及队伍的先进事迹进行宣传，凝聚榜样力量，

持续激发志愿服务积极性。

五、社工室优秀服务项目

（一）“多元共建客厅”助力区域化党建矩阵

1. 项目背景及需求分析

东龙社区是由东龙世纪花园小区、省广电宿舍、省高法宿舍、省消防宿舍、粮道街派出所宿舍等组建而成的商品房小区，社区现有3512户9699人，社区直管党员249人，下设5个网格党支部，下沉党员628人，下沉工作队5支。辖区共建单位共7家：中央在汉企业1家，省直机关单位4家，外企1家，小学1所。

随着下沉党员、辖区单位进社区常态化管理机制及社区居民服务需求的不断变化，社区治理能力和治理水平提升的新要求，东龙社工室从强化居民自治入手，积极探索建设“多元共建客厅”项目。

2. 项目实施

东龙社区“多元共建客厅”项目，以党建为引领，通过社区、社工、社会组织、志愿者和企事业单位等多方共建，利用社区办公用房闲置空间，探索“1+4+N”工作模式，通过“硬件”场地功能区规划及“软件”常态化服务，两条路径打造“多元共建客厅”品牌，营造“趣缘性公共空间”“公益性公共空间”“协商性公共空间”“三维向度”空间，凝聚社区治理力量，打造“三大功能”中心提升小区治理效能，盘活社区资源，引导辖区党员、群众、社会组织积极参与社区治理，形成合力，为社区治理、矛盾调处、服务群众，提供立体化、全方位的载体平台，实现“多元参与、共建促融，小客厅、大治理”的社会治理目标。

（1）党建引领，探索“1+4+N”工作机制。为充分推动党员资源下沉、力量下沉、责任下沉，打通联系服务群众“最后一公里”，东龙社区党委以签订《区域化党建项目共建协议书》的形式，打造“1+4+N”工作机制。“1”即建立一个党建联盟，每月定期召开一次党建联席会，升级打造东龙“多元共建客厅”党建基地；“4”即通过“四级”联动机制（党员联动组建综合党委，小区联动助推社区治理，区域单位联动合作共建项目，居民骨干联动形成志愿服务队）；“N”即发挥各自优势，打造“N项”特色服务，为居民提供多元化需求。目前，社区已成立“法官进社区”“中医进社区”“媒体进社区”“银行进社区”等多支特色队伍，打造“特色星期四工作日”常态化服务机制，每周四为社区居民提供社区特色服务。

（2）资源整合，“硬件”“软件”两条路径打造“多元共建客厅”。为让辖区单位、下沉党员、社会组织等力量发挥更大作用，社区联合共建单位省广电、省高法、中铁十一局，通过签订共建协议的形式，打造东龙“多元共建客厅”红色阵地，东龙社区积极探索，不断升级“多元共建客厅”，打造涵盖“厚朴东龙直播间”“有声图书馆”“多元共建议事区”“智慧党建沉浸式体验区”“东龙文创之窗”等功能板块。

东龙社区社工室同时联合武汉爱熙社会工作服务中心及青果壳志愿服务中心，积极争取武昌区公益创投项目及慈善资源支持，不断充实“多元共建客厅”的“软件”服务；根据居民需求，开展“我是党课主讲人”“金点子沙龙”“社区之声”有声课堂、“最美东龙人”评选等特色活动，挖掘法官、医生、记者等不同职业、不同特长的下沉党员，组建多元共建客厅“红色益联盟”组织，成立“东龙之窗”媒体宣传队、“厚朴东龙”直播平台运营队、“睦邻”帮帮团等多支志愿者团队，让“多元共建客厅”成为党员、群众红色教育基地、社情民意“汇集站”、“事务协商”的议事厅、服务居民的“加油站”，为社区治理、矛盾调处、服务群众等工作提供立体化、全方位的特色服务。

（3）“五社联动”，“三维向度”服务凝聚社区治理力量。“三维向度”主要是社区公共空间塑造的再组织化过程。以兴趣爱好入手，将“多元共建客厅”的部分空间免费开放给手工坊、茶艺坊、吟诵坊等社区社会组织，开展活动实现趣缘性公共空间。且随着各项活动的开展，越来越多的党员、志愿者主动参与公共空间管理，组成了“多元共建客厅”志愿者队伍，法官在直播间为居民讲党课，社区的大学生们选择“多元共建客厅”给孩子们普及机器人等科学知识，社区组织共建单位、下沉党员、社区组织通过“社区出一点，党员创一点，单位扶一点，慈善助一点”形式在“多元共建客厅”开展“下沉党员金点子大赛”，打造公益性公共空间。在“三方联动”机制下，社区居民在“多元共建客厅”内就社区的“社区环境维护”“老旧小区改造”等公共事务展开讨论，通过理性协商，进而达成公共意见和行动共识，各类难题得以化解，居民的民主协商能力得以提升，协商性公共空间得以塑造。

（4）服务共享，“三大功能”中心提升小区治理效能。“多元共建客厅”三大功能中的第一大功能为居民参与社区事务中心。一方面是“厚朴东龙”直播间等团队活动有序开展。另一方面，居民议事会如火如荼，每月召开一次党建联席会，定期开展“三方联动”会议等，讨论居民关心的话题，共协商解决了如“社区文化标识设计方案征集”“下沉党员服务岗位设定”“下沉党员包保楼栋内容”“老旧小区改造”等10余个议题，使民主议事和民主协商成为常态，让更多的居民参与社区治理。第二大功能为居民服务供给中心。根据党员、群众的需求进行了分类，通过邀请党员中专业人士或链接社会组织的方式，为居民开展各类服务。第三大功能为资源整合交流中心，落地武昌区公益创投A类项目、链接8万元资金支持，开展下沉党员“金点子”大赛，整合“‘1+N’网格员长者关照邻里帮扶”项目、“平安东龙”消防安全教育、“东龙之窗”媒体宣传等项目，持续为居民服务，打造武昌区党建示范社区。

3. 项目成效

东龙社区“多元共建客厅”项目，给辖区下沉单位和党员、群众提供了一个活动的公共空间，加强“五社”群体成员之间的凝聚力，用好共建资源，引导多元主体共商社区事务；激发活力，让被动参与成为主动选择，实现共赢，从合作单一转变到服务多元，聚力同心，从简单黏合转变到深度融合；实现“多元参与、共建促融，小客厅、大治理”理念，打造多方参与、共同治理、服务群众，提供立体化、全方位的载体平台，项目内容得到了社会各界的广泛关注。

（二）“智慧东龙”天使之家——流动儿童城市融入项目

1. 项目背景及需求分析

东龙社区流动人口有1670人，绝大多数为携带未成年子女的流动家庭租住户，子女大多就读于大东门小学，学校现有学生500余人，其中流动人口子女占80%。

社工入驻东龙社区以后，在关爱流动儿童工作中，着重兴趣艺术、科学知识、家庭教育、学业帮扶、习惯养成等方面的培养。

2. 项目实施过程

“智慧东龙”天使之家——流动儿童城市融入项目以生态系统理论为依据，结合东龙社区实际情况，整合辖区资源，分别从微观系统、中间系统、外层系统和宏观系统着手，为辖区流动儿童开展一系列促进其城市社区融入的服务和活动，提高流动儿童在城市社区的良好适应。

（1）微观系统服务内容。社工通过问卷调查、走访、资料查询等形式，了解流动儿童需求，针对流动儿童个人成长，开展习惯养成、心理辅导、特长培训等服务；社区针对流动儿童家长，开展家长学校、家庭教育帮扶等特色服务。

（2）中间系统服务内容。项目以社区为媒介，将青少年朋辈、家庭、学校、社区等整合起来，合理利用资源，团队分工合作，开展特色服务。东龙社区发挥共建单位优势，与大东门小学、湖北广电签订联建协议，为流动儿童开展“寻根鼓声”“筑梦童声”“舞动心弦”等特色服务，促进服务对象城市融入。

（3）外层系统服务内容。5G时代来临，为开阔流动儿童的眼界，社区树立“智慧东龙”的理念，打造智慧东龙“微生活”智能体验馆、智慧托管中心、智慧天使科普空间等智慧基地，开发“智慧东龙”网站，线上线下双结合，为流动儿童们提供现代化、智慧化服务体验，为孩子们探索更深层次的科学埋下了知识的种子。

（4）宏观系统服务内容。社工开展“天使之家——匠心筑梦”项目，社区匠人带领流动儿童体验非遗文化的魅力，流动儿童亲手制作蛋糕、点心等，回馈社区匠人老师、慰问高龄老人等，表达社区关怀；流动儿童成立社区“环保小卫士”服务队，宣传环保知识，践行垃圾分类，保护社区环境。流动儿童从受惠者变成施惠者，从受教者变成施教者，实现爱心接力，真正成为社区的小主人，积极参与社区事务。

3. 项目成效

“智慧东龙”天使之家项目是东龙社区针对流动儿童社区教育的一次积极探索，构建“个人+朋辈+家庭+学校+社区”五位一体的工作模式，项目与共建单位形成良好的合作互动机制，形成共赢格局。将流动儿童社区融入进行常规项目化运作，促进了流动儿童的健康全面发展，得到了辖区流动花朵及家庭的大力支持与认可；东龙天使空间被评为武汉市“青少年示范空间”，取得良好的社会效益。

六、社工室运营和服务的专业反思

（一）发挥党建引领作用

社工室协助社区做好社区工作，强调加强党的领导。东龙社区打造区域化党建矩阵、构建“1+4+N”工作机制、加强下沉党员日常管理、落实“三张清单”、打造“多元共建客厅”等系列做法，始终坚持把加强党的领导放在首位，确保共驻共建、基层治理始终沿着正确方向健康发展。互利共赢是确保区域化党建旺盛生命力的根本。社工室协助社区推动共建工作，党建联盟所有成员单位各自列出需求、资源、项目三张清单，开展双向认领、双向服务，实现从“单向受益”向“互利共赢”转变，使区域化党建矩阵越做越大，为社区减负，为居民提供精准化服务。

（二）发挥社区的平台作用

社工室协助社区更好回应好群众需求，创新服务思路，充分调动社会组织、专业社工和志愿者等力量，不断丰富工作手段，延伸工作臂力，在社区层面促进各类资源的有效整合，以保障精准化服务在“最后一公里”落地生根。

（三）发挥社工的链接作用

社工室的运营不仅需要社会工作者和持证社区工作者，还要发挥社区的各方力量。资源是连接“五社”的核心，社会工作者则是负责打造核心的人。社区是各级各类资源的汇聚平台，社工室社工以回应群众需求、解决社区问题为出发点，积极寻找社区在地资源，汇集社区、承接项目的社会组织、专业社工团队的资源，开展党员问卷调查，建立社区资源库，通过资源整合不断盘活社区资源，为“五社联动”提供资源保障。

（四）发挥社区社会组织的孵化作用

社工室孵化社区社会组织，不能只追求数量，还应注重精细型的质量提升和能力培育。社工室培育、孵化社区社会组织的同时，与社区社会组织一起规划活动空间，制定服务规则，搭建交流平台，让社会组织达到自组织、自治理、自发展的目的，培育守望相助的支持系统，促进居民之间的融合和支持，增强居民群众与社区的凝聚力和认同感。

（五）发挥居民积极参与的作用

充分的居民参与是社区建设的基本前提，鼓励居民参与社区建设，践行主人翁精神，是塑造居民公民意识的有效措施，能有效推动互动邻里关系的形成；社工室充分认识到活动主体是社区居民，自始至终充分调动和发挥居民的积极性，让居民直接参与社区服务的各个环节，形成良性互动。东龙社区“多元共建客厅”内打造“厚朴东龙直播间”，开通厚朴东龙抖音号、斗鱼号，将新媒体技术应用于社区建设，邀请社区党员、骨干、社会组织等走进社区直播间，通过线上线下相结合的方式，实现居民“零距离”互动、“面对面”交流。

“村改居”社区社工站“三融”服务路径探索

——云南省保山市隆阳区永昌街道红庙社区社工站运营与服务

严　茜　徐炜然①

云南省保山市隆阳区永昌街道红庙社区社会工作服务站（以下简称红庙社工站）是全省社工站建设的首批9个试点之一。长期以来，保山市高度重视社会工作人才队伍建设，以政策制度建设为保障，努力建设一支高素质的社会工作专业人才队伍，大力培养本土社会工作专业人才，并与高校联合，创新提出了一系列合作机制。

一、红庙社工站和服务地区基本情况介绍

自2007年11月以来，保山市隆阳区对9个村实行“村改居”，过渡为社区居民委员会，红庙社区就是其中之一。红庙社区下辖15个居民小组，居民1519户4826人。辖区居民主要以务工为主，无主要产业，耕地面积0亩，林地面积6189亩。该社区总体上取得了不错的治理成效，但还存在社区要素发育不健全、拆迁引发一定矛盾、新居民融入困难、邻里关系淡漠、居民自治能力薄弱、部分群众生活困难、儿童友好型社区建设水平低等问题。同时，“村改居”社区生活环境具备了城市特征，但居民生活方式与社区服务体系保持了农村传统状态，生活于其中的儿童社会风险也随之增加。

为进一步推进“村改居”社区治理体系和工作机制创新，强化社会化服务力度，更好满足居民需求，保山市探索以红庙社区为试点，通过建设社区社工站，统筹推进社区发展、服务、治理，以红庙社区所有居民为服务对象，重点关注老年人、儿童、救助对象、残疾人等困弱群体，同时覆盖社区地域范围的外来人口。

在前期居民需求调查和社区调研的基础上，经过数月的专家论证、专职社工选聘、服务设计等流程，2020年11月，红庙社工站正式启动。红庙社工站充分发掘和链接红庙社区及周边现有优势资源，联动社区居委会、社区居民和学校教师等力量开展社会工作专业服务。尤其通过链接保山学院政府管理学院社会工作专业的师资优势和保山市社会工作人才培训平台资源，综合运用机构（服务）+高校（专业）+政府（保障）

---

① 严茜，云南省保山学院政府管理学院教师；徐炜然，云南省保山学院政府管理学院党政办主任。

“三位一体”的地区发展模式开展服务。从破解人才瓶颈、服务补位、激发内生动力、发挥系统效应等入手，红庙社工站探索多元主体参与社区“软环境”营造、社会支持网络建设，以“嵌入、示范、培养”为目标，建立以社会工作专业为指导、政府政策为保障的本土社会工作人才队伍联动机制，推动本土社会工作服务的专业化。

红庙社工站主要的职能职责是围绕社会救助、养老服务、儿童关爱服务，特别是农村留守儿童以及困境儿童、基层治理、社会事务、困难群众融入等领域开展专业社会工作服务，切实从源头上解决群众的“急难愁盼”，让广大群众有更多的获得感和幸福感，进而构建共建共治共享的基层社会治理新格局。

二、红庙社工站基本定位

红庙社工站作为推进社区发展、服务和治理的新平台，通过专业化团队的运作，在硬件完善、人员队伍、制度文化、服务开展等方面逐步完善，在解决社区问题满足居民需求的同时，不断提升居民关注社区公共事务的积极性，改善社区关系，整合社区资源，强化居民对社区的归属感和主人翁意识。

（一）搭建服务平台，促进多方联动

红庙社工站是民政部门搭建的一个服务平台，充分发挥社会工作专业优势，逐步形成一套规范化的服务模式。服务平台以社区服务中心为支撑，以街道、社区服务工作联席会议为核心，有效整合服务信息资源，拓展社工宣传渠道，构建社区服务信息化体系，推动形成“资源共享、协同服务、便民利民”的社区服务发展新格局。

1. 横向连接，打通多方沟通渠道

红庙社工站积极与永昌街道、红庙社区等相关组织建立关系，并主动寻求与社区社会组织之间的合作切入点，积极整合相互之间拥有的人力、物力和财力资源等，打通横向渠道，为纵向统筹奠定基础。

2. 纵向统筹，提升社区共建氛围

整合社区资源，以丰富多样的活动形式进一步宣传社会工作服务成效，大力推动各党群及基层社会组织之间在服务项目上“互通有无”，最终形成“社区共建”“难点共议”“资源共享”“合作共赢”“联系紧密”的社会工作服务氛围，提升社工以及社会工作服务在整个辖区的知名度和影响力。

（二）发挥培育孵化功能，助推专业发展

红庙社工站发挥社会组织孵化及社会工作人才培养的功能，提升社工专业水平和能力，激发社工服务的热情，提高行业活力。

1. 联动各方力量，营造共建氛围

打破服务壁垒，建立沟通桥梁。针对各类服务项目初期存在的信息“孤岛”现象，红庙社工站主动搭建政府与社工机构、社工、社区志愿服务组织之间的沟通桥梁，定期开展联席会议，打破各项目点之间的壁垒。

2. 凝聚创新主体，促进社会建设

孵化社会组织，培育新生力量。红庙社工站积极探索社区社会组织培育孵化模式，着力打造一支具有专业水准的社区社会组织人才队伍，形成“专业引领、功能互补、资源整合、服务共享、多方联动”的社会组织孵化体系，为社区社会组织的成长和发展提供专业化服务，从而有效推进其参与改善民生，参与社区治理。

（三）完善服务体系，强化服务规范

红庙社工站在日常服务及与各社工项目合作过程中总结并积累经验，通过不断完善服务体系，逐步推进红庙社区社会工作服务的专业化、标准化发展，最终形成一套服务规范。标准化规范不仅体现社工对服务的梳理和沉淀，更能作为开展服务的专业指导，从而为居民提供更加合适和有效的服务。

三、红庙社工站“三融”服务模式

（一）服务融入：以居民需求为服务切入点

城镇社区在经济快速发展的同时，也面临着更加复杂多样的问题，人们的生活水平和生活环境不断地发展变化，城镇社区居民的实际需求越来越多样化和复杂化。而社工站的最大优势就是依托专业的理念、知识和方法，针对不同的服务对象的个性化需求采用有针对性的服务方法，提供具体服务。

在前期的计划与统筹中，根据工作安排，我们组织了近 100 名大学生志愿者参与红庙社区居民需求调研，他们“用脚画地图”，分 3 天对红庙社区 1 ~ 6 组的 478 户居民进行全覆盖走访调研。

1. 获取社区支持，居民提前认知

在开展调研之前，我们就红庙社工站的背景及未来发展目标进行了讨论，从工作方向、具体工作内容到服务效果实现，讨论了“如何向社区介绍我们”“我们将重点做什么”“我们需要社区做什么”“居民需求是什么”等问题。通过调研向社区自我介绍并澄清项目角色，并讨论项目目标可以达成部分工作策略的共识，以建立互相理解的专业关系。

2. 合理讨论策略，有效获取信息

需求评估过程不仅了解了直接服务对象的需求，还摸清了社区发展的期望，从宏

观角度掌握了社区整体的信息。在调研的同时，我们与社区层面相关协同部门如分管社会组织、志愿者、党建工作的人员建立工作联系，也获得了社区各个层面资源的支持。

社工及志愿者在走访的过程中逐渐梳理出社区常见的需要和问题，社工及时总结分析并探讨介入策略，将居民的需求转化为策略共识。比如，在调研过程中社工了解社区老年人服务需求量较大，在此基础上逐步确定了具体行动方案，增加了制订项目计划时的预期性。

通过调研，社区居民对社工职业的理解和认同得到强化，为建立良好的合作关系夯实了基础。

（二）居民融合：以服务连接居民自治的“线”

1. 儿童服务

（1）基本服务。一是开展有针对性的个案服务。通过入户走访、查阅文档、相关人员访谈等方式，了解社区内儿童的具体情况、周围环境资源的实际状况。对社区儿童的实际需求作出明确判断。在此基础之上，结合社会工作的专业理念知识、儿童发展的科学理论知识，聚焦服务的总体目标，选择适合社区儿童的个案工作方法，针对个别儿童所存在的特殊心理困惑和行为偏差，有目的、有计划地以个别化的方式开展持续性服务。通过一对一的辅导，帮助儿童解决所面临的问题，促进儿童的成长进步。二是开展主题小组活动。针对社区内儿童实际需求的评估，定期开展特定的小组活动，确定小组的主题、内容、目标，动员社区儿童积极参与。社会工作者做好协调和策划的工作，在小组活动的过程中，促进小组内儿童之间的互动交流和经验分享，帮助儿童实现转变和成长。

（2）特色服务。一是开展四点半课堂活动。为社区儿童创建一个学习和交流的平台，提供生活和心理的陪伴，丰富其课外生活；辅导完成课后作业，同时促进其兴趣爱好的发展，帮助养成健康向上的良好习惯。二是举行儿童绘本阅读活动。针对社区内0~3岁的儿童，开展儿童早期阅读干预服务，以促进儿童脑部发育，培养其语言能力、阅读能力、认知能力。社会工作者提供服务平台，组织社区儿童和家长共同参与绘本阅读，营造温馨良好的环境，促使家长有意识、有计划、有方法地与孩子共读绘本，调节亲子关系，培养亲子共读习惯，改善家长的教养方式。

2. 老年人服务

（1）基本服务。开展入户探访活动。针对社区内的老年人开展资料收集与调查。明确社区内老年人的基本情况、社区内已有的资源、资源配置情况、老年人的具体需求、老年人的满意程度。定期定时入户探访老人，提供社会支持。针对个别老人，采取一对一、具有针对性的服务。充分考虑到老年人的独特性和差异性，根据老年人的实际情况，设计服务计划，帮助老年人挖掘内生动力，链接外在资源，建立社会支持网络。

（2）特色服务。开展退役老兵服务。针对社区内的30多名退役老兵，评估老兵的实际需求，提供一系列的服务，协助老兵适应退役生活；组建老兵互助小组，开展丰富多彩的文化娱乐活动，丰富老兵的精神生活，促进老兵的互助互爱；为老兵链接相关资源，保障基本生活；利用社区资源，促进老兵的社会再适应和生活质量的提高。

3. 志愿者培训

红庙社工站加大对社区志愿者的培训力度，确保志愿者在机构所规定的程序内提供服务，提升志愿服务的质量。协助志愿者认清志愿服务活动的真正价值，并维持志愿者其对志愿服务活动的热情、兴趣和信心。协助志愿者了解社工站的功能意义和运作规则，拓展志愿者网络，增加志愿者数量。

（三）社区融汇：实现基层治理的“面”

1. 通过直接服务解决社会问题

通过深入细致的社会服务可以化解矛盾，解决社会问题，减少社会冲突，维护社会秩序，增强民众参与社会治理的能力，倡导和传播服务精神。

2. 通过政策性服务促进政策资源的使用

社会工作者深入民众可以及时发现问题，反映社情民意，使政府有针对性地制定解决问题的对策和方法。通过“政策＋服务”的策略，充分保障各类社会特殊困难群体的合法权益，通过精细化的社会服务妥善处理其遭遇的问题。另外，通过社区教育推动个体社会资本和网络的构建，提升社会大众对于少数特殊困难群体的尊重、接纳与包容，进而建构一个共建共治共享的美好社会。

3. 通过反映服务对象的诉求参与社会治理

红庙社工站一方面致力于重塑和再造社区共同体，倡导一种整合式和参与型的社区发展模式，使得居民在社区发展中提升主体性；另一方面充分挖掘和提炼本土性的社会服务功能，立足于社区之内的人力、物力、财力、组织和文化资源的识别和发掘，红庙社工站致力于提升居民社区参与意识，通过爱国卫生7个专项行动、红庙社区巾帼志愿者清河活动等具体行动，重塑社区公共精神，培养社区共同体和自治意识，建立守望相助的社区支持网络，使社区各项资源得到有效协调和利用，社会工作促进社区工作的可持续发展，提升社区治理能力。

四、红庙社工站服务组织体系

（一）儿童委员会

红庙社工站通过对暑期儿童俱乐部服务模式的探索，最终成立了社区儿童委员会，充分发挥儿童权利和实现儿童参与，培养社区儿童的公民意识，达到“自我管理、自我服务、自我教育、自我监督”的自治目标，开启了红庙社区以儿童为主导的社区社会组织建设服务新篇章。

为了巩固社区关爱和保护儿童的理念，提升相关工作人员的儿童照顾能力，促进儿童环境友好型社区的建设，红庙社工站通过元旦游园会、植物拓印亲子工作坊、庆六一主题小组、“星光守护，安全同行”红庙社区交通安全宣传活动等方式，宣传社会工作理念、儿童中心和权利意识，促进相关人员参与项目进程等形式，使得儿童家长及其照顾者、学校教师、社区工作人员、志愿者等儿童照顾和专业服务的能力得以发展和提升，构建了良好的儿童保护体系，为儿童营造了健康、快乐、平等、和谐的社区成长环境。

（二）家长委员会

针对儿童照顾者教育理念、方式方法等问题，红庙社工站开展了 8 次 ICDP 国际儿童发展项目培训，通过培训学习，使照顾者能在良好的亲子关系中最大限度地激发孩子的潜能，培养孩子健康独立的人格，成为一个有内化道德准则的社会人；照顾者的育儿潜能被充分地唤醒并得到开发，能在日常的养育过程中提升敏感性，根据孩子不同时期的成长特点给予孩子发展性的引导与支持；帮助照顾者与孩子建立科学而有效的沟通模式，同时建立起系统的、高品质的养育体系，有效改善家庭沟通方式，促进家庭和谐。

（三）老兵委员会

为充分发挥社区退役老兵的余热，重现老兵的光辉历程，红庙社工站联合保山学院政府管理学院的师生，多次走进社区退役老兵的家中，以口述史的形式，记录下老兵们的峥嵘岁月，并采用笔录、有声录音、影像录影等技术，让历史得到更加全面的补充。结合老兵的实际需求，运用社会工作专业方法，实现了社区退役军人服务“从有到优”的转变，通过记录军人故事，传承军人精神，让退役军人感受到贴心服务，促进整体服务保障水平提升。

五、红庙社工站人员配备和人才培养

1. 人员配备

红庙社工站由街道分管领导兼任站长，两名保山学院社会工作专业毕业生经过选聘成为红庙社区专职社工。

2. 人才培养

让社工站专业社工获得稳定薪酬和人才成长。建立合理的工作分配制度，实施岗位绩效工资制度，建立薪酬增长制度，保障社工工资待遇，激发社工工作热情。建立定期督导制度，增加外出培训、外出参访的机会，增加与其他社工站之间的交流与合作。建立人才激励制度，资深社工可被聘为实务督导。注重社工站团队能力建设，定期开展团建活动，增强社工的合作意识和能力，共同致力于社区发展。

同时，社工站建立“社区工作者＋专业社工＋志愿者”联动协作机制，力争培养一支稳定的，拥有丰富实务经验的本土社会工作人才队伍。保山学院专业社会工作老师积极参与社区工作者、志愿者培训。社工站积极培育社区内的社会组织，动员居民参与其中。挖掘培养社区领袖，带动社区的可持续发展，为社区的发展注入新的活力。

六、红庙社工站运营和服务成效

（一）党建引领有方向

1. 政策宣传

建站以来，红庙社工站各项工作始终坚持以党建引领，加强基层党组织与社工站有机融合，党建工作与专业社会工作服务有机结合，把红庙社工站建设成为宣传党的主张、贯彻党的路线、落实党的政策的基层服务一线阵地。

2. 资源链接

红庙社工站链接各类资源给予服务对象力所能及的帮助，对符合政策的服务对象，及时按规定程序给予政策兜底保障。积极探索基层党组织引进专业社会工作服务模式，创新党组织和社工共同“发挥作用、服务群众”的模式，推动党建工作和服务群众能力双促进双提升，全力打造“服务型”党建品牌。

（二）关爱保护有保障

通过开设四点半课堂、婴幼儿绘本阅读故事会，为双职工家庭、隔代教养家庭解决孩子学业辅导问题；通过安全、人际交往等小组活动，促进儿童健康发展；通过绘画、剪纸、戏曲等兴趣班，提升儿童素养，陶冶情操；通过一对一的心理辅导，解决困扰个别儿童的特殊问题；通过开展亲子活动，融洽亲子和家庭关系。

（三）服务项目有特色

结合社区实际情况，针对辖区内居民服务需求和人员结构特点，开展了各具特色的社会工作服务项目，如暑期儿童俱乐部、老兵口述史访谈等特色活动。

（四）人才培养有抓手

建立了“社区工作者＋专业社工＋志愿者”联动协作机制，旨在通过专业社工带动，引导培养一批本地优秀社工人才队伍。邀请保山学院专业社工师资力量通过召开座谈会对社区工作人员和志愿者开展社会工作培训和交流研讨，助推社区社会组织和人员力量共同参与。

（五）资源整合有平台

利用红庙社工站平台链接整合各类惠民政策和社会资源，围绕社会工作服务积极发挥作用。红庙社工站充分发挥资源链接优势，先后链接了保山学院政府管理学院社会工作系、保山中医药高等专科学校、保山市交警大队、国寿财险保山支公司等多方力量，将其力量融入红庙社工站服务当中。多方协作一方面缓解了基层社区的工作压力，另一方面在加强居民之间互动互助的同时，积极为广大群众提供健康、就业、维权等多方面服务，参与和组织道德评议等活动，扩充了社区服务的内容，进一步满足了社区居民的日常需求。

未来红庙社工站将重点突出党建引领，立足社区、结合实际，以居民需求为导向，以提供服务为牵引，在发挥和调动各类组织和力量的作用下，积极探索并建立以社区为平台、驻站社工为支撑、社区社会组织为载体、社区志愿者为辅助、社区公益慈善资源为补充的“五社联动”综合服务模式。为群众分忧解难，为政府征集民意，发挥社会工作的专业优势，赋能社区社会组织、社区志愿者和社区居民，发掘和利用社区公益慈善资源，提升社区治理效能，推动建设人人有责、人人尽责、人人享有的社会治理共同体，推动形成“资源共享、协同服务、便民利民”的社区服务发展新格局，为巩固拓展脱贫攻坚成果同乡村振兴的有效衔接贡献专业社工力量。

共同富裕示范区建设下的社工站属地化创新

——浙江省金华市民政局社工站试点项目运营与服务

王瑞鸿　周海燕[①]

一、共同富裕示范区背景下的社工站试点

在民政部的统一指导下，浙江省金华市民政局结合长三角一体化发展格局，因地制宜，尤其是紧密结合共同富裕示范区的浙江试点探索，在社工站建设上走出了一条值得关注的发展路径。

在贯彻落实浙江省委、省政府《浙江高质量发展建设共同富裕示范区实施方案》以及《关于推进新时代民政事业高质量发展的意见》、浙江省民政厅等5部门《关于加强社会工作专业人才队伍建设加快推进社会工作发展的意见》的基础上，金华市民政局通过调研，制定发布了《关于组织开展2020年度乡镇（街道）社会工作站试点活动的通知》，在上海市静安区春晖社工师事务所的专业督导下，拉开了金华市乡镇（街道）社工站试点建设的大幕。

经过了两年多的试点社工站建设探索，逐步形成了“党建引领、政府支持、社会参与、独立运作”的工作思路，3家试点社工站的规范化运作，推进了金华经济技术开发区（以下简称开发区）“一站一品、一站一特色”的示范性引领。

二、高质量发展下多元同构的嵌入式社工站运营模式

社工站是一个新生事物，金华市民政局在推进试点社工站实际运行中更多注重嵌入式发展，将新生的社工站有机地嵌入原有的民政乃至更大的党委和行政服务体制之中，为社工站的发展提供了有力的支持和保障。

作为金华市试点社工站，开发区下辖苏孟乡、汤溪镇、三江街道，共53个社区、103个行政村。在金华市民政局悉心指导下，开发区社会发展局以民生为根本，以推进改革为导向，围绕民政工作高质量发展的目标任务，注重政治引领，打造了集社会组

---

① 王瑞鸿，华东理工大学社会工作系副教授，上海市静安区春晖社工师事务所理事长；周海燕，上海市静安区春晖社工师事务所社工。

织服务中心、社会组织孵化中心和开发区慈善基地于一体的开发区社会组织党群服务中心，以“一核心、双培育”为工作机制，实现党组织与社会组织的双向培育与发展，激发了社会组织的发展活力。

开发区强调专业为本，积极引入上海市静安区春晖社工师事务所进行专业赋能，从2018年至今，以公益创投形式搭建社会组织实践平台，以项目为抓手，实现社会组织数量式增长，促进了内涵式发展，进而形成了以“福满金开”为主题的特色化品牌项目。社工站的制度设置也正是基于先期的社会服务体系化探索，更好地融入既有服务体系，这样就使得社工站一开始就取得了良好的系统支持，为社工站后期的顺利运营打下了良好基础。

三、民生为本的发展型社工站定位

在社工站的具体功能定位和服务内容上，金华市民政局一方面注重兜底性民生问题的实际解决，另一方面结合共同富裕示范区的要求，更多注重的是社工站的发展型定位，既立足于基层服务，又注重基层治理。

开展基本民生保障服务：以辖区内低保对象、低保边缘对象、特困人员、困境儿童、孤儿、空巢和独居孤寡老人为主要服务对象，精准排摸需求，提供心理疏导、人文关怀、能力提升、生计发展、关系调适、社会融入等专业化、个性化社会工作服务。

创新城乡社区治理：挖掘社区志愿者骨干，培育发展社区社会组织，指导其根据居民需求统筹设计、承接、实施社会服务项目，促进社会组织、社区资源和各类社区主体有序参与。积极开展城乡社区工作者赋能，对街道乡镇干部、社区工作者和社区社会组织从业人员进行社会工作知识培训。

打造本地特色服务品牌：深入调研居民需求，聚焦居民最迫切、最需要的服务，运用专业社会工作方法，形成各具特色的品牌服务项目。

根据金华市民政局对试点社工站的指示，开发区结合自身区情，在具体定位上注重普惠服务和特色创新，发挥体制优势，融合民生资源全力推进乡镇（街道）社工站建设，实现社工站的精细化服务与品牌化建设。

首先，在坚持上级要求与本地实际结合、试点探索与全覆盖建设结合背景下，对乡镇（街道）社工站进行系统化定位，以推进民政以及社会事业发展，强化基层治理专业性平台打造。

其次，从社工站的服务内容上制定了基础类、调研类、增能类、治理类四大类服务，同时，进一步分解为20个大项目、90个子项目的服务清单，实现菜单式列出服务目录、点单式确定服务清单。

最后，从试点到推广建设，稳扎稳打，做到三个“保障”。以公开招投标、四级联合例会、试点协调员和专业督导等方式，做好社会组织承接运营社工站的准入规则与运营管理，健全社工站建设制度保障；以明确运营经费、运营周期和服务场所配置，加强社工站运营资源保障；以全流程管理、全方位支持培训社工专业人才，壮大持证队伍，培养高级人才，强化社工站推广人才保障。“一站一品、一站一特色”，在精细化服务和精准化定位下，真正推动社工站实现兜底保障与基层治理创新的双重目标。

四、政社合作、内外互动，各具特色的服务开展

金华市民政局首批社会工作站试点通过公开招投标等形式，选择三江街道、苏孟乡和西关街道建立 3 个社工站，分别由金华市同心社会工作服务中心（以下简称同心社工）、金华市悦欣社会工作发展服务中心（以下简称悦欣社工）和海宁市月亲社工服务中心（以下简称海宁社工）3 支团队运营。其中，同心社工是浙师大教授创办，作为高校支持代表；悦欣社工则代表着本土专业社会工作力量；海宁社工作为外来的先进代表。3 个社工站从不同侧面代表了金华市在社工站领域的探索创新。

在社工站的实际运营过程中，3 个社工站均以四大类作为站点服务标准，采用“订单式”与“菜单式”相结合的方式，将调研类、基础类、增能类、社区治理类四个维度服务协调推进，初步形成站点服务特色。

（一）需求定位：织密三张网

苏孟乡地处城乡接合部，如何让村民尽快适应新的环境，实现村庄生活的融合成为苏孟乡社工站的服务起点。悦欣社工通过打造“悦之家”计生特殊家庭服务、“欣之港”残障人士社会融入服务、“善之心”志愿者团队建设、“益之路”社区工作者增能以及“邻之亲”社区环境治理等系列特色服务品牌，苏孟乡社工站在乡村振兴背景下开展积极探索。

在基础服务上，以家庭探访和问卷调研收集计生特殊家庭和残障人士家庭问题与需求，以个案面谈与个案管理开展服务介入，形成了 120 户服务对象需求信息动态更新，以政策宣讲、资源链接、信息传递和精神支持四个维度进行分级分类管理，辅以日常关怀与便民服务，织密救助保障网，增强困难群众的幸福感。

在增能服务中，志愿者团队建设、社区工作人员培训与社区社会组织培育成为三大主要需求。从人员招募到团队建设，苏孟乡社工站培育了一支社区妇女志愿服务队和一支以专科医生为主体的医疗志愿服务队，在服务中塑造志愿精神，在专业中推动社区志愿服务的常态化和有序化，织密村民融合网，提升村落认同感。

以社工站为平台推出的“花园议事厅”和“老伙伴课堂”成为乡村治理的新模式，打破了上传下达的传统形式，构建了协商民主新途径。村民们参与公共事务的热情与动力被极大激发，织密了社区自治网。

入户探访、个案管理、社区活动与主题培训多元化的服务介入使得苏孟乡社工站

直接服务人数达800余人，直接受益人次达1600多人次，间接受益人次达3200多人次。

（二）体系化推进：“1+4+X”

三江街道位于城区中心，以老旧小区为主，社工站以困境老人和困境儿童为基础服务对象，通过调研走访，制定了148份居民需求档案、264份社会关爱卡和社区资源图，站点直接服务1408人次，直接受益3092人次，间接受益9276人次。同心社工通过开展智能手机培训班、红韵艺汇唱歌小组等增能类服务实现社区志愿者培育和社区工作者能力提升，形成“1+4+X”社工站服务模式。

三江街道社工站融合社区党建服务与社工专业服务，依托社工站打造街道社会组织党群服务中心，引领在职党员进社区、下沉网格，运用社工专业理念与方法开展党员志愿者服务。

在服务介入过程中，社工站以四大类基础服务为“必做题”，根据社区需求调研和重点政策任务综合确定“选做题”，以开发区企业春节留金员工子女冬令营、三江街道社会关爱卡和三江街道第三批社区治理与服务创新实验区项目为社工站特色服务。

三江街道下辖15个社区全部成立社会工作室，以“街道—社区”两级站点（室）实现社工服务全覆盖，形成“市社工总站—街道社工站—社区社工室”三级体系架构，多部门多领域合作，积极探索基层社会服务与治理创新。

（三）综合性平台：居家舒养圈

西关街道社工站的特点是城郊、城中村与新建小区混合，海宁社工围绕婚姻、家庭与养老，从亲子关系、夫妻关系、邻里关系和社区关系四个方面发力，联合“社工+居养中心模式”，构建西关街道“居家舒养圈”，推动实现“共创、共建、共享”的综合性社会服务网络平台。

依托街道已有的居养中心，社工站在基础类服务中添加了多元、贴心、便利与暖心的服务元素，在“爱沟通，零距离”中，站点社工通过6节小组的互动活动，提高夫妻沟通能力，促进老年夫妻关系和谐，丰富老年人的婚姻生活。

在调研类服务中，通过社区走访发现居民需求，建立一人（户）一档，规范化台账管理。挖掘社区已有资源、链接潜在资源，建立社区资源图，为社区精准化服务提供支持。社工站在“居家舒养圈”理念下，立足当地基础设施，以“社工+养老”为介入核心，通过181人次的入户探访服务，为辖区内老人提供及时精准的居家照顾。

西关街道社工站制定了完善的志愿者管理制度，引导97人进行志愿者注册登记，积极参与社区自治。以“社区邻里节”作为社区关系建设重点，通过节假日关怀活动，丰富社区居民生活，促进社区互助网络建设。

五、服务对象为本的社工站服务效能追求

金杯银杯，不如百姓口碑。评价社工站成功与否很重要的一个指标就是服务对象的获得感。金华市社工站试点运行中涌现出了许多非常具有特色的服务案例，悦欣社工在苏孟乡社工站开展的残障人士服务就是最好的例证。以下展示此次服务的开展。

基于生态系统理论，社工通过对街道和居委会走访，电话访问了残障人士110人，实地走访69人，建立了残障人士服务档案，并以社工站为抓手，将各类服务壁垒打通，进行分类分层的系统化服务。

（一）微观层面的个性化服务

物质帮扶：与社区党委合作，对残障人士进行1对1的应急物资帮扶。前期通过社区漫步绘制社区地图，整合挖掘周边资源形成社区资源库名单。后期通过对辖区内的残障人士群体进行个案管理工作，了解其需求，提供相应服务和爱心物资，建立服务关系的同时，进一步加深了解。针对服务对象张大爷（化名）不能自己独立在床上坐起来的难题，社区党委派人前往张大爷家中安放辅助设施，自此张大爷终于能在床上坐起来了。

心理陪伴：通过社工专业的小组与个案，从安全感、参与感、认同感的层面给予服务对象正面鼓励，提供陪伴，舒缓残障人士的焦虑情绪，提供照顾对象的喘息服务。

邻里帮扶：社区中有一位身体残疾的老年人，多年由其爱人照顾，儿女不在身边，老人以前当过兵，个头较大，爱人照顾他时扶不动。社工对接了楼上楼下邻居来帮助阿姨，有一次老人突发疾病，楼上的一位男邻居帮忙将老人送入医院。“邻里互助”的和谐友好氛围也是1对1关爱服务的重中之重，社工力量是有限的，辖区居民主动参与可以营造友好社区氛围，带给残障人士贴身的帮扶。

（二）中观层面的群体化服务

互助小组：建立残障人士互助小组，帮助残障人士相互支持和帮扶，也鼓励参与者的照料者相互支持和鼓励。互助小组通过5~7次有逻辑的服务帮助引导残障人士相互安慰、相互支持。该小组直接服务残障人士19人，间接受益70人次。

社区大型活动（残健结合）：在中秋、国庆、重阳、元宵节、助残日、清明节、端午节等各类节假日邀请残障人士参与社区活动，坚持残健结合，增强残障人士的社区融入，让残障人士走出家门，获得更多自我认同。社工站开展医疗关爱项目，链接专业理疗康复工作人员为照料者赋能，让其对于健康安全知识有所了解。

无障碍通道的倡导：社区内的无障碍通道存有阻碍，社工通过走访将社区无障碍设施改造服务的进展告知服务对象，广泛吸收社区居民关于社区环境治理的意见，建

立了以无障碍通道为主的社区环境改造清单。本项倡导获得了包括物业在内的多方支持，对于营造人文社区、便利社区大有裨益。社工运用自身力量收集多方意见，评估多元需求，链接多种资源，最终促成小区无障碍设施缺乏问题得到解决。

（三）宏观层面的社会性支持

社会资源链接：爱心企业捐赠物资，其中包含轮椅、米面油、新年礼盒等。爱心企业的加入也让更多残障人士群体感受到了来自社会的温暖。

志愿服务队孵化：招募社区志愿者100余人，孵化多个志愿服务队，提升社区居民参与，为残障人士可持续的支持网络打下了坚实基础。社区居委会、社会组织、社工站、居民的良性互动局面逐渐形成。

六、专业优先的社工站人才队伍建设

为推动社工站的可持续发展，2020年中共金华市委人才工作领导小组办公室印发《金华市社会工作人才队伍建设三年行动计划（2020—2022年）》文件，实施持证社会工作人才倍增计划，强化社会工作者职业水平提升。

金华市民政局在推进试点社工站的过程中，要求每个乡镇（街道）社工站至少配备3名专职持证社会工作人员，通过政府购买服务等方式委托社会组织承接运营，每个社工站设立站长1名，原则上由所在乡街镇分管领导或民政助理员兼任，负责日常指导和监管，设置专职副站长1名，可由承接社会组织负责人或主管社工担任，负责日常运行管理和工作开展。

为了更好地提升社工站人才队伍的高质量发展，加强社工站的过程性监管，金华市民政局引入了上海市静安区春晖社工师事务所进行专业督导，一方面对全市开展社会工作人才督导培养，另一方面对3个试点社工站进行督导评估。金华市民政局邀请中山大学张和清教授介绍广东“双百模式”社工站运行经验；带领金华市社工站相关人员专程到湖南学习经验。这种走出去、请进来相结合的方式有力地保障了金华市社工站试点工作的顺利实施和有效开展。

作为金华市社工站试点承接单位，开发区进一步采取多种措施，加强社工站人才队伍建设，一是持续扩大持证人才队伍，2020年7月将社工人才激励政策纳入《金华开发区“金开英才”新政20条意见》，新取得社会工作者职业水平证书的人员最高给予1万元一次性奖励。二是完善人才培养机制，开展区校合作，探索建立社工合作研究、人才对口培养等机制。三是重视高级人才培育，推荐优秀社工人才参与省市督导人才培养计划。

丰富的社工人才储备不仅推动了试点社工站建设，更为此后的全市全面推开社工站建设打下了坚实基础。

七、现代民政视野下的社工站反思

两年多来，全国几乎所有的省份都在不同程度开启了社工站建设，面对社工站建设的热潮，结合金华市民政局社工站试点工作，有一些值得关注和深思的发现。

（一）作为传统民政工作的新时代本土化创新

表面看起来，社工站建设的这股全国性热潮似乎是突然兴起，但事实上，深究起来不难发现，社工站本身尽管是一个新生事物，但并非无源之水，更不是从天而降。首先，一个很明显的事实是，目前为止，社区为本的社会服务和社会治理已经成为全国性的共识，除了民政之外，妇联、团委、工会乃至企业都将社区作为新的主战场，所以，社工站尤其是街镇乡为主的社工站首先是民政部门顺应社会的社区化大势而产生的相应变革；其次，回溯一下民政部门的工作也不难发现，20 世纪 80 年代开始民政部门就率先开启了社区建设，“三社联动”可以视为是民政部门在社区领域的深耕，也正因为如此，当下社工站的兴起本质上就是民政部门传统工作在新时代的本土创新。

（二）从“社工站 +”到“民政 +”的运营思路拓展

在社工站的具体运营模式和实施策略上，尽管一开始有些地方简单割裂了社工站的关系性存在，孤立化及碎片化运行社工站，随着时间的推移，社工站的经验不断加深，体系化运作已经成为社工的主要策略，嵌入式发展也已经成为社工的重要模式。“社工站 +”成为很多社工站初级运行的方式，但目前来说，随着社工站本土探索的深入，社工站的深度发展进一步促进了民政部门的行政效能提升和社会影响扩大，“民政 +”正在成为一种更加新颖同时也更具影响力的运营模式，在这种模式下，除了社工站作为一个公共平台广泛链接资源之外，民政部门也进一步扩大了部门影响力，联动了更多委办局，这在为基层民政赋能的同时也有助于塑造不同于传统民政的现代大民政。

（三）从个案服务到公共事件介入的社会责任担当

社会工作一度过于迷恋个案化的介入以及科学化的技术提升，金华市民政局的社工站试点工作一开始就有意识地提高站位，将社工站的建设目标更多与浙江省在全国率先实施的共同富裕示范区连接起来，这使得社工站除了立足于常规的个别化人群服务之外，还要更多关注社工站建设本身更加宏大的社会责任，这也促进了社工站在微观、中观、宏观等不同层面的平衡推进，也正是这种健康和谐的“三观”保证了金华市社工站试点工作富有成效地开展。

作为全国首个共同富裕示范区的建设试点，浙江省委、省政府强调以人民为中心，共建共享；坚持国家所需，浙江所能，群众所盼，未来所向；注重崇善行善，扶危济困，全面打造“善行浙江”，这为社工站的试点建设和全面发展指明了方向。

下一步，金华市民政局的社工站建设将从开发区的局部试点进一步拓展到全市各区的全面覆盖，在具体运营模式上将以更高的站位探索属地化特色，积极打造金华特色的社会工作站服务模式，切实融入推进共同富裕示范区建设的全新探索之中。

五级服务体系推动基层“能动式善治”

——江苏省太仓市打造社工站专业发展路径

耿彤彤[①]

一、社工服务站和服务地区基本情况介绍

近年来，随着国内经济转轨与社会转型，政府职能在社会管理方面开始出现改革创新，政府除了将社会管理的职能权力下放之外，也开始向外逐步转移。社会工作是中国推动社会管理创新的一个重要领域。

江苏省太仓市作为“政社互动”的试验田，也是继广深两地后社会工作推行较早、较深入的地区。自2008年以来，太仓市社会工作从无到有、从小到大、从点到面，发展迅速。作为国家政府职能转变社会管理创新的试验田，太仓率先试点推进“政社互动”工作，有效形成了基层社会工作服务和管理的合力，社会工作实务也因经由本土化操作而具有鲜明的特殊性和地方性。作为政社互动发源地，全国首家试点单位，从2008年至今，江苏省太仓市不断改革创新，经历了3个阶段：从厘清基层政府与群众自治组织权责边界的“清单式管理”1.0时期，到引入社会治理理念、开展“三社联动”的“引导式治理”2.0时期，再到建设“发展型”幸福社区、打造“共建共治共享的社会治理格局”的“能动式善治”3.0时期。

为了进一步对接民生需求，打通为民服务的“最后一米”，2020年起，太仓以“高于省市标准、专于先发地区”的理念科学谋划建站工作，从顶层设计到具体落地，在理念指引、建站体系、建设标准、人才培育等方面都制定了政策，构建了强有力的政策支持环境。2021年3月，市级社会工作服务指导中心正式启动；6月，乡镇社工站、社工室全面落地；10月，江苏省乡镇社工站推进会在太仓举办，太仓社工站市镇村三级体系建设经验在全省推广。

二、社工服务站（点）基本定位和运营机制

在三级体系中，作为社工总站的市级社会工作服务指导中心（以下简称指导中心）

---

① 耿彤彤，浙江省太仓市社会工作服务指导中心负责人。

主要角色是特殊群体服务指挥中心、人才督导支持中心和模式传播中心，集“组织、协调、督导、宣介”职能四位一体。乡镇社工站包含邻里生活馆和邻里社团馆两个部分，既是面向乡镇基层的一线服务平台，同时也承担区域内公益项目资源整合、组织孵化、人才培育的职能。社区社工室作为整个体系的毛细血管，一方面精准发现需求，另一方面培育社区资本为社工站建构社区支持网络。三者之间功能有别、协同配合，与社区、慈善资源、志愿者，共同构成了太仓“五社联动”的社工生态圈。

（一）市级社会工作服务指导中心

1. 信息启能中心：整合需求信息，从“分散”到“整合”

指导中心针对不同区域、不同案例的分散信息进行整合和分派，将其联结成一个能快速响应、有规范流程的中枢点。通过联动网格员，进行网格常态化走访，以及通过下沉社区的社工室社工主动发现的形式，将困境人群的信息上报至联动中心，再由指导中心进行信息的汇总、分派，进行案件派单处理，针对案件信息的情况，包括地域、难易程度等进行有效的划分。

2. 实务增能中心：开展实务探索，从“综合”到“精准”

针对信息平台的重难点个案，指导中心社工从专业出发，延续专业的服务理念和方法，针对以困境老人、低保家庭、困境儿童等为代表的17类困境人群，并按照其困境程度，分为“补救性服务”“支持性服务”“预防性服务”。针对公共服务需求和问题，依托个案管理模式，与职能部门、慈善企业、爱心人士等共同协作开展包括政策宣传在内的“发展性服务”，通过多维度多层次的专项服务精准对接困境人群服务需求，提供专业介入，形成引领性个案，推动太仓幸福生活共同体建设。

3. 人才育能中心：培育社工队伍，从“平面”到“立体”

指导中心会通过跟踪督导的形式为社工赋能，保障服务的专业和系统性。制订社工全面成长计划，一是制订规划培训。结合太仓社工的文化水平、专业技能、培训需求和培训目标等，制订社工的培训规划，明确全年的跟踪督导的内容，进行系统的专业化培训，做优做强基层社工队伍。二是通过实务培训让社工可以将实务的技巧落地到实际的工作中，系统提升服务的专业性。

（二）街镇社工站

1. 群众需求解决平台

对接市指导中心下派的案例，按照“初步评估→评定等级→制订方案→执行方案→追踪辅导”的专业服务流程，以个案或小组的方式为区域内困境群体提供专业的社工服务，实现从困境群体需求到社工服务的“一网”全流程线上流转。

2. 资源联想链接平台

在市指导中心资源共享平台的基础上，社工站首先要思考的问题是“这些资源可以怎么用”，采用头脑风暴等方式，进行联想训练，将这些资源和自己的具体工作进行联结，从而内化成自己的内在资源地图，能够在未来的服务中调动这些资源，把社区资源真正盘活起来。

3. 特色品牌打造平台

按照“一镇街一品牌”的发展思路，社工站结合本地包括环境、人文、民俗等在内的实际情况与居民需求量身定做“一站一品牌”的服务标准和内容体系，积极探索社工站个性化、特色化服务，打造特色品牌，强化品牌效应。

4. 专业人才培育平台

充分利用社工站自身优势，积极探索督导新模式，打破系统性不强，无法挖掘深层次的需求问题，立足一线服务困境，选择社工站资深社工，从资源链接、需求发掘等方面，陪伴式指导社工室社工盘活社区资源，多方联动，深入挖掘居民需求，从而与社工站协同发展，共同推动本区域基层社会治理的系统化、体系化建设。

（三）社区社工室

1. 助力信息发掘站点

社工室接触最多的是社区居民，服务的也是社区居民，因此挖掘居民的需求便成了社工室最重要的功能。日常的走访，活动的开展等与居民建立起信任关系，深度发掘居民的内心需求。社工运用信息提取能力和倾听能力以及活动延伸能力，很好地助力社工站发掘居民的需求。

2. 社区资本培育站点

社工培育的志愿者和社区社会组织都是重要的人力资源，通过集聚起更广泛的力量，促进社区社会资本的积累，为助力发现 17 类困境人群需求信息、服务困境群体等提供了多元渠道。特别是爱心人士和企业等为有需求的服务对象捐赠款物，让服务形式更加丰富，促进服务的多元化。

三、社工服务站（点）服务体系设计和服务开展情况

为构建“职责清晰、分工合理、运作高效”的社会组织参与社区综合网格服务工作体系，保证工作有序规范地开展，太仓市构建了五级服务体系。

（一）事件受理，开展初步评估

太仓市综合治理联动中心接到网格服务需求后派单给指导中心。指导中心受理后可向服务对象直接开展初步评估，也可转派给社工站或社会组织开展初步评估。对转

派服务的，指导中心根据需要提供跟踪督导。初步评估结果符合社会工作接案条件的，指导中心将接案意见反馈给联动中心，并继续提供后续服务。社工站除承接指导中心转派服务外，还应主动开展外展服务，自主发现有需求的服务对象并开展初步评估。楼栋长在入户走访中发现走访对象存在需要关注和上报问题的应及时报知专职网格员，再由专职网格员上报联动中心。

（二）评定等级，实行分类处理

承接机构在初步评估中发现服务对象可能存在心理健康问题的，应对服务对象心理健康状态开展初级排查。服务对象心理健康状态初级排查结果分为三个颜色等级：一是绿色等级，即心理健康人群，后续社会工作服务应以预防性服务为主；二是黄色等级，即有轻微心理问题的人群，后续社会工作服务应以支持性服务为主；三是红色等级，即有严重心理问题的人群，后续社会工作服务应以补救性服务为主，对情况严重的需随时开展危机干预。同时，对已有明显倾向性症状或评定为红色等级的服务对象，应对其心理健康状态作进一步排查。

（三）预估问题，制订服务方案

社会组织接案后需对服务对象开展预估。包括：收集服务对象个人资料；环境资料；对自己及处境的感受、观念和期待；确定服务需求，识别服务资源，确定服务内容。社会组织预估问题后要为服务对象制订个性化的服务方案。服务方案分为个案服务方案和小组服务方案。个案服务方案包括服务目标、介入方式和具体行动等内容。小组服务方案包括小组类型、小组名称、小组组员、小组服务目标、小组理论与方法、小组过程等内容。

（四）执行方案，追求最佳成效

社会组织按服务方案，与服务对象共同开展行动。对预防性服务，社会组织应以服务对象面临的各种潜在风险和困难为目标，为服务对象提供社会支援、社会参与、社会融入、兴趣发展、文娱康乐、教育培训、人际拓展等事前预防性服务。对支持性服务，社会组织应以增强服务对象应对所处困境的能力为目标，提供社会援助、情绪支持、资源链接、认知拓展、能力提升、压力释放等援助性和支持性服务。对补救性服务，社会组织应以帮助服务对象改善境况或缓解危机为目标，提供社会救助、心理辅导、就业援助、危机干预、权益维护等补救性服务。社会组织应在方案执行过程中开展过程成效评估，并根据实际情况及时调整服务计划。

（五）服务结束，做好追踪辅导

承接机构完成全部服务内容且达到结案条件的，该服务方案终止。服务过程中服务对象出现转介情形的，该服务方案终止并协助服务对象完成转介。对服务终止的，社会组织应对服务成效进行全面评估，书写结案报告，并将结案意见反馈给服务交办机构。结案后社会组织应采取回访、电访等措施追踪辅导，观察服务对象行为及情绪改变的持续状况，以确认服务对象的问题是否得到了真实解决。

四、社工服务站（点）运营模式和特点

（一）运营模式

1. 相关部门联合，搭建服务派单流转网络

在太仓市委政法委的指引下，太仓市民政局与大联合平台做好工作对接，合力推进社区综合网格+社会组织服务，依托大联动平台的“需求上报—平台接单—中心派单—单位落实”的居民需求处理网络，将社会工作服务模块进行网络内嵌，为市级社会工作服务指导中心、镇级社会工作服务站开设了平台账号，厘清了社会组织特定服务对象需求，制定了社工服务模式流程图，实现从居民需求到社工服务的“一网”全流程线上流转，同时还拓展了系统派单和接单实时情况大屏展示功能。

2. 社区网格联访，拓宽困境群体发掘渠道

为进一步实现居民需求精准报送，指导中心社工积极对接社区网格员、社区楼栋长、村（居）民小组长、社区志愿者团队等群体，为他们开展社工特定服务对象的“画像”解析培训，提升其发掘案主的意识及能力，利用“铁脚板”的居民信息收集功能，充分发挥基层网格在发掘特殊人群需求上的本土优势，通过需求上报实现社工在困境帮扶中的专业优势，进一步加强“政社合作”“社社合作”的力度，共同打造网格综合治理的服务模式。

3. 社会组织联动，搭建专项介入服务平台

为满足不同类型困境人群的多样化需求，充分发挥社会组织的服务优势和专业特长，指导中心社工与本土以失独家庭、困境儿童、残障人士、吸毒人员等为核心服务对象的15家专项社工机构进行了对接，形成了与不同类型、不同服务专长的社会组织的互通桥梁和资源链接平台，通过综合性的服务网络构建，激发社会组织的专业能力和参与活力，帮助有需求的服务对象及时链接对应服务，从而保障服务对象获取服务的及时性和专业性。

4. 专业力量联治，探索综合介入服务范式

指导中心配备专业资深心理咨询师，辅助社工针对服务对象多样化的需求进行心理健康状态初级排查，根据排查情况有针对性地制订预防性、支持性及补救性介入服务方案，从心灵重塑、社会网络搭建、社会资源链接等多个维度帮助服务对象走出困境，预防社会问题的萌发。指导中心持续拓展全市社工服务督导能力，邀请江苏省社

会工作协会、苏州社会工作优秀督导、安徽大学讲师等专家开展专家会诊，全面提升社会工作服务实效。

（二）服务特点

1. 支部建在站上

为了凝聚党员向心力，使社工站成为联系党员、服务居民、链接资源的枢纽桥梁，2022 年 1 月起，太仓积极探索“支部建在站上”。2022 年 11 月，太仓市召开社工站党建工作推进会，通过单独建立支部、联合建立支部等形式，成立 9 个社工站党组织，实现镇级社工站党建阵地全覆盖，且全部达到“四有”（党建有阵地、工作有方向、行动有抓手、服务有特色）标准。同时，太仓大力实施乡镇社工站党建“牵手行动”，依托红涌长三角党建平台、党建联盟，与长三角地区公益资源、太仓市企事业单位、慈善总会及 9 个乡镇基金会等公益资源建立了长期协作关系，打造市镇村三级配套慈善资源与公益项目储备库。在党建引领下，为特殊人群建构“弱有所扶”的资源体系与跨区域的帮扶机制，实现了社工站服务变“自转”为“公转”。

2. 人群覆盖全域

社工站致力于将每一类社会群体、每一个社会成员、每一年龄段的“困弱对象”纳入服务范畴，以实现服务对象的“全域性”。在服务对象选择上，一方面将低保、低保边缘群体、困境儿童等民政服务对象纳入，另一方面还主动向医务、教育、司法、信访等领域引推社会工作服务，最终形成了民政服务对象、行为偏差人员、临时困境人员三大类 17 小类服务对象系统。为了保障这些群体的问题及需求被第一时间发掘并上报，社工站打造了社区网格员、楼道长和社工室社工 3 支基层力量，通过对辖区内的困境群体的常态化走访，发掘他们的困境并预警上报，持续为社区困境群体进行增能，让关爱辐射到每个角落的特殊群体身上。

3. 标准提升质量

从起步阶段开始，太仓社工站就很注重标准化建设，在全省率先出台《基层社工站（室）建设指导性规范》，在专家指导下编印了社会工作政策、个案和小组服务指引等丛书，为社工站标准化建设构建了整体框架。同时，动员社会组织将实务经验上升为理论模式成果，以精细化和标准化为抓手研发特定人群治疗、支持和发展三层服务模式，以帮助社工服务更有力度、更有深度和更有温度，现已开发出 25 种服务模式。太仓社工站一直不断进行标准化提升，入选为省级社会管理和公共服务标准化试点项目。

4. 智慧赋能服务

太仓探索研发了“社会工作服务管理信息系统”，以标准化、流程化互联网管理为载体，采用“网格发现需求—联动平台派单—指导中心处理—社工机构服务”服务模式，联动 10 余个民生保障部门和多个社会组织进行数字赋能，实现“一个网格精准上报需求信息”“一套流程精准对接服务需求”“一个目标紧密聚合民生部门合力”三功能，从群众需求到社工服务的“一网”线上流转，实现了信息互通和服务的可视化。

5. 体系培育人才

太仓市系统规划社工站高级、中级、实务三类人才发展体系。一是建立社工高级人才“名家工作室”和“人才工作坊”，建立人才新高地；二是以督导培养督导，讲师培训讲师的思路，通过社创学院、星火讲师班等体系发展中层人才；三是通过精准培训、实战带训、陪伴成长的方式进行本土实务人才从“治理”到“助人”的思维及技能转化，突破社工人才专业发展中的瓶颈，激发太仓社会工作发展的内生动力，以人才为支撑打造专业有爱的社工站。

五、社工服务站（点）人员配备和人才培养

（一）人员配备

1. 指导中心项目服务团队

配备 1 名项目主管，2 名社会工作者，1 名心理咨询师。服务团队全职入驻市级社会工作服务指导中心。

2. 社工站项目服务团队

配备 1 名项目主管和多名社会工作者。社会工作者配备数原则上不低于镇级行政区划内全部城乡社区数的 50%，且需全职入驻镇级“邻里家园”社工服务站。社会工作者配备数超过 5 人及以上的社工站，项目主管应为全职。

（二）人员培训及督导

1. 培养本土星火讲师，提升专项能力

针对目前从事社会工作的人群专业知识薄弱、业务能力欠缺等问题，太仓市加大了社会工作专业技能培训与提升力度。通过星火讲师班，发掘及打造本土组织的专业讲师力量，实现组织与组织间的共赢，提升社区社工、养老社工、企业社工的专业能力，强化社工的专业素养，不断深化社会工作人才队伍建设。

2. 联合内外督导力量，强化实务技能

社工站一方面通过购买服务、外聘督导的形式，与安徽大学、苏州大学、苏州科技学院分别签订合作协议，开展残疾人、青少年、老年人等多领域社工实务能力督导；另一方面通过社会工作督导班培育机构内督导，通过现场督导、教育督导和支持督导的统合，及机构带训机制的打造，提升社会工作者专业技能。

3. 打造社工培训基地，强化校社合作

通过与专业院校合作培养专业社工人才，增加太仓市社工站的专业力量，打造一

个集社会工作宣传普及、理论研究、社工培训、社工督导、社会工作服务、社工专业学历教育为一体的培训基地。通过强化校地合作，使社工能够运用专业社工知识，帮助企业、社区、养老机构内的多方面困境群体得到所需服务，并让他们提升自助能力，建立自身的社会支持网络，改善资源环境，缓和矛盾，促进和谐。

六、社工服务站（点）典型服务项目和服务案例

（一）典型服务项目：前端中端后端综合联动，打造护老联盟

作为富裕型长寿之乡，太仓的老龄化发展一直呈现出增长速度快、占比高、超前于全省乃至全国的特点，高龄化、失能失智的程度日益叠加。对于大量增加的高质量养老服务需求，太仓市社工站以困境老年人及家庭为中心，秉承积极老龄化的理念，依托社区照顾模式，立足专业社工团队，聚焦老年人周边、身边和床边的各项养老服务，打造护老者联盟项目，构造了前端——发掘养老需求、中端——形成服务方案、后端——多元主体介入的养老服务系统架构。同时，引导老年人通过社会参与来改善老年人由于社会角色中断所引发的情绪低落，在社会参与中重新认识自我，实现老年人参与层次由被动到主动的转变。

1. 前端——发掘长者服务需求，构建老年人需求响应机制

为第一时间关注并发掘老年人服务需求，太仓市民政局在153个村（社区）打造了村居社工室及网格员队伍，社工室社工及网格员依托“行为特征识别”和“关注问题上报”两份清单，针对老年人开展常态化的走访及需求评估，社工在走访及调研过程中把社工下沉社区的优势发挥出来，深入乡镇、村（社区）的各个角落，发掘老年人群体的需求和困境，并及时上报至市级社会工作服务指导中心。

当收到困境老人需求案例后，市级指导中心依托专业测评流程结合“身心社灵”四个层次和个体家庭社会三个维度生态系统，对其问题及需求进行研判，将服务对象案件分为红色、橙色及黄色预警案件，其中相对复杂且紧急的红色预警案件由市级指导中心的高级社工师及心理咨询师直接跟进，而其他类型案件则通过市级指导中心派发到乡镇社工站，由社工站联动辖区社会组织开展服务。

2. 中端——制订服务跟进方案，打造个案管理服务体系

针对老年人多层次、复杂化的需要，太仓市社会工作服务指导中心积极引导乡镇社工站以个案管理的模式进行介入，立足老年人全生命周期，进行专业需求评估及过程管理，充分发挥社会工作者作为个案管理师的优势，通过多层次、全方位地评定老年人的内外在资源及内外在障碍，及时形成对老年人的综合评估，并以评估结果为依据，整合市级指导中心、社工站、日间照料、社工站等专业的社工及养老服务资源，构建个案服务网络，对症下药、形成合力。

以失能困境老年人为例，在制订服务方案时，社工站会从老年人的生理失能部位复建、心理社会脱离感的支持及家庭照护者的技能培训及喘息驿站构建多个维度制订跟进方案，依托社会工作师、养老护理员、健康管理师等跨专业多元化服务团队，打造“家庭 + 护理站 + 社工站 + 社区”的多元照护团队，在方案制订过程中坚持贯彻专业全面照顾、个别关怀的服务理念，为困境老人提供社会化服务。

3. 后端——多元主体介入服务，实现被动到主动的二维转变

通过前端的需求发掘和中端的方案制订，太仓社工站对需要引入的社会力量及介入方式进行梳理。在服务过程中，积极链接辖区日间照料中心、长期护理部门、志愿者、爱心企业等资源，依托多元力量对接日间托养、居家服务、护理服务等服务，并将静观自我心理治疗、认知症预防、老年自组织培育、适老化改造、长期护理等有专业针对性的举措融入服务过程，丰富服务体系，拓展服务的宽度和广度，实现两个主动转变。

（1）积极老龄，老年人从被动的服务接受者转为主动参与者。老年人随着年龄的增加和身体机能的退化，在社会中处于弱势，会导致老年人形成自己是“无用”的认知，需要社会工作者帮助重建生活的信心和能力，因此太仓市德颐善社会工作发展中心将助人自助的社会工作理念融入为老服务中，以增能的视角，充分认可老年人自身的能力和自身蕴含的资源，提升老年人改变生活状态和获取资源的控制能力和影响力，鼓励他们从被动的服务接受者转为主动参与者，因此实现老年人从被动的服务接受向实现积极养老进行转变。

太仓社工站以社工站（室）项目为载体，将老年人纳入社区居民代表、楼道长、疫情防控等团队，为社区困境老人提供支持，建立老年委员会、退休教师工作室等基层老年社会组织，实行老年人自我管理、自我服务、自我教育、自我监督，通过构建一个稳定的公益社团，一个开放的公共营造场地，一个透明的信息公布机制和一直持续服务的志愿委员会，保障老年人的稳定参与，实现老年人的主动参与，让老年人的社区生活更有获得感、幸福感。

（2）循证干预，服务模式由被动服务转为主动服务。传统的社区服务主要基于功能缺陷和应急需求，属于被动服务；服务对象的需求一般是刚需才会提供相应的补救性介入，太仓社工站通过邻里家园及公益创投，将社工下沉社区，实现一人一档。在综合分析老年人相关信息的基础上，更多地做干预筛查、风险排查的主动性服务，进行生理及心理健康等方面干预。

太仓社工站在服务过程中将循证实践融入为老服务中，基于老年人共性需求提出研究问题、制订研究和接入方案，并评估解决方案的有效性和效率。以高龄老年人的防跌倒服务为例，太仓社工站着眼于老年人的跌倒风险，从简易防跌宣传，到中医干预元素介入，家居风险筛查及改造，以及现在的循证研究视角下的高龄风险因素筛查低

龄提前介入，社工在一步步将服务的视角往前推动，从被动服务到主动发现、主动干预、主动服务，将一些不可逆的伤害提前防范，从而让老年人能够达到主动健康的目的。

通过前端、中端和后端服务网络的构建，被动转主动的视角引入，太仓构建了具备县域本土特色的社工站综合为老服务体系，推动了太仓本土养老服务的多维发展。

（二）典型服务案例：少年的你，逆风飞翔——单亲行为偏差儿童个案管理

“小俊（化名）今天跟妹妹吵架，一生气用手把窗户玻璃打碎了，割伤了手腕，现在大出血，被送到医院急诊。我不知道怎么办才好。”一日，太仓市社会工作服务指导中心社工收到了来自服务对象小俊母亲的求助。社工在走访低保对象过程中与小俊家庭结识，发现小俊的居住环境极差，垃圾和发霉的食物随处可见，屋里散发着腐臭味。小俊母亲缺乏照顾及和孩子沟通的能力，也没有工作。而小俊情绪暴躁，与妹妹经常爆发冲突，近期又因暴力行为导致手腕大出血。同时，由于周边边缘青少年的影响，小俊拒绝上学，且出现了偷盗行为。

1. 分析预估

（1）个人困境。服务对象小俊今年 10 岁，个性冲动，因手腕受伤在家休养。受朋辈群体的影响，服务对象不愿意上学，且有偷盗行为。

（2）家庭困境。母亲缺乏照顾家庭处理家务的能力，且不懂得如何和子女沟通。小俊和妹妹的关系也很紧张，经常爆发冲突。

服务对象家庭属于低保家庭，服务对象母亲一直未就业，且对于家庭支出不知道如何规划，基本生活缺乏保障。

（3）社会困境。服务对象小俊身体强壮且脾气暴躁，经常跟同学发生冲突，受周边住有边缘青少年影响，小俊也出现偷盗行为。

2. 服务计划

个体层面：协助服务对象学习管理负面情绪，寻找合适的宣泄方法；改善服务对象的偏差行为，引导服务对象回归正常生活；改善服务对象居住环境及饮食习惯，促进其身体康复。家庭层面：改善其家庭沟通方式，调解母子、兄妹关系；协助服务对象母亲就业，增加家庭收入。社会资源层面：协助服务对象重建朋辈关系，扩大社会支持网络。

3. 服务计划实施过程

（1）与服务对象家庭建立关系，缓解服务对象的情绪。服务对象小俊的家庭状况比较复杂，在前期走访中，社工发现服务对象母亲比较抗拒接触外人，经常会在约好的时间爽约。为了降低服务对象母亲的抗拒情绪，社工选择将探访的目的性降低，将上门时间多选在双休日的晚上，以开展手工教学为契机，就孩子的爱好学业等话题展开沟通，运用同理心、倾听等技巧倾听家庭困难；通过优势视角等方法协助其分析问

题并寻找解决方案及优先次序。经过两个月的持续探访，服务对象母亲逐渐接纳和信任社工，而服务对象也从一开始看见社工就直接进屋睡觉到愿意跟社工有更多的互动。

（2）联动多部门开展跨部门联席会议。社工从市镇村三级分别链接资源，组成“三级跨部门”协作团队：市级层面，与妇联及残疾人福利企业对接，为改善服务对象家庭经济状况提供就业帮扶；乡镇层面，与社工站联合行动，构建志愿者网络，协助服务对象家庭链接居家改造人员及爱心物资；社区层面，对接社区居委会、派出所工作人员，开展政策帮扶及行为矫正联合行动。

（3）以跨部门联合帮扶的方式，引导服务对象回归正常生活。

①家庭环境改造，为服务对象构建正常生活环境。经过多次探访沟通，服务对象愿意对自己糟糕的居家环境进行改造。服务对象母亲先自行清理部分垃圾，之后社工联系了社工站、志愿者和家政人员，为服务对象家庭清洁卫生，经过两天的努力，服务对象的家庭环境焕然一新，社工也持续指导孩子们与母亲一起进行家庭的清洁维护。

②护幼者联盟，提升服务对象母亲的亲子教育技巧。服务对象母亲不知道如何教育孩子，社工与服务对象分享该阶段青少年的特点，多次运用焦点解决短期治疗的例外问句、刻度问句、奇迹问句等，引导服务对象母亲发掘在教育过程中的正向经验，社工鼓励其多尝试该沟通方式。在社工的引导下，母亲学习用积极思维看待孩子的情况，与孩子建立家务激励计划，及时赞美孩子的各项改变。

③协助服务对象母亲就业，增加家庭收入。为服务对象母亲进行职业规划，针对服务对象的家庭收入和支出严重失衡的问题，社工一方面与社区对接，建立行动小组对服务对象的日常开销进行引导，做低保补贴的使用分配，同时与福利企业中德善美实业公司对接进行了职业体验，协助其就业，提升服务对象的就业能力及合理规划支出的意识。

④理性情绪治疗，改善服务对象情绪管理能力。服务对象与妹妹关系恶劣，社工首先改变服务对象“凡事以自己优先的非理性认知”，尝试良性沟通和表达技巧，引导服务对象练习一些控制情绪的小技巧，比如记录自己发脾气的次数，或者尝试运用数字评估自己的怒气指数等，这样当感性情绪冲昏头脑时可以通过理性数字缓解怒气，从而改变不利于关系和谐的行为。

⑤重建朋辈关系，矫正服务对象不良行为。为了重建服务对象的朋辈网络，社工在服务对象所在社区开展了多个青少年小组，在小组中鼓励服务对象和其他小朋友互动，建立新的朋辈关系，与边缘青少年的交往频率逐渐降低。同时针对服务对象的不良行为，社工在其母亲支持下与服务对象共同制订行动改变计划，对于服务对象按照计划执行完成的，及时地给予正面鼓励、强化，形成长期激励。

（4）开展衍生型服务，介入其他边缘青少年。针对给服务对象造成负面影响的边缘青少年，社工联合派出所针对其社区矫正情况进行跟进，链接资源协助其重返学校。

4. 总结评估

（1）服务对象的情绪管理能力提升，行为得到矫正，重返校园。在社工的陪伴、引导下，服务对象的情绪管理能力有所提升，可选择更正向的方式表达及发泄情绪，与母亲及妹妹的直接沟通意愿加强。同时服务对象建立了新的朋辈群体，经常性地参与社区活动并表现活跃，切断了原有的与边缘青少年的交往，偷窃行为得到矫正，并且重返校园。

（2）服务对象的家庭生活条件及亲子关系明显改善。经过社工的服务后，服务对象小俊的家庭居住环境得到改善。通过协助服务对象母亲就业及控制开支，家庭生活条件得到改善。

同时服务对象母亲改变了与孩子的相处方式及沟通方式，多以鼓励、正向的方式与孩子相处，服务对象与妹妹的关系也有所缓和。

5. 专业反思

该个案服务对象小俊所面临的问题比较复杂，个体的偏差行为、家庭经济和照顾能力的欠缺，社会支持网络的缺失，使得小俊的问题交织在一起，需要多方力量联动协同小俊走出困境。社工除针对小俊的情绪和偏差行为问题进行直接介入外，一方面联动社会组织、学校和派出所，解决其上学和户口的问题，另一方面联系爱心企业及志愿者，改善其家庭环境和经济困难，同时联合社区为其重建朋辈网络，通过多元介入引导小俊健康成长。

该个案是太仓社工站服务体系建设后的典型个案之一。在社工站建设过程中，发掘了多个困境儿童，并为他们提供综合化的服务。社工一方面扮演使能者的角色为服务对象提供个别化的咨询、辅导、治疗等直接服务；另一方面，作为协调者将服务对象多样化复杂的需求和问题与“正式、非正式”助人网络进行对接；同时，作为服务经纪人，评估和监控服务过程中的资源服务输送。

最终，社工站通过整合和联动不同镇区、不同机构、不同部门的服务人员，构建了困境儿童的服务支持网络，让困境群体在系统中得到全人全程性的照顾。未来，社工站将团结更多力量，推动青少年服务向更高质量、更全体系、更具尊严、更有爱的方向发展。

七、社工服务站（点）运营和服务反思

（一）立足本土特色，保证基础发掘

社工站服务的打造，首先必须从当地民俗、文化及社会建设情况出发，以服务对象的本土化需求为基础进行设计开发。太仓社工站着眼于通过邻里家园社区服务社会化项目、居家养老及网格化服务的社会力量培育基础，立足于太仓本土的网格员、楼

道长及护理员力量，将多个发掘群体纳入服务需求发掘体系，保障困境人群的需求能够得到及时发现、评估、介入及服务，从而保证服务对象困境介入的及时性。

（二）智慧化系统，服务零距离

构建“网格发现需求—联动平台派单—指导中心处理—社工机构服务”服务体系，根据区域进行网格精细化，通过系统搭建快速响应、资源共享、联动共治的信息化平台，指导中心作为服务抓手，通过可视化展示、动态治理、整合联动，以标准化流程跟进服务，全面倡导以服务零距离、服务人群全覆盖、居民诉求速响应为服务要点，提高智慧化系统的全面应用。

（三）多方资源联动，汇聚资源力量

社工作为资源整合者，积极定位与困境人群服务需求相匹配的服务资源，将政府、社区、社会等资源加以整合优化，使资源得到最大化利用。例如在服务资源方面，指导中心整合太仓市义工联、太仓市友谊医院、市边检站等志愿服务资源，定期开展志愿服务，陪伴困境人群参与不同主题的小组活动，成为日间照料中心专业服务资源的重要补充。在人力资源方面，指导中心以高校学术支持及人力资源为依托，积极整合高校资源，现已与安徽大学等高校签订了社会工作专业实习基地协议，确保指导中心的人力资源供应。

（四）整合专项力量，提升专业水平

太仓市通过整合不同社会组织的服务特长，将养老、青少年、司法、信访等社会组织的力量进行有效聚集，从每个机构不同的专长点出发，进行个案及小组的服务跟进。在服务跟进的同时，引入星火讲师培训班资源，以专业的课题搭建为出发点，将课程模块更系统地进行提炼优化，提高课程专业化水平，更好地做好人才储备。同时，结合娄东沙龙，进行服务案例的分享讨论，提高专项力量之间的服务内化，做好全市社工站培训，为培养更多专业人才打下基础。

（五）成效把控评估，服务精准发力

对服务过程进行有效跟踪，一方面可以把控进度，另一方面把控质量。指导中心对各落地社工站（点）进行一对一的现场督导，社工分别负责不同服务区域，将服务对象聚焦于特殊人群的需求，聚焦具体问题的解决，协助社工站（点）有效进行个案跟进，提炼服务成效。针对复杂个案及时开展专家会诊，“对症下药”，确保个案难题迎刃而解。

党建引领、政社协作、专业为本、融合发展
——湖南省冷水江市社工站运营实践探索

罗忠伟　曾健锋　谢建湘　韩伟伟　刘战旗[①]

乡镇（街道）社工站建设的基本初衷是加强基层民政服务力量，依托社工站把党和政府的各项惠民政策落细落实，为群众提供专业化、精细化的社会服务，打通为民服务“最后一米”。湖南省冷水江市社工站以“党建引领、政社协作、专业为本、融合发展”为核心定位，将民政业务与社工服务融合发展的理念形成了制度设计和具体操作，实践中取得良好的成效，获得党委、政府、群众多方认可。本案例直观呈现冷水江市社工站的运营经验，以期为全国社工站建设提供富有成效的融合发展实践样本。

一、服务地区基本情况

冷水江市地处湘中腹地、资水中游，是湖南省一个以能源原材料为基础的县级市，全国资源枯竭转型试点城市。冷水江市域面积439平方千米，辖1乡5镇4个街道，共91个村59个社区，总人口约33万。2021年地区生产总值257.2亿元，地方财政收入9.09亿元。全市低保对象5903户保障人数11112人，其中城市低保3099户保障人数5615人，农村低保2804户5497人；特困供养对象629人，其中分散供养特困对象451人，集中供养特困对象178人。老年人口60769人，留守儿童1886人，困境儿童1021人，事实无人抚养儿童487人。

冷水江市自2018年11月启动乡镇（街道）社工站建设，设立1个社工总站，10个乡镇（街道）社工站，配置24名专职社工。社工站主要实施高龄老人颐年计划、困境儿童信守计划、特困群体展翅计划等专业服务，同时通过政社融合服务机制协助民政部门开展城乡低保入户核查、院舍养老管理考核、村规民约修（制）订落实、儿童之家建设运营、老人日间照料中心建设运营、社会组织培育发展、困境群体兜底救助、民政政策宣传倡导八项民政业务。

① 罗忠伟，冷水江市民政局党组书记、局长；曾健锋，娄底市温心家园社会工作服务中心总干事；谢建湘，冷水江市社工站站长；韩伟伟，冷水江市社工站督导；刘战旗，长沙民政职业技术学院社会工作系副教授，冷水江市社工站督导。

二、社工站功能定位和运营架构

（一）社工站功能定位

冷水江市社工站以“党建引领、政社协作、专业为本、融合发展”为服务定位。明确社工站要坚持党的领导，聚焦民政主责，发挥社工贴近基层一线、具有专业方法、善于整合资源的优势，打造“社会工作＋民政业务”融合发展模式，精准高效落实惠民政策，打通服务“最后一米”，增强群众安全感、幸福感、获得感。

2018 年 8 月，冷水江市政府常务会议研究通过社工站项目建设规划方案，确立了社工站社工专业服务平台的功能定位，同时延伸拓展基层民政服务。如社工参与民政对象动态需求评估时，除了按照民政工作业务指标体系开展核查工作，同时按照社工专业服务标准评估服务对象需求，积极发展专业关系，建立有利于后续服务开展的专业服务档案，为持续开展探访、个案、小组、社区活动等具体服务打下基础，根据服务对象特点及需求，逐步落地社工服务。

（二）社工站组织体系

冷水江市社工站建立了联合党支部、政社合作领导小组、专业运行机构紧密结合的组织体系。

建立党组织坚持党建引领：以社工总站为枢纽平台，建立冷水江市社工站联合党支部，指导社工站建设，确保社工站顺畅联系上级党群组织，准确贯彻党的路线方针，传递各项惠民政策，做到社工服务“一心为民”。

成立领导小组促进政社合作：成立冷水江市乡镇社工站建设领导小组，市民政局局长任组长，局分管领导、各乡镇分管领导和运营方负责人任副组长，各科室负责人、乡镇民政室负责人及社工总站负责人为成员，确保顺畅沟通，密切业务衔接。

引进专业机构负责运营服务：通过招标先后确定长沙市雨花区温心家园社会工作服务中心、娄底市温心家园社会工作服务中心作为项目承接方，负责冷水江市社工站建设、人才队伍建设、专业服务开展、品牌打造、宣传推广。

（三）社工站运行制度

制度建设是社工站沿专业化方向发展的重要保障。冷水江市社工站从综合协同运行管理制度、社工人事管理制度、项目执行管理制度三个层面建立运行管理制度。

在社工站综合协同运行管理制度方面，冷水江市民政局出台了市民政局、乡镇民政办、乡镇社工总站、乡镇社工站四级协同建设的文件，明确社工站建设与服务内容及各方关系。在社工人事管理制度方面，基于运行架构制定了岗位工作职责、聘用方式、薪酬与假期、日常行为规范、离职与解聘等相关规则，明确社工站人员和民生协理员的人事管理规范。在项目执行管理制度方面，制定了项目财务管理、服务绩效考核、社工服务伦理、人事管理关系、社工人才培养等项目规则，明确社工站项目执行规范。

制度在冷水江市社工站专业运行中发挥了重要作用：一是明确社工站在民政系统中的位置和角色，便于社工快速高效与相关部门建立信任关系。二是明确社工总站和社工分站的权责关系，厘清人员岗位职责、发展空间及薪酬待遇，便于各岗位人员做好分内工作，增强发展的信心和动力。三是具体明确社工站项目服务内容，便于社工快速准确掌握服务要点和必备知识。四是绩效评价与激励要有利于推进项目执行，动态及时发现项目执行过程的问题，并将改进结果用可衡量的方式反映在社工绩效考核中。

（四）社工站工作模式

冷水江市乡镇（街道）社工站通过市级共建、镇街协作、社区（村）落地，打造“1 + 10 + N”融合发展工作模式。

依托市民政部门建设 1 个市级社工总站。社工总站直接对口民政各科室，汇集民政各科室及政府各部门和群团组织资源，对上做好与各部门科室的任务衔接与沟通协作，对下做好各站点的指导支持和人才培养。工作中有效发挥社工总站枢纽平台作用，对各分站和社工进行集中统一指挥，充分把握社工的人事指挥权，避免民政部门、乡镇政府、运营机构可能的多头领导让社工无所适从，确保各方顺畅沟通动态反馈，分别发挥行政和专业优势开展工作。

依托 10 个乡镇民政室建设 10 个乡镇社工分站，与辖区单位紧密协作，精准统计民政业务各条线上的服务对象数据。依托现有乡镇敬老院、村（社）儿童之家、老年活动中心及本地慈善和志愿服务队伍等在地服务系统，延伸建立多个（N）社工服务站点，活化公共空间，培育自治组织，培养群众骨干，通过服务站点打通服务“最后一米”，将政策、资源、服务精准传递到群众身边。

三、社工站人员配备与骨干培养

（一）社工站人员配置基础情况

冷水江市社工站包括 1 个市级总站和 10 个乡镇分站，配备社工 24 人。在社工服务站人才培养方面，冷水江市主要通过本土社工人才培育计划来推动社工站服务团队的专业化。2018 年冷水江市开展社工站建设服务工作，全市社工站在职人员中持证社工仅为 1 人，社会工作专业力量非常薄弱。有效率有步骤地培养社工站骨干，是乡镇社工人才培养的关键。

（二）“分片管理—组长赋能—朋辈督导”培养骨干人才

建设初期，冷水江社工站从长沙聘请经验丰富的总站长和驻站督导，能较快速提升社工站专业水平。而外请的站长和督导很难常驻站点，为在半年到一年较短时间内，有选择有步骤地培养出本地骨干，社工站采用“分片管理—组长赋能—朋辈督导”策略培养骨干人才——即将位置相邻的几个分站划分为片区，每个片区由5个乡镇分站组成，设1名片区组长，总站赋权常驻乡镇的片区组长进行片区日常管理，扁平化、在地化的管理方式能够更及时、准确掌握各站点情况。异地派驻总站长和督导从厘清权责、掌握技能、提升效能三方面赋能本地骨干。专业性强、难度较大的工作组长率先做带头做，督导现场观察指导，骨干成员的胜任能力得到较快提升。

截至2021年12月，24名成员中，持证社工14人，持证率达58%，其中3人为中级社工师，11人为助理社工师。

四、社工站服务体系和服务成效

冷水江市社工站将民政业务与社工服务紧密融合，建立了“社工专业服务＋八项民政业务”的服务体系。

（一）聚焦群众关切，打通服务“最后一米”

1. 高龄老人颐年计划

需求调研显示，辖区高龄老人众多，存在留守老人生活照顾问题，高龄老人健康和出行不便问题，独居老人居家安全问题。基于此，社工站设计开展“高龄老人颐年计划”，旨在联结各爱心企业、单位、团体和个人，共同关注空巢、失能、高龄老人的居家安全和康养照护需求，建立老年社会支持网络，守护高龄老人生命尊严和生活质量。

2. 困境儿童信守计划

该计划首先以留守儿童之家为平台，链接社会各方力量为留守儿童的学习、生活和身心健康发展营造良好的氛围，号召社会力量共同关心和爱护留守儿童。其次通过在留守儿童之家开展一系列服务，培养孩子良好的学习习惯及有效的学习方法，培养孩子安全意识，学会自我保护。

3. 特困群体展翅计划

该计划主要关注重大疾病患者、重度残疾人等低收入特殊困难家庭，通过定期探访、心理辅导、资源链接等服务方式为辖区低收入特殊困难家庭提供情绪疏导、心理支持和就业支持；通过成长小组等服务方式，发掘家庭成员优势潜能，提升自助能力；通过志愿者培养计划，整合、发掘社区人力资源，提供特困人群邻里互助和服务救助。

4. 公共空间活化计划

冷水江市现已落成并交付56家日间照料中心和61家留守儿童之家，是相对完善的基层公共服务空间，也是社工站延展服务打通“最后一米”的重要载体。社工站通过活动开展、公共事务参与、骨干志愿者培养等方式活化公共空间，提升村民的参与感和获得感。社工站通过实地考察、征集意见等对留守儿童之家的选址、硬件设施、运营提供意见与服务，并探索本土留守儿童之家与日间照料中心运营模式。

（二）补位民政业务，提升民政工作效能

1. 城乡低保入户核查

为加强城乡低保工作，精准识别对象，有序动态管理，常态监督检查，促进公正实施，受民政局委托，社工站承接开展低保入户调查工作。通过入户调查，在完成核查工作的同时，也准确评估掌握低保对象生活现状和多元需求，按照社工个案服务指南建立服务对象档案，为个案救助服务持续开展及多元需求满足奠定坚实基础。

2. 院舍养老管理考核

为加强乡镇办敬老院监督管理考核，全面提升乡镇办敬老院管理服务水平，受民政局委托，社工站承接开展敬老院监督考核工作。基本程序为：社工站每月底将当月检查结果报社工总站；总站对检查情况汇总整理，于次月5日前报民政局救助股；季度考核和年度考核结果由考核工作组根据月考核评分情况进行统计，研究制定考核意见，并连同考核记录报市民政局审定。通过常规考核工作，社工站比较全面准确地了解了敬老院特困人员的需求及服务情况，积极开展老人关爱服务，丰富老人精神文化生活，提高院舍生活质量。

3. 村规民约乡村发展

为积极贯彻实施乡村振兴战略，加强乡村基层治理，受民政局委托，社工站以村庄移风易俗和村务公开监督为抓手，建设美丽乡村。社工站协助村庄开展修（制）订村规民约活动，组织村民志愿者对村规民约进行宣讲，破除陈规陋习，倡导邻里互助，弘扬文明新风。同时每月定期入村进行村务公开监督管理，健全和完善村务公开程序规范，使得村民更清晰了解和便于参与村庄事务。

4. 儿童之家建设运营

社工站通过激活留守儿童之家服务功能，回应留守儿童多方需求。按照“试点运营—复制推广—以点带面—辐射周边”的运作思路，以儿童需求为导向，整合协调家庭、学校、社区资源，积极发展儿童之家志愿者队伍，在村支“两委”支持下就近就便开展儿童活动，通过志愿队伍建设和工作经费支持，逐步实现儿童之家常态化开放运行。

5. 日间照料中心运营

受市民政局委托，承接并开展日间照料中心运营工作。一方面，有计划开展老年

人喜闻乐见的兴趣活动，带动日间照料中心人气；另一方面，在活动开展的同时积极影响村委会和老年协会，培育发展日间照料中心志愿者骨干，积极协商活动经费来源及运行管理方式，最终达到日间照料服务中心持续有效运营的目的。

6. 社区组织培育发展

受民政局委托协助培育社区社会组织，建立志愿者队伍，活化乡镇公共空间，推动成立以村民骨干为中心的志愿服务队伍，鼓励村民参与村庄的公共事务，与村支“两委”一起推动村庄的有效治理。各社工分站根据乡镇情况每年培育2家以上常态化有活力的本土志愿者组织，重点培育发展老人、儿童服务及合作社三个方向的社区组织。

7. 困境群体服务救助

在脱贫攻坚战的关键时刻，社工站聚焦脱贫攻坚，聚焦特殊群体，聚焦群众关切，通过个案救助协助民政部门落实两兜底三保障，开展低保调查、特困供养对象探访等。深入了解乡村结构、理解乡村困境，精准化识别易返贫人口等特殊困难群众，通过服务型救助建立困境人群支持网络，巩固脱贫攻坚成果，协助服务对象在乡村振兴中寻找并把握发展机会，促进持续就业增收。

8. 民政政策宣传倡导

受市民政局委托，社工站承接并开展政策宣传工作。一方面通过日常探访深入居民群众家中进行民生政策宣传；另一方面协同民政部门一起构建“村民生协理员 + 乡镇社工 + 街镇民政专干 + 政府相关部门 + 公益慈善组织”多方联动的宣传网络，更好发挥村民生协理员作用，扎实推进政策宣传并落实到位。

（三）社工站的服务成效

1. 补位民政工作，提升了民政服务效能

社工站协助补位八项民政常规服务，基层数据和情况掌握更加准确，民政政策和服务落实更加精细，民政工作效能得到提升。截至2021年12月，社工站继续加强专业补位民政工作，兜底保障对象入户调查4895户；新增低保调查795户；协助市慈善总会开展“爱心圆梦”助学入户调查281户；每周对民政主管的8家乡镇敬老院进行检查，并开展服务活动280余场，参与活动4989人次；每季度对全市138名（2021年数据）失能半失能分散供养对象入户走访一次，每年对全市全部455名分散供养对象（2021年数据）入户走访一次，3年共走访4565人次。

2. 汇聚公益力量，实现了多方资源融合

在协助落实民政业务的基础上，社工站根据服务职能和民政对象需求，整合多方资源开展老年人颐年计划、儿童信守计划、困境群体展翅计划等专业服务，增进民生福祉。截至2021年12月，社工站密切联系本地公益组织54家，联动社会爱心志愿者1639人次，筹募动员慈善物资83.24万元（折合总价）。如脱贫攻坚时期，社工站开展的“户帮户、亲帮亲，互助脱贫奔小康”活动，为19户特困家庭链接19家爱心单位，出资3.8万元，从改善生活环境、提升实用技能、增加就业机会等多方面开展“造血式”扶贫工作，并为全市留守儿童之家链接1万余册流动图书。其间，社工站链接到湖南省慈善总会、长沙市澳优慈善公益基金会60箱600罐奶粉，与骨干志愿者一起赠送到328户困境儿童、老人、残疾人等有需要的特殊群众家中，传递政府和社会的关怀。随着工作基础和公益资源的持续积累，社工站汇集公益力量的能力在不断增强，平台作用更加彰显。

3. 打通“最后一米”，增强群众幸福感获得感

加强基层服务力量，打通“最后一米”很关键。社工站广泛链接群众身边的社会资源，组织动员个人及社区力量参与社区服务，通过举办大学生志愿者见面会、志愿者骨干座谈会、专业志愿者招募等活动，吸引本地大学生、爱心商家、社区居民自愿有序加入志愿者队伍，成为各类公益活动开展的主体，最大限度实现群众身边的社会服务资源有效发挥作用，让“微”服务释放“大”能量。以敬老院领域服务为例，社工站链接各乡镇理发馆，建立爱心理发队，不定期开展敬老院爱心义剪服务，让老年人感受到社会的温暖和关爱；链接冷水江电影公司，每年的5—10月给全市敬老院巡回播放公益电影，丰富老人精神文化生活；联系太极拳老年志愿者队伍到敬老院进行太极节目表演，通过太极拳教学和健身活动开展，激发老人兴趣，培养健身习惯；根据老年人的心理特点开展“一人一故事”小组活动，帮助老人回顾整理自己的人生经验，提升人生满意度和价值感；通过每月组织本地志愿者走进敬老院，开展美食制作、手指操等多元的关爱服务，丰富老人生活。

4. 加强基层治理，及时预防公共安全事件

新冠肺炎疫情反复和暑期溺水是几年间最常见的公共安全事件。在发生的多轮疫情中，社工站均在第一时间响应防疫工作安排。在市民政局指导下第一时间启动“疫起面对”社工守护支持计划，通过电话与走访相结合，密切联系辖区儿童之家、日间照料中心、乡镇敬老院、400余户分散供养对象、600余名留守儿童及行动不便的重度残疾人等群体，及时提供访视、支持及个案管理，保障其生命安全和生活质量。同时积极参与卡点值守、上门摸排、流动宣传等工作，通过电话督促居民接种疫苗，向存有疑虑的居民讲解疫苗接种事宜，向未接种疫苗的居民进行疫苗接种宣传，联动志愿者队伍开展巡回式防疫接种宣传劝导，为全面打赢疫情防控战作出积极贡献。应对暑期溺水事件易发多发的情况，社工站联合多部门多家组织全面开展“关注儿童安全助力平安暑假”工作，通过“加强安全教育，护苗健康成长”系列活动加强儿童防溺水教育。各村居儿童之家结合“我为群众办实事”“童心向党”等活动嵌入开展防溺水教育40余场次。经过多年持续探索，形成“政府部门—中小学校—儿童之家—社会组织”多方联动的防溺水工作机制。通过针对辖区内儿童的暑期安全教育和家访，儿童

防范溺水安全意识获得增强，自我保护和自救能力得到提升，及时预防减少了溺水事件发生。

五、心得体会及专业反思

2018 年冷水江市社工站建设伊始，面临诸多的挑战和困境，专业人才缺乏、政社合作经验不足、服务框架和思路尚不清晰等多重困难问题相互交织。经过多次研讨论证及多年实践检验，冷水江社工站确立的“党建引领、政社协作、专业为本、融合发展”功能定位，及“社工服务 + 民政业务”的融合发展服务模式，很好地契合了冷水江市的实际情况，被越来越多的群众和部门了解认可，取得了良好的成效。运行团队也基于实践探索，形成了一些心得体会与专业思考。

（一）社工站服务的心得体会

1. 要坚持党的领导，政社深度合作，走融合发展之路

“党建引领、政社协作、专业为本、融合发展”是冷水江市社工站总体的发展方向，社工站始终坚持党的领导，政社深度合作，融入发展大局，聚焦民政特殊群体，协作补位民政工作，将社工专业知识技能融入敬老院考核管理、城乡低保入户核查、村务公开监督管理、分散特困供养对象走访、民生政策宣传、社会组织培育发展、儿童之家及日间照料中心运营等民政常规业务。在稳步推进落实民政业务的基础上，用专业知识技能服务民政对象，深化打造社工站三大专业服务品牌——高龄老人颐年计划、困境儿童信守计划、特困群体展翅计划。省民政厅领导评价冷水江社工站“思路清晰，定位准确，措施有力，成效明显”，具有较大的示范意义。

2. 要分类精准服务，构建服务网络，形成服务体系

社工站是服务平台，涉及面很广，社工站运行中一定要分类精准服务，构建服务网络，形成服务体系，完善服务机制。社工站通过助力民政局开展低保对象入户调查工作，一方面构建“村（社区）民生协理员—乡镇社工—乡镇（街道）民政室—市民政局”四级服务网络，让社工站与市民政局、乡镇民政室、民生协理员对接合作，对全市登记在册和新申请的城乡社会救助对象进行入户走访，准确掌握其基本信息，确保将符合条件的困难群众及时纳入最低生活保障范畴；另一方面评估服务对象需求，建立服务对象档案，应对不同服务对象多元需求，以个案管理的形式实行分层分类服务管理。该社会救助服务模式的创新，不仅为全市民政对象政策落实提供了有力支持，同时有效实现了社工对服务对象的密切联系和精准识别，进行需求精准分析，方案精细设计，资源精准对接，提升基层民政服务效能。

3. 要动员社会力量，培育社会组织，活化公共空间

社工站扎根乡镇和社区基层，旨在加强基层民政服务力量，打通“最后一米”，就

必须要培育、动员、发展群众身边的社会力量，结合现有服务系统和公共空间开展服务。社工站广泛链接社会资源，大力组织动员个人及社区力量参与社区服务，引导发动广大社区居民自愿、有序加入社区服务。截至2021年12月，社工站密切联系公益慈善组织54家，发展联动社会爱心志愿者1639人次，动员慈善物资83.24万元（折合总价）。如禾青镇以企业退休职工为主的志愿者队伍人数众多，曾成立了象棋协会、乒乓球协会、桌球协会等多个组织，但因缺乏组织培育发展经验及支持系统，一直不够活跃。社工站通过联系组织骨干，完善组织机制，优化组织管理，加强组织资源支持和协商议事能力，定期开展公益活动和志愿服务，使多家冷清的社区组织又活跃起来。

（二）社工站可持续发展的思考

社工站建设阶段性取得了一定的成绩，在可持续发展方面，还需要进一步加强经费配置、保障机制及人才队伍建设。

1. 服务经费与服务任务如何相匹配

根据上级文件，冷水江市安排救助经费的2%用于社工站建设和社工服务开展。随着社工站成效获得多方关注和认可，民政各科室及政府其他部门都希望将更多服务委托给社工站，群众对社工站也有更高的服务期待，而冷水江市救助资金紧张，每年用于购买服务的经费严重不足，社工站面临服务经费与服务任务匹配性的挑战。社工站正处于快速发展阶段，开展的服务非常广泛，不仅承接了大量的民政业务，同时还要协助各乡镇办开展精准扶贫、扫黑除恶等各项工作。社工站工作量大、任务繁重且不断增加，但工作经费、人员经费并没有相应增加，社工待遇远低于基层公职人员，来自救助经费2%的额度，随着救助对象减少，甚至难以保障社工站日常运行。需要尽快明确“谁使用谁付费”的原则，通过政府购买、慈善筹募、市场付费等多种方式拓展社工站经费来源渠道，以保障社工站可持续发展。

2. 服务延展需要更高水平的保障机制

社工站项目运营至第四个年头，一线社工从非专业、零基础的社工“小白”，到目前已积累一定工作经验，专业技能得到提升，但在服务开展方面仍存在诸多挑战。社工站服务向社区（村庄）延伸、村社工室逐步实现全覆盖是明确导向，在社工数量和服务经费没有增加的情况下，如何将服务延展到更多社区（村庄），如何在广覆盖的同时保障服务质量和效果，对于技术技能、工作条件、经费支持等保障条件提出了更高要求。尤其是部分乡镇辖区占地广，人口基数大，村居分布散，而各乡镇/街道配备两名社工，社工在面对服务对象时既要完成民政部门及乡镇民政所安排的工作，又要结合服务对象的多元需求开展专业服务，社工人员精力有限，很难做到两全其美，专业服务推动受限，甚至服务可能会停滞不前。同时，以女性居多的乡镇社工在乡村服务的安全保障也需要重视。

3. 乡镇社工的职业发展空间与支持体系

乡镇社工人才队伍建设中，省市层面的专业支持系统、薪酬待遇体系、职业晋升机制都不明朗，广大内地省份与沿海省份和一线城市相比，社工人才支持体系存在很多薄弱环节。社工站岗位只有一线社工、乡镇社工站站长、县级社工总站站长等职位和层级，社工发展上升空间有限。在人才支持体系方面，目前全省已经开始构建基层社工站督导体系，但目前的督导人才主要还集中在省会地区，县域范围的督导较少或空缺，一定程度上限制了乡镇社工的能力提升和服务提质。

以专业服务加强基层民政经办能力建设

——湖南省汨罗市乡镇社工站运营与服务

彭　月①

一、社工站和服务地区基本情况介绍

汨罗市地处湖南省东北部，紧靠洞庭湖东畔，因汨罗江而得名，总面积1562平方千米，总人口66.8万。汨罗市下辖15个镇、181个村（社区），共有城乡最低生活保障对象11403人、重度残疾人护理补贴7973人、困难残疾人生活补贴2633人、城乡特困供养人员4101人、留守儿童3500余人，服务对象人多面广，民政工作任务繁重、压力较大。

为切实加强基层民政经办能力建设，汨罗市民政局积极落实湖南省六部门出台的《关于推进政府购买服务加强基层民政经办服务能力的实施意见》等文件精神，于2018年9月出台《汨罗市乡镇社工站项目实施方案》，正式启动乡镇社工站建设项目。2019年1月，汨罗市阳光社会工作服务中心（以下简称阳光社工）中标该项目，负责运营和管理，2019年1月30日，双方签订服务协议，2月各乡镇社工站正式运营。汨罗市乡镇社工站项目共计建站16个，社工站分别是：社工总站、屈子祠镇社工站、汨罗镇社工站、三江镇社工站、长乐镇社工站、大荆镇社工站、古培镇社工站、神鼎山镇社工站、白塘镇社工站、新市镇社工站、白水镇社工站、川山坪镇社工站、桃林寺镇社工站、罗江镇社工站、弼时镇社工站、归义镇社工站，共计配备23名社工助理。

二、社工站基本定位和运营机制

汨罗市乡镇社工站主要是围绕社会救助、儿童关爱、为老服务、城乡社区治理等方面开展服务。

（一）社会救助领域的社会工作服务

协助做好最低生活保障、特困人员救助供养、医疗救助、临时救助经办过程中的

---

① 彭月，湖南省汨罗市阳光社会工作服务中心社工。

对象排查、家计调查、政策宣传、绩效评价等工作，对社会救助对象开展照料护理、康复训练、社会融入、能力提升、资源链接等服务。

（二）农村留守儿童关爱保护领域的社会工作服务

配合进行农村留守儿童家庭随访和对象核查，对农村留守儿童家庭开展监护法制宣传、安全和心理健康教育、隔代教育能力建设等。

（三）城乡社区治理领域的社会工作服务

发展、壮大志愿者队伍，支持和培育志愿服务组织、社区社会组织等公益性机构，推动建立基层“三社联动”“五社联动”机制。

（四）其他民政领域的社会工作服务

开展农村留守老人、空巢老人、残疾对象等领域社会工作，为老年人、残疾人、困难群众等民政服务对象提供信息收集、定期探访、情绪疏导、精神抚慰、资源链接、社会支持网络建设等方面的服务。

在社工入驻各站点前，汨罗市民政局分管领导下各乡镇进行社工站建设前期调研，特别强调社工不得从事与民政无关的工作，政府也不能因为配备了社工而减少现有的民政力量。所以，社工站正式运营后，各社工站点职责清晰，服务内容明确。汨罗市乡镇社工站严格按照省民政厅文件内容，发挥社会工作之所长，补政府行政工作之所短。在运营管理上，阳光社工配备站长一名，负责每月各站点的行政、专业等方面的管理，按照社工站绩效考核制度，当月考核在每月工资中体现，以此激励社工成长。购买方汨罗市民政局负责监督和协调，每年度进行中、末期评估，不定期下站点进行督察，确保民政服务不走样。当工作中遇到困惑，由民政局出面协调，召开三方推进会，为工作中的难题答疑解惑。

三、社工站运营模式和特点

购买方汨罗市民政局充分发挥民政部门在乡镇社工站管理中的业务指导、监督和协调作用。一是建立安全运行机制。全程参与社工招聘过程，督促阳光社工与驻站社工签订劳动合同、按月发放薪酬和办理“五险”，保障社工待遇，鼓励社工广泛参与社会工作服务。全面掌握社工站的工作动态，指导和监督承接机构的管理、运营，要求阳光社工有事随时报、每月报送总结和下月计划、季度召开联席会议，定期组织社会救助、社会事务、慈善、社区工作等民政业务相关部门研究解决社工站相关问题，部署下一步工作。会同纪检、财务等部门依法依规对阳光社工进行财务监督。二是加强乡镇、村级协调。将乡镇社工站建设纳入民政工作目标管理考核，明确乡镇社工专职

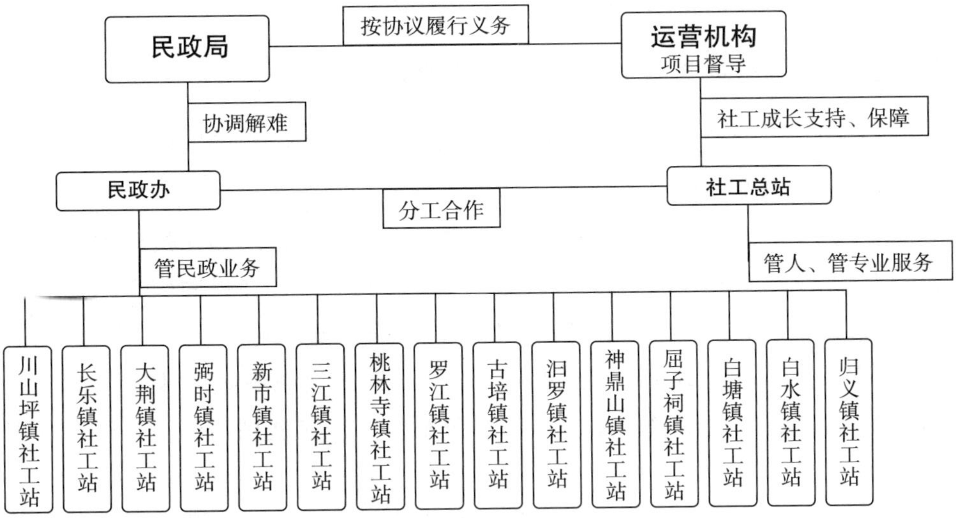

民政、运营机构、社工站关系图

专责，督促乡镇保障社工站必要的办公条件，保障和改善社工基本生活待遇。及时协调解决好乡镇社工站与当地政府及村委会工作中出现的新情况、新问题。三是开展绩效评估督导。按照省民政厅出台的《乡镇社工站绩效评估指标》要求，进一步完善社工站各项管理制度，做好社工站监测管理与绩效考核，统筹推进社工站建设。

阳光社工作为承接方，负责社工站项目运营，安排站长一名，对社工站行政、专业服务等进行严格管理，主要从管和奖来做文章。一是严格管理。考勤方面，实行手机定位每天 4 次打卡，培养社工的严谨工作态度。工作方面，针对社工欠缺的基本能力，阳光社工用日常的每天书写工作日志，每周及每月做总结计划及半年度进行总结计划进行规范，每天下班前将日志拍照报送站长。对于每月月度简报、每季度季刊、每年年度总结和计划等总结计划资料，要求社工及时录入社工站项目系统内，并对服务数据及时更新。另外将社工的专业程序化、标准化，制作了《社工手册》，手册包含民政的业务办理流程摘录，包含下户走访的需求调查表格，既方便回答群众咨询，又能随时记录民政对象的基本情况和需求。有这本手册在手，对民政服务对象的情况，社工可以做到门清，便于进行专业社工服务。考核奖励方面，阳光社工制定了考核表，从工作完成情况、上级部门考核及专业能力服务三个方面进行考核，考核成绩好坏直接和绩效挂钩。工资奖金方面，阳光社工的做法是：在有限资金条件下，社工工资符合本地基本水平，尽量提高绩效奖励资金。二是加大宣传力度。阳光社工很重视宣传工作，从社工站办公室的形象标识，到社工工服设计，都经过深思熟虑，比如社工工服不但能标识社工职业，还可以作为下户走访工具服，左边口袋装手册，右边装手机和笔，提高工作效率。乡镇社工在做好民政工作的同时，也不忘为民政发声。阳光社工要求各站点社工抓热点撰写新闻稿，及时报送乡镇微信公众号和本地媒体。对于活动、服务进行新闻报道的社工，站长记录作为绩效考核的凭证。

四、社工站服务体系设计和服务开展情况

汨罗市乡镇社工站的总体目标是两个：一是协助民政主任完成各项日常民政工作，二是为民政对象提供专业的社工服务。第一年主要是熟悉民政政策、业务，摸清各镇民政对象情况，了解需求，补充民政经办能力不足的现状；第二年提升服务能力，规范服务流程；第三年创服务品牌，提升服务成效。2022 年，在巩固前 3 年的项目成效上，推动项目提质增效，创新服务模式，切实打通服务群众的“最后一米”。同时争创社会工作优良县市，打造 2 ~ 3 个五星级社工站。社工站在做好民政事务性工作的同时，运用专业方法，主动对接需求，延伸服务触角，夯实基层治理，打造有温度的社工站。

项目目前的开展情况：一是立足本职岗位，完成各项工作任务。乡镇社工站设立后，各镇民政办主任是社工站站长，每个社工站至少配备了一名专职社工，驻站社工负责对来访的困难群众进行政策解释、情绪疏导、动态管理、资料收集、开展入户调查、完成各项数据录入等日常民政工作。截至 2022 年 9 月底，驻站社工共接待来访群众 57280 人次，走村入户摸排 29079 户，完成城乡低保、临时救助、残疾人“两项补贴”等信息录入 26.5 万余条。同时，社工参与退役军人光荣牌悬挂 8 万余户，完成退役军人信息记录 9 万余份，并在每年的八一建军节入户面对面为退役军人进行感情疏导和亲切慰问。社工的服务保证了民政工作的顺利运转，做到了上级工作安排能及时回复，服务对象有需求及时回应，民政服务对象满意度大幅度提高，民政信访事件明显减少。

二是热心公益活动，引领社会工作服务。社工深入团螺小学、八景小学等山区学校开展“关爱留守儿童　让爱陪伴成长”活动，为留守儿童送去书本、文具、书包等爱心物资，共计开展公益活动 200 余场，链接书包、书本、笔、助学金等约 150 余万元；赴大荆镇敬老院、新市镇敬老院、汨罗镇敬老院、罗江镇敬老院等养老机构开展清洁家园、健康义诊活动。深入瞭家山社区、元福村等社区和村开展免费理发、包饺子、文艺表演等关爱空巢老人活动 100 余场，链接棉被、油、米等爱心物资 50 余万元；带领残疾对象走出家门、融入社会，开展关爱服务 56 次，为全市 175 个居家托养对象开展服务共计 7560 小时。3 年多的时间，社工站共计开展小组活动 70 个、发展个案 130 余个，社工把青春和汗水播洒在走村下户、开展各类服务的路途上。新冠肺炎疫情期间，社工正月初三便返岗上班，参与防疫执勤、为困难家庭代购、上门指导留守儿童的爷爷奶奶（姥爷姥姥）如何帮孩子上网课等工作，全体社工都参与了防疫捐款，并与爱心志愿者一起链接口罩、奶粉、消毒液等爱心物资约 26 万元。同时，社工引领志愿者，积极响应汨罗市创建“志愿者之城”的号召，有序开展文明创建及各类爱心

活动。在驻站社工的引领下，汨罗市穿红马甲、戴红袖章、手持小红旗的志愿者遍布大街小巷。

三是宣传社会工作，推动社工队伍建设。利用掌上汨罗、新湖南、三湘社工等新媒体载体，加大社会工作宣传力度，挖掘先进典型事例，打造社会工作特色亮点，引导和培养社会工作人才，推动汨罗市社会工作发展。

四是交流分享，共同推动社会工作发展。在 2020 年 10 月，民政部在湖南省长沙市召开了加强乡镇（街道）社会工作人才队伍建设推进会，阳光社工总干事邹雯受邀参加推进会，并作为社工机构代表在会上分享工作经验。汨罗市乡镇社工站成立后，也迎来辽宁省民政厅、沈阳市民政局，河南、河北及湖南岳阳等地社工机构的参访学习，大家共商社会工作发展路径。

五、社工站人员配备和人才培养

乡镇社工站的运营，最关键的是社工人才队伍。队伍稳定，乡镇社工站项目才能有条不紊地推进。前期在调研的同时，阳光社工通过民政系统网络群发送了招聘信息，在确定招聘人员时，阳光社工制定了招聘原则：先确定每个乡镇站点就近工作的应聘人群，把人员稳定作为第一要素，再按照成绩从高到低录取，有乡镇工作经验者优先录取。用这个原则招聘，人员的岗位安排顺理成章，这样的好处是：应聘者大多为女性，可在工作的同时照顾家庭和孩子，增加了岗位稳定率。汨罗市乡镇社工站现配备社工 27 名，平均年龄为 33 岁。

项目初期，乡镇社工没有从事过乡镇民政工作，对于社工行业找不到自己的定位。完成招聘后，阳光社工制定了严格的管理制度和考核激励制度，在严格的制度管理下锻炼社工的服务意识，在督导培训上下足功夫，弥补社工工作能力和素质的缺陷，在宣传上加力，增加乡镇社工的知名度。

阳光社工结合社工实际能力制订培训计划，一方面通过培训提高他们的日常工作能力和工作效率。比如培训熟练运用手机、电脑软件提高工作效率，培训档案资料管理养成良好的留痕习惯，培训社工新闻稿写作能力提升宣传效果。另一方面，有步骤地进行社工专业培训。从民政办的日常工作——入户调查开始，这项工作类似社工的需求调查，之后再深化到个案、小组、活动的开展，不断提升社工专业服务能力。阳光社工按计划组织团建活动，制订团建实施方案，明确团建活动分享交流、增进团队凝聚力的目标，在游戏中建立同工相互的心理支持，在分享交流中形成工作学习的共享氛围。阳光社工联系深圳的督导每季度进行一次线上、线下理论知识培训，对项目管理人员进行一对一的督导，同时将个案、小组、社区工作的理论结合深圳的成功案例和社工站社工的实践案例来传授，由此提高社工的实操能力。此外，鼓励社工报考全国社会工作者职业水平考试，汨罗市民政局组织免费为全市范围内的报考人员进行社工考前培训，邀请长沙民政职业技术学院的老师进行“线上 + 线下”的培训，并对民政系统及乡镇社工站驻站社工获得助理社会工作师、社会工作师资格的予以奖励，力争培养一支能战可用的本土社工人才队伍。截至 2022 年 9 月，社工站有 5 人通过考试，加上之前取得助理社工师资格的 13 人，社工站现持证率达 66.7%。

六、社工站典型服务项目

阳光社工坚持党建引领，搭建服务平台，探索“五社联动”模式，激发服务新活力。社工总站党支部是在 2020 年成立的，经过 2 年多的培育，社工站现有党员 9 名。党支部以项目为载体，在有党员的社工站点设立党员先锋岗，每个乡镇培育了一支党员志愿服务队，以党建引领为核心，以群众需求为导向，引领志愿者常态化开展服务，满足群众的美好生活需求。

低保特困对象走访核查项目：依托乡镇社工站平台，阳光社工承接了汨罗市低保特困对象走访核查项目，2019 年 5—7 月，组织 23 名社工，联动 20 名志愿者，在民政部门和各村干部的配合下，对全市 11000 户对象进行逐户核查，微信定位地址，了解他们的需求，建立一户一档信息。2022 年 5—9 月，汨罗市民政局再次组织所有社工对全市分散特困供养对象进行全面入户大核查，建立以村为单位的救助网格，确保救助精准到位。

失能和半失能老人关爱服务项目：2021—2022 年，汨罗市民政局委托阳光社工，采取“项目社工 + 乡镇社工 + 志愿者”的服务模式，为全市 497 名失能和半失能老人提供关爱服务。项目社工负责统筹负责片区乡镇的服务推进，乡镇社工利用地域优势，整合村、社区内低龄老人志愿者，构建邻里帮扶机制，为失能老人搭建社会支持网络，实现居家养老和社区照顾的有机结合，取得了良好的成效。

“播洒阳光　让爱留守”“用爱搭建一座彩虹桥”“关注乡里的娃”等儿童项目：机构每年都会借助“99 公益日”平台，温暖孩子心灵，让留守之地阳光普照。2018 年开始的“99 公益项目”，在汨罗市多个乡镇开展服务活动。该项目以“以人为本，助人自助”等社工价值理念为指导，运用儿童青少年社会工作实务理论和个案社会工作方法，对有需要的留守儿童开展个案工作、小组工作以及社区工作等服务。

瞭家山社区社工室儿童服务项目：本项目 2019 年 5 月启动，采取社工 + 义工的双工模式，在社区建立留守儿童需求档案，链接社区退休或在校教师等志愿者，开展四点半课堂，为留守儿童免费提供课业辅导、图书阅读、兴趣小组等服务，还利用节假日，联动志愿者为留守儿童开展服务活动。

“童心同行　助梦飞翔”项目：在湖南省民政厅的支持下开展的项目。该项目是汨罗市首个农村创新试点项目，以社工总站指导、新市镇社工站联动志愿团队，服务点为元福村。社工在该村挖掘了一个爱心志愿者协会，对志愿者进行培训后，聚焦留守儿童和困境儿童需求，共同打造了一个温馨家园，让孩子们有了图书室、手工室、游戏乐园等活动场所。

七、社工站运营和服务反思

承接社工站项目后，机构一方面“请进来”，请民政等部门领导到机构调研，充分了解社工行业；另一方面“走出去”，到乡镇深度沟通，全面掌握服务需求。同时确定一个方向、三步走的基本思路。一个方向：即把乡镇社工站发展方向定位为深度融合乡镇民政工作和专业社会工作，把社工站专业服务聚于社会救助和老年人、儿童、妇女等重点人群，用专业服务解决群众最迫切的问题。三步走：第一步，理顺工作机制。协助民政办主任处理民政事务，管理社会救助、“三留守”等系统，回应群众业务办理需求。第二步，摸清服务对象。将服务对象个人信息、家庭情况、家庭地址全部建成网络资料库。第三步，优化专业服务。探索“五社联动”服务模式，协助村（居）建设社工室，社工开发设计服务项目，整合多方资源，围绕民政对象分类分级开展个案、小组和社区活动。

经过3年多的沉淀，阳光社工收获了一些宝贵的工作经验，但是在服务的广度、深度、细微、持久等方面还很欠缺。对于社工站运营，阳光社工还需要进一步提升服务品质。一是项目服务专业化。还需加强专业服务与理论知识的融合，运用社会工作专业能力，朝解决社会问题的方向去努力。二是内部资源共享化。通过团建活动和工作分享，展示同工们的服务特色和专长，大家一起做到取长补短。三是资源链接平台化。在各类型服务活动中，有部分社工多次链接机构外的各项资源，比如理发店、电影院、蛋糕店、爱心商店等，还应该去接触更多的社会资源，整合资源库，让个案得到社会资源的扶助，创新活动模式，从而推动服务更多元化，服务成效更优。四是培训督导精细化。培训系统是打造优秀团队的一个平台，而督导既是指导又是督促，针对日、周、月工作计划，督导进行相应的批阅，督促大家按要求执行到位，社工们在实施计划的过程中有什么困惑也可以及时寻求督导的帮助。

后　记

我国规模化的社工站建设发端于广东“双百计划”和湖南“禾计划”的实践探索。

2017 年，广东省民政厅在粤东、粤西、粤北启动实施“双百镇（街）社会工作服务五年计划”（简称“双百计划”），分两批在全省 19 个地市建设 407 个镇（街）社工站，由镇（街）直接聘用社会工作者、省级相关部门统一督导。双百社工立足镇（街）、深入村（居），为有需要的群众、家庭、社区开展精准服务，打通为民服务“最后一米”。

在系统总结“双百计划”实践经验的基础上，广东于 2020 年 11 月印发《关于实施“广东兜底民生服务社会工作双百工程”的通知》，正式将“双百计划”提升为“双百工程”。目标是用两年时间打造一支专业化、职业化、本土化的基层社会工作人才队伍，为困难群众和特殊群体提供政策落实、心理疏导、资源链接、能力提升、社会融入等专业服务。目前，广东已经实现镇街社工站全覆盖。

为增强基层民政服务能力，从 2018 年开始，湖南省整建制在街道（乡镇）推行社工站建设，2019 年 12 月实现乡镇（街道）社工站全覆盖。2020 年 8 月建设市（州）—县（区）—乡（街）—村（居）四级服务体系，将乡镇（街道）社工站项目升级为“基层社工站”项目。

湖南社工站建设采用政府购买服务的形式，以县级民政部门为购买主体，以社会组织为承接主体，通过政府采购建立协作关系。通过编制社工站专业服务清单、协助事务清单，重点围绕提高乡镇一级服务能力，提供民政领域社会救助、儿童关爱保护、城乡社区建设、养老 4 大类 21 项社工服务。

在广东、湖南实践探索的基础上，2020 年 10 月 17 日，民政部在湖南省长沙市召开了加强乡镇（街道）社会工作人才队伍建设推进会，围绕增强基层民政服务能力，全面部署推进乡镇（街道）社工站建设。会议要求，力争“十四五”末，实现乡镇（街道）都有社工站，村（社区）都有社会工作者提供服务，社会工作的作用得到更加充分发挥，社会工作者的地位得到普遍认可。

以此为起点，全国乡镇（街道）社工站建设如火如荼。截至 2022 年 12 月底，全国已建成乡镇（街道）社工站 2.9 万余个，覆盖率达到 77.7%，6 万余名社会工作者驻站开展服务。

社工站建设是新生事物，没有现成的模式可以遵循，各地结合本地实际大胆探索，大家也渴望通过相互交流借鉴，进一步探索和完善社工站建设的方式方法。为推动社工站高质量建设与发展，总结提炼全国各地乡镇（街道）、社区（村）社工服务站（点）的运营经验，中国社会报社《中国社会工作》编辑部于 2021 年向全国征集乡镇（街道）、社区（村）社工站（点）运营优秀案例。要求参与案例征集的社工服务站（点）至少从 2020 年 7 月起运营（社工站点成立前以家庭综合服务中心、社会组织服务中心等身份运营或开展项目化服务的亦纳入），且运营机制健全、人才匹配到位、服务成效良好。

经过大量艰苦细致的工作，我们从应征的 200 多个案例中遴选出 37 个有特色的优秀案例。在出版过程中，中国社会出版社的编辑又和作者反复沟通修改补充，对 2022 年的服务和运营经验进行了增补，形成目前呈现在读者面前的这本书。

作为一家聚焦社会工作行业发展的专业媒体，《中国社会工作》杂志一直在观察、跟进各地社工站建设事业的发展。从近几年的实践经验来看，可以从多个角度对社会工作的基本模式予以梳理：从机制建设角度，有“五社联动”模式、三/四级社会工作服务体系模式、“多站融合”模式、需求—服务—转介“智慧”响应模式、枢纽型+服务型模式等多种不同的模式。从用人方式角度，深圳大学徐道稳教授总结有直聘模式、外包模式和混合模式三种模式。从社工站运营的视角看，模式更是百花齐放。从本书遴选的案例中，我们看到了党建+公益服务生态圈模型、金字塔服务模型、分类分层的兜底服务模型、“多中心”与枢纽型微服务模型、城乡社区营造模型、“1+4+N”多元协同模型等。

在本书中，我们也可以看到不同人群、不同社区类型下的社工站建设特点，比如有的打造儿童保护特色，有的主打体系化老年服务，有的突出兜底救助服务特色，有的侧重社区共商共治，有的侧重社区文化建设。农村社区侧重于促进乡村振兴，新社区、民族社区、老旧社区等不同类型社区的社工站（点）都有各自不同的运营特点。

社工站建设的时间毕竟不长，因此，我们也看到其中还有不少略显稚嫩的地方。作为社工站建设阶段性成果，我们希望这本案例集能给起步阶段的社工站建设提供一点借鉴经验。

这部书稿的形成，是《中国社会工作》编辑部全体编辑努力的结果。其中，许婗承担了项目总策划和总统筹的工作，许婗、闫薇、夏学娟、汪昊、张世华承担了案例的遴选工作，闫薇、汪昊、张世华、颜小钗、徐蕴、李海雁承担了书稿的审校工作，张燕承担了出版各环节的落实工作。

感谢中国社会出版社对案例集出版的支持。感谢全国各地社工站建设亲历者的实践经验。特别感谢王思斌老师在百忙之中为本书作序，王老师对社会工作发展的殷殷寄语和身体力行，是鞭策我们从业者不断前进的动力。

《中国社会工作》编辑部

2023 年 2 月，于北京